⊕ INFORMATION SECURITY LEADERS

보안 리더들의 업무 노하우

권오영 · 권오훈 · 김미희 · 김용배 · 김준환 · 김창중 · 김태권
박지용 · 오명선 · 이승원 · 임흥철 · 정원치 · 최인엽 · 황연수 공저

🔑 다락원

보안리더들의 업무 노하우

지은이 권오영·권오훈·김미희·김용배·김준환·김창중·김태권
박지용·오명선·이승원·임홍철·정원치·최인엽·황연수
펴낸이 정규도
펴낸곳 (주)다락원

초판1쇄 발행 2024년 5월 25일

기획 권혁주, 김태광
편집 이후춘, 윤성미

디자인 하태호, 이승현

🏢**다락원** 경기도 파주시 문발로 211
내용문의: (02)736-2031 내선 291~296
구입문의: (02)736-2031 내선 250~252
Fax: (02)732-2037
출판등록 1977년 9월 16일 제406-2008-000007호

ISBN 978-89-277-7385-6 13000

● 다락원 원큐패스 카페(http://cafe.naver.com/1qpass)를 방문하시면 각종 시험에 관
한 최신 정보와 자료를 얻을 수 있습니다.

晴睦 권오영

메가존클라우드 Cloud Governance Architect
ISACA Korea 학술부문 지식세미나 운영 이사
한국방송통신전파진흥원 평가 위원
전) SK주식회사 보안 PM, SK그룹 계열사 보안 구축/운영 수석
전) LG화학 배터리분야 협력사 및 WPC분야 부설연구소 경영지원팀장
전) 제약회사 정보기획, 육군 C4I 기술특기병
자격증 : CISA, CPPG, PIA, ISMS-P, 정보시스템감리원, ISO/IEC 27001

권오훈

LG CNS 보안컨설턴트 책임
경찰청 사이버안보 자문위원
자격증 : 경영정보학 박사, AWS Certified Security Specialty, ISO27001, 정보보안기사

김미희

이글루코퍼레이션 보안분석팀 팀장
산업보안관리사, ICT기술마켓 자문위원
자격증 : 정보관리기술사, 정보시스템수석감리원, CISSP, CPPG, 정보보안기사, SW보안약점진단원, IBM AI Engineering Professional, AWS Cloud Solutions Architect Professional

김용배

교보DTS 정보보안센터 과장
ITS인증원, ISO/IEC 27001/27701 인증 심사원
ISACA Korea, 학술부문 무인이동체 간사
자격증 : ISO/IEC 27001/27017/27018/27701, CISOICQ

김준환

휴온스글로벌 정보보호팀 팀장
현) 휴온스그룹 DPO
자격증 : ISO27001/27701/22301

김창중

아이에스엠에스피원 대표강사, 작가, 유튜버
전) LF CISO(정보보호 최고책임자)
전) LG CNS 보안 컨설턴트
자격증 : 정보관리기술사, ISMS-P, PIA, 정보보안기사

김태권

국제사이버보안인증협회 이사
정보보호연구회 수석연구위원
산업보안관리사 자문위원
자격증 : CISOICQ, ISO 27001, 가명정보 전문가, CPPG, 산업보안관리사

박지용

Nozomi Networks, 한국 지사장
전) Dell Technologies Korea, Sales Director
전) Tilon, 영업 총괄 전무
전) Gartner Korea, Area Manger(상무)
전) Oracle Korea, Sales team leader
전) SAS Korea, Sales team leader
전) 코드셋 영업 및 마케팅팀장
전) 현대자동차, 상품기획실
전) 기아자동차, 구조본(경영기획실), 브라질 프로젝트팀
자격증 : Nozomi Networks Technical Sales Professional

오명선

드림시큐리티 암호기술연구센터 책임
자격증 : ISMS-P

이승원

KB데이타시스템 수석(정보보안담당)
고려사이버대학교 정보관리보안학과 외래교수
한국표준협회(KSA) ISO/IEC 27001 인증 심사원
한국산업보호기술협회 자문위원
전) 인프니스네트웍스 기술지원 팀장
자격증 : 컴퓨터시스템응용기술사, ISMS-P, ISO27001 선임심사원, 정보보안기사

임홍철

정보보안분야 작가 겸 강사
신세계인터내셔날 CISO/CPO
전) 엑센츄어 컨설팅 이사
전) 안랩 보안컨설팅 수석
자격증 : ISO 27001, ISO 27701, CISSP, 정보처리기사

정원치

한국폴리텍대학 데이터분석과 교수
전) 신세계 아이앤씨 정보보안 담당
전) 국토교통부 소속 공기업 정보보안 담당
전) 11번가 플랫폼개발
자격증 : 공학박사, ISMS-P, 개인정보영향평가(PIA), SW개발보안 진단원

최인엽

게임회사 보안조직 리더
자격증 : ISMS-P, PIA, ISO 27001, CPPG, 정보보안기사

황연수

분당서울대학교병원 정보보호 최고책임자, 정보보호팀장
개인정보보호위원회 가명정보 전문가, 개인정보 미래포럼 위원, 개인정보 기술포럼 위원
대한병원정보보안협회 학술분과장, 스마트의료보안포럼 의료정책분과장
자격증 : 이학박사, 의료정보관리 인증심사원, ISMS-P, ISO 27001, ISO 27701, 정보보안기사,
정보처리기사, CPPG

● 보안동네는 좁습니다. 한두 사람 건너면 웬만하면 아는 분들입니다. 하지만 보안 분야는 넓어서 다양한 보안 분야를 모두 잘 알고 있는 사람은 없다시피 합니다. 보안 분야에 처음 진입하고자 하는 분들이 겪는 가장 큰 어려움입니다.

그래서 여러 산업의 다양한 보안 직무에서 일하는 14명의 보안 리더가 자신이 경험한 보안 업무와 노하우를 담은 〈보안리더들의 업무 노하우〉의 가치는 매우 높습니다. 〈보안리더들의 업무 노하우〉는 헬스케어, 리테일, 게임, 쇼핑몰 등 다양한 산업과 CISO, 모의침투, 보안 관리자, 침해사고 대응, 모의침투, 보안개발 등 여러 정보보안 분야에 관한 전문가의 이야기가 담겨있습니다.

산업과 업무, 직무뿐만 아니라 그것을 수행한 경험에 관한 저자들의 이야기를 따라가다 보면, 독자분들이 가진 보안에 관한 궁금증을 풀 수 있으며 이야기에 녹아있는 저자들의 노하우도 자연스럽게 얻을 수 있습니다. 보안에 입문하고 싶은 분, 보안직무에 진입하고자 하는 분, 다른 산업의 보안직무가 궁금한 분, 보안에서는 어떤 일이 이루어지는지 궁금한 모든 독자분들께 〈보안리더들의 업무 노하우〉를 추천합니다.

– 서울여자대학교 정보보호학과 강은성 교수 –

● 하루가 멀다하고 발생하는 다양한 사이버 위협은 우리 일상생활에 조용히 다가와 있다 해도 전혀 과언이 아닌 시대에 살고 있습니다. 과거에는 주로 정부기관과 특정 기업에만 국한된 보안 위협들이 이제는 개인들을 상대로 한 공격까지 확장되고 있는 추세입니다. 〈보안리더들의 업무 노하우〉는 생생한 현장의 실무경험과 탁월한 역량을 지닌 보안리더들의 다양한 업무 노하우를 살펴볼 수 있고, 정보보안 분야 종사자에게 위협대응 관점의 길라잡이가 될 것으로 보입니다. 특히, '침해사고 대응 전문가의 대응 노하우'는 사이버 공격의 유형과 국가배후 공격주체에 대한 그룹 설명들이 일목요연하게 정리되어 있어 사이버 보안 분야의 최전선에 있는 전문가들의 업무를 이해하는 데 많은 도움이 될 것으로 기대됩니다.

– 지니언스 시큐리티 센터장 문종현 이사 –

● 보안 분야의 전문적인 내용을 일반인이 이해하도록 글로 표현하는 것은 생각보다 쉽지 않은 일입니다. 글을 쓰는 사람은 전문적인 내용을 정확하게 이해하고, 독자들의 눈높이에도 맞출 수 있어야 하기 때문입니다. 특히, 보안언어는 고유한 구조로 되어 있어, 이를 알기 쉽게 쓰는 것은 더욱 어렵습니다.

〈보안리더들의 업무 노하우〉 저자들은 실무 중심의 교육으로 후배 사원들을 지도하고 훈련하며 좋은 평가를 받고 있고 고객들로부터 강연을 요청받는 등 활발히 활동하고 있는 전문가들이며, 각 회사에서 핵심적인 역할을 맡아 뛰어난 업무성과를 보여주는 현장 책임자들입니다.

그동안 저자들이 갈고 닦은 풍부한 실전 경험과 날카로운 통찰력을 바탕으로 보안의 핵심영역들을 쉽게 설명한 〈보안리더들의 업무 노하우〉를 통해 보안이론을 배우고자 하는 학생들은 살아 있는 응용 사례들을 이해할 수 있게 되고, 현장에 있는 보안 전문가들은 업무에 바로 적용할 수 있는 실용적인 노하우를 배울 수 있게 될 것입니다.

보안 전문가로 지낸다는 것은 끊임없는 호기심과 기다릴 줄 아는 인내심 그리고 고객의 안전을 소중히 대하는 책임감이 필요합니다. 바쁜 시간을 내어 함께 공부한 열정과 좋은 책을 만들어 보안에 관심 있는 후배, 동료들을 도우려는 저자들의 마음이 아름답습니다. 〈보안리더들의 업무 노하우〉가 보안산업 발전에 겨자씨가 되기를 바라는 마음으로 독자분들께 진심으로 추천합니다.

– (주)드림시큐리티 대표이사 범진규 –

● 거대한 변화 속에서 보안 역량을 강화하고자 하는 보안인(人)들을 위한 지침서입니다. 전 세계적인 디지털시대 대전환에 따라, 넓어진 공격 표면을 노리는 사이버 공격이 증가하고 있습니다. 고도화된 위협에 맞서 국가·조직·국민의 안전을 지키기 위해서는 폭넓은 산업과 정보 보안 분야를 아울러 결집된 보안 경험과 지식이 뒷받침되어야 합니다. 이에, 사이버 보안 최전선에서 각자의 특기 영역을 살려 활약해 온 보안 리더들의 역할은 그 어느 때보다 중요해질 것입니다.

〈보안리더들의 업무 노하우〉는 다각화된 보안 직무와 업무, 사업 부문을 아울러, 실효성 높은 보안 역량을 확보하기 위한 단서를 제시합니다. 보안 리더들의 실무 경험과 업무 노하우, 지혜가 축적된 13개 챕터를 통해 더 넓고 더 깊은 수준의 핵심 보안 역량을 발휘할 수 있기를 기대합니다.

– (주)이글루코퍼레이션 이득춘 대표 –

"나도 정보보안 리더가 될 수 있다."

이 단순하지만 강력한 믿음이 바로 〈보안리더들의 업무 노하우〉의 출발점입니다. 정보보안은 오늘날 모든 산업과 비즈니스에서 필수불가결한 요소가 되었습니다. 이러한 중요성에 비추어 볼 때, 정보보안 분야에서 리더로 성장하고자 하는 이들에게 실질적인 지침과 노하우를 제공하는 것이 〈보안리더들의 업무 노하우〉의 목표입니다.

정보보안에는 이런 속담이 있습니다.
"어떤 경력 있는 정보보안 전문가가 취약하다고 한다면, 그것은 거의 확실하게 맞다. 그러나 그가 무엇인가 안전하다고 한다면 틀릴 가능성이 높다."
이 속담의 의미는 정보보안에서 안전하다는 상태는 만들기도, 유지하기도 어렵다는 것을 표현하고 있습니다.
보안리더들이 원하는 안전하다는 상태는 '아마도 수학에서 도달할 수는 없지만 무한히 가까워지는 그런 개념 속의 이상이 아닐까'라는 생각이 듭니다.

〈보안리더들의 업무 노하우〉는 정보보안의 광범위한 영역에 걸쳐 다양한 분야에서 활약하는 리더들의 경험과 전문 지식을 집대성한 결과물입니다. 정보보안에 대한 이해를 넓히고, 실제 업무에 적용할 수 있는 구체적인 방법론을 제시함으로써 독자 여러분이 이 분야에서 전문가로 성장할 수 있도록 도울 것입니다.

정보보안의 세계는 끊임없이 변화하고 발전하고 있습니다. 어제까지 안전했던 시스템이 오늘 위협을 받을 수 있으며, 이는 정보보안 전문가들에게 끊임없는 학습과 적응을 요구합니다. 〈보안리더들의 업무 노하우〉는 이러한 노력의 일환으로, 정보보안 리더가 되기 위한 첫걸음을 내딛는 이들에게 방향성을 제시하고자 합니다.

국내에서 활동하는 정보보안 리더 14인의 깊이 있는 경험과 지식을 통해, 〈보안리더들의 업무 노하우〉는 정보보안 전문가로서의 여정에 필요한 나침반 역할을 할 것입니다. 침해 사고 대응에서부터 클라우드, 금융, 헬스케어 등 특정 분야의 보안에 이르기까지, 다양한 주제를 포괄하며 실제 업무 상황에서 마주할 수 있는 문제들에 대한 해결책을 제안합니다.

정보보안 분야에 처음 발을 들이는 이부터 이미 일정한 경험을 쌓은 전문가까지, 모든 독자들이 이번에 출간하는 〈보안리더들의 업무 노하우〉에서 유익한 정보와 영감을 얻으시기 바랍니다. 정보보안 리더로서의 여정은 결코 쉽지 않겠지만, 〈보안리더들의 업무 노하우〉가 여러분의 성장과 성공에 기여할 수 있기를 진심으로 희망합니다.
감사합니다.

대표저자 정 원 치

C O N T

E   N   T   S

01

침해사고 대응 전문가의
업무 노하우

1.1

사이버 공격 유형

세계적인 물리학자 리처드 파인만이 제시한 문제 해결 방법은 직관적인 접근을 통해 복잡한 문제 해결에 도움을 줍니다. 이를 사이버 보안 문제 해결에 접목하기 위해서 가장 먼저 할 일은 문제를 식별하는 것입니다. 이번 장에서는 침해사고를 예방하고 대응하는 침해사고 대응 업무의 첫걸음으로 사이버 공격 유형에 관해 설명하고자 합니다.

- Write down the problem.(문제를 쓴다.)
- Think read hard.(정말 열심히 생각한다.)
- Write down the solution.(답을 쓴다.)

1.1.1 ● 사이버 공격 이해하기

인공지능, 사물인터넷, 클라우드, 블록체인, 메타버스 등 차세대 기술 발전은 다양한 산업 간 융합을 촉진하며 빅블러 현상을 가속화하고, 일상 생활과 비즈니스 생태계에 파괴적인 혁신을 일으키고 있습니다. 생태계 간 연계성이 강화되면서 자율주행, 스마트 팩토리, 스마트 의료, 스마트 시티, 디지털 정부 등 기존의 산업 생태계와 디지털 기술이 결합하여 새로운 시대를 맞이하게 되었습니다. 디지털 기술로 변화된 생태계는 가치창출을 통한 삶의 질 향상과 편의성 증대에 그치지 않고 비용절감을 통해 연쇄적인 변화를 촉진하고 있습니다.

폭발적인 디지털 발전은 생태계 전환의 촉매제로 작용하기도 하지만 개인정보 유출, 악성코드 감염으로 인한 금전적 피해, 인공지능을 이용한 사이버 범죄 증가 등 부정적인 현상을 동반하고 있습니다. 해커들은 디지털로 연계된 새로운 접점을 이용해 개인정보 유출이나 기업 비즈니스 연속성을 저해할 뿐만 아니라 국가 안보를 위협하는 새로운 공격요인으로 작용하기도 합니다. 이처럼 디지털 발전으로 인한 피해를 최소화하기 위해서는 사이버 공격을 유발하는 원인을 식별하고, 현실적으로 실현 가능한 대응 방안을 모색하는 것이 필요합니다.

사이버 공격은 온프레미스, 클라우드, 네트워크, 사물인터넷 등의 기술 요소가 결합한 디지털 생태계의 안전을 위협하는 공격 행위를 의미합니다. 허락되지 않은 자에게 정보를 제공하지 않도록 하는 기밀성(Confidentiality), 허락되지 않은 자가 정보를 수정하거나 위·변조할 수 없도록 하는 무결성(Integrity), 접근권한이 있는 자가 언제든 필요한 경우에 정보를 사용할 수 있는 가용성(Availability)이라는 정보 보호의 기본적인 3요소를 보장하는 것이 사이버 공격에 대응하는 궁극적인 목적이라고 할 수 있습니다.

종전의 사이버 공격이 IT 인프라에 한정되었지만, 최근에는 융합 생태계로 공격 범위가 확장되면서 하드웨어, 펌웨어, 소프트웨어, ICT/OT 등 다양한 영역에서 사이버 공격이 발생하고 있습니다. 따라서 사이버 공격의 형태와 목적을 이해하는 것이 사이버 공격 대응을 위한 첫걸음이라고 할 수 있습니다.

사이버 공격 유형에 영향을 미치는 환경 요소

사이버 공격 유형을 분류하기 위해서는 정보보호의 목표인 기밀성과 무결성, 가용성으로 분류하거나, 악성코드 감염, 디도스 공격, 피싱 등 공격 기술이나 공격 방식을 토대로 분류하기도 합니다. 물론 앞선 분류 방법보다 다양한 관점으로 공격 유형을 분류할 수 있습니다. 다시 말해 사이버 공격이 다양한 유형으로 분류될 수 있다는 것은 하나의 공격이 발현되기 위해서는 다양한 환경 요인들이 영향을 미친다는 것을 의미하기도 합니다. 공격자의 공격 목적이나 공격 절차, 기술 성숙도, 공격 기법 등 다양한 요인들이 사이버 공격에 영향을 미치게 됩니다. 이에 따라 사이버 공격 유형은 공격 기술이나 피해 범위 등 단편적인 관점에서 분류하는 것이 아니라, 다양한 이해관계를 고려해서 분류해야 합니다. 이번 장에서는 거시적인 관점으로 분석하는 PEST 기반의 사이버 공격 유형을 분류하였습니다.

| PEST 기반의 사이버 공격 환경 요인 |

관점	환경 요인
정책적 (Political)	• **국가 정책과 규제** : GDPR, EO14028 등 국가의 사이버 보안 정책 및 규제는 생태계 전반에 영향을 미치기 때문에 규제 미흡은 공격자에게 더 많은 기회 제공이 가능 • **국제 정치적 관계** : 러시아-우크라이나, 미국-중국과 같이 국가적인 이해관계에 따라서 사이버 전쟁 가능성 및 사이버 공격 활동에 영향

관점	환경 요인
경제적 (Economical)	• **경제적 이익** : 금전적 목적에 따라 직접적인 현금 획득이 가능한 금융분야를 공격하나, 최근에는 암호화폐 거래소나 범죄자금으로 암호화폐를 획득할 수 있는 랜섬웨어 공격을 감행 • **산업 분야** : 금융분야, 암호화폐 거래소 등 직접적인 경제효과가 가능한 분야 이외에도 국방, 언론, 경제, 사회 등 부가적인 경제효과가 수반되면 공격대상에 포함
사회적 (Social)	• **사용자 인식** : 인터넷 사용자들의 보안 인식 수준이 낮을수록 피싱 및 사회 공학 공격이 성공할 가능성 증가 • **사회 이슈** : 하계/동계 올림픽, FIFA월드컵, 아시안 게임, 세계 엑스포 등 메가 이벤트를 포함한 사회적 이슈나 정치적 이슈를 이용한 사회 공학적 기법의 공격 성행
기술적 (Technological)	• **기술 발전** : 생성형 AI, 언더그라운드 포럼, 오픈소스 기반의 공격도구, Red Team에서 사용하는 상용도구를 이용하여 최신 사이버 공격 기술과 도구를 이용한 공격 수행 • **인터넷 보급** : IoT나 IIoT 등을 통해 더 많은 디바이스가 네트워크와 연결되면서 스마트 홈, 스마트 시티, 스마트 팩토리 등으로 공격 범위 확대

- **정책적인(Political) 관점** : 정책적인 관점에서 살펴보면 국내의 경우에는 범정부 차원으로 국제 및 국가 배후의 해킹조직으로 인한 사이버 공격에 대응하고자 「국가 사이버 안보 기본법」이 입법예고되어 사이버 공격 조직을 추적하고 예방 활동을 위한 제도적인 준비를 하고 있습니다. 미국의 경우에도 「사이버보안을 위한 행정명령(EO 14028)」을 발표하면서 국정 기조와 국가 사이버 안보 전략을 제시하고 사이버 보안 강화 활동을 수행하고 있습니다. 이러한 조치로 인해 공급망 보안 강화를 위한 제로 트러스트 도입 및 정부 기관에 ICT 제품 납품 시 SBOM 제공 의무화 등 후속 조치들이 발표되었습니다.

- **경제적인(Economic) 관점** : 경제적인 관점에서 살펴보면 국가 지원 사이버 공격 그룹이나 해킹그룹들이 비트코인이나 가상화폐 거래소 등 금전적 목적의 사이버 공격을 감행함에 따라 금전적 목적으로 인한 사이버 공격이 증가되고 있습니다. 이에 따라 공격자들 역시 디지털 생태계를 악용하여 공격 접점으로 활용하는 사이버 공격들이 발생할 수 있습니다.

- **사회적인(Social) 관점** : 사회적인 관점에서 살펴보면 차세대 기술 보편화 및 활용 수준은 사이버 공격에 영향을 미치고 있습니다. 그뿐만 아니라 공격자 관점

에서는 사용자들의 낮은 보안인식 수준 및 국가 재난 사태나 선거 등의 사회적
이슈는 사이버 공격 요소로 활용되게 됩니다.

- **기술적인(Technological) 관점** : 기술적인 관점에서 살펴보면 블록체인, NFT,
  스마트 컨트랙트, AI, 메타버스 등 새로운 기술 생태계 등장은 신규 공격 벡터로
  작용할 수 있습니다.

이번 장에서는 PEST 기반의 환경 요인을 바탕으로 사이버 공격 유형을 1. 공격 주
체 (Attack Subject), 2. 공격 기법 (Attack Technique), 3. 공격 객체(Attack
Object)의 3가지 요소로 분류하였습니다. 이제부터 사이버 공격의 3가지 요소를 기
반으로 공격 원인과 영향도를 파악하고자 합니다.

1.1.2 ● 사이버 공격 유형의 3가지 핵심요소

환경 요인의 변화는 사이버 공격 유형을 결정하는 공격 주체, 공격 기법, 공격 객체
에 영향을 미칩니다. 사이버 공격을 주도하거나 실행하는 요소인 공격 주체, 사이버
공격의 피해가 발현되는 공격 대상인 공격 객체, 마지막으로 공격 주체가 공격 객체
를 공격하기 위해 사용되는 공격 기법이나 절차 등을 포함하는 공격 기술로 분류됩
니다.

사이버 공격은 공격 주체의 공격 목적을 달성하기 위해서 공격 기법을 이용해 공격
객체를 공격하기 때문에 3가지 요소 간의 인과관계가 형성됩니다. 따라서 사이버
공격은 공격 주체, 공격 기법, 공격 객체의 3가지 요소가 모두 충족되어야 사이버 공
격이라고 할 수 있습니다.

공격주체(Attack Subject)	공격기법 (Attack Technique)	공격객체 (Attack Object)
• 개념 : 사이버 공격을 실행하거나 수행하는 주체 • 공격규모 : 형태와 목적에 따라 개인 및 그룹(단일그룹, 그룹간 결합)으로 구성 • 공격목적 : 금전적, 정보획득, 정치적 또는 이념적 목적, 국가간 갈등, 사회적 이슈	• 개념 : 공격주체가 공격객체 공격 시에 사용하는 도구와 기술	• 개념 : 사이버 공격이 가해지는 대상 • 공격대상 : 조직, 개인, 시스템, 네트워크 등 공격목적을 충족하는 요소 • 공격벡터 : 하드웨어, 펌웨어, 소프트웨어

[사이버 공격의 구성도]

- **공격 주체 (Attack Subject)** : 사이버 공격을 수행하는 주체를 의미하며, 국가나 조직, 개인 등으로 구성되어 공격 목적과 운영 방식에 따라 규모가 달라집니다. 공격 목적에 따라서 국가 주도의 사이버 공격그룹이나 정치적 목적의 핵티비스트, 금전적 목적의 사이버 범죄자 등으로 세분됩니다.
- **공격 기법 (Attack Technique)** : 공격 주체가 공격 객체를 공격하기 위한 공격 도구나 공격 기술을 의미합니다. 따라서 악성코드, 네트워크 공격, 소셜 엔지니어링, 물리적 공격, 암호해독 및 데이터 탈취 등이 공격 기법에 포함됩니다. 공격 기법은 공격 주체의 공격 목적에 따라 달라집니다. 2010년 6월에 발견된 스턱스넷(Stuxnet)과 같이 공격 객체에 최적화된 맞춤형 공격 기법을 사용하거나, 파일 및 폴더를 암호화하고 복호화를 빌미로 금전을 요구하는 랜섬웨어(Ransomware)와 같이 불특정 다수를 타깃으로 공격하는 공격 기법도 자주 사용되고 있습니다.
- **공격 객체 (Attack Object)** : 공격자의 공격 기술이 발현되는 대상을 의미합니다. 조직 및 개인, 시스템, 네트워크 등 공격자의 목적대로 피해가 발생하는 지점입니다. 정보의 안전, 기밀성, 무결성, 가용성을 포함한 다양한 관점에서 공격 객체의 피해가 발생합니다.

사이버 공격 유형을 구성하는 3가지 요소 간의 연관성과 개념을 토대로 사이버 공격 유형을 보다 상세히 설명하고자 합니다.

사이버 공격 핵심 요소 **1** 공격 주체(Attack Subject)

사이버 공격 유형을 구성하는 첫 번째 요소인 공격 주체는 공격 목적과 공격 조직에 따라 분류됩니다. 사이버 공격은 공격 객체에 직·간접적인 피해 유발이 목표이기 때문에 공격 목적에 따라서 공격 조직의 구성과 규모에 영향을 미치게 됩니다.

국가 지원형 사이버 공격 그룹이나 랜섬웨어같이 정치적인 목적이나 금전적인 목적에 의해서 공격 주체의 조직 규모나 공격 기법이 결정되기 때문에 정보 탈취 및 산업 스파이, 개인정보 유출, 인프라 파괴 및 중단, 개인적인 만족이나 도전, 사회 및 정치적 메시지 전달 등 공격 목적을 기반으로 공격 주체를 분류할 수 있습니다.

최근에는 금전적 목적과 정치적·국가적 목적을 기반으로 활동하는 공격 주체의 성향이 두드러짐에 따라 이를 바탕으로 공격 주체를 설명하도록 하겠습니다.

1. 금전적 목적의 사이버 공격 주체

먼저 금전적 목적의 공격 주체에 대해서 살펴보면 금융 산업과 같이 직접적으로 금전 획득이 가능한 일부 산업 분야를 제외하면, 종전의 사이버 공격은 공격 객체가 보유한 기밀정보나 민감정보를 탈취해 판매해서 현금화하는 것이 일반적이었습니다. 하지만 랜섬웨어라는 새로운 게임 체인저의 등장으로 랜섬웨어 감염되면 피해자가 복구하기 위해 공격자에게 암호화폐를 전달하기 때문에 별도의 현금화 과정이 불필요해지면서 금전적 목적의 공격들은 랜섬웨어를 중심으로 재편되고 있습니다. 랜섬웨어를 통한 금전 획득을 극대화하기 위해 피해자 물색 및 접근, 랜섬웨어 설치, 몸값 협상 등 랜섬웨어 배포부터 종료까지의 프로세스가 분업화되고 세분화되면서 서비스형 랜섬웨어(RaaS, Ransomware as a Service)라는 새로운 범죄 생태계가 조성되기 시작하였습니다.

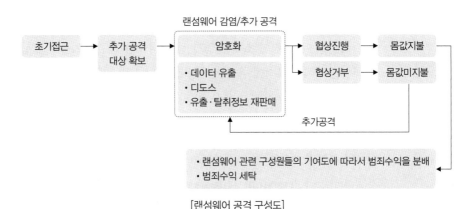

[랜섬웨어 공격 구성도]

서비스형 랜섬웨어 그룹들은 체계적인 조직구조와 높은 기술 수준을 바탕으로 무차별 공격을 감행하던 종전의 공격방식을 벗어나 새로운 공격 양상을 보이고 있습니다. 피해자가 더 높은 협상 금액을 지불하게 하기 위해 디도스 공격이나 탈취 데이터를 공개하겠다는 협박을 하는 등 피해자의 심리를 압박하는 다중협박 전술을 이용하는 한편, 높은 보안수준의 대규모 공격을 감할 수 있을 정도의 공격그룹으로 성장하고 있습니다.

미국 남동부에서 소비되는 석유류의 45%를 담당하는 최대 송유관 관리업체인 콜로니얼 파이프라인(Colonial Pipeline)은 다크사이드(DarkSide)라는 해킹그룹의 랜섬웨어 공격으로 500만 달러에 달하는 75비트코인을 지불하였습니다. 이와 같이 자국 내에 랜섬웨어를 포함한 사이버 공격이 지속되자 미국 바이든 대통령은 해당 사건의 심각성을 고려하여 비상사태를 선포하기도 하였습니다.

랜섬웨어 공격 그룹들은 높은 기술 성숙도와 파괴적인 공격력을 기반으로 공격 목적에 따라 공격 대상을 공격하기 때문에 사이버 공격 주체의 공격 목적을 분석하고 대응하는 것은 중요합니다.

2. 정치적·국가적 목적의 사이버 공격 주체

사이버 공격 유형 중 공격 주체의 성향을 결정하는 두 번째 요소인 정치적·국가적 목적은 국가, 기업, 연구 기관 등의 정보 탈취와 산업 스파이를 목표로 활동하기 때문에 정부 기관 및 정부 기관의 이해관계자들에게 피싱 메일이나 워터링홀 공격을 수행하여 기밀정보를 탈취하고 있습니다.

정부의 전폭적인 지지하에 조직구성, 운영비용 등을 지원받기 때문에 사이버 전쟁을 할 수 있는 체계적인 조직 운영과 신규 취약점 연구가 가능하게 됩니다. 주요 공격 대상은 정치적 목적에 반하는 특정 정치 집단이나 단체 및 국가를 상대로 규제 무력화를 위한 정보 수집, 사회 인프라 파괴, 통신 방해 등의 공격을 수행하여 보안 문제를 넘어 국가 안보와 연결되는 문제를 야기하게 됩니다.

미국의 사이버 보안 담당 기관 CISA에서는 '국가 주도형 사이버 공격이 가능한 국가(Advanced Persistent Threats and Nation-State Actors)'로 중국, 러시아, 북한, 이란 등을 지정하고 있습니다. 이에 따라 해당 국가들의 간첩 행위, 데이터 절도, 네트워크/시스템 중단 또는 파괴 등의 사이버 공격 활동을 방어하기 위해 사이버 위협 정보를 공개하거나 취약점 분석 정보 공유 등의 활동을 지원합니다.

국가 지원형 사이버 공격은 사이버 공격을 통해 국가 간 분쟁 유발 및 정치적 메시지 전달의 목적으로 이용하고 있습니다. 따라서 상당수는 단일 그룹으로 운영하는 것이 아니라 체계적인 관리과 운영을 통해 공격 대상과 기술에 따라 하위 공격그룹들을 운영하고 있습니다.

북한 주도의 사이버 공격 그룹 APT37도 북한의 국가안전보위부 활동 지원을 위한 목적으로 운영되며 다른 국가의 정보수집 활동을 수행하고 있습니다. 북한 정보기관의 역할을 수행하는 APT43은 사회 공학적 기법을 이용해 한국과 미국의 정부 기관뿐만 아니라 싱크탱크 및 학술연구기관 등을 공격합니다.

그 외에도 북한에서는 국방, 항공우주, 핵 분야 등을 공격하는 안다리엘(Andariel)
이나 정부나 국방, 통신 분야의 첩보활동에 집중하는 라자루스(Lazarus)까지 공격
목적 및 대상에 따라 하위 공격그룹을 유기적으로 운영하고 있습니다.

| 국가 주도형 사이버 공격그룹별 주요 특징 및 공격사례 |

국가	하위 공격그룹 및 특징	공격사례
북한 (North Korea)	• 라자루스(Lazarus), 김수키(Kimsuky), 안다리엘(Andariel) 등 여러 그룹과 협력하여 공격 도구 및 기술을 공유하는 방식으로 분석이나 추적을 어렵게 하는 수법을 사용 • 합법적인 IT업무에 참여하여 접근권한 획득이나 북한의 사이버 공격을 지원 • 소프트웨어 공급망이나 암호화폐 거래소 등을 공격하여 정보 및 암호화폐 탈취 • 사회공학기법을 통해 외교, 안보, 국방 분야의 정보 수집을 수행할 뿐만 아니라 3CX 사건과 같이 공급망 공격 및 오픈소스 프로젝트 악용	• 2011 농협전산망 해킹, 2014 한수원 원전 해킹 • 2014 소니픽처스 해킹, 2016 청와대 사칭 악성코드 유포 • 2016 미국 뉴욕연방준비 은행 방글라데시 계좌 탈취 • 2017 빗썸 가상화폐거래소 공격 • 2021 한국한공우주산업 및 한국원자력연구원 공격
러시아 (Russia)	• 소련 국가보안위원회(KGB)의 후신인 연방보안국(FSB)에 사이버 전담 부서를 통해 전문가 양성 • APT28(Fancy Bear) 및 APT29(Cozy Bear)와 같은 그룹을 운영 • 러시아는 다른 국가 및 단체에 대한 사이버 스파이 및 정보 수집 활동을 수행	• 2016 미국 대통령 선거 개입과 연결된 것으로 유명 • 2021 IT관리 및 보안 플랫폼 업체인 솔라윈즈(SolarWinds) 해킹
중국 (China)	• 중국은 APT1(Comment Crew), APT10(Menupass) 등 여러 공격 그룹을 운영하고 산업 스파이, 기술 도용 및 정보 수집을 목적으로 한 다양한 캠페인을 진행 • 중국은 기업 및 정부 기관을 대상으로 한 데이터 도용 및 산업 스파이 활동을 수행하며, 해킹된 데이터를 이용한 경제적 이득 확보	• 2021 Microsoft Exchange Server 취약점 악용 공격 • 2023 샤오치잉(晓骑营) 국내 해킹

국가 주도의 사이버 공격은 국내에서도 낯선 일이 아닙니다. 주요 정부 기관, 포털 사
이트, 은행 사이트 등에서 분산 서비스 거부 공격이 발생한 3·3 DDoS 공격이나 농
협 전산 시스템 마비 사태도 국가 주도의 사이버 공격으로 발생한 사건이었습니다.

그뿐만 아니라 취약한 VPN으로 인해 전산망 침투 피해가 발생한 한국원자력연구원과 한국항공우주산업 등은 국내에서 발생한 대표적인 국가 주도형 사이버 공격 피해 사례입니다.

2022년에는 국내에서만 발견되었던 귀신(Gwisin) 랜섬웨어 감염 사건이나 윈도우에서 자체적으로 제공하는 디스크 암호화 기능인 비트락커(BitLocker) 사건이 발생하였습니다. 이와 같은 공격 사례들을 통해 국내도 국가 주도 사이버 공격에서 안전지대가 아님을 방증하는 것이라 볼 수 있습니다.

사이버 공격 핵심 요소 **2** 공격 기법(Attack Technique)

사이버 공격의 유형을 결정하는 두 번째 요소인 공격 기법은 공격 도구와 공격 기술로 구성됩니다. 공격 주체인 공격자가 공격 객체인 피해자를 공격하기 위해서는 반드시 공격 도구와 공격 기술을 사용해야만 공격 목적을 달성할 수 있습니다.

공격 기법을 구성하는 첫 번째 요소인 공격 도구는 최근 도구의 양극화 양상을 보이고 있습니다. 파괴적인 공격 기능을 제공하는 상용도구와 무료로 사용할 수 있는 오픈소스 소프트웨어를 병행 사용함으로써 공격 효율 극대화하고 있습니다.

공격 도구는 사이버 공격에서 중요한 요소 중 하나입니다. 공격자가 공격 목적을 달성하기 위해서는 시스템인 애플리케이션의 제어권을 획득하거나 데이터 탈취, 시스템 마비 등의 공격을 수행할 때 공격 객체를 공격하는 직접적인 매개체가 바로 공격 도구이기 때문입니다.

1. 공격 도구의 양극화

공격 도구라고 하면 2010년 이란의 14개 핵시설에 있는 2만 개 이상의 장치를 감염시키고 900대의 우라늄 농축 시설의 원심분리기를 감염시켜 전 세계적인 주목을 받았던 스턱스넷과 같이 정교하게 제작된 도구만 사용한다고 생각하기 쉽습니다.

하지만 공격자들이 공격 도구 제작에 드는 비용과 시간을 절감하고 공격의 효율성을 극대화하기 위해서 공격 도구를 다양하게 사용하기 시작했습니다. 조직의 취약점을 분석하고 검증하기 위한 조직인 레드팀(Red Team)에서 사용하는 상용 공격 도구를 사용해 공격하기 시작한 것입니다.

대표적인 상용 레드팀 공격 도구로 코발트 스트라이크(Cobalt Strike), 메타스플로 잇(Metasploit) 등이 있습니다. 공격자들이 현재 가장 많이 사용하고 있는 레드팀 도구는 단연 코발트 스트라이크입니다. 광범위한 공격 패키지를 지원하여 네트워크 방어 및 공격 행위를 시뮬레이션할 수 있기 때문에 국내에서도 다수의 피해사례에 서 코발트 스트라이크가 사용된 사례를 빈번하게 확인할 수 있습니다.

코발트 스트라이크의 인기는 불법적인 소프트웨어인 코발트 스트라이크 크랙 버전 이 발견되었다는 것에서 공격자들의 코발트 스트라이크 사용이 어느 정도인지 미루 어 짐작할 수 있습니다. 이와 같은 도구의 확산을 방지하기 위해 2020년 구글에서는 코발트 스트라이크를 탐지하기 위해 오픈소스 탐지 도구인 YARA의 탐지 규칙을 34종 배포하기도 하였습니다.

물론 영원한 일인자가 없다는 말처럼 장기간 코발트 스트라이크가 공격에 사용되자 이를 탐지하는 방법들이 강화되면서 오픈소스 소프트웨어인 슬리버(Sliber)나 브루 트 라텔 C4(Brute Ratel C4), 만주사카(Manjusaka) 등의 후속 경쟁자들이 레드팀 공격 도구 대열에 합류하고 있습니다.

공격 도구의 양극화를 촉발하며 상용 도구에 대적하고 있는 오픈소스 공격 도구는 LotL(Living Off the Land)입니다. 공격 대상 시스템에 이미 존재하는 합법적인 운영 체제 도구 및 자원을 악용하여 공격을 수행하는 기술로 우리가 익히 알고 있는 윈도우 환경의 CMD나 파워쉘(Powershell)을 포함하여 WMI, WSH 등이 대표적 인 공격 도구입니다. LotL을 사용하는 공격자들은 일반적으로 이미 알려진 악성 코 드나 해커 도구를 사용하지 않고, 시스템 내에서 실행되는 합법적인 프로세스와 도 구를 악용합니다.

이러한 공격 방식은 보안 시스템이나 방화벽에서 탐지하기 어렵기 때문에 다양한 공격 시나리오에 활용됩니다. 예를 들어, 파워쉘 스크립트를 통해 악성 코드의 다운 로드 및 실행, 파일 조작 및 데이터 유출을 수행합니다. 이 외에도 오픈소스 플랫폼 인 깃허브(GitHub)를 통해 소스 코드 공유와 개발자들 간의 협업이 가능해지면서 다양한 오픈소스 도구들이 공유되고 있습니다. 크리덴셜을 탈취하는 도구인 미미 카츠(Mimikatz)나 권한 상승을 하기 위해 뜨거운 감자(Hot Potato), 외로운 감자 (Lonely Potato), 불량 감자(Rogue Potato) 등의 도구를 사용할 수 있습니다.

2. AI를 이용한 공격 기술의 보편화

공격 기법의 두 번째 요소인 공격 기술은 최근 몇 년 동안 급격한 성장을 이룬 AI입니다. AI 기술은 디지털 생태계뿐만 아니라 사이버 보안에서도 영향을 미치고 있습니다. OpenAI의 ChatGPT, Google의 Gemini, Baidu의 Emie Bot, Jasper의 Jasper, DeepMind의 Sparrow와 같은 텍스트 기반의 생성형 AI(Generative AI)는 악성 메일 작성, 악성코드 생성 등 공격자가 공격 대상을 속이기 위한 가짜 콘텐츠 생성 및 취약점 연구에 활용할 수 있습니다.

생성형 AI가 사이버 공격의 공격 기술로 부각되는 이유는 전문 지식 없이도 공개된 도구나 취약점을 사용해 공격하는 스크립트 키디(Script Kiddy)도 전문적인 해킹 기술과 도구를 생성형 AI로 구현할 수 있기 때문에 사이버 공격의 진입장벽이 낮아지면서 사이버 생태계 전반의 보안 위험도가 높아지는 문제를 야기하게 되었습니다.

사이버 공격 핵심 요소 **3** 공격 객체(Attack Object)

사이버 공격의 유형을 결정하는 마지막 요소인 공격 객체는 소프트웨어 기반의 생태계가 확산되면서 생태계 전반의 복잡성이 증가되고 있습니다. 차세대 기술 발전은 위치나 시간 및 공간의 종속성이 없는 비즈니스 생태계 구현을 가능하게 하면서 산업 간 결합을 통한 인프라 구성과 데이터 연계를 통해 플랫폼 비즈니스를 확대하였습니다.

한때 기업들이 IT시스템 운영을 위해 사용하던 모놀리식 애플리케이션 아키텍처는 효율성과 생산성 확대가 목적인 모듈화 형태의 독립적인 구성으로 전환이 되면서 새로운 공격 요인으로 작용할 수 있기 때문에 공격 객체의 변화 요인에 대해서 살펴볼 필요가 있습니다.

1. MSA로 인한 공격 객체의 변화

공격 객체 변화의 첫 번째 요인은 효율성과 생산성 향상을 목표로 기능을 독립적으로 구성할 수 있는 독립적인 서비스 단위를 기반으로 한 API 기반의 마이크로 서비스 아키텍처(MSA, Microservices Architecture)가 등장한 점입니다. MSA는 소프트웨어를 작은 독립적인 서비스로 분할하여 개발 및 배포, 확장이 더 쉽게 이루어질 수 있도록 지원합니다. 각 서비스는 특정 기능을 담당하며 서로 통신할 수 있는 API를 사용하여 상호 연결되는 구조를 갖게 됩니다. 이러한 아키텍처는 소프트웨어를 모듈화하고 확장성을 높이며, 개발팀이 빠르게 혁신하고 새로운 기능을 출시하는 시간을 단축해서 비즈니스 생산성을 높이게 됩니다.

2. DevOps로 인한 공격 객체의 변화

두 번째 요인은 CI/CD(Continuous Integration/Continuous Deployment) 및 DevOps 환경을 통해 소프트웨어 개발 생산성을 향상하고 개발 및 운영팀 간의 협업이 강화되었다는 점입니다. CI/CD는 소프트웨어 개발 주기를 단축하고 소프트웨어 변경 사항을 자동으로 통합하고 배포하는 프로세스를 의미합니다. DevOps는 개발 및 운영팀 간의 경계를 허물고 소프트웨어의 릴리스 주기를 빠르게 만들게 됩니다. 소프트웨어 개발 및 배포의 효율성을 높이고, 오류를 감소시킬 수 있기 때문에 고객에게 새로운 기능을 제공하는 데 도움이 되게 됩니다.

3. 오픈소스로 인한 공격 객체의 변화

세 번째 요인은 오픈 소스 소프트웨어의 사용이 증가함에 따라 다양한 외부 구성 요소를 통합하는 경우가 늘어나는 점입니다. 이러한 구성 요소에는 3rd Party 라이브러리, API 및 패키지 등이 포함됩니다. 오픈 소스 소프트웨어는 개발을 가속화하고 혁신을 촉진하는 데 중요한 역할을 하지만, 외부 구성 요소의 증가는 보안 및 규정 준수 문제에 대한 고려가 필요함을 의미합니다. 이러한 공격 객체의 생태계 변화는 물리적 환경과 디지털 환경 간의 모호한 경계로 인해 소프트웨어의 복잡성이 높아지고 투명성이 저해되게 됩니다. 이에 따라 공격 표면(Attack Surface)이 증가해 보안 문제가 야기되면서 새로운 도전 과제에 직면해 있습니다.

특히, 오픈 소스 소프트웨어 사용의 확대로 인한 위험 종속성(Risk Dependency) 문제는 보안 생태계 전반에 심각한 영향을 초래하고 있습니다. 대표적인 오픈 소스의 보안 이슈는 Apache Log4Shell이라는 이름의 CVE-2021-44228 취약점입니다. 자바 기반 로깅 유틸리티 Apache Log4j의 취약점은 로깅 기능을 사용하는 소프트웨어 전반에 영향을 미치면서 파괴적인 영향을 미치게 되었습니다.

취약점이 발견되면 안전한 버전으로 업데이트하면 된다는 단순한 보안 법칙이 소프트웨어 간의 체인 구조로 인해 직접적인 업데이트가 불가능해지면서 위험의 영향도가 도미노처럼 발생한 사건이라고 볼 수 있습니다.

기업은 오픈 소스 소프트웨어의 취약성과 보안 업데이트를 주의 깊게 모니터링하고 관리해야 하며, 위험의 종속성에 따른 영향을 최소화해야 합니다. 공격 주체의 환경적인 변화는 공격 지점 및 피해 규모에도 영향을 미치는 중요한 요소이기 때문에 사이버 공격 유형을 결정하는 데 있어서 중요한 요인으로 작용하게 됩니다.

공격 객체의 환경적인 변화에 따라 물리적 환경과 디지털 환경의 모호한 서비스 경계나 소프트웨어 복잡도 증가로 인해 투명성이 저하되면서 새로운 공격 접점인 공격표면이 증가함에 따라 다양한 공격 객체들이 사이버 공격의 위험에 노출되어 다양한 사이버 공격에 대응 전략이 필요하게 됩니다.

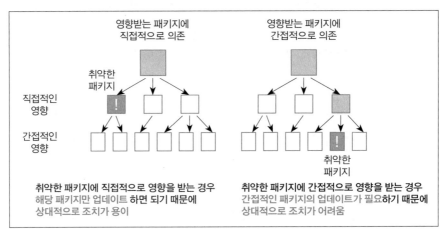

[직접적인 종속성과 간접적인 종속성 발생 시에 영향도 차이]

1.2

침해사고 대응 전문가

사이버 보안 관련 업무 중에서 단시간 내에 중요도와 긴급도가 높은 업무를 꼽자면 단연 침해사고 대응이라고 할 수 있습니다. 침해사고가 발생한 사고 범위를 산정하고 서비스 연속성과 안전성을 확보하기 위한 사이버 보안 분야의 최전선에 있는 침해사고 대응 전문가에 대해 알아보고자 합니다.

1.2.1 ● 침해사고 대응 업무 이해하기

침해사고 대응 업무를 이해하기 위해서는 먼저 침해사고가 무엇을 의미하는지 알아야 합니다. 「정보통신망법」 제2조 제1항 제7호에 따르면 해킹, 컴퓨터바이러스, 논리폭탄, 메일폭탄, 서비스 거부 또는 고출력 전자기파 등의 방법을 사용하거나 정보통신망의 정상적인 보호·인증 절차를 우회하여 정보통신망에 접근할 수 있도록 하는 프로그램, 기술적 장치 등을 정보통신망 또는 이와 관련된 정보시스템에 설치하는 방법으로 발생한 사태를 '침해사고'로 정의하고 있습니다.

침해사고 대응 업무는 조직 내 컴퓨터 시스템, 네트워크, 데이터 등의 디지털 자산을 보호하고, 정상적인 비즈니스 목적을 위협하는 침해사고가 발생했을 때 신속하고 효과적으로 대응할 수 있는 조직과 프로세스를 가리킵니다. 침해사고 대응은 보안의 위험 수준을 유지하고 조직의 기밀성, 무결성, 가용성을 유지하기 위한 업무를 수행하게 됩니다.

침해사고 대응 업무라고 하면 침해사고 발생 이후의 디지털 포렌식이나 악성코드 분석 등의 업무만 수행하면 된다고 오해하기 쉬우나, 더 중요한 것은 침해사고가 발생하기 이전에 침해사고를 유발하는 위험이나 취약점의 발생을 예방하기 위한 대응 체계를 수립하고 개선하는 업무를 수행하는 것이 필요합니다.

개인정보 보호법 개정(법률 제19234호, 2023.3.14. 공포, 2023.9.15. 시행) 및 동법 시행령 개정안을 반영한 정보보호 및 개인정보 보호 관리체계 인증 등에 관한 고시에 따라 개정(2023.10.05)된 인증기준의 '2. 보호대책 요구사항' 내 '2.11. 사고 예방 및 대응' 항목에서 침해사고 대응 업무에 대해 명시하고 있습니다.

사고 예방 및 대응 항목들을 자세히 살펴보면 미국 국립표준기술 연구소인 NIST에서 발간한 NIST SP 1271인 사이버 보안 프레임워크(CSF, Cybersecurity Framework)와 유사하다는 것을 알 수 있습니다.

NIST CSF는 보안의 위험관리를 위해 발표된 기준으로 보안의 우선순위 결정 및 연속성 제고를 위한 목적으로 사용됩니다. 식별(Identify), 보호(Protect), 탐지(Detect), 대응(Respond), 복구(Recover)라는 5가지 절차로 구성되어 있으며, 전 세계적으로 다양한 분야에서 사용되고 있는 대표적인 위험관리 기준 중 하나입니다. 2024년 2월에 발표된 CSF2.0에서는 기존 5가지 절차에 거버넌스(Governance)가 추가되어 사이버 보안 강화를 위한 활동을 위해서는 거버넌스에 따라 위험관리 방향과 결과를 제시하고 우선순위 산정에 도움을 주는 것이 목적이라 할 수 있습니다.

NIST의 CSF와 ISMS-P의 사고 예방 및 대응 항목에 대응해보면 아래와 같이 정리해 볼 수 있습니다.

| NIST CSF와 ISMS-P 보호대책 요구사항 매핑표 |

NIST CSF	ISMS-P	침해사고 대응 업무와의 연관성
식별(Identify)	2.11.1. 사고 예방 및 대응체계 구축	직접적인 연관성 존재
보호(Protect)	2.11.2. 취약점 점검 및 조치	간접적인 연관성 존재
탐지(Detect)	2.11.3. 이상행위 분석 및 모니터링	간접적인 연관성 존재
대응(Respond)	2.11.4. 사고 대응 훈련 및 개선	직접적인 연관성 존재
복구(Recover)	2.11.5. 사고 대응 및 복구	직접적인 연관성 존재

침해사고 대응 업무를 수행하는 조직 관점에서 봤을 때 직접적인 업무 연관성을 고려하면 '식별(Identify)'에 해당하는 '2.11.1. 사고 예방 및 대응체계 구축'과 '대응(Respond)'에 해당하는 '2.11.4. 사고 대응 훈련 및 개선', '복구(Recover)'에 해당하는 '2.11.5. 사고 대응 및 복구' 항목과 대응할 수 있습니다.

침해사고 사실을 인지하거나 예방하는 등의 간접적인 업무 연관성을 고려해야 하는 '보호(Protect)'업무는 '2.11.2. 취약점 점검 및 조치'에 해당하며, '탐지(Detect)'업무는 '2.11.3. 이상행위 분석 및 모니터링'과 대응할 수 있습니다.

침해사고 대응 업무와 직접적인 연관이 있는 '2.11.1. 사고 예방 및 대응체계 구축'

항목을 살펴보면, 침해사고의 범위와 유형별 중요도, 중요도에 따른 복구절차가 명시된 침해사고 대응 지침·절차·매뉴얼이나 침해사고 대응 조직 및 비상 연락망 등의 준비를 제시하고 있습니다.

'2.11.4. 사고 대응 훈련 및 개선' 항목에서는 침해사고 대응 절차에 따른 침해사고 및 개인정보 유출 사고 대응 모의훈련 계획서와 결과서를 준비해야 하며, '2.11.5. 사고 대응 및 복구' 항목에서는 침해사고 대응 절차에 따른 침해사고 대응 보고서 작성 및 유출 신고 등의 업무를 수행해야 합니다.

제시된 기준들은 침해사고 대응을 수행하기 위한 최소한의 업무들을 명시한 내용이기 때문에 실제 업무를 수행하는 경우에는 반드시 해당 항목만 수행하는 것이 아니라 조직의 비즈니스 목적과 환경에 맞게 제시된 항목들을 적용해야 합니다.

| ISMS-P 보호대책 요구사항 중 사고 예방 및 대응 관련 항목 |

항목	주요 확인사항
2.11.1. 사고 예방 및 대응체계 구축	침해사고 및 개인정보 유출사고를 예방하고 사고 발생 시 신속하고 효과적으로 대응하기 위한 체계와 절차를 마련하고 있는가?
	보안관제서비스 등 외부 기관을 통해 침해사고 대응체계를 구축·운영하는 경우 침해사고 대응절차의 세부사항을 계약서에 반영하고 있는가?
	침해사고의 모니터링, 대응 및 처리를 위하여 외부전문가, 전문업체, 전문기관 등과의 협조체계를 수립하고 있는가?
2.11.4. 사고 대응 훈련 및 개선	침해사고 및 개인정보 유출사고 대응 절차에 관한 모의훈련계획을 수립하고 이에 따라 연1회 이상 주기적으로 훈련을 실시하고 있는가?
	침해사고 및 개인정보 유출사고 훈련 결과를 반영하여 침해사고 및 개인정보 유출사고 대응체계를 개선하고 있는가?
2.11.5. 사고 대응 및 복구	침해사고 및 개인정보 유출의 징후 또는 발생을 인지한 경우 정의된 침해사고 대응절차에 따라 신속하게 대응 및 보고가 이루어지고 있는가?
	개인정보 침해사고 발생 시 관련 법령에 따라 정보주체(이용자) 통지 및 관계기관 신고 절차를 이행하고 있는가?
	침해사고가 종결된 후 사고의 원인을 분석하여 그 결과를 보고하고 관련 조직 및 인력과 공유하고 있는가?
	침해사고 분석을 통해 얻어진 정보를 활용하여 유사 사고가 재발하지 않도록 대책을 수립하고 필요한 경우 침해사고 대응절차 등을 변경하고 있는가?

1.2.2 ● 보안관제센터와 침해사고 대응의 상관관계 및 업무별 역할

침해사고 대응 업무는 사이버 보안 위협으로 인해 발생하는 보안 사고를 관리하는 업무로서 '침해사고'로 업무 전환이 발생하는 지점을 인지하는 '탐지(Detect)'와 침해사고로 인한 피해를 최소화하는'대응(Respond)'업무의 전환이 중요합니다. 일반적으로 사이버 보안 위협을 탐지하기 위해서는 다양한 이기종 보안 시스템에서 발생하는 로그와 이벤트를 수집 및 분석 사이버 보안 기술 및 운영을 통합하는 보안관제센터(SOC ; Security Operation Center)와 연계되어 있습니다.

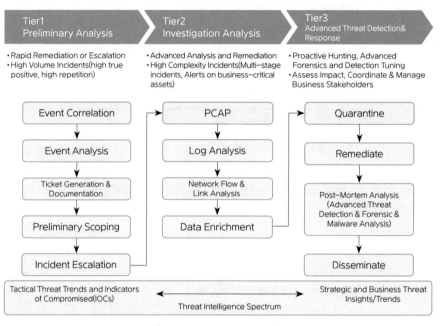

[보안관제센터 업무 프로세스]

보안관제센터는 조직의 자산을 보호하기 위해 24시간 365일 모니터링을 통해 보안 시스템에서 발생하는 로그 및 이벤트를 분석하고 대응하기 때문에 독립적인 보안 업무 주체로서 사이버 보안과 관련된 업무 전반을 수행하게 됩니다. 보안관제는 국가사이버안전관리규정에 따른 '사이버 공격 위협의 탐지·대응' 항목과 국가 전산망 보안관제 지침에 따라 무중단의 원칙, 전문성의 원칙, 정보공유의 원칙을 기반으로 법적 준거성에 따른 보안관제 업무를 수행하게 됩니다.

보안관제센터는 PPTGC 프레임워크를 기반으로 사람(People), 절차(Process), 기술(Technology)의 3가지 핵심 기본 요소와 거버넌스(Governance), 컴플라이언스(Compliance)로 분류될 수 있습니다. 이번 장에서는 가장 기본적인 3가지 요소인 PPT에 대해서 집중적으로 살펴보겠습니다. 보안관제센터를 구성하는 인력자원을 의미하는 '사람'은 보안관제 책임자(SOC Manager)를 포함하여 보안관제 요원과 취약점 및 모의침투 요원, 침해사고 대응 요원 등으로 구성되게 됩니다.

구성 인력들은 보안 요구사항에 따라 보안관제센터를 구성하는 자산과 자원을 이용하여 사전에 명시된 업무를 수행하는 일련의 과정을 담은 '절차'를 수행하게 됩니다. 마지막 항목인 '기술'은 보안관제센터에서 발생하는 위협 정보를 바탕으로 위협 유효성 및 영향도를 분석하는 기법과 도구 등을 의미합니다

| SOC 구성요소 및 주요 특징 |

구분	정의	구성요소
사람 (People)	보안관제센터를 구성하고 있는 인력자원	• SOC Manager • Security Advanced Professional • Security Analysts • Incident Responder
절차 (Process)	보안 요구사항에 대한 보안관제센터 구성원들의 업무 명세	• SOCP(Security Operation Center Process) • Working System/Playbook • SOC Orchestration • Operation Management • Recovery Plan(BCP/DRP)
기술 (Technology)	보안관제센터 내에서 운용하고 있는 위협정보를 기반으로 수집, 분석, 판단, 제어, 관리 등에 소요되는 기법이나 방법	• Threat Hunting • Incident Response • Forensic • Automated Ticketing • Threat Intelligence

보안관제는 관제대상의 시스템을 보호하기 위한 목적으로 사이버 공격을 모니터링하고 보안 이벤트나 시스템 로그 등을 분석하여 공격 징후를 식별하고 대응하는 것을 의미합니다. 이를 위해 계정관리 및 접근통제, 서버보안, 네트워크 보안 등 다양한 영역의 이기종 보안 솔루션을 통합하고 분석하게 됩니다. 통합보안 관제 솔루션을 통해 수집된 정보는 Tire1이나 Tire2에 해당하는 보안관제 전문 요원들을 통해 위험의 유효성과 우선순위에 따라 선제적인 분석과 대응 업무가 수행되게 됩니다. Tire1이나 Tire2의 보안관제 전문 요원들이 식별한 위험 중 추가적인 피해가 예상되

거나 상세분석이 필요한 경우에는 침해사고 대응 업무를 수행하는 Tire3으로 업무를 이관하여 로그 분석, 디지털 포렌식, 악성코드 분석 등의 업무를 수행하게 됩니다.

보안관제센터를 구성하고 있는 인력은 분석 역량과 기술 성숙도에 따라서 업무를 분류하기 때문에, 보안관제센터의 조직 목적과 규모에 따라 운용하고 있는 보안 시스템의 접근 권한 및 기능을 차등 부여하여 운영하게 됩니다.

일례로 정보보안 운영팀에서는 보안관제 업무 및 보안 교육이나 감사를 수행하고, 침해사고 대응 계획 수립 및 침해사고 대응 업무 등의 침해사고 대응 관련 업무는 침해사고 대응 전담팀에게 일임하여 운영하게 됩니다.

이처럼 보안관제센터를 구성하는 것은 보안 장비나 솔루션을 구축하는 것에서 그치는 것이 아니라, 지속해서 보안 위협을 탐지하고 대응할 수 있도록 모니터링을 수행하고 연속성을 유지하는 것이 중요합니다.

1.2.3 ● 침해사고 대응 절차

한국인터넷진흥원(KISA)의 사고대응 방법론은 사고대응 전 준비과정, 사고 탐지, 초기 대응, 대응전략 수립, 사고 조사, 보고서 작성, 복구 및 해결과정의 7단계로 침해사고 대응 절차를 분류하고 있습니다. 미국은 NIST SP 800-61에 따라 준비(Preparation), 탐지 및 분석(Detection & Analysis), 격리, 근절 및 복구(Containment, Eradication, and Recovery), 사고 후 활동(Post-Incident Activity)의 4단계로 절차를 분류하고 있습니다. 이처럼 침해사고 대응 절차는 조직이나 기관마다 상이하기 때문에 침해사고 발생 전의 업무와 침해사고 발생 이후의 업무에 대한 구체적인 업무 프로세스를 기준으로 조직의 자산과 인력 분배 방법을 결정하는 것이 중요합니다.

침해사고 발생 전에 보안 위협을 인지할 수 있는 환경 및 절차를 준비해야 하며, 보안관제센터 및 운영팀을 통해서 침해사고 사실을 모니터링하고 있다가 실제 침해사고가 발생한 사실을 인지하면 침해사고 대응 인력에게 이관하여 본격적인 침해사고 대응 업무를 수행하게 하는 절차를 구성하는 것이 필요합니다.

NIST CSF 관점에서 본다면 침해사고는 '탐지(Detect)'단계에서 '대응(Respond)'

단계로 전환되는 것을 의미하기 때문에 침해사고 대응 업무를 수행하는 조직에서는 단계별 수행 업무와 절차를 명문화해서 구성원들이 인지할 수 있도록 하는 것이 중요합니다.

침해사고 대응 업무는 정보보안의 수준을 강화하고 사이버 위협에 대응할 수 있는 업무이기 때문에 이번 장에서는 4가지 단계로 분류하고 있습니다. 침해사고 대응 준비(Incident Response Preparations), 침해사고 인지 및 범위 산정(Incident Recognition & Scoping), 증거 수집 및 분석(Evidence Collection & Analysis), 대응 조치 및 완화(Countermeasures & Mitigation)의 4단계를 기준으로 침해사고 대응을 위한 절차를 보다 자세히 설명하고자 합니다.

STEP 1 침해사고 대응 준비(Incident Response Preparations)

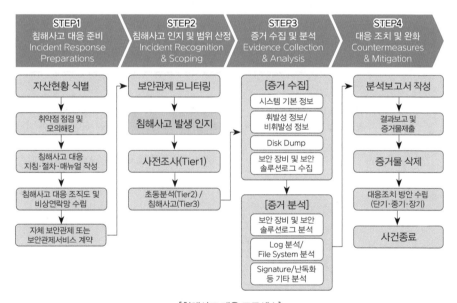

[침해사고 대응 프로세스]

침해사고 대응 업무 중에서 중요도에 비해 간과되기 쉬운 업무가 바로 침해사고 대응 준비 단계입니다. 침해사고는 발생 시점이나 지점을 예측할 수 없기 때문에 침해사고 대응 준비단계에서는 침해사고를 유발할 수 있는 공격 요인을 제거하고 침해사고 발생 시에 수행해야 하는 조직의 역할과 수행업무에 대한 체계적인 분석을 통해 명문화하는 것이 중요합니다.

먼저 침해사고를 유발할 수 있는 요인을 제거하는 방법으로는 취약점 점검과 모의 해킹을 들 수 있습니다. 취약점 점검은 체크 리스트를 기준으로 항목별 위협 요인을 식별하고 위험 가능성을 판단하여 점검하는 업무를 의미합니다. 모의해킹의 경우 공격자의 관점에서 공격 대상의 정보를 수집하고 분석하여 만들어진 시나리오 기반의 위협 모델링을 바탕으로 시스템 영향도 및 피해 여부를 증명할 수 있게 합니다. 취약점 점검과 모의해킹을 주기적으로 수행하여 조직의 인프라에 존재하는 위험을 관리할 수 있는 수준까지 낮추고 지속적인 모니터링을 통해 위험을 관리하는 것이 필요합니다.

침해사고 대응 대응을 준비하기 위해서는 침해사고 대응 지침·절차·매뉴얼 작성, 침해사고 대응 조직도 및 비상 연락망 수립, 자체 보안관제 또는 전문적인 보안관제 서비스 계약 등의 업무를 수행하게 됩니다. 침해사고 대응은 철저한 준비와 계획이 필요하기 때문에 업무별 자세한 사항은 다음과 같은 준비가 필요합니다.

| 침해사고 대응 업무를 위한 준비사항 |

구분	준비사항
침해사고 대응 정책 및 절차 개발	• 침해사고 대응을 위한 정책과 절차를 개발하고 문서화 • 정책과 절차는 침해사고 발생 시 어떤 단계와 절차를 따를지를 상세히 기술 필요 • 특히 해당 국가의 법적 규정 및 규제 준수사항을 고려하여 침해사고 대응 계획을 개발하고 관리 • 비즈니스 연속성을 보장하기 위해서 비즈니스의 특성에 대한 고려를 하여 개발 필요 • 침해사고 대응 업무 시에 관련되는 이해관계자 및 업무역할 명확화가 중요 • 사고 보고 및 대응팀 간의 의사소통을 포함하여 사고대응 위한 이해관계 자 간 커뮤니케이션 표준 및 지침 수립을 기반으로 수행
침해사고 대응 전문팀 구성	• 침해사고 대응팀을 구성하고, 필요한 도구 및 인적자원을 확보 • 대응 팀은 보안 전문가, 법률 컨설턴트, 커뮤니케이션 담당자 등으로 구성 • 악성코드 분석이나 디지털포렌식과 같이 전문적인 기술이 필요하여 조직의 인력만으로 구성이 어려운 경우에는 아웃소싱을 통해서 외부 전문가를 포함한 팀을 구성
팀 역할 및 책임 구체화	• 대응 팀 내에서 각 구성원의 역할과 책임을 정의하고 문서화 • 각 팀원은 사고 대응 시 무엇을 해야 하는지 명확한 이해 필요

구분	준비사항
정보 보호 도구 및 시스템 확보	• 침해사고 대응을 위해 필요한 정보 보호 도구와 시스템을 확보 • 로그 분석 도구, 침입 탐지 시스템, 안티바이러스 소프트웨어, 암호화 등을 포함 • 오픈 소스 분석도구와 상용 분석도구를 분류하여 침해사고 발생 시에 즉시 사용할 수 있도록 별도의 툴킷(Toolkit) 형태로 구성
사고 대응 장비 및 시설 확보	• 침해사고 발생 이후 사고 대응을 위한 장비와 시설을 확보 • 침해사고 대응 센터나 재난 복구 시설 등을 포함 • 조직 보안 아키텍처 및 BCP/DRP 등을 고려한 IR수준 강화활동을 수행해야 하며 이때 컴플라이언스 및 거버넌스 등 고려
테스트 및 평가	• 침해사고 대응 계획을 주기적으로 테스트하고 검토하여 효과적인 대응을 보장 • 이를 통해 계획의 개선점을 찾아내고 수정 • 취약점 점검(Vulnerability assessment), 모의해킹(Penetration Testing), 위협 헌팅(Threat Hunting)등의 활동을 통해서 선제적으로 침해사고를 유발할 수 있는 위협과 취약점을 식별 가능
침해사고 모의훈련	• 조직 내부 및 외부 엔터티와의 협력을 위한 교육 및 훈련을 실시 • 대응 팀원들과 직원들은 사이버 위협 및 대응에 대한 주기적인 학습과 훈련이 필요
사이버 보안 교육 및 훈련	• 조직 내 직원 및 대응 팀원에 대한 사이버 보안 교육과 훈련을 실시 • 모든 직원이 사이버 위협에 대한 인식을 높이고 대응 능력을 향상

이와 같이 침해사고 대응 준비 단계에서는 향후 발생할 침해사고 대응 업무의 신속한 피해 확산 방지와 정확한 원인분석을 위해서 조직의 침해사고 대응 역량 향상을 위한 지속적인 관리와 방안을 제시하는 것이 중요합니다.

STEP 2 침해사고 인지 및 범위 산정(Incident Recognition & Scoping)

침해사고 대응을 위한 준비 과정이 완료되었다면 침해사고의 발생 여부를 인지하고 피해 범위에 대한 산정을 수행하게 됩니다. 침해사고 발생 여부를 모니터링하는 보안관제센터의 보안관제 요원은 보안 장비 및 보안 솔루션을 통해 로그 및 이벤트를 분석하고 침해사고 발생 여부를 판단하여 침해사고로 의심되는 경우에는 침해사고 분석팀이나 침해사고분석 인력에게 이관 조치를 수행하게 됩니다. 따라서 사건의 영향도 및 파급 효과를 고려하여 상세 분석 시에는 침해사고 대응 지침·절차·매뉴얼 등에 따라 침해사고 대응 업무를 수행하게 됩니다.

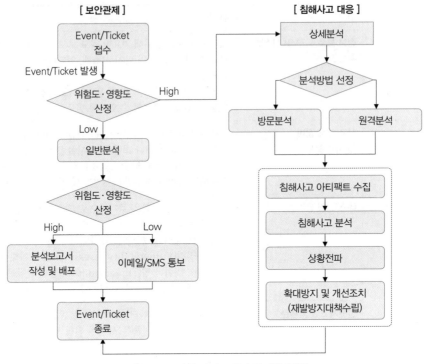

[침해사고 발생 시 사고 인지 및 대응 절차]

- **사고 발생징후 확인** : 보안관제시스템을 통해 보안관제 요원이 이벤트나 경보를 통해 침해사고를 유발할 수 있는 이상징후를 탐지하게 됩니다. 침해사고에 있어서 피해를 최소화하기 위해서는 침해사고 발생 초기 단계에서 사건을 인지하는 것이 가장 중요합니다.
- **사고 발생지점 확인** : 침해사고 발생 지점이나 발생 대상, 자산의 중요도에 따라서 침해사고로 미치는 영향도와 대응방법이 달라지기 때문에 침해사고의 시작지점과 발생범위를 정확하게 판단하는 것이 중요합니다.
- **사고 발생징후 분석** : 보안관제시스템을 통해 수집된 이기종 보안 솔루션의 보안 이벤트나 경보를 보안관제 요원이 1차 초동분석을 통해 공격의 유효성을 판단하여 추가 모니터링 필요 여부 및 사고 분석 등의 의사결정을 수행하게 됩니다. 보안관제센터에서는 보안관제 시스템을 통해 보안관제 요원이 초동 분석을 수행하는 과정을 티켓팀 시스템(Ticketing System)을 통해 추적 관리하거나 업무 이관을 수행하게 됩니다.

- **사고 영향도·위험도를 고려한 분석범위 산정** : 보안관제시스템과 보안관제요원을 통해 1차 분석된 이벤트나 경보를 토대로 침해사고의 유형과 피해범위에 따른 분석범위를 결정하게 됩니다. 침해사고로 인한 영향도와 추가 확산여부, 침해사고를 당한 시스템 내에 저장되어 있는 데이터의 민감도, 컴플라이언스나 거버넌스 등에 따라서 분석범위와 방법을 결정할 수 있게 됩니다.

STEP 3 증거 수집 및 분석(Evidence Collection & Analysis)

침해사고 인지 및 범위 산정이 완료되었다면 본격적으로 침해사고의 사고 원인을 분석하기 위한 증거 수집 및 분석 업무를 수행하게 됩니다. 클라우드, On-Premise, Device, Mobile 등 분석대상 자산의 유형에 따라서 수집 가능한 휘발성·비휘발성 아티팩트를 수집하고 분석하게 됩니다. 사고유형에 따라 디지털 포렌식, 악성코드 분석 및 상용 솔루션·플랫폼 등의 로그분석을 통해 원인을 파악하는 단계라고 할 수 있습니다.

- **증거 수집(Evidence Collection)** : 침해대상 시스템 및 연계된 시스템에서 침해사고의 원인과 추가 피해여부 분석에 활용할 수 있는 증거를 수집하게 됩니다. 증거 수집단계에서 중요한 것은 네트워크 구성 현황 및 운영 현황 등을 정확하게 파악하여 공격자의 흔적을 찾을 수 있는 모든 증거를 수집해야 한다는 점입니다. 이를 통해 향후 공격자의 공격 패턴이나 침입 경로, 침입에 사용된 도구 등을 확인할 수 있게 됩니다.

구분	내용
A. 데이터 식별	증거 수집단계에서 수집된 데이터에 따라서 침해사고 분석의 향방에 많은 영향을 끼치기 때문에 네트워크 구성도 및 자산 현황에 따라 수집해야 하는 데이터 유형 및 종류에 대해서 명확하게 식별하는 것이 중요합니다. 중요한 것은 데이터 식별 시에 비휘발성 데이터 이외에도 휘발성 데이터도 식별해야 합니다.
B. 증거 보존	일반적으로 디지털 포렌식 관점에서는 디지털 기기에 저장된 증거를 활용하기 위해서는 수집된 증거가 수정되거나 변조되지 않았음을 증명할 수 있는 무결성의 원칙을 충족해야 합니다. 따라서 향후 데이터의 재현 등을 고려하여 적법한 절차에 따라 증거를 수집하고 보존해야 합니다.

구분	내용
C. 데이터 수집	침해사고의 원인 분석에 필요한 데이터를 수집하는 과정입니다. 이 과정에서는 메모리 덤프, 로그 파일, 디스크 이미지, 네트워크 패킷, 레지스트리 정도 등 다양한 정보들을 무결성과 신속성에 의거하여 수집해야 합니다.
D. 절차 연속성 유지	증거로서의 가치가 유지되기 위해서는 증거 획득 및 분석, 보관 등의 일련의 과정을 문서화하고 각 단계의 책임자를 통해 데이터의 신뢰성을 보장하고 추적성을 제공할 수 있는 연계 보관성(Chain of Custody)을 제공해야 합니다.

- **증거 분석(Evidence Analysis)** : 수집한 증거를 분석하여 침해사고의 원인을 파악하고 공격자의 목적을 식별해야 합니다. 사고 원인과 공격 목적은 향후 추가적인 공격 가능성 및 식별되지 않은 추가 침해사고의 징후를 발견하는데 도움을 줄 수 있기 때문에 통합 타임라인분석, 프로파일링 분석, 통계 분석 등의 분석기술을 통해 사고 원인을 분석하게 됩니다.

구분	내용
A. 파일시스템 분석	• 실제 데이터를 확인하지 않고도 기본적인 정보를 확인할 수 있으며 메타 데이터 영역을 통해서 빠른 데이터 검색과 파일 정보 및 삭제 유무 등을 확인 할 수 있습니다. • 윈도우 시스템의 경우에는 레지스트리나 윈도우 이벤트 로그 분석 등을 통해 사고 원인을 식별할 수 있으며, 리눅스나 유닉스 시스템의 경우에는 /var/log/경로 내에 저장되는 보안 관련 로그나 프로세스 정보 등을 통해서 사고원인을 분석할 수 있습니다. • 최근에는 가상화 환경이 증가되고 있기 때문에 가상화 환경의 이미징 분석 및 파일 시스템 분석이 중요해지고 있습니다.
B. 네트워크 트래픽 분석	• 모든 조직에서 다수의 이기종 보안 솔루션을 구축하고 운영하는 환경이라면 사고 원인 분석에 활용할 수 있는 증거가 많겠으나 그렇지 못한 환경이라면 네트워크 트래픽 분석이 가장 중요한 사고원인의 분석 방법으로 사용될 수 있습니다. • 예를 들어 방화벽만 구축되어 있는 환경이라면 피해 시스템에 접속한 IP, PORT, Send/Recive Byte Size, Time등의 정보를 획득할 수 있기 때문에 특정 기능이나 공격에 대해서는 식별이 가능하게 됩니다.

구분	내용
C. 보안 솔루션 분석	• 서버, 네트워크, 데이터, DBMS 등 다양한 인프라 영역의 보안 솔루션이 구축 및 운영되는 환경이라면 보안 솔루션을 통해서 식별되는 이벤트나 경보를 통해 사고의 원인을 분석할 수 있습니다. • 단일 장비에서 발생하는 이벤트나 경보는 전체적인 공격의 흐름이나 원인을 파악하지 못할 수 있으나 보안 솔루션 전체를 기준으로 타임라인을 분석하게 되면 공격자의 공격 흐름이나 공격 기법 등을 파악할 수 있게 됩니다. • 최근에는 북한, 러시아 등 국가 지원형 사이버 공격그룹 등에 의해 보안 솔루션 취약점을 이용한 공격사례가 다수 확인 됨에 따라 보안 솔루션의 기능과 지원범위에 대해서 명확히 식별해 두는 것도 중요합니다.
D. 악성코드 분석	• 침해사고 분석에서 빠지지 않고 등장하는 업무는 단연 악성코드 분석이라 할 수 있습니다. • exe, dll 등과 같은 PE기반의 실행파일도 존재하나 PDF, Word, 한글 등과 같은 Non-PE기반의 비실행파일도 악성코드 분석에서 중요한 요소라고 볼 수 있습니다.

STEP 4 대응 조치 및 완화(Countermeasure & Mitigation)

침해사고 분석의 마지막 단계는 사고 원인에 대한 보안조치를 수행하고 지속적인 모니터링을 수행하는 것입니다. 침해사고의 원인은 단순히 기술적인 결함으로 인해 발생될 수도 있지만 조직의 문화, 시스템 운영 방식 등 다양한 요소에 따라 영향을 받을 수 있기 때문에 피해 시스템에 연관되어 있는 솔루션 벤더, 유지보수, 운영팀, 보안팀 등 다양한 이해관계자가 지속적인 위험관리 방안을 수행하는 것이 필요합니다.

침해사고가 발생되고 보안조치를 적용할 때는 서비스 영향도나 실현 가능성 등 ROI를 고려하여 단기·중기·장기의 시점별 마스터플랜 수립해야 하며, 비즈니스 유연성 및 인프라 확장성 등 거시적 관점의 보안체계정비와 비즈니스 도메인별 고려사항을 반영한 사고대응 업무를 지속해야 합니다.

- **침해사고 발생원인 중단** : 침해사고를 유발한 공격자와 피해 시스템의 접근을 차단해서 추가적인 공격을 할 수 없도록 제한하는 것이 필요합니다.
- **예방 및 보완조치** : 침해사고가 발생한 원인을 해결하고, 유사한 사고예방을 위한 보완 조치를 수행해야 합니다. 이는 보안 체계 개선, 보안 아키텍처 고도화, 솔루션 탐지 정책 검토, 사용자 보안 교육 등을 통해 개선할 수 있게 됩니다.

- **피해 시스템 서비스 정상화** : 침해사고의 영향도에 따라서 사고 발생 이전의 상태로 복구하고 추가적인 피해가 발생되지 않도록 지속적인 보안 강화 활동이 필요합니다.

1.3
침해사고 대응 업무 노하우

뛰어난 관찰력과 추리능력을 통해 복잡한 미스터리를 해결하는 셜록 홈즈처럼 침해사고 대응 업무는 다양한 증거의 조각을 맞춰서 범인을 찾아가는 과정이라고 할 수 있습니다. 'The Game is On'이라는 셜록 홈즈의 대사처럼 복잡한 사건의 조각들을 맞춰야 하는 침해사고 대응 업무에 대한 현실적인 사례들에 대해서 이야기하고자 합니다.

1.3.1 ● 서비스 목적과 우선순위를 고려해서 침해사고 접근하기

비즈니스 생태계 경쟁 심화로 인해 디지털 기술을 결합한 디지털 기반의 비즈니스 전략을 채택하면서 조직이나 기업의 인프라와 문화는 효율성과 유연성을 극대화하는 방안으로 재편되었습니다.

비즈니스 생태계의 변화는 소프트웨어 개발 생태계에도 영향을 미치면서 재사용성, 모듈화 등을 고려하여 애플리케이션을 작은 기능단위로 관리하는 마이크로 서비스(Micro Service)와 경량화된 가상화 기술인 컨테이너로 애플리케이션을 개발하게 되면서 CI/CD 기반의 자동화된 애플리케이션의 개발과 운영 프로세스인 DevOps나 Micro-DevOps를 구축하면서 탄력적이고 능동적인 환경으로 발전하였습니다. 문제는 이러한 기술적이고 환경적인 변화로 인해 애플리케이션, 네트워크, 엔드포인트 등 조직과 기업의 인프라 구성이 복잡해지고 가시성이 낮아지면서 공격 시도를 식별하고 탐지하여 대응하는 과정이 어려워지고 있다는 점입니다.

복잡한 인프라 구성과 낮은 가시성은 침해사고 발생 시에 악영향을 끼칩니다. 조직과 기업의 보안을 총괄하는 보안팀에서 지속해서 자산의 현황과 보안 수준을 측정하고자 다양한 기법과 기술을 사용하고 있지만 모든 보안 위험을 식별하고 대응하는 것은 현실적으로 쉬운 일이 아니기 때문입니다.

침해사고 현장은 최대한 이른 시간 내에 피해 상황을 최소화하고 사고 원인을 분석하여 문제점을 해결해야 하므로 항상 긴박한 상황에 놓이게 됩니다. 상황이 긴박하게 돌아가다 보면 침해사고 대응에 필요한 증적 데이터를 수집하는 데 급급하여 비즈니스나 서비스의 주요 목적을 간과하는 경우가 발생할 수 있습니다.

예를 들어 무중단 서비스를 제공해야 하는 비즈니스의 경우에는 시스템 다운이나 재부팅 등의 문제를 야기할 수 있는 도구 실행이나 증적 채증 행위들에 대해서 주의가 필요하게 됩니다.

세계 4대 스포츠 이벤트인 하계·동계 올림픽, FIFA 월드컵, 세계 육상 선수권 대회와 같이 단시간 내에 국내외 정보통신기술과 역량이 집중되는 메가 이벤트(Mega Event)의 경우에도 침해사고 대응 시에는 다양한 접근법과 우선순위를 고려해야 합니다.

2018년 2월 9일부터 2월 25일까지 강원도 평창군 등에서 개최된 제23회 평창 동계올림픽에서 '올림픽 파괴자(Olympic Destroyer)'라고 불리는 악성코드 감염 사고가 발생하였습니다. 제23회 평창 동계올림픽의 침해사고 대응팀(CERT) 운영 사업자로 이글루코퍼레이션(구 이글루시큐리티)이 참여했기 때문에 당시의 경험했던 상황을 토대로 메가 이벤트를 운영하는 상황에서 침해사고 대응 업무를 수행할 때 고려해야 하는 사항에 대해서 되짚어 보고자 합니다.

올림픽을 포함한 메가 이벤트에서는 정치적 성향을 목적으로 하는 사이버 공격이 빈번하게 발생합니다. 2018 평창올림픽에서는 악성코드 감염 사고 이외에도 러시아 해커들이 러시

[2018년 평창 동계올림픽 당시 강릉역 모습]

아 선수들의 도핑 의혹에 대한 출전정지 징계로 인한 보복 성격으로 올림픽 네트워크를 공격해 관중들의 입장이 지연되고 와이파이가 끊기는 사건이 발생하였습니다.

2020 도쿄 올림픽에서는 올림픽 기간 이전에 랜섬웨어 공격을 받아 감염된 컴퓨터

를 모두 교체하기도 하였습니다. 그 외에도 올림픽 인프라 자체를 공격하지 않더라도 일반 사용자를 타깃으로 올림픽 특수를 노린 사회공학적 공격이 급격하게 증가하기도 합니다.

공격자와 올림픽 파괴자(Olympic Destroyer)로 촉발된 12시간의 피 말리는 전쟁의 시작은 2017년 12월부터 출발하게 됩니다. 공격자는 올림픽 조직위원회의 파트너사를 해킹하여 확보한 계정으로 정보를 수집하게 됩니다. 이후 41종의 악성코드를 이용하여 CDN(Contents Delivery Network)에 침투해 서비스를 교란하고 조직위원회 시스템을 공격하여 300여 대의 서버 중 인증 서버인 AD(Active Directory)를 포함한 50여 대를 파괴하면서 올림픽 시스템 상당수가 중단되었습니다.

올림픽에 참가한 선수 및 관계자들은 신원확인을 위해 인증 카드를 발급받게 되는데 인증 서버가 중단되면서 복구가 늦어지게 되니 모든 올림픽 인프라의 이동에 제약이 생기게 되는 상황이었습니다. 이때 빛을 발한 것이 바로 침해사고 대응 업무를 수행하는 CERT 조직의 활약이었습니다.

사고가 발생한 올림픽 개막식 이후에 필요한 서비스를 최우선으로 복구하고 침해사고로 인해 피해가 발생한 시스템을 분석하여 계정 탈취 여부 및 악성코드 분석 등을 수행하였으며 올림픽 조직위원회를 구성하고 있는 업체들과 협력하여 서비스 복구 및 백신 업데이트 등의 작업을 진행하여 31종의 시스템 영역과 13종의 경기관리 시스템 등 52개 서비스를 정상적으로 복구할 수 있었습니다.

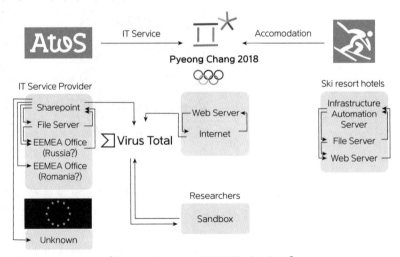

[OlympicDestroyer 전파 과정, 카스퍼스키]

메가 이벤트 사례에서 침해사고 대응 관점에서 중요한 점을 다시금 살펴보면 침해 사고로 인해 영향을 미치는 주안점이 기업과 조직을 넘어서 국가 차원의 이미지 하락으로 이어질 수 있다는 점입니다.

따라서 다양한 이해관계자가 결부된 상황에서는 각자 맡은 업무분장 및 대응 방안에 대한 철저한 숙지가 그 무엇보다 중요합니다. 평창 올림픽 침해사고 사건에서도 12시간이라는 짧은 시간 내에 정교하게 준비된 APT 공격을 신속하게 막을 수 있었던 것은 올림픽 수행 전에 수행한 모의훈련 시나리오와 사고 원인 분석 및 대응 방안 모색을 통해 신속한 의사결정이 가능했기 때문이라고 볼 수 있습니다.

1.3.2 ● 비슷한 침해사고는 있어도 동일한 침해사고는 없다.

2021년 방영된 '옆집마녀 제이'는 뷰티 크리에이터가 자신이 만든 화장품과 메이크업 능력으로 화장품 개발을 하는 과정에서 발생하는 에피소드를 다룬 웹 드라마입니다. 웹 드라마의 에피소드 중 '하늘 아래 같은 색조는 없다'라는 회차는 화장품의 톤, 채도, 발색, 발림성, 제형 등에 따라서 같은 색상이라 할지라도 다른 색상으로 보일 수 있음을 다루는 에피소드입니다.

침해사고 현장도 '하늘 아래 같은 침해사고는 없다'라고 볼 수 있습니다. 조직 인프라를 구성하고 있는 환경적, 기술적, 문화적인 요소 등에 따라 침해사고로 인해 발생하는 피해 범위나 영향도가 상이하게 달라지기 때문입니다. 예를 들어 조직 인프라를 구성하는 기본적인 요소 중 하나인 네트워크 구성에 대해서 생각해 보면 좀 더 이해가 쉬울 겁니다.

조직이나 기업에서 네트워크를 구성하기 위해서는 일반적으로 중앙 집중식으로 구성된 데이터에 접근하는 구조로 구성되어 있으며 LAN을 통해 다중 프로토콜 레이블 스위칭(MPLS)을 이용해 외부의 WAN과 연결하여 네트워킹을 구성하게 됩니다. 조직 내부의 네트워크를 구성하기 위해서는 조직 공간이나 업무 목적 등에 따라서 네트워크 통신망을 구분하여 사용하게 됩니다.

예를 들어 조직의 네트워크 인프라 구성이 워크로드를 독립적으로 분리하는 보안설계 방식인 마이크로세그멘테이션(Microsegmentation)이라고 가정해 봅시다.

마이크로세그멘테이션으로 구성된 네트워크 통신망은 적용하지 않은 통신망에 비해서 방화벽이나 기타 네트워크 솔루션 등의 관리 업무가 증가하는 단점이 발생할 수는 있으나, 공격자가 내부망에 침투해서 높은 가치의 자산이나 인프라로 이동하는 측면이동(Lateral Movement)공격에 대해서 효과적으로 대응할 수 있게 됩니다. A-B-C-D로 연결된 구조와 A-B로 구성된 연결 구조를 생각해 보면 단일 네트워크 통신망 구조와 마이크로세그멘테이션으로 구성된 네트워크 통신망 구조가 사이버 공격으로 인한 공격 소요 시간 및 피해 영향도가 상이하다는 점을 알 수 있게 됩니다. 이러한 이유로 공격자가 사용한 공격 도구나 공격 기술이 동일하다 하더라도 침해사고 현장에서 결과가 달라지게 됩니다.

동일한 침해사고 사례를 찾을 수 없다면 유사한 침해사고 사례를 통해서 사고의 원인을 추정하고 분석 방법의 이정표를 찾는 과정이 중요합니다. 전 세계의 IT종사자들이 한결같이 외치고 있는 정보공유의 취지가 바로 이러한 이유에서 기인한다고 볼 수 있습니다.

특히 침해사고의 경우 공격 주체가 불법 자금확보나 정치적인 성향, 국가 간 대립 상태로 인해 정보 탈취나 파괴를 위한 목적 등에 따라서 공격의 수법과 도구에서 차이가 발생하기 때문에 유사한 공격 목적에 따른 공격 기법들을 분석하는 것이 중요합니다.

국내는 정치적, 지리적, 경제적인 환경요건으로 국가 지원형 사이버 공격이 발생할 수 있는 여건이 높습니다. 2022년 8월경 국내 SW 업체, 의료기관, 반도체, 리조트, 건설업체 등 20여 곳의 피해를 야기했던 비트락커(BitLocker) 랜섬 공격사례를 통해 이와 같은 환경적인 요건이 사이버 공격에 미치는 영향과 정보공유의 중요성에 관해서 이야기해 보고자 합니다.

우리가 앞서 파일 및 드라이브를 암호화 알고리즘으로 암호화한 후 몸값을 요구하던 소프트웨어인 랜섬웨어에 대해서 살펴보았습니다. 그러나 우리가 살펴볼 비트락커는 마이크로소프트사에서 윈도우 운영체제의 디스크 암호화를 목적으로 제공하는 기술입니다. 윈도우 비스타부터 지원하기 시작하였으며 최신 윈도우 버전에는 기본적으로 탑재되어 있습니다.

'BitLocker 드라이브 암호화'에서 'BitLocker 켜기'를 선택하면 드라이브 잠금 해제 방법으로 '암호화를 사용하여 드라이브 잠금 해제'와 '스마트 카드를 사용하여 드라이브 잠금 해제'의 기능을 제공하는 공격자들은 암호를 이용해 드라이브를 잠근 후 복호화를 빌미로 금전을 요구하는 공격을 수행하게 됩니다.

[비트락커 실행 화면]

랜섬웨어에 감염되면 랜섬웨어 감염사실과 함께 가상화폐를 보낼 주소와 공격자들과 몸값을 협상하기 위한 메신저 채널 등이 명시되어 있는 ReadMe 파일에 반해 국내에서 활동한 공격자는 2개의 메일 주소를 포함한 단 4줄의 단조로운 텍스트파일만 남겼을 뿐입니다.

> [참고] 비트락커 암호화 공격자가 피해자에게 남긴 메시지
> Just for money.
> If you want to unlock data, please contact us.
>
> fg23f25d3d43s@startmail.com
> ryf43fderwrxs@onionmail.com

공격자는 ASPXSpy라는 웹쉘을 통해 취약한 웹 서비스에 접근한 이후 포테이토라는 권한 상승(Privilege Escalation)도구들을 이용하였으며, 접근통제 우회를 위해 FRP(Fast Reverse Proxy)나 LCX 오픈소스 도구로 외부에서 접근을 하는 공격기

법을 사용하였습니다.

공격자는 피해자와의 몸값 협상 채널로 암호화된 이메일 서비스를 제공하는 스타트메일(StartMail)과 프로톤메일(ProtonMail)을 사용하여 향후 추적을 피하기 위해 노력하는 한편 피해 기관을 식별하기 위해서 다수의 서버를 감염시켰더라도 모두 동일한 패스워드로 감염시키는 특징을 보이기도 하였습니다.

비트락커 감염사건에서 중요한 점은 크게 2가지 요소로 취약한 웹 서비스를 대상으로 공격을 시도하였으며 감염된 기관들의 상당수는 다수의 서버가 감염되었다고 하더라도 패스워드는 1개만 사용했다는 점이였습니다.

이와 같은 공격자들의 특징을 기반으로 보안관제센터와 공조하여 취약한 웹 서비스를 타깃으로 공격하는 공격행위를 선제적으로 차단하고 추가적인 비트락커 감염 행위를 차단하는 사례가 확인됨에 따라 정보공유는 중요한 부분이라고 볼 수 있습니다.

[참고] 오픈소스 기반의 윈도우 권한상승 도구

권한상승(Privilege Escalation)은 수평적 권한상승(Horizontal privilege escalation)과 수직적 권한상승(Vertical privilege escalation)으로 분류됩니다. 동일 레벨의 사용자가 데이터 접근을 목적으로 권한상승을 시도하는 것은 수평적 권한상승으로 분류하고 있으며, 일반 사용자 권한에서 취약점이나 계정탈취 등을 통해 관리자 권한을 획득하는 형태의 공격을 수직적 권한상승 공격이라고 합니다.

윈도우 환경에서는 다양한 오픈소스 기반의 권한상승 도구들이 존재하는데 그 중에서 최근 가장 많이 언급되고 있는 도구가 바로 '감자 시리즈'입니다. 윈도우 서비스 계정에서 NT AUTHORITY/SYSTEM 권한으로 권한을 상승하기 위한 목적으로 사용되는 도구들로 Steve Breen(@breenmachine)이 발견한 윈도우 권한상승 기술의 코드명이 'Hot Potato'라고 명명되면서 이후에 공개되는 윈도우 권한상승 도구들의 이름에 포테이토(Potato)라는 이름의 시리즈가 탄생되었습니다.

권한상승을 위한 오픈소스 기반의 대표적인 감자 시리즈 목록 : Hot Potato, Rotten Potato, Lonely Potato, Juicy Potato, Rogue Potato, Sweet Potato, Generic Potato, LocalPotato

1) Potatoes - Windows Privilege Escalation : https://jlajara.gitlab.io/Potatoes_Windows_Privesc
2) LocalPotato - When Swapping The Context Leads You To SYSTEM : https://www.localpotato.com/localpotato_html/LocalPotato.html

---

사회 공학적 공격을 이용하는 공격 사례들은 침해사고 사례를 공유해야 하는 이유를 가장 잘 설명하는 사례입니다. 2022년 발생한 SK C&C 판교 데이터 센터 화재

사건이나 이태원 압사 사고와 같은 재난사건으로 인한 국가적인 이슈를 이용한 키워드들은 사회 공학적 공격의 단골 공격 소재이기도 합니다. 국내에서 유포된 워드파일 기반의 악성코드도 이러한 사회적 이슈를 활용해 공격을 수행하였습니다.

STEP1 국내 사회적 이슈를 악용한 공격 징후 발견	**STEP2** 신속한 정보공유로 선제적인 공격행위 차단	**STEP3** 국외에서도 국내 공격사례 에 대한 분석 사례 공유
[공격도구] • SK C&C 판교 데이터센터 화재사건 ('22.10.15), 이태원 압사 사고('22.10.29) 등 워드파일을 이용한 악성코드 유포 공 격 발견 • 공격 초기에는 악성URL 없이 정상URL만 사용하여 향후 추가 공격을 위한 공격 가 능성만 확인하고 위험의 은닉화 시도 확인 **[공격방법]** • 카카오톡 메신저에서 특정 카카오톡 채팅 방에 있는 특정 공격 대상을 타깃으로 공격 • 공격자들이 사용한 공격도구인 문서형 악성코드를 배포할 때 시간차 공격을 수 행하여 분석지연	**[정보공유]** • 한국인터넷진흥원(KISA) 등을 포함한 국 내 다수의 기관에서 국내 사회적 이슈를 악용한 공격방식 및 분석보고서 배포 **[선제대응]** • 국내 사회적 이슈를 악용한 악성코드 유 포와 관련된 IoC정보를 공유하여 추가 피해 예방 및 신속한 탐지 가능	**[해외공유 현황]** • 구글 위협분석그룹(TAG)에서는 10월말 북한 해킹조직 'APT37'이 '용산구 이태원 사고 대처상황 – 2022.10.31(월) 06:00 현재'라는 제목의 악성 워드 파일유포 정 보 공유 • 악성파일 내부에는 중앙재난안전대책본 부 보고서 양식을 모방하여 사고개요와 인명피해 및 조치현황 등에 대해 명시 • *Internet Explorer 0-day exploited by North Korean actor APT37 by Google Threat Analtsis Group(2022.12.07)*

[사회 이슈를 이용한 악성코드 유포 및 정보공유 현황]

해당 사건에서 우리가 알 수 있는 교훈은 정보공유를 통해 추가적인 피해를 예방할 수 있었던 사건이라는 점입니다. 특정 메신저의 채팅방에 속해 있는 표적화된 공격 대상들을 대상으로 문서형 악성코드를 유포하였음에도 불구하고 관련 정보를 신속하게 공유하고 선제적인 차단을 수행함에 따라 추가적인 피해를 예방할 수 있었기 때문입니다.

● 보안리더의 실전 노하우

침해사고 대응뿐만 아니라 사이버 보안 관련 업무를 수행할 때 가장 중요한 점은 사이버 보안에 영향을 미치는 다양한 요소들의 지속적인 모니터링입니다. 최근에는 보편화된 용어인 사이버 위협 인텔리전스(CTI, Cyber Threat Intelligence)관점에서 해킹 기법, 버그 바운티, 위협 및 취약점 정보, 위협 헌팅 결과, 서비스형 랜섬웨어 기능 업데이트 현황, 다크웹이나 딥웹을 통한 조직이나 기업의 탈취 정보 및 민감정보 등 다양한 위협 정보의 스펙트럼을 주기적으로 수집하는 것이 중요합니다.

위협정보는 잘 정리되어 있는 보안업체의 공식 홈페이지나 보안 뉴스 이외에도 개인 블로그, Facebook, X(구 Twitter) 등 다양한 채널을 통해서 수집된 정보를 모니터링해야 합니다. 위협 정보를 모니터링 할 때 크롤링을 통해 직접 위협 정보를 수집하고 분석하여 활용할 수도 있으나 모두가 이러한 방식으로 정보를 수집하는 것은 프로그래밍 능력이나 시스템 환경 등의 제약사항이 발생할 수 있기 때문에 기본적으로는 공개되어 있는 정보 수집 및 공유 플랫폼을 활용하는 것을 추천합니다.

1. RSS Reader 활용

웹 사이트에서 업데이트되는 최신 컨텐츠를 신속하게 제공하는 콘텐츠 표현 방식 중 하나인 RSS(Rich Site Summary 또는 Really Simple Syndication)를 이용하면 웹 사이트에 직접 방문하지 않아도 업데이트 정보와 내용을 빠르고 손쉽게 받아볼 수 있습니다.

[Feedly 실행 화면]

2. 위협 정보를 수집해서 공유해주는 플랫폼 및 사이트 이용

침해사고와 뗄 수 없는 관계에 있는 악성코드도 침해사고 대응 전문가가 항상 주시해야 하는 사항입니다. 최신 악성 코드 뉴스 및 위협 정보를 교환하는 채널인 악성코드 뉴스(MALWARE.NEWS)는 다수의 악성코드 관련 벤더 및 블로그 등에서 공개된 정보를 제공하기 때문에 악성코드에 관련된 정보를 수집하고 싶다면 해당 사이트를 추천합니다.

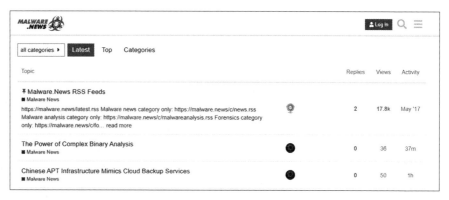

[Malware.news 실행 화면]

3. Facebook이나 X(구 Twitter) 등 SNS 모니터링하기

최근에는 Facebook이나 X(구 Twitter) 등을 다크웹이나 딥웹, 서비스형 랜섬웨어, 위협헌팅 정보 등에서 공유하는 경우가 많기 때문에 SNS모니터링은 매우 중요한 요소 중 하나입니다. 가장 쉬운 방법은 보안 관련된 뉴스를 제공하는 공식 채널을 친구추가한 이후 이와 관련된 정보를 공유하는 개인이나 기업들을 확장해서 친구추가 하는 방법을 사용하면 됩니다.

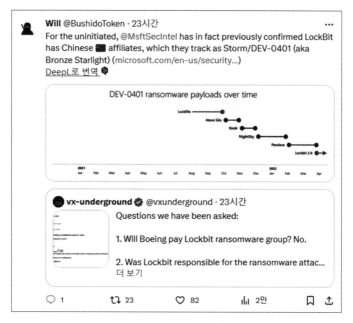

[Facebook 실행 화면]

[X(구 Twitter) 실행 화면]

개별적인 모니터링이 어려운 경우에는 지금은 유료로 변경되었으나 TweetDeck을 이용하면 키워드별로 트위팅 내용을 확인할 수 있기 때문에 보다 효율적으로 모니터링이 가능해지게 됩니다.

[TweetDeck 실행 화면 예시]

헬스케어 부문 보안 인증
전문가의 노하우

2.1

정보보안 개요

정보보안의 정의를 이해하고, 정보보안의 필요성과 정보보안을 확보해야 하는 이유, 정보보안 관련 법령의 법 적용 원칙, 정보보안의 분류에 대해 알아보겠습니다.

2.1.1 ● 정보의 4단계

> 자료(Data), 정보(Information), 지식(Knowledge), 지혜(Wisdom)

자료, 정보, 지식, 지혜 - 비슷하게 생각되는 이 단어들의 차이는 무엇일까요? 우리는 일상에서 이러한 용어들을 구분하지 않고 사용하고 있습니다. 그러나 정보공학적 관점에서 이러한 용어들은 의미상 차이를 가지고 있습니다. 맥도너는 1963년「정보경제학」에서 이를 다음과 같이 구분하였습니다.

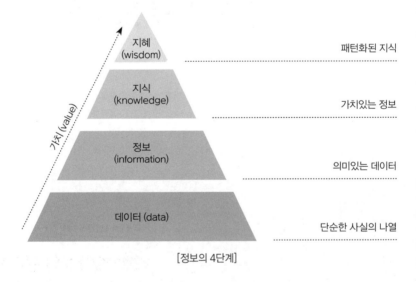

[정보의 4단계]

자료는 일상생활에서 떠돌아 다니는 사실로 수집의 대상입니다. 즉, 아직 의미가 부여되기 전의 사실을 말하고, 정보는 이러한 자료를 체계적으로 구조화한 의미있는 자료의 형태입니다. 지식은 정보 간의 관계와 경험을 통하여 얻은 가치 있는 정보로 이를 통해 판단과 의사결정에 이용할 수 있습니다. 지혜는 지식을 활용하는 창의적인 아이디어를 말합니다. 이를 '정보의 4단계'라고 하며 자료가 정보의 단계를 거쳐 지식과 지혜로 갈수록 가치는 높아진다고 할 수 있습니다.

2.1.2 ● 정보보안의 필요성

우리는 휴대전화, 컴퓨터 등을 이용하여 일상의 모든 정보를 데이터 형태로 보관하고 있으며, 최근에는 클라우드, SNS 등을 이용하여 네트워크 환경에 데이터를 저장하고 있습니다. 수많은 자료, 정보, 지식, 지혜들이 데이터의 집합체로 컴퓨터와 네트워크에서 존재하고 있으며, 이렇게 디지털화된 정보는 계속적으로 증가하고 있습니다.

우리가 잘 알고 있듯이 보안은 무엇인가를 보호하는 행위라고 할 수 있으며 그 보호하는 대상에 따라 물리보안, 정보보안, 융합보안 등으로 구분할 수 있습니다. 물리보안은 가장 고전적 의미의 보안으로 보호해야 할 대상에 대해 직접적인 접근을 막는 보안이라고 할 수 있습니다. 정보보안은 보호해야 할 대상이 바로 컴퓨터와 네트워크에 저장된 디지털화된 정보입니다. 융합보안은 최근에 떠오르는 분야로서 여러 가지 산업이 융합화되면서 보호하려는 대상이 복잡해지고 여러 가지 성격을 지니게 됨에 따라 여러 형태의 보안을 결합한 분야입니다.

| 보안의 분류 |

구분	정의	비고
물리보안	개인의 신변안전 및 주요시설의 안전한 운영과 재난·재해, 범죄 등의 방지를 위한 보안제품과 서비스	바이오 인식, 무인전자경비, 영상감시 등
정보보안	컴퓨터 또는 네트워크상 정보의 훼손·변조·유출 등을 방지하기 위한 보안제품과 서비스	방화벽, DDoS 대응장비, 안티바이러스 등
융합보안	정보보안과 물리보안의 융합 또는 IT기술과 기존 산업이 융·복합되면서 발생하는 위협을 해결하기 위한 보안제품과 서비스	블랙박스, 방법로봇, RFID 보안칩 등

[출처 : 산업통상자원부]

우리가 여기서 다루는 정보보안은 컴퓨터와 네트워크에 저장된 정보를 비롯한 조직 자산에 대한 무단 접근을 막음으로써 정보 소유자의 잠재적 손실을 최소 비용으로 하여 가장 효율적으로 제어하는 것을 목표로 하고 있습니다.

최근에 정보보안의 필요성과 중요성이 계속적으로 강조되면서 대부분의 기업에서 정보보안부서를 만들어 이를 위한 많은 활동을 하고 있습니다.

[정보 가치와 보안 비용]

정보보안이 이렇게 중요하다면 어느정도 투자를 해야 할까요?

이는 우리가 보호하려는 정보가 얼마나 중요한 것인가에 달려 있습니다.
정보보안에 있어 가장 중요하게 고려할 것은 그 정보가 얼마나 가치 있는가 하는 정보의 중요도입니다. 위의 그림과 같이 정보의 가치가 보안의 비용보다 크다면 비용을 들여 정보를 보호해야 할 것입니다.

2.1.3 ● 정보보안의 정의

정보보안의 보안(Security)은 외부의 위협(Threat)으로부터 내부의 자산(Asset)에 대한 취약점(Vulnerability)을 보호대책(Countermeasure)을 통해 보호하는 방식이라고 정의할 수 있으며, 이를 다음과 같은 수식으로 표현할 수 있습니다.

[위험의 산출식]

자산은 보호해야 가치를 지니고 있는 대상으로 보통 조직의 비즈니스를 위해 사용하고 있는 정보와 이러한 정보를 이용하기 위한 컴퓨터, 네트워크 등의 정보 인프라가 될 수 있습니다. 위협은 자산에 손실을 초래할 수 있는 사건의 잠재적인 원인과 행위자라 할 수 있는데 외부에서의 해킹, 내부 직원으로부터의 정보유출, 의도하지 않은 장애 등이 해당됩니다. 취약점은 잠재적인 속성으로 위협은 자산의 취약점을 이용하여 공격하게 됩니다. 따라서 자산의 취약점을 없애면 외부의 위협에도 손실을 예방할 수 있게 됩니다.

위험은 기대하지 않는 사건으로 자산에 부정적인 영향을 초래하는 것이라고 할 수 있습니다. 위험(R)은 취약점(V), 자산(A), 위협(T)의 곱으로 나타낼 수 있으며, 각각의 요소와 비례하는 관계를 갖습니다. 이러한 취약점, 자산, 위협으로부터 산출된 위험의 크기를 줄이는 것이 보호대책(C)으로 취약점, 자산, 위협을 위협의 3요소라고 하고 여기에 보호대책을 포함하게 되면 위험의 4요소가 됩니다.

학생들 사이에서 유명한 P사의 샤프가 있습니다. 이 샤프의 표면은 나무재질로 그립감이

[그립감과 필기감이 좋은 P사의 샤프]

최상이고 무게 중심이 앞쪽으로 쏠려있어 필기감이 좋은 것으로 유명합니다.
그러나 사진과 같이 촉이 매우 약하고 무게중심이 앞쪽에 쏠려 있어 떨어질 때 항상 앞쪽으로 떨어져 촉이 망가지게 됩니다. 학생들은 다른 볼펜의 뚜껑을 씌워 샤프의 촉을 보호하는 방법을 주로 사용하고 있습니다.
샤프의 예를 위험의 공식에 대입하면 다음과 같이 표현할 수 있습니다.

[샤프의 예를 대입한 위험의 산출식]

자산은 샤프 자체이고, 취약점은 촉이 충격에 약한 것이며, 위협은 샤프를 떨어뜨리면 항상 앞쪽으로 떨어진다는 점입니다. 이렇게 해서 발생할 수 있는 위험은 샤프의

촉이 망가져 결국에는 샤프를 사용할 수 없다는 것으로 이러한 위험을 낮추기 위한 보호대책으로는 다른 볼펜의 뚜껑을 씌워 촉을 보호하는 것입니다.

위의 예에서 알 수 있듯이 보안은 발생할 수 있는 위험의 총량을 줄임으로써 자산을 위험으로부터 보호하는 방법이라고 할 수 있습니다.

자산의 가치

보안은 자산의 가치를 지키는 것입니다. 그렇다면 자산의 가치는 어떻게 존재할까요? 그리고 자산의 가치 손실은 어떻게 발생할까요? 보통 정보자산의 가치는 다음과 같이 3가지로 구분할 수 있습니다.

| 정보보호 핵심 3원칙 |

구분	정의	내용
기밀성 (Confidentiality)	정보의 내용을 알 수 없도록 하는 성질	외부인에게 공개하고 싶지 않다
무결성 (Integrity)	정보를 함부로 수정할 수 없도록 하는 성질	수정할 수 없도록 하고 싶다
가용성 (Availability)	접근 시 방해 받지 않도록 하는 성질	작동하지 않으면 곤란하다

1. 기밀성

인가된 사람에게만 정보를 제공하고 인가되지 않은 사람에게는 정보의 내용을 알 수 없도록 하는 성질입니다. 나의 이메일은 나만 볼 수 있어야 하며, 다른 사람들이 함부로 볼 수 없도록 보통 아이디, 패스워드 등의 인증과정을 거쳐 정보에 접근합니다. 이렇듯 자신의 이메일은 인가된 자신만 볼 수 있도록 하는 것이 기밀성입니다.

2. 무결성

영어로는 Integrity라고 하는데 이에 대한 사전적 의미는 진실성, 완전한 상태로 결함이 없는 상태를 의미하며, 보통 데이터베이스에서는 자료의 중복을 없애고 일관성을 유지하는 것을 말합니다. 정보보안에서 무결성도 이와 같은 의미로 비인가자에 의한 자료의 변경으로부터 정보를 보호하는 것으로, 나는 내 통장의 잔고는 확인할 수 있지만 해당 잔고는 내가 마음대로 수정할 수 없습니다. 여기서 나는 통장 잔고에 대한 기밀성은 허용되었지만 무결성은 허용되지 않는 예라고 할 수 있습니다.

3. 가용성

내가 정보에 접근하고 싶을 때 사용 가능해야만 정보자산으로 가치가 있는 것을 의미합니다. 대형마트는 보통 저녁 10시면 문을 닫지만 집 앞의 편의점은 24시간 내내 이용할 수 있습니다. 여기서 편의점은 대형마트 보다 가용성이 좋다고 할 수 있습니다.

정보보안 사고는 이러한 보안 3대 요소인 기밀성, 무결성, 가용성이 침해를 받는 것입니다. 기밀이어야 할 정보가 외부로 새어 나가는 정보유출은 기밀성이 침해 받는 사고이며, 인가되지 않은 사람에 의해 정보가 수정되는 정보변조는 무결성이 침해 받는 사고입니다. 마지막으로 해커들에 의한 서비스 제공 방해는 바로 가용성의 침해라 할 수 있습니다.

2.1.4 ● 정보보안에 대한 오해와 진실

여러분은 보안에 대해 어떤 생각을 갖고 계십니까? 정보보안에 대한 여러 오해들이 존재합니다.

[정보보안에 대한 오해]

첫째, 정보보안은 정보보안 담당자들만 하는 것이라는 인식입니다.
대부분의 사람들은 나는 컴퓨터에 대해서 잘 모르고 더군다나 해킹이나 바이러스에 대해서는 정말 아무것도 몰라서 보안은 내가 하는 것이 아니라 회사의 정보보안팀이 하는 일이라고 생각합니다. 저는 병원의 정보보안팀장으로 여러 해 동안 일하면서 저와 우리팀이 할 수 있는 것은 회사 전체의 정보보안에 있어 매우 작고 제한적인 일들이라는 것을 절실히 느끼고 있습니다.

보안은 조직 구성원 전체가 적극적으로 참여해야만 효과를 볼 수 있고 가능한 것입니다.

둘째, 보안은 불편하게 만드는 것이라는 인식입니다. 보통 다른 보안 서적에서는 보안은 불편한 것이 아니라고 하지만 사실 어느 정도 불편을 감수하는 것은 맞습니다. 보안이라는 것이 본질적으로 사용자의 편의성을 제한하고 통제하는 활동들로 이루어져 조직의 효율성을 저해하는 요소들이 많습니다. 그러나 이러한 불편을 감수한다면 안전을 보장받을 수 있고 중요한 자산을 보호할 수 있기 때문에 장기적으로 본다면 더 편안하고 안전한 것이라고 할 수 있습니다.

셋째, 보안은 어렵다라는 것인데 이 부분은 동의하기 어려울 것 같습니다. 사용자들은 보안의 규정에 따라 정보를 처리하고 정보시스템을 사용하면서 업무를 수행하고 있습니다. 우리는 일상생활에서 정해진 법과 규칙에 따라 살아가고 있지만 그 수많은 법과 규칙을 모두 알지 못합니다. 그러나 일반적인 범위 내에서 상식적인 사고에 따라 생활하면 법을 어기지 않고 별다른 문제없이 살아갈 수 있습니다. 보안도 마찬가지입니다. 보안을 따른다고 해서 사용자들이 회사의 보안 정책과 규칙을 모두 알아야 하는 것은 아닙니다. 보안 역시 일반적인 범위 내에서 상식적인 사고에 기반을 두고 있기 때문에 그렇게 어렵다고 생각하지 않습니다.

2.1.5 ● 정보보안을 확보해야 하는 이유

정보보안을 확보하기 위해 제일 처음해야 할 일은 보호해야 할 대상을 파악하는 것입니다. 이를 정보보안에서는 자산의 식별이라고 하며 내가 무엇을 보호해야 하는지 알지 못하면 정보보안의 다음 단계로 나아갈 수 없습니다.

다음은 자산에 부정적 영향을 미치는 기대하지 않은 사건인 위험을 파악하는 것입니다. 앞에서 위험은 외부의 위협이 자산이 가지는 취약점이라는 속성을 공격하면서 발생하는 것이라고 했습니다. 따라서 위험을 파악하기 위해서는 이러한 위협과 취약성의 분석이 필요합니다. 이렇게 자산, 위협, 취약점으로부터 도출된 위험의 총량을 줄일 수 있는 보호대책을 정해서 이를 실행하는 것이 다음 단계입니다.

마지막은 위험을 계속적으로 확인하고 지속적으로 관리하여 대처하는 것이라 할 수 있습니다. 그렇다면 정보보안을 확보해야 하는 이유는 무엇일까요?

- 법으로 정해져 있다.
- 기업가치와 이미지를 지켜야 한다.
- 계약사항에 포함되어 있다.
- 자신을 보호해야 한다.

정보보안은 법으로 정해져 있기 때문입니다. 우리나라에는 「개인정보 보호법」, 「정보통신망 이용촉진 및 정보보호 등에 관한 법률(약칭 : 정보통신망법)」 등 정보보안을 위해 기업과 개인들이 따라야 할 규범을 규정한 법이 있습니다. 이러한 법을 어길 경우 기업과 개인들은 여러 가지 처벌을 받게 되므로 이것이 정보보안을 확보해야 하는 가장 현실적인 이유일 것입니다.

다음은 계약사항에 들어 있기 때문입니다. 대부분 기업들은 고객의 개인정보를 수집하는 것으로부터 비즈니스를 시작하고 이를 비즈니스 전반에 걸쳐 이용하고 있습니다. 개인정보 수집 시 보통 동의서, 약관 등을 통해 고객의 정보를 지키는 것을 명시하고 있으며, 이는 전부 계약사항입니다. 비즈니스에서 가장 중요한 것이 서로 간의 계약을 지키는 것이며, 고객의 신뢰를 잃는 경우 기업은 성공할 수 없습니다. 또한, 보안사고가 발생하게 되면 사고 수습에 대해서 막대한 비용이 소요되게 되며 경우에 따라 천문학적 배상 책임을 지게 될 수도 있습니다. 배상 책임 외에 브랜드 가치와 기업의 이미지가 훼손되어 비즈니스에 많은 타격을 입게 됩니다.

즉, 보안을 확보해야 하는 이유는 이러한 부정적인 영향으로부터 자기 자신을 보호하기 위한 것입니다. 그러나 많은 기업들이 보안 투자에 적극적이지 않은 이유는 보안에 대한 투자가 단기간의 성과로 연결되지 않기 때문입니다. 그렇기 때문에 정부는 법률과 규제들로 강제하고 있는 것입니다.

1. 정보보안 관련 법

앞에서 정보보안은 법으로 정해져 있다고 했는데 이와 관련된 법들을 살펴보겠습니다.

| 정보보안 관련 법 |

구분	목적
개인정보 보호법	• 개인정보 처리 및 보호에 관한 사항 • 개인정보의 수집, 이용, 제공, 파기에 관한 사항 • 정보주체의 권리 보호
정보통신망법	• 안전한 정보통신망 환경 조성 • 정보통신서비스사업자의 의무사항 규정
정보통신기반 보호법	• 주요정보통신 기반시설에 대한 보호법
통신비밀 보호법	• 통신의 비밀을 보호하고 통신의 자유 신장

먼저 정보보안의 가장 대표적인 법이라고 한다면 「개인정보 보호법」을 들 수 있습니다. 개인정보의 처리 및 보호에 관한 사항을 정함으로써 개인의 자유와 권리를 보호하는 것을 목적으로 2011년 3월 29일에 공포되었습니다. 우리가 생각하는 것보다 법 제정이 그리 오래되지 않았습니다. 사실 「개인정보 보호법」 제정 이전에는 우리나라에서 정보보안 및 개인정보보호의 중요성이 강조되지 않았습니다. 1990년대 후반과 2000년대 초반 동안 IT 기술의 혁신적인 발전 과정에서 디지털화된 정보에 대한 활용 측면에만 관심이 있었을 뿐 정보에 대한 보호는 별다른 관심을 갖지 않고 있었습니다. 그러나 업무처리의 중심축이 오프라인에서 온라인으로 변화하고 개인정보의 이용 빈도나 활용도가 높아지면서 2011년 개인정보 처리에 관한 사항의 규정을 만들게 되었습니다. 「개인정보 보호법」은 수집, 관리, 이용, 파기의 개인정보의 생명주기별 보호대책을 규정하고 있습니다. 정보주체의 권익 보호, 온·오프라인 이중 규제 등 개선, 공공기관 안전성 강화, 글로벌 스탠다드 등 주요 변경사항을 포함하여 2023년 전면 개정되었습니다.

다음의 법률로는 「정보통신망법」을 들 수 있는데 정보통신망 이용을 촉진하고 정보통신서비스를 이용하는 자의 개인정보를 보호함과 정보통신망을 건전하고 안전하게 이용할 수 있는 환경을 조성하기 위한 정보통신서비스사업자의 의무사항을 규정하고 있습니다.

「정보통신기반 보호법」은 주요 정보통신 기반 시설에 대한 보호법으로 주요 정보통신 기반 시설은 국가안보 및 경제사회에 미치는 영향 등을 고려하여 정부 및 공공기관에서 관리해야 하는 중요 정보시스템 또는 정보통신망을 말하고, 이 법에 따라 정보통신 기반 시설이 수행하는 업무의 국가·사회적 중요성, 업무 의존도, 다른 시설과의 연계성, 침해사고 발생 시 국가안전과 경제, 사회에 미치는 피해 규모 등에 따라 주요 정보통신 기반 시설을 지정하고 있습니다.

「통신비밀 보호법은」 통신 및 대화의 비밀과 자유에 대한 제한을 대상으로 하고 엄격한 법적 절차를 거치면서 통신비밀을 보호하고 통신의 자유 신장을 목적으로 제정된 법률입니다. 이 법은 국민 서로 간에 자유롭게 의사를 전달하고 정보를 교환하게 함으로써 국민의 사생활이 보호될 수 있도록 통신의 비밀과 자유를 보장함과 동시에 국가안전보장 및 중요범죄의 수사를 위하여 통신의 비밀과 자유에 대한 최소한의 제한과 이를 위한 절차를 함께 규정하고 있습니다.

2. 법 적용의 원칙

이러한 법들이 서로 상충되는 경우 다음과 같은 법 적용의 원칙에 따릅니다.

첫째, 상위법 우선의 원칙을 들 수 있습니다. 우리나라 법 체계는 헌법, 법률, 명령(시행령, 시행규칙), 법규(조례, 규칙) 등의 계층 체계를 가지고 있습니다. 상위법과 하위법이 충돌하는 경우 상위법을 우선 적용하며, 상위법에 위배되는 하위법은 효력이 없습니다.

둘째, 특별법 우선의 원칙을 적용합니다. 동일한 위상의 법 조항들끼리 충돌하는 경우 일반법에 대해 특별법이 우선하는 원칙으로, 일반법은 주체와 상황에 제한없이 일반적으로 국민의 모든 관계를 규율하는 법입니다. 사람의 지위를 막론하고 적용되어 장소적 제약이 따르지 않으며 대상에 대하여도 차별을 두지 않는 법인 반면, 특별법은 특별한 사람이나 사항에 대하여 적용되는 법으로, 특정 대상의 사건에 한정하여 적용되는 법입니다. 그러나 일반법과 특별법의 구분은 상대적인 것으로 민법과 상법의 관계에서는 민법이 일반법이고 상법이 특별법이지만 상법과 어음법의 관계에서는 상법이 일반법이고 어음법이 특별법으로 어느 법은 일반법이고 어느 법은 특별법이라고 할 수 없으며 충돌하는 대상의 법률에 따라 일반법도, 특별법도 될 수 있습니다.

셋째, 신법 우선의 원칙입니다. 구법과 신법이 충돌하는 경우 신법이 구법에 대해 우선합니다. 그러나 특별법인 구법과 일반법인 신법이 충돌하는 경우 특별법이 구법에 우선하는 것과 같이 특별법 우선의 원칙이 신법 우선의 원칙보다 우선합니다.

2.1.6 ● 정보보안의 방법

앞에서 정보보안을 확보하기 위해 가장 먼저 해야하는 것은 보호해야 할 대상을 파악하는 과정인 자산의 식별이라고 했습니다. 자산의 식별이 보호해야 할 대상을 정의하는 무엇(what)에 해당 한다면 대상을 어떻게(how) 보호해야 할 방법이 필요합니다.

| 정보보안의 방법 |

구분	정의	내용
관리적 보안 (Administrative)	조직의 관리 절차 및 규정, 대책을 세우는 방법	보안 정책/절차관리, 보안조직 구성 및 운영, 감사, 사고 조사
기술적 보안 (Technical)	정보시스템에 적용된 기술에 특화하여 보호하는 방법	네트워크 보안, 시스템 보안, 애플리케이션 보안, 데이터베이스 보안
물리적 보안 (Physical)	설비/시설에 대한 물리적 위협으로부터 보호하는 방법	출입 관리, 주요시설 관리, CCTV, 자산 반/출입 관리, 자료 백업

정보보안 방법

정보보안은 그 방법에 따라 관리적(Administrative), 기술적(Technical), 물리적(Physical) 보안으로 구분할 수 있습니다.

1. 관리적 보안

보안정책과 절차를 수립하고 보안을 담당할 조직을 구성하여 운영하며 일상적인 보안활동과 보안감사를 통해 사고를 예방하고, 사고 발생 시 이를 조사하고 원인을 파악하여 재발방지 대책을 세우는 방법이라고 할 수 있습니다.

2. 기술적 보안

우리가 일반적으로 정보보안이라고 생각하는 것으로서 정보시스템에 적용된 기술에 특화하여 보호하는 방법으로 서버와 네트워크를 보호하고 응용 프로그램의 취약점을 점검하며 데이터베이스 내 데이터와 정보를 보호하는 방법입니다.

3. 물리적 보안

설비, 시설에 대한 물리적 위협으로부터 보호하는 방법으로 주요 시설에 대한 출입관리를 위해 출입통제시스템과 CCTV를 설치하고 자산의 반·출입을 통제하고 비상 시에 대비하여 자료를 백업 받는 것이 여기에 해당합니다.

보안은 별개로 작동하는 것이 아니라 관리적, 기술적, 물리적 보안이 서로 연결되어 통합적으로 운영될 때 정보자산을 안전하게 보호하여 효과를 볼 수 있습니다. 최근에는 출입통제부터 디지털 매체에 접근하는 접근통제와 인증을 통합하는 것과 같이 물리적 보안과 기술적 보안 분야가 결합되는 추세입니다.

2.2

헬스케어 보안 관리자

디지털 병원의 출현과 의료 IT 환경의 변화에 따른 헬스케어 분야에서의 정보보안의 필요성을 이해하고 의료기관의 특수성에 따른 헬스케어 보안 관리자의 역할과 책임에 대해 알아보겠습니다.

2.2.1 ● 정보화 사회(Information-Oriented Society)의 불확실성

우리는 현재 정보화 사회에 살고 있습니다. 컴퓨터와 정보통신망을 이용하여 정보 창출의 대형화가 이루어지고 있고 매일 발생하는 정보의 홍수 속에서 불필요한 정보를 여과 없이 받아 들이고 있습니다. 반면에 정작 필요한 정보는 어디 있는지 잘 모르는 경우가 대부분입니다. 정보를 이용한 가치 생산과 유통이 사회를 움직이는 원동력이 되고 있으며, 따라서 어떻게 정보를 효과적으로 관리하고 효율적으로 이용하는가에 따라 성패가 갈리고 있습니다.

| 정보화 사회의 특징 |

이전 사회	조직변수	정보화 사회
안정적, 예측적	**환경**	가변적, 불확실성
분명, 지속적	**목표**	다양함, 가변적
단순, 정태적	**기술**	복잡, 동태적
일상화, 생산성 중시	**업무**	비일상화, 창의성 중시
정형적, 반복적	**의사결정**	비정형적, 창의적

정보화 사회로 들어서면서 이전 사회 보다 많은 환경 변화와 함께 사회의 다양성이 증가하면서 가변성과 불확실성이 증가하고 있습니다. 정보화의 목적 중 하나가 수집된 데이터를 정보화하고 이를 미래의 예측에 사용하고 대비하는 것인데 사회는 더 빨리 변화하고 복잡해져서 이제는 무슨 일이 일어날지 예측하기 힘들어지고 있습니다. 이처럼 정보화 사회로 들어서면서 환경, 목표, 기술, 업무, 의사결정에 있어 다양성이 증가되면서 모든 부분에서 불확실성이 커지고 있으며, 이러한 정보화 사회에서의 불확실성은 헬스케어 분야에서도 예외가 아닙니다.

최근의 의료환경은 의료시장 개방, 민간의료보험 도입, 의료기관 대형화 등 많은 변화를 겪고 있으며 갈수록 경쟁이 심화되는 무한 경쟁체제로 접어들었습니다. 이전의 의료 산업이 별다른 노력을 기울이지 않아도 수요가 창출되는 공급자 중심의 시장이었다면 이러한 시대의 변화와 경쟁에 따라 이제는 공급자인 병원이 고객에게 눈높이를 맞추고 스스로가 수요를 창출해야 하는 수요자 중심의 시장으로 급속히 변화하고 있습니다.

많은 병원들은 이러한 변화와 경쟁의 대응 방안으로 서비스 질 향상과 병원 경영 합리화를 추구하고 있습니다. 서비스 질 향상과 경영 합리화를 위해 가장 우선적으로 시도하는 것은 바로 의료정보화이며, 그 결과 이전의 병원과는 다른 업무 프로세스를 가진 디지털 병원이 출현하였습니다.

2.2.2 ● 디지털 병원(Digital Hospital)

디지털 병원에서의 모든 업무 프로세스는 전산과 연결되어 있으며 전산의 지원을 받고 있습니다. 그 결과 병원 업무 프로세스를 이전과는 다르게 혁신적으로 개선시켰습니다.

디지털 병원의 가장 큰 특징을 표현하는 말이 4 Less로 이는 ChartLess(의무기록 차트 없는 병원), SlipLess(처방전 없는 병원), FilmLess(방사선 필름 없는 병원), PaperLess(종이없는 병원)를 말합니다.

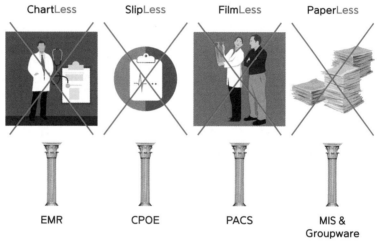

[디지털 병원의 4 Less]

병원 정보시스템

병원 정보시스템은 크게 4가지 기본 시스템으로 구성되어 있습니다.

첫째는 EMR(Electronic Medical Record)입니다. 병원에서 발생하는 진료와 관련된 모든 진료행위 및 결과를 기록하는 시스템으로 병원업무에 있어 가장 중요한 시스템입니다.

둘째는 의사의 처방을 약국이나 검사실, 간호사에게 전달하는 CPOE(Computerized Physician Order Entry)입니다. 병원은 CPOE를 통해 환자의 대기시간을 줄이는데 커다란 성과를 올릴 수 있었습니다. CPOE 이전의 병원에서는 모든 프로세스가 환자의 동선에 따라 순차적으로만 이루어지는 선형적인 업무 프로세스의 문제를 가지고 있었으나 CPOE의 도입으로 인하여 의사의 처방과 동시에 진료비가 계산되고, 처방이 약국, 검사실 등으로 전달되는 모든 업무가 동시에 진행되는 멀티-태스킹 환경으로 변화하였습니다. 이러한 변화는 병원의 업무 프로세스와 환자의 대기 시간을 혁신적으로 개선하였습니다.

셋째는 PACS(Picture Archiving and Communication System)입니다. 병원은 X-Ray, CT, MRI 같은 방사선 촬영으로 발생하는 의료영상을 필름이 아닌 이미지 파일로 관리하여 퀄리티가 높은 영상을 제공하여 의료서비스를 개선하고 필름관리에 드는 노력과 비용을 절감하였습니다. 최근의 의료영상은 멀티미디어 기술 발전과 더불어 높은 해상도와 다양한 뷰를 제공하고 있으며, 이를 이용하여 좀 더 정확하고 질 높은 진료를 수행하고 있습니다. 또한, 필름을 보관하기 위한 공간, 필름관리와 이동에 필요한 인력 등 소모적인 부분을 개선하였고, 의료진들은 병원 내 PC가 있는 곳이라면 언제, 어디서나 필요한 영상을 조회할 수 있게 되었습니다.
이전에는 필름을 자신에게 가지고 와야만 해당 영상을 볼 수 있었고, 그것마저도 누군가 필름을 이미 대출해 갔다면 그것이 반납될 때까지 해당 영상을 볼 수 없었으나 PACS는 의료영상 접근에 있어 시공간의 제약을 해소하였고 동시 접근성을 확보하였습니다.

넷째는 이미 많은 기업에서 도입하여 사용하고 있는 시스템인 MIS(Management Information System)와 그룹웨어(Groupware)입니다. 이를 통하여 업무상 발생하는 행정문서를 없애고 이를 컴퓨터와 전자문서로 대신하여 처리할 수 있게 되었습니다. 바로 이러한 시스템을 통해 ChartLess, SlipLess, FilmLess, PaperLess의 4 Less를 구현할 수 있었으며 4 Less의 구현이 곧 디지털 병원 실현을 의미합니다.

2.2.3 ● 의료 IT 환경의 변화

저는 지난 25여 년 동안 국내 대학병원의 IT 부서에서 근무하여 왔습니다. 이 기간 동안 병원의 IT 환경에 있어서 크고 작은 변화들이 있었고 저 역시 이런 변화들을 경험할 수 있었는데, 가장 큰 변화 3가지를 알아보겠습니다.

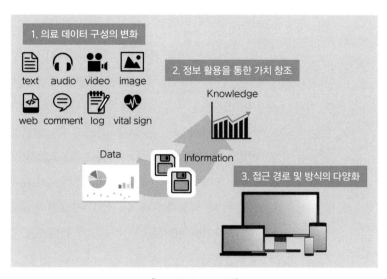

[의료 IT 환경의 변화]

첫째, 의료정보에서 취급하는 데이터가 매우 다양해졌습니다. 20여 년 전 제가 의료
정보 분야의 일을 처음 시작했을 때는 단순 수치 데이터나 텍스트 데이터만을 다루
었으나 의료 영상 데이터가 디지털화되면서 CT, MRI와 같은 정지 영상, 초음파와
같은 동영상 등 멀티미디어 데이터를 다루게 되었고, 이제는 Patient Monitor에서
연속적으로 생성되는 스트리밍 데이터까지, 의료 데이터는 전혀 다른 속성을 가진
다양하고 이질적인 자료로 구성되어 있습니다.

특히 이전에는 다루고 있지 않았던 다양한 비정형화된 데이터(Unstructured
Data)가 의료자료의 중요한 부분을 차지하면서 이를 분석하는 기술인 빅데이터가
의료정보의 키워드로 떠오르게 되었습니다.

둘째, 정보화의 목적이 과거에는 업무처리의 효율성을 위한 BPR(Business Process
Reengineering)이었다면 이제는 정보의 활용을 통한 가치 창조로 바뀌었습니다.
기존에 사용하고 있던 수작업 문서를 없애고 이를 통하여 업무 프로세스의 효율성
을 개선하는 것이 이전의 병원 정보화의 가장 큰 목표였다면 현재는 정보시스템에
있는 데이터를 어떻게 교육, 연구 및 진료를 위해 잘 활용할 것인가로 바뀌었습니
다. 즉, 단순히 수집한 데이터를 어떻게 하면 가치를 갖는 정보로 활용할 수 있을지,
나아가서 의사결정을 지원할 수 있는 지식으로 이용할 수 있을지를 고민하게 된 것
입니다. 결국 지식으로 이용하기 위해서는 자료의 품질이 매우 중요하다는 것을 깨

닫고 자료의 표준화, 정형화 작업에 집중하게 되었습니다.

마지막으로는 의료 정보시스템에 접속할 수 있는 디바이스가 매우 다양해졌다는 것입니다. 이전에는 병원 내의 PC를 통해서만 의료 정보시스템에 접속할 수 있었지만, 이제는 태블릿, 스마트폰 등 다양한 매체를 통해서 병원의 정보시스템에 접속할 수 있게 되어, 병원뿐 아니라 어느 곳에서도 공간의 제약없이 의료 정보시스템에 접속할 수 있게 되었습니다. 즉, 이전보다 다양하고 많은 데이터가 정보시스템에 저장되게 되었고, 저장된 데이터를 가치있게 활용하기 위해서 많은 사람들이 정보시스템을 이용하게 되었으며, 이용자는 더욱 다양한 경로를 통해 정보시스템에 접근하게 되었습니다. 결국 이러한 변화로 인하여 의료기관에서도 정보보안이 중요한 개념으로 떠오르게 되었습니다.

헬스케어 정보보안 관리자의 역할과 책임

의료기관에서의 정보보안 담당자들은 어떤 일들을 하고 있을까요?

| Compliance | Poilcy | Certification & Audit | Risk assessment |
| Training | Monitoring | Analysis | Skill up |

[의료기관에서 정보보안 담당자의 역할]

첫째로 「개인정보 보호법」, 「의료법」 등 법에서 규정하고 있는 컴플라이언스를 잘 지키고 있는가를 확인하고, 그것에 따른 병원의 정보보호 정책과 지침을 제정하고 이를 관리하는 일들을 하고 있습니다. 또한, ISMS, ISMS-P, 주요 정보통신 기반 시설 취약점 점검, 개인정보영향평가 등 법에서 요구하고 있는 보안인증에 대한 심사를 매년 수행하고 인증을 유지해야 하며, 이러한 인증심사를 위해서 매년 위험평가와 내부감사 등을 통해 위험을 식별하고 이를 조치해야 합니다.

다음은 내부직원들의 정보보호 인식 제고를 위한 교육 계획을 수립하고 이를 수행해야 합니다. 또한, 보안장비를 운영하고 이러한 장비를 모니터링하면서 발생할 수 있는 내·외부의 보안위협에 대해 선제적으로 대응해야 합니다. 보안 사고가 발생하는 경우에는 이에 대한 원인을 분석하여 사고를 처리하고 재발방지 대책을 세워야 합니다. 그리고, 무엇보다 빠르게 변화하는 IT 환경에 대응하고 다양한 보안위협에 대처하기 위해 매 순간 부단히 스스로의 역량과 기술 개발을 위해 노력해야 합니다.

의료기관에서 정보보호 업무를 수행하는데 있어 어려운 점은 이러한 다양하고 많은 업무를 수행하는 것이 있겠지만 무엇보다 어려운 점은 바로 보안사고로 인하여 시스템에 장애가 생겨 병원 업무가 마비가 되는 것이 아닐까 하는 걱정과 근심, 두려움을 가지고 근무해야 한다는 것입니다. 또한, 대량의 환자정보가 유출되어 사회적 문제가 되지는 않을까 하는 것이 큰 스트레스입니다.

병원의 정보화가 진행되면서 모든 환자정보를 포함한 진료정보가 정보시스템에 저장되고 있습니다. 이것은 정보에 대한 접근성과 활용성이 좋아진 반면에 대량의 정보가 쉽게 유출될 수 있을 가능성이 커졌음을 의미합니다. 이처럼 의료기관에서 정보보안 관리자는 다양한 일들을 하고 있습니다. 따라서 어느 한 가지 보안 분야의 스페셜리스트보다는 넓고 많은 업무를 수행할 수 있는 제너럴리스트가 되는 것이 더욱 중요합니다.

시스템이 점점 다양하고 복잡해지고 있다.

병원에는 매우 많은 정보 시스템이 있으며 이는 점점 다양해지고 복잡해지고 있습니다. 병원에는 우리가 잘 알고 있는 의사, 간호사 외에도 약사, 임상병리사, 방사선사, 재활치료사,

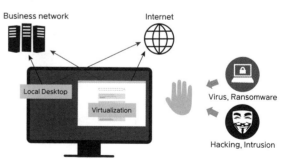

[업무망과 인터넷망 분리 – 논리적 망분리]

치과위생사, 치기공사, 영양사, 응급구조사, 의무기록사 등 보건의료 직종분야의 전문가들이 근무하고 있습니다. 그뿐만 아니라 원무팀, 구매팀, 인사팀, 회계팀, 그리고 전산팀까지 수십여 개 이르는 다양한 분야의 전문가들이 근무하고 있습니다.

이러한 다양한 분야의 업무를 지원하기 위한 여러 가지 시스템으로 앞에서의 디지털병원의 4Less 구현을 위한 전자의무기록, 처방전달시스템, 의료영상정보시스템, 경영정보시스템, 그룹웨어 외에도 임상데이터웨어하우스, 임상의사결정시스템, 임상연구관리시스템, 공공보건정보시스템, 감염병관리통합정보시스템, 해외여행력정보시스템, 연명의료정보처리시스템, 의약품안전사용서비스, 개인건강기록, 공통데이터모델, 유헬스케어시스템 등 매우 다양한 시스템이 있습니다. 이러한 시스템들은 상호 간 연동이 필요하며 이는 보안에 있어 취약한 부분으로 작용할 수 있습니다. 따라서 이를 효과적으로 통제하기 위해서는 각 시스템 간 네트워크 영역을 분리하고 방화벽 등을 통해서 정해진 서비스만 연동될 수 있도록 하는 것이 중요합니다.

또한, 병원의 정보자산을 효율적으로 보호하기 위해서 업무망과 인터넷망의 네트워크 분리가 필요하며 이를 통하여 외부에서의 침입과 내부정보의 유출 문제를 해결하고 있습니다.

외부에서 의료정보의 접근 요구는 커지고 있다.
시간이 갈수록 병원 외부에서 병원 내부에 존재하는 의료정보의 접근 요구는 커지고 있습니다.

Ubiquitous + Health

Ubiquitous : 도처에 널려 있다, 언제 어디서나 동시에 존재한다. (라틴어)
- 언제 어디서나, 누구라도 컴퓨터와 네트워크를 통해 손쉽고, 편리하고 안전하게 이용할 수 있는 환경을 의미
- 컴퓨터들이 현실의 생활공간 전반에 걸쳐 편재되고, 유무선 통신망을 통해 사용자가 원하는 정보나 서비스를 빠르게 제공하는 환경을 예견

[유헬스 - uHealth]

유헬스는 언제 어디서나 존재한다는 라틴어 유비쿼터스와 헬스를 결합한 단어로 정보통신기술을 기반으로 헬스케어의 시간적·공간적 제약을 완화하고 언제, 어디서나 의료정보와 보건의료서비스를 이용할 수 있는 개념입니다. 유헬스에서는 모든 사물의 위치와 상태를 원격으로 파악하고 조정할 수 있는 RFID와 생체정보 측정기술을 바탕으로 네트워크를 통해 원격에서 보건의료서비스를 제공하는 것을 목표로 하고 있습니다. 이러한 배경에는 고령화 사회에 따른 노인과 만성질환자가 증가하

고 삶의 질 향상에 대한 소비자들의 욕구가 증가하면서 시간과 공간에 관계없이 지속적이고 연속적인 의료서비스 요구가 있습니다.

또한, 모바일시스템이 컴퓨팅 환경의 주체가 됨에 따라 의사, 간호사 등 의료진들이 병원 외부에서도 병원정보시스템에 접속하여 의료정보에 접근할 수 있도록 모바일 EMR과 모바일 PACS 등 모바일 의료정보시스템이 도입되고 있습니다. 정보시스템에 접근 경로가 많아진다는 것은 그만큼 침입할 수 있는 경로가 많아진다는 것을 의미합니다. 외부에서의 안전한 접근을 위하여 안전한 접속방법인 VPN(Virtual Private Network)과 안전한 인증방법인 MFA(Multi Factor Authentication)를 이용하고 있으며 모든 BYOD(Bring Your Own Device) 장비에 MDM(Mobile Device Management)을 설치하여 모바일 장비에서의 정보유출을 방지하고 분실 시 초기화 등의 기능을 수행하고 있습니다. 최근에는 모바일 디바이스를 이용하는 검사장비가 증가함에 따라 병원 내에서도 사용하는 모바일 검사장비에도 MDM을 설치하여 통제하고 있습니다.

보안에 대한 위협은 점점 지능화되고 다양해진다.
의료정보 보안에 대한 위협은 점점 지능화되고 다양해지고 있습니다.
의료가 사이버 공격 및 기타 보안 침해의 주요 표적이 되면서 의료 보안 침해사고는 지속적으로 증가하고 있습니다. 이러한 침해는 환자의 개인 프라이버시를 위협할 뿐 아니라 보안 사고 발생으로 인한 법적 처벌, 평판과 신뢰에 대한 손실을 가져와 병원의 경쟁력을 약화시킬 뿐 아니라 병원이나 의료정보시스템을 정지시켜 의료서비스를 방해하여 환자를 위험에 빠뜨릴 수 있습니다.
2021년 기준으로 미국에서의 의료정보 보안 침해 건수는 3배 이상 증가한 추세를 이어가고 있습니다. 이는 의료정보가 다크웹에서 신용카드 정보보다 최대 40배의 가치로 거래될 정도로 매우 가치있는 정보이기 때문입니다.

[의료기관 보안 위협 사례 (출처 : 아이뉴스24 2020년 9월 25일 기사)]

2020년에는 독일 뒤셀도르프대학에서 운영하는 종합병원에서 해커의 공격으로 의료정보시스템이 갑자기 사용 불능 상태가 되면서 응급 환자들과 수술 예약 환자들이 다른 병원으로 이송되는 과정 중 사망한 사고가 발생했습니다.

이러한 보안위협과 보안사고에 대비하기 위해서 병원의 정보보안 관리자는 항상 원내 모든 정보자원들을 모니터링하고 통제해야 합니다. 보통 PC자산관리 툴을 통해서 매체통제, 불법 무선망과 불법 소프트웨어들을 통제하고 있습니다. 또한, 엔드포인트 보안에서 가장 중요한 백신을 모든 서버와 PC에 설치해야 하고 모니터링을 통해 이를 지속적으로 확인해야 합니다. 최근에는 지능형 지속 공격(APT ; Advanced Persistent Threat)에 대비하기 위하여 행위기반 탐지를 하는 APT 대응솔루션 등을 도입하여 새로운 악성코드와 지식기반 탐지에서 탐지할 수 없는 악성코드를 탐지하고 있습니다.

또한, 병원 직원들의 보안의식을 제고하고 주기적인 점검을 위하여 매월 사이버 보안 진단의 날을 시행하여 병원 내 취약한 PC들을 확인하고 이를 조치하고 있습니다.

보호해야 할 정보는 매우 중요하고 기밀을 요한다.

병원에서 보호해야 할 정보는 매우 중요하며 기밀을 요구합니다. 오늘날 의료서비스 제공은 데이터에 전적으로 의존합니다. 환자와 연결된 장치는 생체정보와 환자 건강정보를 수집합니다.

Patient information + Medical record

[의료정보의 구성]

단순한 치료부터 가장 복잡하고 발전된 치료에 이르기까지 모든 것이 이제 디지털 지원 기술을 통해 제공되고 있습니다. 그런데 이러한 의료정보에는 일반적으로 환자의 인적사항과 진료비 정보를 포함하는 것 외에도 주민등록번호, 건강보험번호, 건강 및 생체정보 등 매우 민감한 정보를 포함하고 있습니다.

2016년 IBM에서 발표한 보고서에 따르면 정보보안 유출사고의 발생원인은 대부분(60%)은 내부자들에 의한 것이며 내부자들에 의한 정보보안 유출 중 75%가 고의적, 악의적인 것으로 병원에서는 특히 병원 직원들과 협력파트너사 직원들과 같은 내부자들에 대한 보안이 정말 중요합니다.

정보보안 유출사고 발생원인
IBM, 2016 Cyber Security Intelligence Index and Threat Intelligence Reports

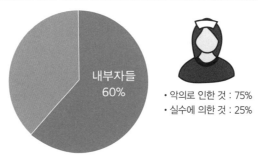

• 악의로 인한 것 : 75%
• 실수에 의한 것 : 25%

[정보보안 유출사고 발생원인(출처 : IBM 보고서, 2016)]

2016년 국내 대학병원에서 백남기씨의 진료기록에 대한 병원 직원들의 업무 목적 외 열람이 발생하여 사회적 문제가 된 적이 있습니다. 병원의 권한관리는 역할기반 접근통제(RBAC ; Role Based Access Control)를 사용하여 사용자의 직종과 부서가 결정되면 이에 따라 사용자들의 권한이 자동으로 부여되고 있습니다. 그리고 이러한 사용권한은 최소권한 부여 원칙에 따르고 있으며 응급상황에 대비하여 의료진들은 직접적인 진료와 연관이 없는 환자 외에도 다른 환자에 접근할 수 있는 권한을 가지고 있습니다. 따라서 이를 통한 업무목적 외 의무기록 열람과 정보유출이 발생할 수 있습니다. 병원의 정보보안 관리자는 항상 모니터링을 통해 이를 확인하고 필요한 경우 열람자로부터 정확한 사유를 확인해야 합니다.

의료정보의 유출 방지를 위해 정보시스템에서 다운로드 받은 파일의 경우 다운로드 사유를 반드시 입력해야 하며 입력한 다운로드 사유는 기준에 따라 모니터링을 실시해야 합니다. 또한, 내부정보의 외부 유출을 차단하기 위해 병원에서 생산되는 모든 문서에 문서보안(DRM ; Digital Right Management)을 적용해야 합니다.

책임추적성 확보가 중요하다.

병원에서는 책임추적성 확보가 중요합니다. 책임추적성이란 시스템 내의 각 개인은 유일하게 식별되어야 한다는 원칙입니다. 이를 통해서 정보처리시스템은 정보보호 규칙을 위반한 개인을 추적할 수 있고, 각 개인은 자신의 행위에 대해서 책임을 져야 합니다. 이러한 책임추적성을 확보하기 위해서는 개인정보 취급자 등이 개인정보처리시스템에 접속하여 수행한 업무내역에 대하여 계정, 접속일시, 접속지 정보, 처리한 정보주체 정보, 수행업무 등을 전자적으로 기록해야 한다는 것을 「개인정보보호의 안전성 확보조치 기준」에서는 규정하고 있습니다.

이에 따라서 병원에서 남겨야 하는 로그는 다음과 같이 모두 6가지로 정의할 수 있습니다.

log in & log out   menu access   select patient

download data   print   data manipulation

[의료정보시스템에서 관리해야 할 접속기록]

첫째, 사용자가 의료정보시스템에 로그인 할 때와 로그아웃 할 때, 둘째, 어떤 화면을 사용했는지, 즉 메뉴를 액세스할 때 해당 로그를 남겨야 합니다. 다음으로 환자를 선택할 때 로그를 남겨야 하며, 이는 「개인정보 보호의 안전성 확보조치 기준」에서 규정하고 있는 처리한 정보주체 정보를 남겨야 한다는 것에 따른 것입니다. 그리고 데이터를 다운로드할 때와 출력할 때 로그를 남길 수 있어야 합니다. 마지막은 수행한 업무 내역을 기록으로 남겨야 하며 이것은 데이터베이스 내 데이터의 조회, 삽입, 수정, 삭제 등의 Data Manipulation이 발생했을 때라고 할 수 있습니다.

접속기록의 가장 중요한 목적은 보안사고 발생 시 책임추적성을 확보하는 것으로 6하 원칙에 따라 남겨야 하고 병원에서의 접속기록은 log in & log out, menu access, select patient, download data, print, data manipulation의 6가지로 정의할 수 있습니다.

외부인의 출입이 자유롭다.

병원에서의 정보보안 특징 중 하나는 외부인의 출입이 자유롭다는 것입니다. 일반적인 회사에서는 소속 직원 또는 협력파트너사 직원 등 허가된 인원들만 출입이 가능한 반면 병원은 언제라도 누구나 출입할 수 있다는 점에서 물리적인 통제가 쉽지 않습니다.

[WIPS를 통한 비인가 무선망 차단]

네트워크 환경이 유선에서 무선으로 변화하고 있고 원내에서 고객의 무선네트워크 사용 요구가 커짐에 따라 병원은 업무목적의 무선망과 고객 서비스를 위한 무선망으로 구분하여 이를 구축해야 합니다.

또한, 사설 AP, 테더링, Ad hoc 접속 등 비인가 무선망을 통한 인가되지 않은 사용자에 의한 불법적인 접근을 차단하기 위하여 WIPS(Wireless Intrusion Protection System)의 도입이 필수적입니다.

2.2.4 ● 의료기관에서 정보보안보다 중요한 것은?

만약 여러분의 가족 중 한 분이 위중한 상태로 응급실에 왔다고 가정해 보겠습니다. 빠른 조치를 위해서 의료진은 빨리 의료정보시스템을 사용해야 합니다. PC의 화면은 잠겨 있고 대기모드를 풀기 위해서는 PC에 비밀번호를 입력해야 합니다.

[의료기관에서 정보보안보다 중요한 것]

그런데 자꾸 비밀번호가 맞지 않아 로그인에 실패했다는 메시지가 뜹니다. 해당 병원은 보안수준을 강화하기 위하여 많은 조합과 긴 자리수의 복잡한 비밀번호를 요구하고 있습니다.

과연 여러분들은 '이 병원은 보안의식이 투철하고 통제가 잘 되어 있구나' 하면서 이런 상황을 이해해 줄 수 있을까요?

보안보다 중요한 것은 본래의 업, 본래의 비즈니스입니다. 병원은 생명을 다루는 특수한 상황에 놓인 장소입니다. 보안을 강화한다는 명목으로 병원 업무에 악영향을 끼치는 주객이 전도되는 상황을 만들어서는 안 된다고 생각합니다. 헬스케어 보안관리자는 사용자의 편의성을 해치지 않으면서 병원의 정보자산을 보호할 수 있는 방안을 찾는 것이 무엇보다 중요합니다. 사용자의 공감을 바탕으로 한 보안정책과 통제를 수행해야 합니다.

2.3
보안인증 관리 모델 및 방법론

정보보호 인증을 효율적으로 대응하기 위한 표준화된 절차와 방법론에 대한 구축 사례를 통해 조직 스스로 정보보호 인증에 효율적으로 대비할 수 있게 합니다.

2.3.1 ● Plan부터 Act까지

Plan부터 Act까지라는 말을 들으시면 아마 많은 분들이 이런 PDCA 사이클을 떠올리실 겁니다.

PDCA란 말 그대로 Plan - 계획을 세우고, Do - 행동하고, Check - 평가하고, Act - 개선한다는 일련의 업무 사이클로 미국의 통계학자 Edward Deming이 체계화한 이론

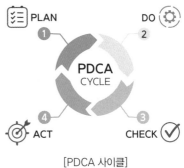

[PDCA 사이클]

으로 품질관리 분야에서 중요하게 사용하고 있는 기법입니다. 이 이론은 20여 년 전 즈음 우리나라 기업들 사이에서 선풍적인 인기를 끌었던 품질관리 기법인 6시그마를 통해서 널리 알려졌고, 요즘은 품질관리뿐만 아니라 경영과 관련된 모든 관리 활동에서 Plan, Do, Check, Act라는 PDCA 사이클을 이용하고 있습니다.

Plan부터 Act까지란 바로 PDCA 사이클의 시작과 끝, Plan과 Act를 의미하는 것으로 ISMS, ISMS-P, ISO 27001 인증의 핵심이 바로 Plan, Do, Check, Act의 PDCA 사이클을 수행하여 지속적으로 조직의 관리 수준을 높이는 것입니다. 일반적인 보안 인증에서 요구하는 것은 PDCA 사이클의 각 활동들을 효율적으로 수행했는지, 이를 통하여 지속적인 업무 개선이 이루어졌는지를 평가하는 것입니다. 결국 PDCA 사이클은 각종 정보보호 인증의 전 과정을 뜻한다고 할 수 있습니다.

제가 근무하고 있는 병원의 정보보호 관리체계는 2011년 지금은 ISMS와 통합된 전자정부 정보보호 관리체계(G-ISMS) 인증을 받으면서 시작되었습니다. 해당 인증을 3년간 유지하다가 2014년 의료정보시스템의 해외 수출 사업을 위해서 세계 수

준의 의료정보시스템에 걸맞은 글로벌 수준의 정보보호 인증을 받아야겠다고 결정하여 ISO 27001(정보보호 경영시스템) 인증과 27799(의료정보 보호시스템) 인증을 취득하였습니다. 또한, 2017년 「정보통신망법」 개정에 따라서 상급종합병원이 정보보호 관리체계 인증 의무 대상기관이 되면서 ISMS 인증을 취득하게 되었고, 2023년에는 의료기관에 있어 개인정보 보호의 중요성이 강조되면서 ISO 27701(개인정보 보호시스템) 인증을 받았습니다. 결국 병원에서 매년 심사를 받고 유지해야 하는 정보보호 관련 인증은 ISMS, ISO 27001, ISO 27701, ISO 27799입니다. 또한, 매년 주요 정보통신 기반 시설 취약점 점검을 받아야 하고 개인정보 파일 시스템의 신규 도입 및 변경 시 위험요인 분석 및 개선 사항을 도출하기 위하여 개인정보 영향평가를 실시해야 합니다.

이처럼 의료기관이 받아야 하는 정보보호 및 개인정보 보호 관련 인증은 늘어나는 반면, 대부분의 의료기관이 정보보호 전담 조직이 구성되어 있지 않거나 전담 인력이 부족한 상황입니다. 전담 인력이 있다고 하더라도 전문성과 경험 부족으로 인하여 외부 컨설팅에 의존하여 인증을 수행하고 있습니다. 그러나 매년 병원으로부터 예산을 배정받아 전문 업체를 통해 컨설팅을 수행하는 것은 대부분의 병원에서 현실적으로 가능하지 않습니다. 보안이라는 것은 돈을 쓰면 쓸수록, 강조하면 할수록 사용자의 편의성을 제한하여 불편해지는 것이기 때문에 모든 조직에서 보안에 대한 적극적인 투자를 이끌어 내는 것이 쉽지 않습니다. 병원에서는 의료정보시스템 고도화에 대한 투자에 관련해서는 관대한 반면, 정보보안에 대한 투자에 인색한 이유가 바로 돈 쓰면서 불편해지고 조직의 생산성에 부정적 영향을 미치는 일이 바로 정보보안이기 때문입니다.

제가 근무하고 있는 병원의 경우 2017년과 2018년에 정보보호 인증심사를 준비하기 위해 전문 업체의 컨설팅 도움을 받았습니다만, 더 이상 컨설팅 업체를 통해 이러한 인증에 대응하는 것은 어려움이 있습니다. 또한, 병원의 정보보안 조직에서 근무하는 인원들은 정보보안 업무를 전문적으로 해 왔던 인력이 아닌, IT 개발 또는 인프라 관리를 하다가 정보보안 업무를 맡게 되는 경우가 대부분으로 이 분야에 대해 전문성이 높지 않습니다. 그렇기 때문에 이러한 인증을 경험 많은 외부 컨설팅 업체의 도움을 받지 않고 자체적으로만 수행한다는 것도 사실 쉽지 않습니다.

2.3.2 ● 정보보호 관리 모델 및 방법론

이러한 현실에서 기존의 방법으로는 많은 인증심사를 대응하기 어렵기 때문에 병원에서는 자체적으로 정보보호 인증을 수행할 수 있게 2017년부터 준비하였습니다. 한정된 인원과 자원으로 여러 개의 인증을 받기 위해서는 각각의 인증을 준비하는 것이 아닌 모든 인증의 기준을 충족할 수 있는 정보보호 관리에 대한 종합적인 방법이 필요하다고 생각했습니다.

그래서 모든 인증기준과 정보보호 통제를 종합적으로 관리할 수 있는 정보보호 관리 모델 및 방법론을 만들었고, 이는 크게 Mapping Table, Standard Process, Evidence Management 3가지로 구성됩니다.

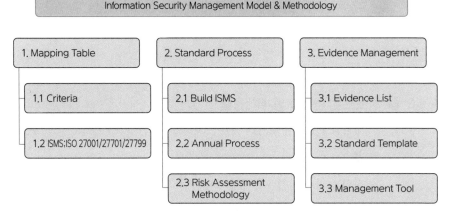

[정보보호 인증 관리 통합 모델 및 방법론]

첫째, Mapping Table은 ISMS, ISO 27001, ISO 27701, ISO 27799 인증에 대한 각각의 인증기준을 정리한 것과, 이를 통합 관리하기 위한 각각의 인증기준을 연결한 매핑 테이블로 구성되어 있습니다.

둘째, Standard Process는 정보보호 관리체계를 수립하고 운영·유지하기 위한 표준 프로세스로 Build ISMS는 정보보호 관리체계가 없는 상황에서 조직의 규모와 상황에 맞게 관리체계를 구축하기 위한 프로세스입니다. Annual Process는 말 그대로 연간 표준 프로세스로 이러한 인증을 유지하기 위해서 인증심사 몇 달 전 잠깐 반짝하며 준비하는 것이 아니라 정보보호 수준을 유지하고 인증에서 요구하는 기준을 충족하기 위한 활동들을 연간 지속적으로 수행할 수 있는 표준 프로세스를 정의하고 있습니다.

Standard Process의 마지막 Risk Assessment Methodology는 PDCA 사이클에서 가장 중요한 활동인 위험평가에 대한 방법론을 정의하고 있습니다.

셋째, Evidence Management는 인증에서 중요한 증거자료 관리로 요구하는 활동들이 잘 이루어지고 있는가에 대한 Evidence를 제시하는 것입니다. Evidence Management는 증거자료 목록인 Evidence List와 증거 자료들에 대한 표준화된 형식인 Standard Template, 그리고 증거자료들의 효율적 관리를 위한 Management Tool로 구성되어 있습니다.

이러한 정보보호 관리 모델 및 방법론을 통해서 병원의 정보보호 관리체계를 위한 각 인증들을 자체적으로 수행할 수 있는 능력과 역량을 확보하여 외부의 도움 없이 내부의 정보보안 인력으로 모든 인증을 수행하고 있습니다.

2.3.3 ● 정보보호 인증 어떻게 대응할 것인가?

정보보호에 투자한다는 것은 단기간의 생산활동의 향상 또는 경영성과의 개선을 보장하지 않습니다. 정보보호에 대한 투자는 보험의 성격이 큽니다. 투자해도 당장 조직의 성과에는 별다른 영향이 없습니다.

정보보호 인증을 받기 위해 가장 편한 방법은 전문 컨설팅 업체를 통해서 인증 준비를 하고 인증심사를 받는 것입니다. 그러나 이렇게 하면 많은 비용이 소요되며 계속적으로 매년 비용을 지출해야 합니다. 또한, 조직 스스로가 정보보호 수준을 유지하고 높일 수 있는 역량을 가질 수 없게 됩니다.

조직의 정보보호 관리는 연중 계속적으로 이루어져야 하고 지속적인 개선을 통해 인증에서 요구하는 수준보다 더 높은 정보보호 관리 수준을 유지하여 인증을 위한 특별한 준비 없이 인증을 받을 수 있게 되어야 합니다.

최근 많은 기업과 기관에서 정보보안, 개인정보 보호의 중요성이 강조되고 있고, 정보보호와 관련된 인증심사를 필수적으로 수행해야 합니다. 그런데 실질적으로 정보보호 관리체계를 구축하고 운영·관리하며, 인증심사를 준비하기 위한 표준화된 절차와 방법론은 별로 없습니다.

언제까지 전문 업체의 컨설팅에 의존하여 인증을 받아야 할까요?

조직마다 받아야 하는 인증이 다르고 그 산업의 특수성이 다릅니다. 이러한 인증의 종류와 산업의 특성을 반영한 조직만의 정보보호 관리 모델과 방법론을 수립할 수 있다면 조직 스스로 정보보호 수준을 지속적으로 높여 인증에서 요구하는 수준보다 높은 수준을 유지할 수 있게 되어 외부 도움 없이 인증을 받을 수 있게 될 것입니다. 현재 병원에 특화된 정보보호 관리 모델 및 방법론을 전 산업분야에 적용할 수 있도록 일반화하여 어떤 조직에서든지 스스로의 의지만 가지고 있다면 외부 전문 업체의 도움 없이 각종 정보보호 인증을 조직 자체인력만으로 수행할 수 있는 현실적이고 실용적이며 완성도 있는 표준 모델을 만드는 것이 최종적인 목표입니다.

2.4

빅데이터와 가명정보

최근 ICT 분야의 혁신을 이끌고 있는 빅데이터의 개념을 이해하고 이러한 데이터가 인공지능 분야에 어떻게 활용되는지 알아보겠습니다. 또한, 개인의 특성을 반영한 개인 맞춤형 서비스를 제공하기 위한 개인정보 활용과 가명정보의 도입, 가명처리 방법에 대해 알아보겠습니다.

2.4.1 ● ICT 분야를 이끄는 키워드

최근의 ICT 분야를 이끌고 있는 키워드로는 빅데이터와 AI를 꼽을 수 있습니다. 빅데이터는 말 그대로 대량의 데이터를 분석하는 것으로 특히 분석의 대상이 정형화되고 표준화된 데이터뿐만 아니라 비정형 데이터 분석까지 포괄하는 기술입니다. 정보화 시대로 접어들면서 텍스트 형태의 데이터부터 이미지, 멀티미디어 등 여러 형태로 생산되는 데이터들이 굉장히 많아졌습니다. 이러한 방대한 데이터를 분석하여 의사결정에 필요한 유용한 정보 및 지식을 얻고자 하는 것이 바로 빅데이터입니다.

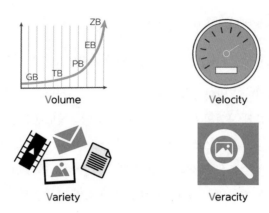

[빅데이터의 4V]

빅데이터는 크기라고 하는 Volume과 속도라고 하는 Velocity, 다양성이라고 하는 Variety의 속성을 갖습니다. 이를 보통 빅데이터의 3V라고 합니다. 요즘 들어서는 여기에 정확성을 뜻하는 Veracity가 포함되어 4V라는 말이 좀 더 일반적으로 사용되고 있습니다.

> [참고] 빅데이터의 정의(출처:wikipedia)
> Big data is a term for data sets that are so large or complex that traditional data processing application software is inadequate to deal with them.

위키피디아에 나와 있는 빅데이터의 정의를 보면 너무 크거나 복잡하여 전통적인 데이터 처리 프로세스(Traditional Data Processing) 소프트웨어로는 처리하기 부적합한(Inadequate) 데이터 세트라고 되어 있습니다. 여기서 Large와 Complex는 빅데이터의 두 가지 속성, Volume과 Variety에 대응되고 있습니다. 빅데이터의 데이터 분석이 어려운 이유가 빅데이터가 가지는 특성 중 Volume이라고 하는 큰 사이즈이기 때문에 분석이 어렵다고 생각하지는 않습니다. 이전에도 큰 사이즈의 데이터를 처리하는 노력과 이를 지원하는 기술들이 있었습니다. 바로 데이터웨어하우스, 데이터마이닝 등이 큰 사이즈의 데이터를 분석하는 개념들이었습니다. 데이터웨어하우스, 데이터마이닝과 같은 용어는 이제 빅데이터라는 말로 대체되어 빅데이터는 이전의 기술들을 모두 포괄하는 개념이 되었습니다.

그럼 이전에 대량의 데이터를 처리하려는 기술인 데이터웨어하우스, 데이터마이닝과 빅데이터를 구분 짓는 가장 큰 특징이 무엇일까요?

그건 바로 Complex, Variety의 차이일 것입니다. 이전의 데이터에 대한 처리와 분석은 그 대상이 표준화되고 정형화된 데이터로 한정되었다면 오늘날의 빅데이터는 여기에 비정형 데이터를 포함하는 데이터 분석 기술이라는 점이 이전의 개념들과 구분 짓는 차이일 것입니다.

비정형화된 데이터(Unstructured Data)

정형화된 데이터(Structured Data)는 보통 표준화된 데이터베이스나 테이블의 형태로 존재합니다. 세상의 모든 데이터가 이렇게 구조화(표준화)된 형태로 존재한다면 데이터에 대해서 비교적 쉽고 정확한 분석이 가능할 것입니다.

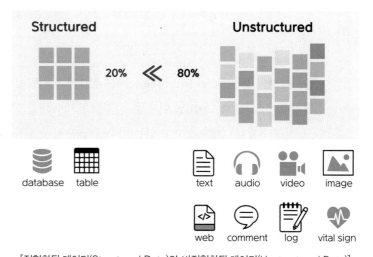

[정형화된 데이터(Structured Data)와 비정형화된 데이터(Unstructured Data)]

그러나 아쉽게도 세상에 존재하는 데이터의 대부분은 비정형화된 데이터(Unstructured Data) 상태로 존재합니다. 텍스트, 오디오, 비디오, 이미지, 웹페이지, 여기에 달리는 댓글들, 각종 시스템에서 발생하는 로그들, 이러한 대부분의 자료들이 규칙성 없는 형태로 존재하고 있습니다. 여기에 의료기관에서 발생되는 바이탈 사인과 스트리밍 데이터들이 이런 비정형화된 데이터(Unstructured Data)에 해당합니다.

현재 존재하는 전체 데이터의 90%는 지난 10년 안에 만들어진 것이라고 합니다. 또한, 이러한 데이터 중 80%가 사진, 동영상, 이미지, 음악과 같은 비정형화된 데이터(Unstructured Data)입니다. 오늘날 전 분야에서 폭발적으로 데이터가 증가하고 있으며, 이러한 데이터는 표준화, 정형화된 데이터가 아닌 비정형화된 형태를 갖고 있습니다.

이러한 데이터 속에서 대량의 데이터를 효율적으로 관리하고 유용한 지식을 추출하는 것이 빅데이터가 추구하는 목표입니다.

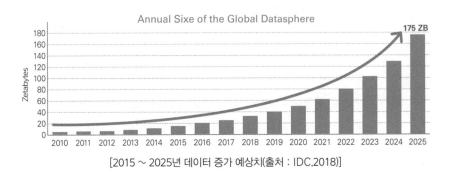

[2015 ~ 2025년 데이터 증가 예상치(출처 : IDC.2018)]

인공지능과 딥러닝

인공지능(AI ; Artificial Intelligence)은 컴퓨터가 사람처럼 스스로 판단하고 결정할 수 있는 기술로, 2016년 이세돌–알파고의 바둑대결 이후 급속도로 발전하고 있고, 실생활에 빠르게 적용되고 있는 기술입니다. 사실 AI는 최근에 소개된 개념이 아닌 1950년대부터 시작된 분야입니다. 초기 이 분야의 학자들은 모든 발생 가능한 경우의 수를 고려해서 그것을 컴퓨터에 입력해 놓고, 어떤 경우가 발생하게 되면, 미리 컴퓨터에 저장된 방법으로 응답하거나 대응하는 방법을 사용하였습니다. 이러한 방법을 통해서 1997년 체스 게임에서 IBM 딥블루가 세계 체스챔피언 개리 카스파로프를 상대로 3승 2무 1패로 승리했습니다.

경우의 수 = 10^{120}

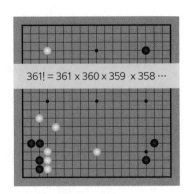

경우의 수 = 361! = ???

[체스와 바둑의 경우의 수]

그러나 이는 곧 한계에 부딪히게 됩니다. 경우의 수가 어느 정도 한정되어 있는 체스라면 이런 방법으로 대응 가능하지만 바둑과 같이 그 경우의 수가 무한한 것이라면 이런 방법으로는 해결 불가능합니다. 바둑뿐만 아니라 아니라 우리의 일상생활에서 일어나고 있는 일들은 무언가 명확하고 정의가 분명한 일들이 아니라, 불규칙적이고 비정형적인 일입니다.

우리는 일상에서 무엇을 기준으로 판단하고 행동하고 있을까요? 살아가면서 내리는 판단의 기준은 법칙과 원칙이 아닌 대부분 경험일 것입니다. 바로 기계를 학습시켜서 인간과 같은 경험을 통하여 판단을 내리게 하는 것이 딥러닝으로 해당 기술이 개발되고 발전되면서 인공지능의 비약적 발전이 이루어지고 있습니다. 딥러닝은 기계를 학습시켜서 인간처럼 사고할 수 있게 하는 기술로, 인간처럼 판단할 수 있게 하기 위해서는 많은 양의 트레이닝 데이터가 필요하고, 이러한 학습을 통해 인공지능을 구현할 수 있습니다.

이처럼 최신 ICT 기술 키워드인 빅데이터와 AI는 많은 양의 데이터를 이용한다는 공통점을 가지고 있습니다. 그러나 많은 양의 데이터를 이용하는 것은 개인정보 보호라고 하는 Privacy 문제와 부딪힐 수밖에 없습니다.

2.4.2 ● 가치 있는 데이터

최근 들어 ICT 분야뿐만 아니라 모든 산업에 있어 대량의 데이터 이용과 분석이 필수적이 되었습니다.

그럼 가치 있는 데이터란 무엇일까요?

가치 있는 데이터란 목적에 맞는 정보를 줄 수 있는 데이터라고 할 수 있습니다. 그런데 그 목적에 맞는 정보란 상세한 것일 수

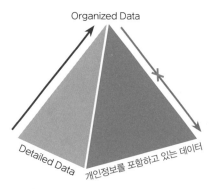

[Organized Data와 Detailed Data]

도 있고 정리된 값일 수도 있습니다. 업무를 담당하는 실무자에게는 업무를 위한 상세한 데이터가 필요할 것이고, 경영진의 경우는 통계 값과 같이 정리된 데이터가 보다 그 목적에 맞을 것입니다.

그런데 상세한 데이터에서는 내가 원하는 수준의 데이터를 언제든지 만들 수 있지만 정리된 데이터를 가지고는 상세한 데이터를 만들 수 없습니다. 즉, 그림의 위쪽 방향으로는 변환이 가능하지만 아래쪽 방향으로는 변환이 불가능합니다. 따라서 좋은 데이터란 일반적으로 정보를 많이 담고 있는 상세한 데이터를 의미합니다.

현대사회의 특징은 다양성이 증가했다는 것이고 이러한 다양성을 고려한 개인 맞춤형 서비스를 요구하고 있습니다. 그런데 획일적인 서비스가 아닌 개인 맞춤형 서비스, 개인의 특성을 반영한 서비스를 제공하기 위해서는 개인정보를 이용할 수 밖에 없습니다. 마케팅에 있어 개인정보의 활용은 대상으로 하는 집단을 줄일 수 있어 타켓팅이 가능하다는 장점을 가질 수 있습니다. 따라서 우리가 일반적으로 말하는 가치 있는 데이터란 개인정보를 포함하고 있는 상세한 데이터라 할 수 있습니다.

2.4.3 ● 가명정보의 도입

이처럼 모든 산업분야에 있어 개인정보가 포함된 데이터의 활용이 매우 중요하게 되었고, 이러한 시대적 요구에 따라 「개인정보 보호법」, 「정보통신망법」, 「신용정보법」의 데이터 3법이 2020년 8월 개정되었습니다.
4차 산업혁명 시대를 맞아 핵심자원인 데이터의 이용 활용성을 높이는 것이 데이터 3법의 주요 개정 목적이라 할 수 있습니다.

law   Consent   가명 정보의 도입

[가명정보의 도입]

데이터 3법 이전에 개인정보를 이용할 수 있는 경우는 법에 명시되어 있거나, 정보주체의 동의를 받은 경우에만 이용할 수 있었으나 데이터 3법이 개정되면서 가명정보라는 개념이 도입되어 개인정보를 가명처리하게 되면 법에서 규정하고 있지 않거나 정보주체의 동의를 받지 않은 경우라도 활용할 수 있게 되었습니다.

가명정보의 정의

개인정보는 이름, 주민등록번호 등이 포함된 정보로 그 자체로 개인의 식별이 가능한 정보를 말합니다. 여기서 개인에 대한 식별정보를 모두 제거하여 통계치와 같이 어떠한 경우라도 개인을 특정할 수 없도록 한 것이 익명정보입니다.

개인정보는 그 자체로 개인을 식별할 수 있기 때문에 식별 가능성이 100%인 반면, 익명정보는 개인을 식별하는 게 불가능한 것이므로 식별 가능성은 제로입니다. 가명정보는 바로 개인정보와 익명정보 중간 구간에 존재하는 것으로, 가명정보는 현재 개인을 식별할 순 없지만 추후 추가정보와 결합되면 다시 식별될 가능성이 있는 정보라고 할 수 있습니다. 「개인정보 보호법」에서는 개인정보를 익명 또는 가명으로 처리하여도 처리목적을 달성할 수 있는 경우 익명처리를 우선적으로 고려하고, 익명처리로 목적을 달성할 수 없는 경우에는 가명처리를 하도록 명시되어 있습니다.

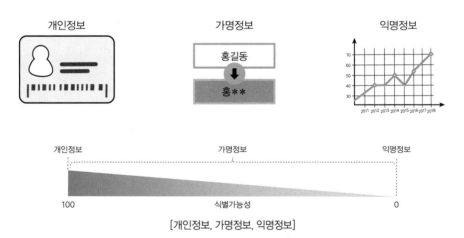

[개인정보, 가명정보, 익명정보]

가명정보의 사용 범위

가명처리란 개인정보의 일부를 삭제하거나 일부 또는 전부를 대체하는 방법으로 추가정보 없이 개인을 식별할 수 없도록 처리하는 것으로 개인정보를 처리하여 가명정보를 만드는 과정이라고 할 수 있습니다.

개인정보	
1. 성명, 주민번호 및 영상 등을 통해 개인을 알아 볼 수 있는 정보 2. 해당 정보만으로 특정 개인을 알아볼 수 없더라도 다른 정보와 결합하여 알아볼 수 있는 정보	

가명처리 →

가명정보
추가정보의 사용, 결합 없이는 특정 개인을 알아볼 수 없는 정보

[가명처리]

「개인정보 보호법」에서는 통계작성, 과학적 연구, 공익적 기론 보존의 목적으로 개인정보를 가명처리하는 경우에는 정보주체의 동의 없이 개인정보를 가명처리하여 사용할 수 있다고 되어 있습니다.

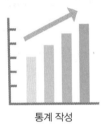
통계 작성

과학적 연구

공익적 기록 보존

[개인정보를 가명처리하여 사용할 수 있는 경우]

통계란 특정 집단이나 대상 등에 관하여 작성한 수량적인 정보로 여기서는 상업적 목적의 통계 처리도 포함하고 있습니다. 과학적 연구는 기술개발, 실증, 연구 등 과학적 방법을 적용한 연구로 산업적 연구를 포함하고 있습니다. 마지막은 공익적 기록 보존의 경우로 공공의 이익을 위하여 공익을 목적으로 정보를 기록 보존하는 경우 개인정보를 가명처리하여 이용할 수 있다고 법에서는 규정하고 있습니다.

또한, 「개인정보 보호법」에서는 이러한 가명정보를 제3자에게 제공하는 경우에는 특정 개인을 식별하기 위하여 사용될 수 있는 정보를 포함해서는 안 된다고 되어 있습니다.

가명처리 기술
개인정보를 가명처리할 경우 사용하는 기술로는 삭제, 통계, 일반화(범주화), 암호화, 무작위화 등으로 구분할 수 있습니다.

| 개인정보의 가명·익명처리 기술 종류 (출처: 가명정보 처리 가이드라인) |

분류	기술	세부기술
개인정보 삭제	삭제기술	• 삭제(Suppression) • 부분 삭제(Partial suppression) • 행 항목 삭제(Record suppression) • 로컬 삭제(Local suppression)
개인정보 일부 또는 전부 대체	삭제기술	• 마스킹(Masking)
개인정보 일부 또는 전부 대체	통계도구	• 총계처리(Aggregation) • 부분총계(Micro aggregation)
개인정보 일부 또는 전부 대체	일반화(범주화) 기술	• 일반 라운딩(Rounding) • 랜덤 라운딩(Random rounding) • 제어 라운딩(Controlled rounding) • 상하단코딩(Top and bottom coding) • 로컬 일반화(Local generalization) • 범위 방법(Data range) • 문자데이터 범주화(Categorization of character data)
개인정보 일부 또는 전부 대체	암호화	• 양방향 암호화(Two-way encryption) • 일방향 암호화-암호학적 해시함수 (One-way encryption-Cryptographic hash function) • 순서보존 암호화(Order-preserving encryption) • 형태보존 암호화(Format-preserving encryption) • 동형 암호화(Homomorphic encryption) • 다형성 암호화(Polymorphic encryption)
개인정보 일부 또는 전부 대체	무작위화 기술	• 잡음 추가(Noise addition) • 순열(치환)(Permutation) • 토큰화(Tokenisation) • (의사)난수생성기 [(P)RNG, (Pseudo)] Random Number Generator)
가명·익명처리를 위한 다양한 기술 (기타 기술)		• 표본추출(Sampling) • 해부화(Anatomization) • 재현데이터(Synthetic data) • 동형비밀분산(Homomorphic secret sharing) • 차분 프라이버시(Differential privacy)

2.4.4 ● 프라이버시 보호 모델

프라이버시 보호 모델이란 가명처리 기술을 사용하여 개인 식별 요소를 제거한 경우라도 개인정보에 대해 연결 공격, 동질성 공격, 배경지식 공격 등을 통한 재식별 가능성을 방지하기 위한 보호 모델입니다. 프라이버시 보호 모델은 이전 비식별화의 개념에서 재식별 공격 유형에 대한 보호 모델이며, 보통 가명정보와 가명처리에서는 적용하지 않고 있습니다.

현재까지 알려진 재식별 공격 유형별 프라이버시 보호 모델은 34종으로 분류되나 보통 k-익명성, ℓ-다양성, t-근접성이 사용되고 있습니다.

| 프라이버시 보호 모델 : k-익명성, ℓ-다양성, t-근접성 |

구분	정의
k-익명성	특정 개인을 식별할 수 없도록 전체 데이터셋에 동일 값 레코드를 k개 이상 존재하도록 함
ℓ-다양성	주어진 집합에서 함께 비식별되는 레코드들은 동질 집합에서 적어도 ℓ개의 서로 다른 민감함 정보를 가져야 함
t-근접성	동질 집합에서 특정 정보의 분포와 전체 데이터 집합에서 정보의 분포가 t 이하의 차이를 보이도록 함

- **k-익명성** : 주어진 데이터 집합에서 같은 값이 적어도 k개 이상 존재하도록 하여 쉽게 다른 정보를 결합할 수 없도록 하는 것을 말합니다. 이 경우 특정 개인을 식별할 확률은 1/k입니다.
- **ℓ-다양성** : 각 레코드는 최소 ℓ개 이상의 다양성을 가지도록 하여 동질성 또는 배경지식 등에 의한 추론을 방지하도록 하는 기법입니다.
- **t-근접성** : 전체 데이터 집합의 정보 분포와 특정 정보의 분포 차이를 t 이하로 하여 민감한 정보의 분포와 추론 가능성을 더욱 낮추는 기법입니다.

보안리더 **이승원**

03

정보보안시스템 구축 및 운영 전문가의 노하우

3.1

정보보안의 기술

정보보안의 목표는 정보자산의 기밀성(Confidentiality), 무결성(Integrity), 가용성(Availability)을 보장하는 것입니다. 기밀성은 알 권리에 기반하여 정보가 권한이 없는 사람에게 노출되지 않도록 보호하는 것이며 무결성은 정보가 변경되거나 손상되지 않도록 보호하는 것이고, 가용성은 정보가 필요할 때 사용할 수 있도록 보호하는 것입니다. 정보자산의 기밀성, 무결성, 가용성을 보장하는 것이 정보보안 담당자 역할입니다.

정보자산의 기밀성, 무결성, 가용성을 보장하기 위해 정보보안 담당자에게 필요한 기술적 지식은 여러 가지가 있지만 대표적인 지식이 암호화, 접근제어, 네트워크, 침입 탐지 기술입니다.

- **암호화** : 알 권리에 기반하여 키 없이는 알 수 없는 코드로 평문을 변환하여 정보가 외부로 유출되는 것을 방지하는 기술
- **접근제어** : 권한이 없는 사용자가 정보시스템에 접근하는 것을 방지하는 기술
- **네트워크** : 정보보안시스템을 구성하고, 공격 및 장애 요소를 사전 식별하기 위한 기반 기술
- **침입 탐지** : 정보시스템에 침입을 시도하는 공격을 사전에 탐지하는 기술

그럼 이제부터 정보보안에 기본이 되는 암호화, 접근제어, 네트워크, 침입탐지 기술에 관해 살펴보겠습니다.

3.1.1 ● 암호화

암호화는 '알 권리'에 기반하여 정보에 접근이 승인된 사람만 정보를 이해할 수 있도록 데이터를 변환하는 방법입니다. 즉, 사람이 읽을 수 있는 일반 텍스트(Plain Text)를 사람이 이해할 수 없는 텍스트인 암호문(Cypher Text)으로 변환하는 방법입니다.

암호화는 정보보안의 목표 중 기밀성과 무결성을 보장하기 위한 핵심 기술입니다.

암호화 학습을 해야 하는 이유

암호화는 가상사설망(VPN), 문서암호화(DRM), 데이터베이스 암호화 및 공인인증서 등 많은 분야에 사용됩니다. 암호화 관련 키워드와 개념 정도는 알고 있어야 정보보안 업무를 수행할 때 도움이 됩니다. 암호화 알고리즘을 개발할 목적이 아니라면 상세한 내용까지 학습할 필요는 없습니다. 일반적인 정보보안 업무는 최적의 암호화 알고리즘을 선택해서 사용하는 것이지 암호화를 개발해서 사용하지는 않습니다.

암호화 키워드

암호화를 이해하기 위해서는 아래 키워드에 대한 내용은 반드시 이해해야 합니다.

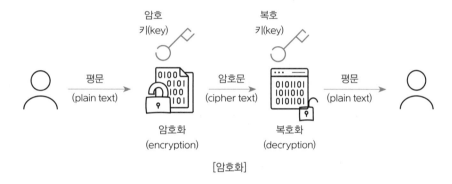

[암호화]

| 암호화 키워드 |

키워드	설명
평문(Plain text)	암호화 되기 전 메시지, 누구나 알아 볼 수 있습니다.
암호문(Cipher text)	암호화 된 메시지, 승인된 사람만 볼 수 있습니다.
암호화(Encryption)	평문을 암호문으로 변환하는 과정입니다.
복호화(Decryption)	암호문을 평문으로 변환하는 과정입니다.
암호화 알고리즘 (Encryption algorithm)	암호화를 위해 사용되는 표준화된 절차, 방법입니다.
키(Key)	암호화, 복호화를 위한 핵심으로 암호화 규칙에 대한 값입니다.

암호화 알고리즘

암호화를 학습한다는 것은 많이 사용되고 있는 안전한 암호화 알고리즘을 학습하는 것입니다. 암호화 알고리즘은 암호화, 복호화 키가 동일한지 동일하지 않은지에 따라 대칭키(비밀키), 비대칭키(공개키) 암호화 알고리즘으로 구분됩니다.

| 대칭키 vs 비대칭키 |

구분	대칭키(비밀키 암호화)	비대칭키(공개키 암호화)
상호관계	암호화키 = 복호화키	암호화키 ≠ 복호화키
암호화 키	비밀키(Secret Key)	공개키(Public Key)
복호화 키	비밀키(Secret Key)	개인키(Private Key)
키 관리	복잡	단순
암호화 속도	고속	저속
구현방식	블록, 스트림 암호화	소인수분해, 이산대수
대표 알고리즘	DES, 3DES, SEED, AES, IDEA	RSA, ECC

이외에도 Hash, PKI(public key infrastructure) 등 다양한 암호화 알고리즘 및 기술이 있습니다. 정보보안 업무를 원활히 수행하기 위해 암호화 개념을 학습할 것을 추천합니다. 현업에서 많이 사용하는 암호화 기반 정보보안시스템은 다음과 같습니다.

| 암호화 기반의 정보보호 제품 |

구분	설명
가상사설망(VPN)	사용자의 데이터를 암호화하여 전송함으로써 공용 네트워크(예 인터넷)를 통해 사설 네트워크를 확장하는 가상 네트워크 기술로 IPSec, SSL/TLS가 있습니다.
문서암호화 (DRM)	중요 문서를 암호화하여 인가된 기기나 소프트웨어에서만 사용할 수 있도록 제한하는 등의 방법으로 내부 문서를 보호하는 기술입니다.
DB암호화	DB에 저장된 데이터의 무단 접근이나 유출을 방지하기 위해 중요 DB를 암호화하는 기술입니다.

※ VPN : Virtual Private Network　※ DRM : Digital Rights Manangement

3.1.2 ● 접근제어

접근제어란 누가 어떤 자원에 접근할 수 있는지, 그리고 어떤 작업을 수행할 수 있는지를 결정하는 정보보안 프로세스입니다. 접근제어는 물리적 자원, 데이터, 애플리케이션, 네트워크 등 다양한 대상에 적용될 수 있습니다.

[접근제어]

과장해서 말하자면 정보보안 업무의 상당부분은 접근제어라고 할 수 있습니다. 보호대상인 정보자산에 대해 인가된 사용자에게 접근을 허용해 주고 비인가, 불법 접속 사용자의 접근은 철저하게 통제하는 것이 정보보안 업무의 핵심입니다.

접근제어의 목적

- **보안 강화** : 불법 액세스, 데이터 유출, 시스템 손상 등을 방지하여 조직의 자산을 보호합니다.

- **업무 효율성 향상** : 사용자에게 적절한 권한만 부여하여 업무 효율성을 높이고 비용을 절감합니다.
- **규정 준수** : 법률이나 규정으로 요구되는 수준의 보안을 유지합니다.

접근제어 학습을 해야 하는 이유

정보보안 업무는 인가된 사용자만이 정보자산에 접근할 수 있도록 기술적, 관리적, 물리적 보호 조치 통해 불법적인 접근 시도로부터 정보자산을 보호하는 활동입니다. 정보보안시스템 운영 업무의 핵심은 정보보안 정책을 기반으로 접근제어 정책을 시스템에 구현하는 것입니다. ISMS-P, ISO 27001 인증, 정보보안 감사는 조직이 접근제어 정책을 잘 수립하여 시스템상으로 잘 구현했는지 점검하는 활동입니다. 그러므로 접근제어에 대한 학습은 반드시 해야 합니다.

접근제어 모델

접근제어는 ACL(Access Control List), CL(Capability List)과 같은 접근제어 매커니즘, BLP, Biba, Clack and Wilson 등의 이론 모델 학습도 필요하지만 우리회사 사업, 업무 환경에 맞는 접근제어 모델이 무엇인지 파악해서 적용하는 것이 중요합니다. 다음은 많이 사용되는 대표적 접근제어 모델에 대해서 설명하겠습니다.

1. 강제적 접근제어 모델 : MAC(Mandatory Access Control)

객체에는 보안등급을 부여하고, 주체에는 인가등급을 부여하는 접근제어 모델로 주로 군·정부에서 사용하는 접근제어 모델입니다.

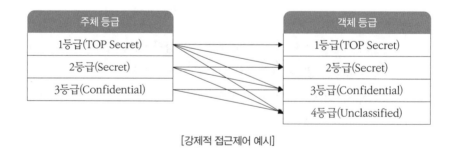

[강제적 접근제어 예시]

2. 임의적 접근제어 모델 : DAC(Discretionary Access Control)

소유자의 ID(계정) 또는 계정그룹에 근거하여 객체에 대한 접근을 제어하는 것, Unix, Linux 등 운영체제에서 사용하는 모델입니다.

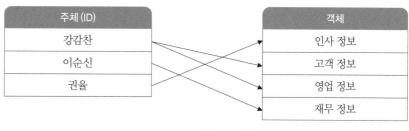

[임의적 접근제어 예시]

3. 역할 기반 접근제어 모델 : RBAC(Role Based Access Control)

관리자가 주체와 객체의 상호 관계를 통제하며 조직 내에서 맡은 역할에 기초하여 자원에 대한 접근 허용 여부를 결정하는 접근모델로 계정관리에 가장 많이 사용합니다.

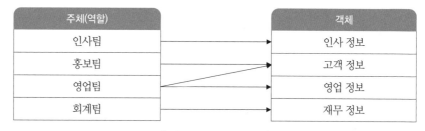

[역할 기반 접근제어 예시]

정보보안의 핵심인 접근제어를 수행하기 위해 현업에서 사용되는 정보보안시스템

| 접근제어 기반 정보보안시스템 |

구분	설명
방화벽(Firewall)	네트워크의 입구와 출구에 설치되어 허용된 트래픽만 통과시키고 허용되지 않은 트래픽은 차단하는 정보보안시스템입니다.
계정관리시스템	사용자, 그룹, 리소스에 대한 일관된 접근제어 정책을 수립하고 관리할 목적으로 조직의 인증 및 권한 관리를 총괄하는 정보보안시스템입니다.
DB접근제어	데이터베이스(DB)에 대한 사용자의 접근을 제어하는 정보보안시스템입니다.
네트워크접근제어 (NAC)	내부망에 접근하는 엔드포인트(PC, 스마트폰, 태블릿 등)의 보안 상태를 검사하고, 보안 정책을 준수하는 경우에만 내부 네트워크에 접근을 허용하는 정보보안시스템입니다.

※ NAC : Network Access Control

이외에도 다양한 접근제어 기반 정보보안시스템이 있습니다. VPN도 인가된 지점 및 원격 사용자만 내부망에 연결해 주는 시스템으로 접근제어 기반 정보보안시스템으로 분류할 수 있습니다.

3.1.3 ● 네트워크

다수의 시스템이 서로 연결되어 데이터를 전송하고 공유하는 기술을 네트워크라고 합니다. 우리는 네트워크를 통해 물건을 구매하고, 파일을 공유하고, 이메일을 보내고, 게임을 즐기고, 원격으로 작업을 수행하는 등 다양한 작업을 수행할 수 있습니다. 더불어 네트워크를 통해 악의적인 사용자가 우리의 정보 자산을 탈취, 파계할 수도 있습니다.

네트워크 공부는 OSI 7계층, TCP/IP를 기반으로 라우팅, HTTP, FTP, SMTP와 같은 프로토콜을 학습하는 것입니다.

네트워크 학습을 해야 하는 이유

'가장 안전한 보안은 네트워크 연결을 끊어 버리는 것이다'라는 말이 있습니다. 하지만 아주 특수한 경우가 아니라면 네트워크 연결을 끊어 버린 시스템으로 할 수 있

는 일은 거의 없습니다. 정보보안에서 중요한 업무 중 하나는 네트워크를 통해 들어오는 불법적인 접속 시도를 탐지 차단하고 회사 네트워크 구성에 맞추어 정보보안 시스템을 구성하는 일입니다. 정보보안 업무를 수행하기 위해서는 네트워크에 대한 이해는 필수입니다.

TCP/IP

TCP/IP는 우리가 이용하고 있는 인터넷의 근간입니다. TCP/IP를 이해하면 네트워크의 기본 원리와 구조를 이해할 수 있으며, 네트워크를 설계하고 관리하는 데 도움이 됩니다.

TCP/IP는 인터넷에서 컴퓨터들이 서로 정보를 주고받는데 쓰이는 통신 규약의 모음입니다. 인터넷 프로토콜 스위트(Internet Protocol Suite)라고도 불리며, TCP(Transmission Control

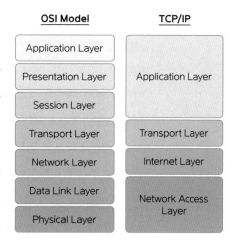

[OSI 7계층과 TCP/IP(출처: wikipedia)]

Protocol)와 IP(Internet Protocol)가 가장 많이 쓰이기 때문에 'TCP/IP'라고도 불립니다.

TCP/IP는 4개의 계층으로 구성

- **응용 계층(Application Layer)** : 웹 브라우저, 이메일 클라이언트, 파일 공유 프로그램 등과 같은 응용 프로그램이 사용하는 계층입니다.

- **전송 계층(Transport Layer)** : TCP와 UDP(User Datagram Protocol)가 속한 계층입니다. TCP는 신뢰성 있는 데이터 전송을 보장하는 반면, UDP는 신뢰성이 떨어지지만 속도가 빠릅니다.

- **인터넷 계층(Internet Layer)** : IP가 속한 계층입니다. IP 주소를 사용하여 데이터를 목적지까지 전달합니다.

- **네트워크 접근 계층(Network Access Layer)** : 이더넷, Wi-Fi, DSL 등과 같은 물리적 네트워크를 사용하는 계층입니다.

TCP/IP의 주요 기능

- **데이터 전송** : TCP/IP는 데이터를 목적지까지 전달하는 역할을 합니다.
- **데이터 오류 제어** : TCP/IP는 데이터 전송 중 발생하는 오류를 감지하고 수정합니다.
- **데이터 흐름 제어** : TCP/IP는 데이터가 너무 빠르게 전송되는 것을 방지하여 네트워크 혼잡을 방지합니다.

네트워크 이중화

네트워크 이중화는 네트워크의 장애를 대비하기 위해 같은 기능을 수행하는 장비를 두 개 이상으로 구성하고, 하나의 장비에 장애가 발생하면 다른 장비로 전환하여 서비스 중단을 최소화하는 기술입니다. 정보보안시스템의 고가용성(High Availability) 확보를 위해 알아두어야 합니다. 네트워크 이중화 방식에는 Active-Standby, Active-Active 방식이 있습니다.

1. Active-Standby

시스템을 Master, Slave로 구성하여 Master 시스템에 문제가 발생하였을 경우 Slave 장비가 Mater 장비의 역할을 대신 하는 구조입니다.

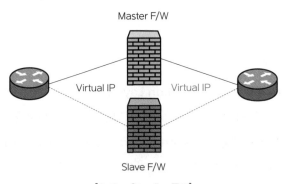

[Active-Standby 구조]

2. Active-Active

시스템을 모두 활성화하여 서비스를 제공하는 구조로서 보통 Load Balancer(L4 스위치)를 사용하여 구성합니다. 부하 분산을 통해 시스템 가용성을 향상하는 구조입니다.

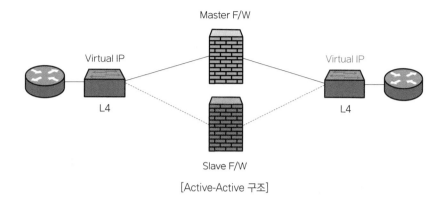

[Active-Active 구조]

3.1.4 ● 침입 탐지 기술

침입 탐지 기술은 네트워크 또는 시스템에 대한 침입을 탐지하기 위한 기술입니다. 침입이란 허용되지 않은 사용자 또는 프로그램이 시스템에 접근하거나 시스템에 손상을 입히기 위해 시도하는 행위를 말합니다. 침입 탐지 기술은 이러한 침입을 사전에 탐지하여 피해를 최소화하는 데 목적이 있습니다.

[네트워크 침입 탐지 대표 오픈소스 Snort]

침입 탐지 기술은 크게 네트워크 침입 탐지 기술과 호스트(시스템) 기반 침입 탐지 기술로 나눌 수 있습니다.

- **네트워크 침입 탐지 기술** : 네트워크 침입 탐지 기술은 네트워크 트래픽을 분석하여 침입을 탐지하는 기술입니다. 네트워크 침입 탐지 기술의 대표적인 정보보안 시스템으로는 침입 탐지/차단 시스템(IDPS)이 있습니다. 침입 탐지/차단 시스템은 네트워크의 특정 지점에 설치되어 네트워크를 통과하는 모든 트래픽의 패킷 헤더, 프로토콜, 데이터 등을 분석하여 침입을 탐지합니다.

- **호스트 기반 침입 탐지 기술** : 호스트 기반 침입 탐지 기술은 컴퓨터 시스템의 내부 활동을 모니터링하여 침입을 탐지하는 기술입니다. 호스트에 설치되어 프

[호스트 침입 탐지 대표 오픈소스 YARA]

로세스, 파일, 로그 등을 분석하여 침입을 탐지합니다. 대표적인 호스트 기반 침입 탐지 기술이 적용된 분야가 바이러스 백신 입니다.

침입 탐지 기반 기술 2가지

- **시스니처 기반 탐지** : 알려진 침입의 특징을 식별하여 침입을 탐지하는 방법입니다. 시그니처 기반 탐지는 침입을 빠르게 탐지할 수 있다는 장점이 있지만, 새로운 형태의 침입을 탐지하기 어렵다는 단점이 있습니다.
- **이상 탐지** : 시스템의 정상적인 활동과 다른 활동을 식별하여 침입을 탐지하는 방법입니다. 이상 탐지는 새로운 형태의 침입을 탐지할 수 있다는 장점이 있지만, 정상적인 활동과 침입의 차이를 구분하기 어렵다는 단점이 있습니다. 요즈음 이슈가 되고 있는 인공지능 기술을 보안에 적용하려는 분야가 이상 탐지 분야입니다.

침입 탐지 기술의 활용

- **침입 탐지** : 침입을 탐지하고 경고합니다.
- **침입 분석** : 침입의 원인을 분석하고 대응책을 마련합니다.
- **침입 차단** : 침입을 차단합니다.

● 보안리더의 실전 노하우

침입 탐지 기술은 네트워크 및 호스트 보안을 강화하기 위한 필수적인 기술입니다. 지면 제약상 위 기술에 대해 자세한 내용을 전달 드리지 못해 아쉽지만 정보보안 분야에 진출을 고려한다면 암호화, 접근제어, 네트워크, 침입 탐지 기술에 대한 기본 지식 학습이 필요하며 더불어 운영체제 특히 Linux에 대한 이해도 필요합니다. 그리고 최근 트랜드에 맞추어 클라우드 컴퓨팅에 대한 학습도 필요합니다.

3.2

정보보안시스템 구축 및 운영

정보보안 운영 관리 업무는 보안기획, 개인정보를 관리하는 관리적 보안 업무와 네트워크, 서버, 애플리케이션, 단말 등의 취약점 및 침해사고 대응, 정보보안시스템을 운영하는 기술적 보안 업무로 구분할 수 있습니다.

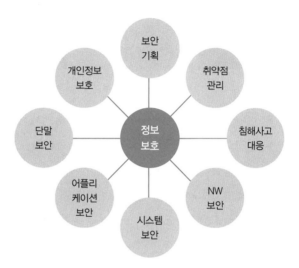

[정보보호 운영 업무 영역]

기술적 보안 업무에 있어 취약점 관리, 침해사고 대응도 중요하지만 회사에서 필요로 하는 정보보안시스템을 도입 및 구축하고 안정적으로 운영하는 역할도 매우 중요합니다. 이번 장에서는 정보보안시스템 도입 및 구축, 장애처리를 중심으로 정보보호 시스템 운영업무에 대해 소개하겠습니다.

3.2.1 ● 정보보안시스템 도입 절차

정보보안시스템 구축 절차란 정보 자산을 보호하기 위해 필요한 정보보안시스템을 선정, 구매, 설치, 구성, 운영하는 일련의 과정을 말합니다. 정보보안시스템 도입 절차는 보통 다음과 같은 단계로 진행됩니다. 참고로 아래 설명하는 정보보안시스템 도입 절차는 서버, 네트워크, SW 도입할 때도 동일하게 적용됩니다.

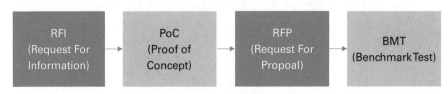

[정보보안시스템 도입 절차]

- **RFI(Request for Information)** : 정보 요청의 약자로 특정 제품이나 서비스에 대한 정보를 제공해 달라는 요청을 의미합니다. RFI는 일반적으로 입찰 또는 계약을 진행하기 전에 이루어지며, 정보보안시스템 판매 업체로부터 제품이나 서비스의 기능, 가격, 조건 등에 대한 정보를 수집하는 데 사용됩니다.

- **PoC(Proof of Concept)** : 도입하려는 정보보안시스템의 기능이 회사 환경에 맞는지 검증하기 위해 실제 환경에서 시범적으로 적용 테스트하는 것을 말합니다.

- **RFP(Request for Proposal)** : 도입하려는 정보보안시스템이 PoC를 통해 검증이 완료되어 구매하기로 결정되었다면 여러 업체에게 구매하려는 정보보호제품에 대한 제안서를 제출해 달라는 요청을 합니다. 이것을 'RFP(제안요청)'이라고 합니다. RFP는 일반적으로 입찰 또는 계약을 진행하기 전에 이루어지며, 구매자(발주처)가 판매자(제안자)에게 구매하려는 정보보안시스템에 꼭 필요한 요구 사항을 명확히 전달하기 위해 사용됩니다.

| 제안요청서(RFP) |

목차

1. 사업 개요	5. 제안서 작성요령

1. 사업 개요
  가. 추진배경 및 필요성
  나. 서비스 내용
  다. 사업 범위
  라. 기대효과 및 성과지표
2. 업무 및 시스템 현황
  가. 업무 현황
  나. 정보시스템 현황
3. 사업 추진방안
  가. 추진목표
  나. 추진전략
  다. 추진체계
  라. 추진일정
  마. 추진방안
4. 제안요청 내용
  가. 제안요청 개요
  나. 용어 정의
  다. 목표시스템 개념도
  라. 상세 요구사항
    1) 정보보호 제품 요구사항
    2) 정보보호 서비스 요구사항
    3) 공통/선택 요구사항

5. 제안서 작성요령
  가. 제안서의 효력
  나. 제안서 작성 지침 및 유의사항
  다. 제안서 목차
6. 안내 사항
  가. 입찰방식
  나. 제안서 평가방법
  다. 기술성 평가기준
  라. 제출서류
  마. 제안서 제출 일정 및 방법
  바. 제안요청 설명회
  사. 제안설명회 개최
  아. 입찰시 유의 사항

[붙임 서식]
[붙임1] 일반현황 및 연혁
[붙임2] 자본금 및 매출액
[붙임3] 참여인력 현황
[붙임4] 기술적용계획표
[붙임5] 하도급 대금지급비율 명세서
[붙임6] 하도급 계약승인신청서
[별지1] 사업수행업체 보안 준수사항
[별지2] 사업자 보안 위규 처리기준
[별지3] 보안 위약금 부과 기준

[출처 : KISA(2018), 정보보안시스템 구축 실무가이드)]

4. BMT(Bench Marking Test) : 제안서를 제출한 업체들의 정보보안시스템 기능 및 성능을 비교 테스트하는 과정입니다. 우리 회사에 맞는 정보보안시스템을 선택 하는 중요한 과정입니다..

정보보안시스템 도입 시 고려해야 할 사항

1. 보호해야 할 정보자산은 무엇인가?

2. 정보자산을 보호하기 위해 필요한 보안 기능은 무엇인가?

3. 자체적으로 구축할 것인가? 또는 전문 업체 지원을 통해 구매 할 것인가?

4. 정보보안시스템의 도입 비용은 얼마인가?

5. 정보보안시스템의 도입으로 얻을 수 있는 이익은 무엇인가?

6. 정기적인 보안 관리 및 유지보수가 가능한 제품인가?

정보보안시스템 도입은 조직의 정보 자산을 보호하기 위한 중요한 투자입니다. 정보보호 시스템 도입 시 위의 사항을 고려하여 조직에 적합한 정보보안시스템을 도입해야 합니다.

3.2.2 ● 정보보안시스템 구축

제안평가, BMT 과정을 통해 도입하려는 정보보안시스템이 정해지면 구매부서를 통해 정보보안시스템 구매를 진행하게 되며, 구매한 후에는 회사 IT 운영 환경에 맞게 정보보안시스템을 설치 및 구성합니다. 정보보안시스템 구축 단계는 일반적으로 준비 단계, 설치 단계, 테스트 단계, 취약 점검 단계, 운영 단계로 구분할 수 있습니다.

1. 정보보안시스템 설치 준비 단계

구매할 정보보안시스템의 설치 환경을 확인합니다. 정보보안시스템의 설치에 필요한 인력, 장비, 자원을 확보합니다. 인력, 장비, 자원은 정보보호 담당 인력 및 자원이 될 수도 있고, 네트워크, 시스템, 개발자 등 타 조직 인력이 될 수도 있습니다. 정보보안시스템 사용 목적에 맞는 인력 및 자원을 선정하고, 관련 부서와 협업하는 것도 정보보호 담당자의 중요 업무 중 하나입니다.

2. 정보보안시스템 반입 및 설치 단계

설치, 운영 담당 인력이 확보되었다면 정보보안시스템을 반입 설치 후 요구 사항 및 회사 보안 운영 환경에 맞게 시스템을 설정하게 됩니다.

3. 정보보안시스템 테스트 단계

설치 및 설정이 완료된 정보보안시스템의 정상 작동 여부를 확인 하기 위해 테스트를 진행하며, 운영 단계로 이관하기 전에 정보보안시스템 자체의 보안 취약점이 없는지, 보안 설정은 잘 되어 있는지 점검하게 됩니다.

4. 정보보안시스템 취약점 점검 단계

정보보안시스템도 컴퓨터시스템이기 때문에 취약점이 존재할 수 있습니다. 정보보안시스템을 구축하기 전 해당 시스템에 취약점이 있는지 보안 설정은 잘 되어 있는지 점검이 필요합니다. 보안 점검은 최초 도입 때뿐만 아니라 시스템 중요도에 따라 분기, 반기 단위로 주기적 취약점 점검 및 보안 설정을 점검합니다. 취약점 점검 항목은 회사 운영 환경에 따라 차이는 있지만 '주요 정보통신 기반 시설 기술적 취약점 분석·평가 상세 가이드'에 근거하여 점검을 하게 됩니다. '주요 정보통신 기반 시설 기술적 취약점 분석·평가 상세 가이드'은 한국인터넷진흥원 가이드라인 자료실 (https://www.kisa.or.kr/2060204)에서 다운로드 받을 수 있습니다.

분류	점검항목	항목 중요도	항목 코드
1. 계정 관리	보안장비 Default 계정 변경	상	S-01
	보안장비 Default 패스워드 변경	상	S-02
	보안장비 계정별 권한 설정	상	S-03
	보안장비 계정 관리	상	S-04
	로그인 실패횟수 제한	중	S-17
2. 접근 관리	보안장비 원격 관리 접근 통제	상	S-05
	보안장비 보안 접속	상	S-06
	Session timeout 설정	상	S-07
3. 패치 관리	벤더에서 제공하는 최신 업데이트 적용	상	S-08
4. 로그 관리	보안장비 로그 설정	중	S-18
	보안장비 로그 정기적 검토	중	S-19
	보안장비 로그 보관	중	S-20
	보안장비 정책 백업 설정	중	S-21
	원격 로그 서버 사용	중	S-22
	로그 서버 설정 관리	하	S-23
	NTP 서버 연동	중	S-24
5. 기능 관리	정책 관리	상	S-09
	NAT 설정	상	S-10
	DMZ 설정	상	S-11
	최소한의 서비스만 제공	상	S-12
	이상징후 탐지 모니터링 수행	상	S-13
	장비 사용량 검토	상	S-14
	SNMP 서비스 확인	상	S-15
	SNMP Community String 복잡성 설정	상	S-16
	유해 트래픽 차단 정책 설정	중	S-25

[주요정보통신기반시설 기술적 취약점 분석·평가 상세 가이드]

'주요 정보통신 기반 시설 기술적 취약점 분석·평가 상세 가이드'는 윈도우, 리눅스, 네트워크, 애플리케이션 등에 대한 취약점 목록 및 취약점 조치 방법이 나와 있는 상세 가이드입니다. 취약점 점검, 정보보안 운영 등 기술적 보안 분야에 취업을 원한다면 다운로드 받아 읽어 보는 것을 추천합니다.

앞서 언급 했지만 최초 도입되는 시스템에 대한 취약점 점검, 주기적인 취약점 점검을 SAT, SVT라고도 합니다.

SAT	Security Acceptance Testing 도입 시스템 보안성 평가
SVT	Security Validation Testing 운영 시스템 보안성 평가

[SAT, SVT]

5. 정보보안시스템 운영 단계

테스트 및 취약점 점검 단계를 통과 한 정보보안시스템은 운영 모드로 전환하여 사용하게 됩니다. 정보보안시스템이 정상 동작하고 있는지 보안 패턴은 정상적으로 업데이트 되고 있는지, 시스템상에 오류는 없는지 지속적으로 모니터링하는 것이 정보보안 운영 담당자의 주요 역할입니다. 보안 사고에 대응하는 것도 중요한 업무지만 정보보안시스템 장애로 회사에 중요 서비스가 되지 않는 문제도 매우 중요하기 때문에 정보보안 운영 담당자의 능력 중 하나가 장애 처리 능력입니다. 다음은 정보보안시스템 장애 처리에 대해 설명하겠습니다.

3.2.3 ● 정보보안시스템 장애 처리

정보보안시스템 장애란 '시스템의 가용성, 무결성, 기밀성 중 하나 또는 그 이상의 요소가 손상된 상태'를 말합니다. 즉, 정보보안시스템이 원래의 기능을 수행하지 못하는 상태입니다. 방화벽과 같은 네트워크 기반 정보보안시스템 장애가 발생할 경우 회사 네트워크 전체가 마비되며, 시큐어 OS와 같이 서버에 설치되는 정보보안시스템에 장애가 발생할 경우에는 서버가 잠기는 등 정보보안시스템의 장애는 보안침해 사고 이상으로 회사에 심각한 위험을 야기할 수 있습니다. 정보보안시스템이 장애 없이 안정적으로 운영될 수 있도록 장애 발생 요소를 사전에 제거하고, 장애 발생 시 영향을 최소화할 수 있도록 시스템 이중화 구성 등 시스템 구성 설계 능력은 정보보안 운영 담당자로서 필수 사항입니다. 그러나 아무리 사전에 장애 요소를 식별 제거하고, 시스템을 이중화하였다 하더라도 장애는 발생합니다. 장애 발생 시 신속하게 대응해서 회사 IT 서비스 영향을 최소화하는 것도 정보보안 담당자의 능력이라고 할 수 있습니다.

장애 발생 원인

장애 발생 원인은 시스템이 갖고 있는 S/W, H/W적인 버그, 네트워크 구성상의 문제와 같은 기술적인 원인과 잘못된 설정과 같은 운영자의 실수, 외부 공격 등 인적 원인으로 구분할 수 있습니다.

기술적 원인		인적 원인
•소프트웨어 버그 •하드웨어 오류 •네트워크 장애 •악성코드 감염 •자연 재해		•운영자의 실수 •사용자의 부주의 •외부인의 공격

[장애 발생 원인]

기술적 장애의 경우는 지속적인 모니터링을 통해 장애 발생 징조를 사전에 인지하여 제거할 수 있지만 상당수의 장애는 갑자기 발생하기 때문에 사전 예방하는 데 한계가 있습니다. 그렇기 때문에 기술적 원인에 의한 장애는 회사 내에서 어느 정도 감안해 주지만 운영자의 실수로 인한 인적 장애가 발생할 경우에는 인사적 페널티가 부여될 수 있으므로 정보보안시스템 설정 변경 시 주의를 기울여야 합니다.

장애 종류

IT 서비스의 중단 또는 서비스 품질 저하 등 비정상적인 운영 상태를 유발하는 모든 사건을 장애라 분류하며 이를 다른 말로 '인시던트(incident)'라고 합니다. 장애가 발생하면 인시던트로 등록되어 장애 처리가 진행됩니다. 인시던트 중 장애 발생의 근본 원인이 밝혀지지 않은 경우에 문제(Problem)로 분류되어 관리됩니다. 인적 원인에 의한 장애는 대부분 인시던트 단계에서 처리되지만 S/W, H/W 버그에 의한 장애는 문제로 분류되어 장기간 관리되는 경우도 많습니다. S/W, H/W 버그로 장애가 발생하게 되면 정보보안시스템 제조사에서는 Case Open이라는 절차를 통해 개발 조직을 통해 장애를 관리하게 됩니다. 해외 제조사에서 개발된 정보보안시스템의 경우는 짧게는 수개월 길게는 1년 이상 문제가 해결되지 않는 경우도 있습니다.

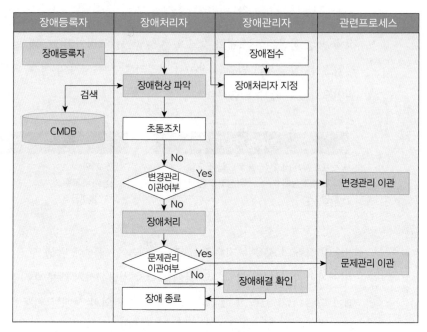

[인시던트 처리 절차 (출처 : 교육부(2019). 보안장비 운용.한국직업능력연구원)]

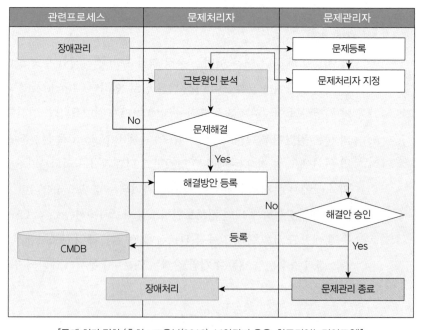

[문제 처리 절차 (출처 : 교육부(2019). 보안장비 운용. 한국직업능력연구원)]

장애 처리 절차

장애 처리 절차는 다음과 같습니다. 일반적으로 장애를 인지, 보고, 초동 조치를 수행하는 초기 대응 단계, 장애 발생 원인을 분석하는 하는 원인조사 단계, 서비스를 정상화 시키는 복구 단계, 장애 재발 방지를 위한 사후조치 단계로 구분할 수 있습니다.

초기 대응 단계	장애 발생을 확인하고, 장애의 영향을 파악하고 장애 영향을 최초화하기 위한 초기 복구 조치 수행
원인조사 단계	장애의 원인을 정확하게 파악하여, 근본적인 해결책 마련
복구 단계	장애를 완전히 복구하여, 정상적인 서비스가 이루어질 수 있도록 함
사후조치 단계	장애발생의 원인을 분석하고, 재발을 방지하기 위한 조치를 마련 및 장애 보고서 제출

[장애처리 절차]

STEP 1 초기 대응 단계

장애가 발생하면 즉시 장애를 인지하고 관련자에게 보고 및 장애 영향 최소화를 위해 초기 복구 조치를 수행합니다.

장애는 모니터링 시스템을 통한 알람, 사용자 또는 내부 직원으로부터 장애 신고, 장애가 발생한 시스템을 직접 확인하는 형태로 인지하게 됩니다.

장애를 인지하게 되면 장애 영향 최소화를 위한 초동 조치와 동시에 전화, 이메일, 문자 등 다양한 방법을 통해 담당자와 관리자에게 장애 발생 시점, 장애 내용, 장애 영향 등을 신속하게 보고해야 합니다. 장애 보고를 하지 않거나 일부 내용을 누락할 경우 인사상 좋은 평가를 못 받을 수 있습니다. 장애 보고도 정보보안담당자의 중요한 업무 중 하나입니다.

| 장애등급 |

등급	영향도	범위	현상
1등급	매우 높음	회사 전체와 관련된 업무 프로세스	서비스 불능 상태
2등급	높음	특정 부서의 업무	서비스 중요 기능 장애
3등급	중간	일부 업무 프로세스 기능	서비스 일부 기능의 부분적 장애
4등급	낮음	개인적인 업무	단순한 조치로 해결 가능한 장애

STEP 2 장애 원인 조사 단계

초동 조치가 끝나면 장애 원인을 분석하여 근본 장애 원인을 제거하여 신속하게 서비스를 복구하기 위한 조치를 취합니다. 장애 원인은 다음과 같은 방법으로 분석할 수 있습니다.

1. 장애 발생 시점, 장애 내용 등을 바탕으로 분석
2. 장애 발생 시스템의 로그를 분석
3. 장애 발생 시스템의 구성 요소를 점검

STEP 3 장애 복구 단계

장애 원인을 파악한 후, 신속하게 장애를 복구하기 위한 조치를 취합니다. 장애 복구 다음과 같은 방법으로 수행할 수 있습니다.

1. 장애 발생 시스템의 구성 요소를 재설정
2. 장애 발생 시스템을 다른 시스템으로 교체
3. 장애 발생 시스템의 데이터를 복구
4. 장애 발생 시스템의 패치 적용

장애 조치가 완료되면 서비스가 정상적으로 복구되었는지 확인합니다. 장애 복구 확인 방법은 다음과 같습니다.

1. 장애 발생 시스템을 직접 확인

2. 사용자 또는 내부 직원으로부터 확인

STEP 4 사후 조치 단계

장애 복구 확인까지 완료되었다면 장애가 재발하지 않도록 장애 원인을 내부적으로 공유하고 장애 처리과정, 장애 원인, 사후 재발 방지 대책 등의 내용이 포함된 장애 보고서를 작성하여 보고합니다.

| 장애 보고서 |

장애 개요			
보고자	강감찬	작성일	2017.05.××(수)
장애 내용	침입방지시스템(IPS) 인터페이스 장애		
장애발생 일자	2017.05.××(월) 19:30	조치 완료 일자	2017.05.××(월) 20:××
장애인지 일자	2017.05.××(월) 19:31	장애시간 / 복구목표시간	10분 / 240분
심각도(등급)	3등급	장애인지 경로	업무담당자
장애 분야	인프라(네트워크)	중복장애 여부	N
장애 처리자	김철수	장애 시스템	DC_IPS#1
장애 책임	보안운영팀		
SLA 대상여부	Infrastructure: 가용성(Y), 장애건수(Y)		
세부 장애 내용			
장애 증상	IPS 인터페이스 장애에 따라 서비스 일시 중지 Active-Standby 구성으로 자동 전환됨		
조치 내용	1. 5/×× 20:30 장비 육안 점검 후 콘솔 접속하여 I/F 오류 확인 2. 5/×× 20:35 유지보수 업체에 연락 3. 5/×× 23:20 유지보수 장비로 교체하고, 운영장비는 RMA(Return Material Authorization) 처리		
업무 영향	Active-Standby 구성으로 순단(수초간 서비스 연결오류) 발생		
장애 원인	인터페이스 하드 웨어 오류		
향후 대책			
실행계획		담장자	완료 예정일
인터페이스 등 하드웨어 오류에 대한 모니터링 강화		김철수	RMA 후 교체 작업

[출처 : 교육부(2019), 보안장비 운용, 한국직업능력연구원]

장애 처리 및 장애 보고서 작성은 매번 번거로운 일이지만 IT 분야에 종사하는 이상 받아들여야 하는 '숙명'이라고 할 수 있습니다. 경험상 장애 처리 경험에 비례해서 시스템 운영 능력 및 지식도 향상됩니다. 교육, 책으로 이해되지 않던 내용이 장애 처리 과정에서 바로 이해되는 경우도 많습니다.

3.3
정보보안시스템 운영 업무 노하우

정보보안시스템을 안정적으로 운영하기 위해서는 먼저 근무하고 있는 IT 인프라 구조 및 업무 프로세스에 대한 이해가 필요합니다. 정보보안 업무란 IT 자산을 외부의 침입, 재해 등으로부터 보호하는 활동입니다. 내가 보호해야 할 자산의 구조, 업무 프로세스를 이해하지 못하는 상태에서 정보보안 업무를 수행한다는 것은 단순 오퍼레이션 활동에 불과합니다. 보호해야 할 자산의 중요도 및 네트워크 흐름, 애플리케이션 간의 연계 구조에 대한 이해가 있어야 어떤 취약점이나 장애 요소가 있는지 식별 가능하며 거기에 맞는 보호 대책, 정보보안시스템을 도입할지 결정할 수 있습니다.

3.3.1 ● 구성도 그리기

정보보안시스템 운영 업무를 잘 할 수 있는 방법으로는 구성도 그리기입니다. '이미 네트워크가 구성도가 있는데 무슨 구성도를 만들어?'라고 생각할 수 있지만 정보보호 시스템 중심으로 된 구성도는 대부분 없을 것 같습니다. 근무하는 회사에 정보보호 시스템 현황을 정리한 뒤 네트워크 구성도를 일부 변형해서 정보보안시스템 중심의 구성도를 작성한다면 정보보안 업무를 수행하는 데 많은 도움이 됩니다. 구성도를 그리다 보면 자연스럽게 회사 IT 인프라 구조가 머리에 각인되어 나중에는 구성도 없이도 IT 인프라 구조에 대한 흐름 이해 및 설명이 가능하기 때문에 사내에서 업무를 잘 이해하는 사람으로 인정받을 수도 있습니다. 그리고 리스트로만 정보보호 시스템을 관리하다 보면 어느 구간에 정보보안시스템이 중복 설치되어 있고, 어느 구간에 필요한 정보보안시스템이 누락되어 있는지 놓치기 쉽습니다. 하지만 구성도를 그리다 보면 어느 구간이 보안상, 장애상 취약한지 식별이 가능해집니다. 구성도는 부서원과 공유 및 갱신을 위해 가급적 PPT와 같은 프레젠테이션 도구를 사용하여 작성하는 것이 좋지만 A4 용지에 손으로 그려 보는 것도 나쁘지 않습니다.

정보보안시스템 동작 방식 작성

정보보안시스템 엔지니어 시절에 아래와 같이 제가 담당하고 있는 정보보안시스템의 동작 방식을 작성해서 팀원들과 공유했습니다. 이렇게 하다 보니 제가 담당하고 있는 시스템이 어떻게 동작하는지 잘 알 수 있었으며, 고객에게 구성을 제안하고 설명할 때도 많은 도움이 되었습니다.

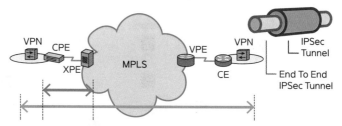

- 지점과 본점 VPN Gate 사용
- CPE와 XPE 간 IPSec Tunnel 내로 고객사 VPN Gate IPSec Tunnel 연결
- VPN Gate 간 IPSec Tunnel 설정 시 CPE와 XPE 간 IPSec Tunnel의 MSS 값보다 58Bytes 적은 MSS 값 적용해야 정상 통신 가능

[정보보안시스템 동작 방식도 예제 1]

본사, 지사 기존 사용 VPN 철거 후 본사 MPLS L/L 회선, 지사 X4Biz CPE 설치 구성

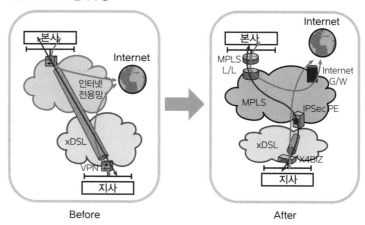

[정보보안시스템 동작 방식도 예제 2]

정보보안시스템 중심 IT 인프라 구성도 작성

정보보안 업무를 담당하게 된다면 정보보안시스템 중심의 구성도 작성을 추천합니다. 정보보안 담당자로 근무하면서 사내에 이미 작성된 네트워크 흐름 중심의 일반적인 구성도가 아닌 정보보안시스템 중심의 구성도 작성을 통해 회사 IT 인프라 구조 이해 및 애플리케이션 흐름 정보보안시스템 현황 파악, 취약한 부분 파악 등 많은 도움이 되었습니다. 근무 중인 곳의 구성도는 공유드리지 못하지만 아래 샘플을 참고해서 작성해 보시기 바랍니다.

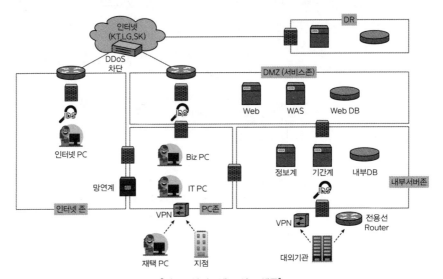

[정보보안시스템 구성도 샘플]

1. 정확한 용어 학습

정보보안시스템 운영 업무를 수행하게 되면 네트워크 담당자, 서버 담당자, 개발자, IT 기획부서, 일반직원 등 다양한 부서 사람들과 의사소통할 일이 많습니다. 본인이 하는 업무에 대한 잘못된 용어 선택 및 부정확한 내용 전달은 본인의 신뢰성도 떨어트리고 의사결정도 엉뚱한 방향으로 흘러가게 할 수 있습니다. 정보보안 업무는 혼자 할 수 없습니다. 여러 부서 및 이해관계자 간의 의사조율 협업을 통해 회사에 적용 가능한 현실적인 정보보안 대책을 수립하고 적용할 수 있습니다. 제가 중요하게 생각하는 부분 중 하나는 시스템, 프로토콜에 대한 용어 정의 및 기능에 대한 이해를 확실하게 하는 것입니다.

2. 인터넷 검색하기

정보보안에 대한 기본 지식이 없다면 책을 통해 전반적인 정보보안 용어에 대한 정리부터 필요하지만 어느 정도 알고 있다 하더라도 본인이 알고 있는 용어가 정확하지 않을 수 있습니다. 인터넷 검색을 통해 알고 있는 용어를 정확하게 이해하고 있는지 반복적으로 확인해 보는 것도 많은 도움이 됩니다. 물론 인터넷에 있는 자료도 100%로 신뢰할 수는 없지만 동일한 용어에 대해서 다양한 자료를 접하다 보면 공통적으로 중요하게 언급하는 개념, 핵심 동작 원리를 정리할 수 있게 됩니다. 처음에는 맞는 자료인지 틀린 자료인지도 식별하기 어렵지만 다양한 자료를 접하다 보면 자연스럽게 좋은 자료를 선별할 수 있는 능력도 생겨납니다.

3. 반복 학습하기

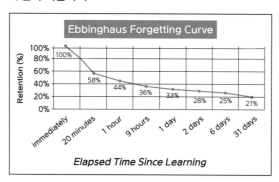

[헤르만 에빙하우스 망각곡선]

사람은 망각의 동물입니다. 학습 후 20분이 지나면 58%, 하루가 지나면 33%, 한 달 이상이 지나면 21%만 기억에 남게 됩니다. 제 경험상 암기 내용뿐만 아니라 이해한 내용도 망각하게 됩니다. 정보보안 업무를 수행한지 20년이 넘었지만 저는 지금도 기본서, 인터넷 검색 등을 통해서 암호화, TCP/IP, 보안 용어 등에 대해서 틈틈이 반복 학습을 하고 있습니다. 반복 학습은 업무에도 도움이 되고 정보보안기사, 기술사 등 각종 자격시험을 준비하는 데에도 많은 도움이 됩니다.

그림에도 나와 있지만 반복 학습은 기억을 오래 가게 합니다.

반복 학습을 통해 IT 및 정보보안에 대한 기본 개념,

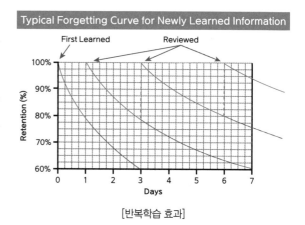

[반복학습 효과]

용어, 시스템의 동작 원리를 이해하고, 이를 바탕으로 정확한 용어를 사용하여 의사소통을 한다면, 사내에서 본인의 신뢰성을 높일 수 있을 것입니다. 또한, 자격증 취득 준비에도 많은 도움이 됩니다.

4. 정보보안 법령 이해하기

기술적 정보보안 업무를 수행하면 상대적으로 사내 보안 정책, 정보보안 관련 법령 등에 대한 관심은 떨어질 수 있습니다. 그러나 정보보안은 기술적 지식도 중요하지만 정보보안 법령에 대한 이해도 중요합니다. 정보보안 업무를 하다 보면 보안 감사, 정보보호 및 개인정보 보호 관리체계(ISMS-P), ISO 27001 등 각종 보안 인증 심사를 받게 됩니다. 또한, 보안사고가 발생했을 때 「개인정보 보호법」, 「정보통신망법」, 「전자금융감독규정」 등에 준해서 정보보안시스템을 운영하였는지가 처벌 수위를 판단하는 기준이 되기 때문에 정보보안 법령에 대한 학습도 필수적으로 해야 합니다. 「개인정보 보호법」, 「정보통신망법」, 「전자금융감독규정」 등을 학습할 필요는 없지만 국내 정보보호 관리의 기준이 되는 정보보호 및 개인정보 보호 관리체계(ISMS-P) 점검 항목은 꼭 학습하는 것을 권장합니다. 본인이 운영하는 정보보호 시스템의 운영 기준이 무엇인지 보안 설정은 어떻게 해야 하는지에 대한 근거에 대한 이해는 반드시 필요합니다.

예를 들어 문서보안(DRM) 솔루션을 도입 운영한다면 인증기준의 '2.7.1암호정책 적용'을 적용해야 하고 매체 제어 시스템을 도입한다고 하면 '2.10.7 보조저장매체 관리'를 따라야 합니다.

| DRM, 매체제어 ISMS-P 인증항목 |

항목	내용
2.7.1 암호정책 적용	개인정보 및 주요 정보 보호를 위하여 법적 요구사항을 반영한 암호화 대상, 암호 강도, 암호 사용 정책을 수립하고 개인정보 및 주요정보의 저장·전송·전달 시 암호화를 적용하여야 한다.
2.10.7 보조저장매체 관리	보조저장매체를 통하여 개인정보 또는 중요정보의 유출이 발생하거나 악성코드가 감염되지 않도록 관리 절차를 수립·이행하고, 개인정보 또는 중요정보가 포함된 보조저장매체는 안전한 장소에 보관하여야 한다.

방화벽 운영에 있어서도 '네트워크 접근', '정보시스템 접근', '인터넷접속 통제' 등 여러 인증항목이 적용됩니다.

항목	내용
2.6.1 네트워크 접근	네트워크에 대한 비인가 접근을 통제하기 위하여 IP관리, 단말인증 등 관리절차를 수립·이행하고, 업무목적 및 중요도에 따라 네트워크 분리 (DMZ, 서버팜, DB존, 개발존 등)와 접근통제를 적용하여야 한다.
2.6.2 정보시스템 접근	서버, 네트워크시스템 등 정보시스템에 접근을 허용하는 사용자, 접근 제한 방식, 안전한 접근수단 등을 정의하여 통제하여야 한다.
2.6.3. 응용프로그램 접근	사용자별 업무 및 접근 정보의 중요도 등에 따라 응용프로그램 접근권 한을 제한하고, 불필요한 정보 또는 중요정보 노출을 최소화할 수 있도 록 기준을 수립하여 적용하여야 한다.
2.6.7 인터넷 접속 통제	인터넷을 통한 정보 유출, 악성코드 감염, 내부망 침투 등을 예방하기 위하여 주요 정보시스템, 주요 직무 수행 및 개인정보 취급 단말기 등에 대한 인터넷 접속 또는 서비스(P2P, 웹하드, 메신저 등)를 제한하는 등 인터넷 접속 통제 정책을 수립·이행하여야 한다.
2.10.3 공개서버 보안	외부 네트워크에 공개되는 서버의 경우 내부 네트워크와 분리하고 취약 점 점검, 접근통제, 인증, 정보 수집·저장·공개 절차 등 강화된 보호대 책을 수립·이행하여야 한다.

정보보안 업무는 수행 근거를 제시해야 사내 지원을 받을 때 유리하며, 보안 사고가 발생했을 때도 본인을 보호해 줄 수 있기 때문에 정보보안 관련 법령에 대한 학습이 필요합니다.

04

관리보안 전문가의
정보보안 노하우

4.1

정보보안 관리자

정보보안의 전체를 관리하는 담당자의 역할이 필요합니다. 이를 흔히 '보안 담당자'라고 부르며, 관리 보안을 담당합니다. 관리보안 전문가가 수행하는 직무에 대해 아래와 같이 살펴보겠습니다.

4.1.1 ● 정보보안 관리자의 역할과 책임

회사에는 보호가 필요한 대상이 존재합니다. 정보, 문서, 소프트웨어나, 시설 등 보호해야 할 대상을 '자산(Assets)'이라고 합니다. 자산은 가치가 있기 때문에 외부의 위협으로부터 보호하기 위한 관리적, 기술적, 물리적 보안이 필요합니다.

정보보안 관리자는 관리체계가 잘 구성되고 운영될 수 있도록 관리하는 직무를 말합니다. 정보보안 관리자는 조직의 정보보안 방향을 정의하는 정책을 수립하고, 정책을 이행하기 위한 지침과 가이드라인을 제정하여 조직이 수행하는 정보보호 및 개인정보 보호의 활동 근거를 포함하는 최상위 정책을 수립합니다. 또한, 조직의 대내외 환경분석을 하여 자산을 식별하고, 조직 전반의 정보서비스 및 개인정보 처리 현황을 분석하여 업무 절차와 흐름을 파악합니다. 이를 통해 적합한 위험평가 방법을 선정하고 업무와 조직 특성에 맞는 위험을 식별합니다. 식별된 위험을 관리하기 위한 방법을 선정·보고하여, 지속적으로 관리할 수 있도록 합니다.

그 밖에도, 기업이나 기관이 준수해야 할 다양한 정보보호 규제가 존재하며 컴플라이언스를 확보하기 위한 다양한 업무들을 수행해야 합니다, 예를 들어 매출액이 100억 원이 넘는 정보통신서비스를 하는 기업이라면 ISMS(정보보호 관리체계 인증)를 필수로 획득하여 관리해야 하고, IDC를 운영하는 회사라면 매년 정보보호에 관한 정보를 공시해야 합니다. 이런 규제대응과 컴플라이언스 확보를 위한 업무도 정보보안 관리자의 주요 업무입니다.

관리보안 담당자는 정보보호 최고 책임자(CISO)를 보좌하여, 관리보안을 위한 전반적인 정책과 조직을 관리하는 직무를 수행합니다. 내부의 정보보안의 전략을 수립하고, 대외적으로 컴플라이언스 준수를 위한 다양한 업무를 담당합니다.

4.1.2 ● 정보보안 관리를 위한 정책 및 절차 수립

조직의 정보보호와 개인정보 보호의 근거가 되는 정보보호 방향을 설정하는 문서를 일반적으로 '정보보호 정책서'라고 합니다.

정보보호 정책서에는 경영진의 정보보호에 대한 의지와 방향, 조직의 정보보호와 개인정보 보호를 위한 역할과 책임 및 대상과 범위가 정의되며, 정보보호를 실행하기 위한 관리적·기술적·물리적 근거가 됩니다.

정보보호 정책서에 모든 정보보호 및 개인정보 보호 관련된 업무 지침을 실행단위(task)별로 명기할 수 없기 때문에 이를 구체적으로 풀어서 세부 절차나 방법을 규정하는 문서들이 필요합니다. 정책서의 큰 방향에 따라 상세한 내용을 담는 하위 문서는 지침, 절차, 매뉴얼, 가이드라인의 종류가 있으며, 조직의 특성에 따라 다양한 형태로 정책 문서를 구성, 관리합니다.

일반적인 조직에서는 정책문서를 3단 구성으로 정의하고 있습니다.

| 정책서, 지침, 가이드라인 예시 |

구분	내용	예시
정책서	• 조직 내 모든 사용자에게 적용되며, 정보보안의 중요성, 보안 목표, 법적 준수, 그리고 위반 시 발생할 수 있는 결과 등을 포함 • 경영진이 승인하여 전사적으로 시행되는 최상위 문서를 의미	• 정보보호 정책서 • 개인정보 보호 내부관리계획
지침	• 조직이 수행하는 정보보호 및 개인정보보호의 활동 근거를 구체적으로 제시하며, 법령 등에 제시된 규정을 준수할 수 있는 기준을 마련	• 서버보안 지침 • 네트워크보안 지침 • 클라우드보안 지침 • 정보시스템 운영 지침 • 개발 보안 지침 • 인적 보안 지침
가이드라인	• 특정 시스템, 장비, 소프트웨어 또는 작업에 필요한 구체적인 단계별 지침을 포함 • 예를 들어, 비밀번호 생성, 시스템 접근 제어, 긴급 상황 대응 등의 절차를 상세하게 설명하는 문서	• 취약점 진단 가이드라인 • 윈도우 PC 패치 가이드 라인 • 퇴직자 PC 반납 가이드 라인

정보보호 관련 정책은 경영진의 승인을 받아 시행하며, 필요한 이해관계자와 해당 내용에 대해 충분히 공유하고 검토해야 하며, 개정된 경우 직원들에게 이해하기 쉬

운 형태와 방법으로 알려주어야 합니다. 필요한 경우는 교육이나, 협의회의 안건으로 상정하여 이해도를 높이기도 합니다.

조직이 개인정보를 처리한다면 「개인정보 보호법」에 따른 개인정보 보호 내부관리 계획을 수립해야 합니다. 개인정보처리자는 개인정보의 분실·도난·유출·위조·변조 또는 훼손되지 아니하도록 내부 의사결정 절차를 통하여 법령에서 정한 사항을 포함하는 내부 관리계획을 수립·시행해야 합니다. 단 1만명 미만의 정보주체에 관한 개인정보를 처리하는 소상공인, 개인, 단체의 경우에는 생략할 수 있습니다.

조직의 보안 목표를 달성하기 위해 정보보호 중장기계획(ISP ; Information Security Strategy Planning)을 수립하여 체계적인 접근이 필요합니다. 중장기계획을 수립하기 위해서는 현재 보안 상태 분석이 요구되며, 다양한 평가방법을 통해 현재의 보안 수준을 이해하고, 이후 보안의 목표 수준을 설정하여 장기적으로 보안 체계를 개선할 수 있는 방안에 대한 전략 구현 계획을 마련해야 합니다. 이런 중장기 계획이 필요한 이유는 예산확보때문입니다.

정보보안 예산에 대한 요구를 중·장기적으로 제시하여 많은 예산이 필요한 정보보안 관제센터 구축이나, 정보보안 시스템 고도화 등의 의사결정을 받을 수 있는 기초 자료로 활용합니다.

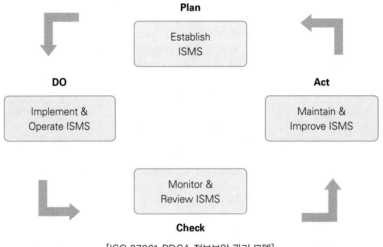

[ISO 27001 PDCA 정보보안 관리 모델]

● 보안리더의 실전 노하우

1 지침과 가이드라인

지침과 가이드라인은 영어로 번역하면 동일하게 Guide line으로 번역되지만, 일반적으로 아래와 같은 의미로 사용됩니다.

- **지침** : 보안 정책을 세분화한 운영절차나 방법을 명시한 문서로 강제성이 존재함
- **가이드라인** : 지침을 시행하기 위한 수행방법이나 구체적인 방안을 명시해 놓은 문서로 보안을 준수하기 위해 상세하게 설명해 주는 안내서의 개념

2 정보보안 체계를 구축하고 이행하기 위한 예산

정보보안 체계를 구축하고 이행하기 위해서는 예산이 필요합니다. 경영진으로부터 예산을 승인받는 노하우를 아래와 같이 정리해 보았습니다.

1. 정보보안 중장기 전략에 의해 예산을 받는 방법

5개년 계획안을 제출하고 그 계획 안에서 매년 예산을 받는다면 경영진을 설득하기 쉽습니다.

2. 각종 인증과 평가를 활용하는 방법

- 공공기관의 경우 '국정원 정보보안 관리실태 평가', '개보위의 개인정보 보호 수준 진단' 같은 평가 지표와 평가 결과를 활용하여 예산을 확보할 수 있습니다.
- 민간의 경우 ISMS-P 인증이나, ISO 27001 등의 인증을 통해 부족한 부분을 인지하여 필요한 부분에 대한 개선안으로 설득할 수 있습니다.

3. 정보보안 침해사고가 발생했을 때 비용을 산정하는 방법

- 정보보안 침해사고가 발생했을 때 손실액을 산정하여 경영진에게 제출하고 이를 막기 위해 필요한 예산액과 비교합니다.
- 피해액에 대한 산정을 정확히 하는 것은 어렵지만, 아래 내용으로 나누어 비슷한 침해사고의 사례를 찾으면 비용을 대략 산정할 수 있습니다.

구분	내용
손실 비용	비즈니스 중단으로 인한 수익 손실, 고객 신뢰 손실, 이미지 손상 등의 비용
복구 비용	시스템 복구, 데이터 복구, 네트워크 복구 등을 위한 비용
조사 및 감사 비용	침해사고 조사, 법적 조치 등을 위한 비용
보안 강화 비용	침해사고 재발 방지를 위한 보안 시스템 보완 등을 위한 위한 비용
법적 및 규정 준수 비용	침해사고로 인한 법적 소송, 벌금, 규정 준수 비용 등

※ 침해사고가 발생한 후에도 예방비용으로 보안 강화 비용을 선재적으로 사용한다면, 손실 비용과 법적 및 규정 준수 비용을 감소시킬 수 있다는 사실을 강조해야 합니다.

※ 정보보안 최고 책임자(CISO)나 개인정보 보호 책임자(CPO)의 역할과 책임을 정확히 모르고 임원으로 임명된 경우가 있을 수 있습니다. 이러한 경우에는 책임과 권한을 명확히 알려 주고, 정보보안 예산은 책임 완수를 위해 필요한 비용임을 설득해야 합니다.

위험 관리 및 보안성 평가

정보보호를 관리하기 위해서는 위험 관리가 필요합니다. 위험 관리는 조직의 자산에 대한 위험을 수용 가능한 수준으로 유지하기 위한 활동들을 의미하며, 이를 위해 자산을 식별하고 보호하기 위한 조치 과정을 포함합니다. 위험 관리는 정보보호를 강화하고 위험으로부터 보호하기 위한 핵심 접근 방법입니다. 위험 관리를 위해서 위험 평가가 필요하며, 아래 방법론으로 정리할 수 있습니다.

[참고] 위험 관리 절차
- 자산 식별 및 분류 : 조직의 모든 중요 정보 자산을 식별하고 그 중요도에 따라 분류합니다.
- 위협 식별 : 각 자산에 대한 잠재적 위협을 식별합니다. 위협은 자연재해, 인간의 실수, 또는 고의적인 공격 등이 될 수 있습니다.
- 취약점 평가 : 조직의 정보시스템에서 식별된 각 위협에 대응하여 존재하는 취약점을 평가합니다.
- 위험 분석 및 평가 : 위협과 취약점의 조합을 분석하여 각각의 위험 수준을 평가합니다. 이 과정에서 발생 가능성과 그 영향력을 고려합니다.
- 위험 처리 및 관리 계획 수립 : 위험을 감소시키거나 제거하기 위한 조치를 결정합니다. 이는 위험 회피, 위험 감소, 위험 전가 또는 위험 수용을 포함할 수 있습니다.

위험 평가 방법은 조직의 특성을 반영하여 정의할 수 있습니다. ISO 13335 표준은 아래와 같이 위험 평가 접근법을 제시하고 있습니다.

1. 베이스라인 접근법

베이스라인 접근법은 모든 시스템에 대해 표준화된 보안 대책의 세트를 체크리스트 형태로 제공하여 해당 체크리스트에 없는 보안 대책을 보충하는 방식을 취합니다.

2. 비정형 접근법

비정형 접근법은 구조적인 방법론에 의존하지 않고 경험된 전문가의 지식을 활용하여 위험 평가를 수행하는 방식을 말합니다. 이 방식은 빠르고 비용이 적게 들지만, 수행자의 경험에 의존하기 때문에 일부 영역을 놓칠 가능성이 있습니다.

3. 상세 위험 분석

상세 위험 분석은 구조화된 모델을 기반으로 자산 분석, 위협 분석, 취약성 분석의 각 단계를 수행하여 위험을 평가하는 방법을 의미합니다. 이를 통해 조직의 자산과 보안 요구에 대해 구체적인 분석을 수행하여 적절한 보안 대책을 도출할 수 있지만, 노력과 비용이 많이 소요될 수 있는 단점이 있습니다.

식별된 위험에 대한 처리 전략 4가지 방법

위와 같이 식별된 위험에 대한 처리 전략으로는 다음과 같은 4가지 방법이 존재합니다.

1. 위험 회피 (Risk Avoidance)

위험을 완전히 피하기 위해 해당 활동이나 자산을 중단하거나 제거하는 전략입니다. 이는 위험을 최소화하기 위해 해당 위험을 회피하는 방식입니다.

2. 위험 감소 (Risk Reduction)

위험을 줄이기 위해 보안 대책을 시행하거나 조치를 취하는 전략입니다. 이는 위험의 발생 가능성이나 영향을 줄이는데 초점을 둡니다.

3. 위험 전가 (Risk Transfer)

위험을 다른 주체로 이전하는 전략입니다. 이는 위험을 다른 조직이나 보험사와 같은 외부 주체로 이전하여 위험에 대한 책임을 분담하거나 보험 형태로 보호받는 방식입니다.

4. 위험 수용 (Risk Acceptance)

위험을 인정하고 수용하는 전략입니다. 이는 위험의 발생 가능성이나 영향을 최소화하기 위한 조치를 취하지 않고, 위험을 수용하는 방식입니다. 이는 위험의 발생 가능성과 영향이 상대적으로 낮거나 비용에 대한 효율적인 대책이 없을 때 적용될 수 있습니다.

이러한 위험 처리 전략은 조직의 우선순위, 자원 및 비즈니스 요구에 따라 선택되고 조합될 수 있습니다. 위험 분석과 위험 관리 프로세스를 통해 조직은 위험을 인식하고 적절한 전략을 도출하여 정보보호를 강화할 수 있습니다.

| 식별된 위험 | 위험 회피 | 위험 감소 | 위험 전가 | 위험 수용 |

[위험처리 전략 설명 그림]

위험 분석 평가는 조직의 자산을 식별하고 조직의 정보보호 목표를 달성하기 위해 필요합니다. 반면에 보안성 검토는 조직의 정보자산을 보호하기 위해 신규 도입되는 정보화 추진 사업이나 정보보안시스템, 통신 구조의 변경과 같이 기존 자산의 형태나 구조가 변경될 경우 안정성을 확인하는 과정을 의미합니다.

보통 기업에서는 보안성 검토를 통해 도입되는 정보시스템의 구성도, 설치 위치, 사용 데이터의 종류 등을 확인하여 전송이나 저장 방식이 법령을 위반하지 않거나 안전하지 않은 구성이 없는지 확인합니다. 반면 공공기관은 '정보통신망 보안성 검토 및 보안적합성 검증'과 같은 절차를 통해 국가 사이버 안전 센터가 보안 대책의 적합성과 타당성을 검증하며 필요한 경우 보안 대책을 요구하는 방식으로 진행됩니다. 이를 통해 기관에서 수립한 보안 대책이 적절하고 타당한지 확인됩니다.

컴플라이언스를 위한 규제 및 외부 점검 대응

정보보안 컴플라이언스는 조직이 정보보안 관련 법률, 규정, 정책, 표준을 준수하는 것을 의미합니다. 이는 외부규제나 표준을 정의하고 지속적인 관찰을 통해 준수 여부를 확인하여, 발견된 문제를 개선하고 발전시켜 나가는 활동을 포함합니다.

정보보호에는 다양한 규제가 존재하며, 이러한 규제에 맞게 대응하는 것도 정보보안 관리자의 역할입니다.

ISMS 인증심사

정보보호 관리체계(ISMS) 인증 의무 대상자는 「전기통신사업법」에 따라 "전기통신사업자와 전기통신사업자의 전기통신역무를 이용하여 정보를 제공하거나 정보의 제공을 매개하는 자로서 표에서 기술한 의무대상자 기준에 하나라도 해당되는 자"로서 정의되어 있습니다.

| ISMS인증 의무 대상 기준 |

구분	의무 대상자 기준
ISP	• 전기통신사업법 제6조 제1항에 따른 허가를 받은 자로서 서울특별시 및 모든 광역시에서 정보통신망서비스를 제공하는 자
IDC	• 정보통신망법 제46조에 따른 집적정보통신시설 사업자
다음 조건 중 하나라도 해당하는 자	• 연간 매출액 또는 세입이 1,500억 원 이상인 자 중에서 다음에 해당되는 경우 　– 의료법 제3조의4에 따른 상급종합병원 　– 직전연도 12월 31일 기준으로 재학생 수가 1만 명 이상인 고등교육법 제2조에 따른 학교
다음 조건 중 하나라도 해당하는 자	• 정보통신서비스 부문 전년도(법인인 경우에는 전 사업연도를 말한다) 매출액이 100억 원 이상인 자 • 전년도 직전 3개월간 정보통신서비스 일일평균 이용자 수가 100만명 이상인 자

인증 의무 대상자는 ISMS, ISMS-P 인증 중 선택이 가능하며, ISMS 인증은 80개의 인증 기준을 심사하고 적합한 경우 인증서가 발급됩니다. ISMS 인증 기준에 개인정보 처리 흐름을 포함한 21개의 인증 기준을 추가하여 심사를 받게 됩니다.

정보보호 공시

정보보호 공시란 이용자의 안전한 인터넷 이용 및 정보보호 투자 활성화를 위하여 정보보호 투자, 인력, 인증, 활동 등 기업의 정보보호 현황을 공개하는 자율·의무공시 제도를 말합니다. 정보보호 공시를 통해서 정보보호 측면에서의 이용자 알 권리 보장 및 객관적인 기업 선택의 기준을 제시하고, 기업은 정보보호를 기업경영의 중요요소로 포함하여 자발적인 정보보호 투자 유도를 목표로 합니다.

※ 관련근거 :「정보보호산업의 진흥에 관한 법률」제13조(정보보호 공시), 동법 시행령 제8조(정보보호 공시)

| 정보보호 공시 의무 대상 기준 |

구분	내용
사업분야	• 회선설비 보유 기간통신사업자 – 전기통신사업법 제6조 제1항 • 집적정보통신시설 사업자 – 정보통신망법 제46조 • 상급종합병원 – 의료법 제3조의4 • 클라우드컴퓨팅 서비스제공자 – 클라우드컴퓨팅법 시행령 제3조 제1호
매출액	• 정보보호 최고책임자(CISO) – 지정·신고하여야 하는 유가증권시장 및 코스닥시장 상장법인 중 매출액 3,000억 원 이상
이용자 수	• 정보통신서비스 일일평균 이용자 수 – 100만 명 이상(전년도말 직전 3개월간)

의무 대상에 해당하는 기업과 기관은 아래 4가지 항목에 대해 매년 6월 말일까지 정보보호 공시 포털에 공개해야 합니다.

1. 정보보호 투자 현황(정보기술부문 투자액, 정보보호부문 투자액, 비중 등)
2. 정보보호 인력 현황(정보기술부문 인력, 정보보호부문 전담인력, 비중 등)
3. 정보보호 관련 인증, 평가, 점검 등에 관한 사항
4. 정보보호를 위한 활동 현황

주요 정보통신 기반 시설 점검

민간, 공공 시설을 불문하고 침해사고 등이 발생할 경우 국가안전보장과 경제사회에 미치는 피해규모 및 범위가 큰 시설을 지정하여 점검 및 평가를 실시합니다.

예 IDC, ISP, 국책은행의 IT센터 등

국가안전보장, 행정, 통신, 금융, 의료 등 국가·사회적으로 중요한 시설을 주요정 보통신기반시설로 지정·관리(정보통신기반보호법 제8조)하는 근거로 지정합니다. 보호절차는 아래와 같습니다.

> 1. 보호계획/대책 수립지침 배포(과학기술정보통신부·국가정보원/부처, ~5월)
> 2. 취약점 분석·평가(관리기관)
> 3. 보호 대책 수립(관리기관, ~8월)
> 4. 보호 계획 수립(부처, ~10월)
> 5. 보호대책 이행점검(과학기술정보통신부·국가정보원) 등

관리기관의 장은 대통령령이 정하는 바에 따라 정기적으로 소관 주요 정보통신 기 반시설의 취약점을 분석·평가해야 합니다.

취약점 분석·평가는 대통령령이 정하는 바에 따라 전담반을 구성하거나 자격이 있 는 기관에 의뢰할 수 있습니다.

4.1.3 ● 정보보안 관리자가 되기 위해 필요한 역량

1. 정보보안 관리자는 문서 작성 능력이 중요합니다.

정책과 지침 등을 제정하거나 개정할 경우가 많습니다. 대부분의 사내 규정은 대표 이사나 책임 있는 임원의 결재를 받아야 하고, ISMS 인증심사, 정보보호 공시 등 정 부 규제를 준수하기 위한 업무도 최종 결재자가 대표이사나 임원인 경우가 많습니 다. 이러한 결재를 받기 위해, 정보보안 관리자는 임원 등에게 설명할 수 있는 문서 작성 능력이 중요합니다(어려운 정보보안 용어를 의도적으로 사용하는 경우도 있지 만, 보통은 쉽게 설명하는 것이 좋음).

2. 정보보안 관리자는 소통 능력이 중요합니다.

개발, 인프라 운영 부서와 다양한 소통과 조율이 필요한 경우가 많습니다. 그렇기 때문에 정보보안 관리자는 조직의 미션을 이해하고, 주요 사업의 구조를 이해할 필 요가 있습니다. 또한, 각 부서의 업무 특성을 이해하고 소통해야 원하는 바를 이해 시키고 설득할 수 있습니다.

정보보안은 무조건 차단하는 것이 아닌 안전한 서비스 방법을 같이 찾아 간다는 자세로 접근해야 서로의 입장 차이를 줄일 수 있습니다.

3. 적극적인 자세로 임직원을 교육하고 인식제고 하는 것이 중요합니다.

임직원 교육을 외부 강사에 맡기는 경우도 있지만, 가능하다면 정보보안 관리자가 KISA 등의 정보보안 자료나 개인정보 보호 자료를 조직에 맞게 수정하여 사용할 것을 권장합니다. 해당 조직에 필요한 부분을 교육하는 경우에 교육의 효과는 상승하고 정보보안 관리자의 신뢰도는 올라갈 것입니다.

인식제고는 포스터나 사내 게시판 등을 통해 이용하는 것이 좋습니다. 제가 정보보안 관리자로 있을 때 아크릴로 제작된 A4 게시판을 부착하여, 정보보안 캠페인 용도로 사용했습니다. 다양하고 많은 메시지 보다 한 게시물에 한가지 메시지를 담는 것이 효율적입니다.

4.2

보안 전공 학위(석사, 박사)

현재 정보보안 분야에서 경력을 쌓고 있더라도, 보안리더로 더 높은 위치에 도달하기 위해서는 석사와 박사 학위가 필요한 경우가 있습니다. 석사와 박사 학위는 지식과 전문성을 극대화하고, 특히 보안 분야에서의 연구 능력을 갖추는 데 도움이 됩니다. 이번 장에서는 석사와 박사 학위의 필요성과 학위에 대한 정보에 대해 살펴보겠습니다.

4.2.1 ● 학위는 목표가 아닌 수단이다.

우선 저는 직장을 다니면서, 정보보안 석사와 정보보안 박사학위를 받았습니다.

앞으로 경력을 위해서 학위에 도전해 보고 싶다는 후배들의 질문을 받을 때, 저는 이렇게 대답합니다.

"석사학위는 100만큼의 노력이 필요하지만, 석사를 따도 사회적인 존중은 50도 안 되는 것 같아, 그러나 박사학위는 150에서 200 정도의 노력이 필요하지만, 사회적인 존중은 300 정도 되는 것 같다."

저는 학위에 대해 조언할 때, 석사보다는 박사를 목표로 하는 것을 권합니다.

학위의 가치에 대한 질문에 명확하게 답할 사람은 아마 없을 것입니다. 사람마다 상황이 다르고, 학위에 대한 필요성이나 취득하는 데 사용되는 시간이나 노력이 모두 다르기 때문입니다.

저도 박사학위 취득을 위해 대학원 진학을 고민하고 있을때, 읽게 된 책 한권이 기억에 남습니다. 동시에 기술사와 박사를 준비해서 취득한 어느 멋진 분의 이야기였으며, 그 책의 저자는 '무조건 박사를 해라'라고 조언했습니다. '그래 박사 학위 없는 사람들의 말 듣지 말고, 학위 있는 사람의 말을 듣자'라고 생각하고 박사 공부를 시작했으며, 그 결정은 정말 잘했다고 생각합니다.

정보보호 관련 학위가 있으면 많은 사회적인 인정과 존중을 받게 됩니다. 법제도 안에서 인정하는 몇 가지 사례를 아래와 같이 보여주고자 합니다.

| ISMS-P 인증심사원 자격증 경력대체 요건 |

구분	경력대체요건	인정기간
정보보호 경력	• "정보보호" 관련 박사 학위 취득자	2년
정보보호 경력	• "정보보호" 관련 석사 학위 취득자 • 정보보안기사 • 정보시스템감사통제협회(ISACA)의 정보시스템 감사 (CISA) • 국제정보시스템보안자격협회(ISC²)의 정보시스템 보호 전문가(CISSP)	1년
개인정보 보호 경력	• "개인정보 보호" 관련 박사 학위 취득자	2년
개인정보 보호 경력	• "개인정보 보호" 관련 석사 학위 취득자 • 개인정보 영향평가에 관한 고시 제6조에 따른 개인정보 영향평가 전문인력 • 개인정보관리사(CPPG)	1년
정보기술 경력	• "정보기술" 관련 박사 학위 취득자 • 정보관리기술사, 컴퓨터시스템응용기술사 • 정보시스템감리사	2년
정보기술 경력	• "정보기술" 관련 석사 학위 취득자 • 정보시스템감리원 • 정보처리기사, 전자계산기조직응용기사	1년

| 개인정보영향평가 전문인력 응시요건 |

구분	인증시험 응시조건
일반 수행인력	• 개인정보 보호법 시행령 제37조 제1항 제2호의 전문인력 자격을 갖춘 사람 • 한국 CPO포럼이 시행하는 개인정보관리사 자격을 취득한 후 1년 이상 개인정보 영향평가 관련 분야 수행실적이 있는 사람
고급 수행인력	• 일반 수행인력 자격을 갖춘 후 5년 이상의 영향평가 관련 분야 수행실적이 있는 사람 • 관련 분야 박사학위를 취득한 후 3년 이상의 영향평가 관련 분야 수행실적이 있는 사람 • 국가기술자격법 시행규칙 제3조에 따른 정보관리기술사, 컴퓨터시스템응용기술사, 정보통신기술사 자격을 취득한 후 3년 이상의 영향평가 관련 분야 수행실적이 있는 사람

| 정보보호 최고 책임자의 지정 자격요건 |

구분	인증시험 응시조건
정보통신망 이용촉진 및 정보보호 등에 관한 법률 시행령	제36조의7(정보보호 최고책임자의 지정 및 겸직금지 등) ④ 제1항 및 제2조 각 호의 학교에서 전자금융거래법 시행령 별표 1 비고 제1호 각 목에 따른 학과의 과정을 이수하고 졸업하거나 그 밖의 관계법령에 따라 이와 같은 수준 이상으로 인정되는 학위로 하고, 정보보호 또는 정보기술 분야의 업무는 같은 비고 제3호 및 제4호에 따른 업무로 한다. 〈개정 2021. 12. 7., 2022. 8. 9.〉 1. 정보보호 또는 정보기술 분야의 국내 또는 외국의 석사학위 이상 학위를 취득한 사람 2. 정보보호 또는 정보기술 분야의 국내 또는 외국의 학사학위를 취득한 사람으로서 정보보호 또는 정보기술 분야의 업무를 3년 이상 수행한 경력(학위 취득 전의 경력을 포함한다)이 있는 사람 3. 정보보호 또는 정보기술 분야의 국내 또는 외국의 전문학사학위를 취득한 사람으로서 정보보호 또는 정보기술 분야의 업무를 5년 이상 수행한 경력(학위 취득 전의 경력을 포함한다)이 있는 사람

4.2.2 ● 학위취득에 과정에 대해 구체적으로 설계하라.

학위를 취득하기 위해서는 전공과 대학원을 선택해야 합니다. 대학원은 주된 교육의 목적에 따라 아래와 같이 분류됩니다.

> [참고] 대학원의 분류
> 1. 일반대학원 : 학문의 기초이론과 고도의 학술연구를 주된 교육목적으로 하는 대학원
> 2. 전문대학원 : 전문 직업 분야의 인력양성에 필요한 실천적 이론의 적용과 연구개발을 주된 교육목적으로 하는 대학원
> 3. 특수대학원 : 직업인 또는 일반 성인을 위한 계속교육을 주된 교육목적으로 하는 대학원

학위를 취득하는 목적에 따라 대학원 선택이 필요합니다. 석사 학위를 자격증처럼 경력에 포함하길 원한다면, 특수대학원에 가도 좋지만 일반적으로 특수대학원은 직장인 재교육의 성격이 강하기 때문에 논문을 작성하지 않고, 출석과 졸업시험만으로 대체되는 경우가 대부분입니다.

석사학위 취득 후 박사학위에 도전하거나 연구원 또는 교수를 목표로 한다면 일반대학원에 진학하여 연구방법이나 논문을 작성해 보는 것이 유리합니다.

전공을 선택하기 위해서는 학위의 목적을 스스로 다시 한번 생각해 보아야 합니다. 위에서 학위는 목표가 아닌 수단이라고 말한 것처럼 학위를 취득한 이후의 활용 방안을 계획해야 할 것입니다.

학위 취득의 목적이 임원으로 승진하기 위한 자격증이라면 경영 수업에 필요한 경영학 같은 전공을 선택해도 좋을 것입니다.

전공을 선택할 때 아래의 표를 참조하여 어떤 분야의 전문성이 필요한지, 어떤 분야의 경력개발이 필요한지, 어떤 분야의 인적 네트워크가 필요한지, 어떤 분야의 연구실적이 필요한지를 고민한다면 전공을 선택하는 데 도움이 될 것입니다.

| 학위 전공을 선택하는 요소 |

구분	내용
전문성 확보	해당 전공 분야에 전문적인 지식과 깊은 이해 역량 확보
경력발전(개발)	학문적인 업적과 연구 경험을 통한 경력개발
인적 네트워크 구축	전공의 전문가 교류 및 인적관계 형성
연구 기회	전공 분야에서 연구경험과 전문성 증명

전공을 선택할 때, 유의할 점은 학사 전공을 그대로 유지해서 학위를 받아야 하는 것은 아니라는 것입니다. 물론 학사 전공을 심화하여 연구소나 교수로 진로를 생각

한다면 가능한 선택이지만, 꼭 그럴 필요는 없다고 말하고 싶습니다.

많은 분들이 석사나 박사 학위를 취득하기 위해 대학원 진학 시 이전 전공과 다른 전공으로 도전한다는 사실을 참고하시기 바랍니다.

4.2.3 ● 석사과정, 박사과정 VS 석박사 통합과정

학위과정은 석사학위를 취득하고 박사학위를 취득할 수 있고, 석박사 통합과정으로 한 번에 박사학위를 취득할 수 있습니다. 학부과정에 비해 대학원 과정은 등록금이 상당히 비쌉니다. 국·공립대가 300만 원 수준이고, 사립대학교는 600 ~ 800만 원 수준의 학비도 존재합니다.

석박사 통합과정이 이런 부분에서 유리한 점이 많습니다. 석박사 통합과정은 석사 논문작성과 박사 입학의 과정이 단축된 만큼 시간이 줄어들고 필수 이수 해야 할 학점도 줄어듭니다. 결론적으로 말하면 박사학위까지 취득할 생각이 있다면 석박사 통합과정이 시간도 단축되고 단축된 수업만큼 등록금도 절약할 수 있습니다.

> [참고] 석박사 통합과정 근거(고등교육법 및 시행령)
> 고등교육법 제29조의3(학위과정의 통합) ② 박사학위과정이 설치되어 있는 대학원에 석사학위 및 박사학위의 과정이 통합된 과정을 둘 수 있다.
> 제31조(수업연한) ① 대학 및 대학원의 수업연한(授業年限)은 다음 각 호와 같다.
>
> 　4. 석사학위과정과 박사학위과정의 통합과정 : 4년 이상으로 하되, 석사학위과정과 박사학위과정의 수업연한을 합한 연한 이상으로 한다.
>
> ② 학칙으로 정하는 바에 따라 학위취득에 필요한 학점 이상을 취득한 사람에 대하여는 제1항에도 불구하고 대통령령으로 정하는 바에 따라 제1항에 따른 수업연한을 단축할 수 있다.
> 고등교육법 시행령
> 제26조(수업연한의 단축) 법 제31조 제2항에 따라 단축할 수 있는 수업연한은 다음 각 호의 구분에 따른다.
>
> 　5. 석사학위과정과 박사학위과정의 통합과정 : 1년 6개월 이내

하지만 인생에는 다양한 변수가 발생합니다. 갑자기 결혼을 하거나, 해외나 지방으로 발령을 받을 수도 있습니다. 이런 돌발 상황으로 학위과정을 중도 포기해야 할 경우가 발생할 수 있습니다.

반드시 알아야 할 부분은 석사학위를 받고, 박사과정 중에 중도 포기할 경우에도 석사학위는 남게 되지만 석박사 통합과정에서는 중도 포기할 경우 남는 것이 아무것도 없습니다. 학교마다 석박사 통합과정에서 석사과정으로 전환하는 제도가 있는 것으로 알고 있지만, 석사과정을 마무리 하기 위한 조건을 당장 맞추기는 어려울 것입니다. 그렇기 때문에 여러 가지 변수를 고려해야 합니다.

4.2.4 ● 직장을 다니면서 학위에 도전하는 사람들을 위한 조언

먼저 학위 취득의 목표를 가지고 시작했다면 "쉬지 말고 해라" 라고 조언하고 싶습니다.

직장을 다니면서 학위과정을 한다는 것은 결코 쉬운 일이 아닙니다. 생업인 직장에서 중요한 일들을 처리하고 또 그로 인한 스트레스를 받으면서 시간을 쪼개 수업에 나가게 됩니다. 또한 중간고사·기말고사를 보면서 연구 방법을 익히며 논문 작성하고 특허를 등록하는 일들은 가끔 힘겹게 느껴질 것입니다.

1. 학위를 시작할 때 지도교수님과 학위에 대한 큰 계획을 공유하십시오.

지도교수님과 입학 상담을 할 때 학위를 취득하고자 하는 이유와 언제까지 수업을 듣고 언제까지 논문을 쓸지에 대한 대략적인 계획을 수립해서 교수님께 가능한 일정인지 문의해 보기 바랍니다.

교수님마다 학생 지도 방식이 다르고, 모집에는 신경을 쓰지만 학위 취득에는 관심이 없는 교수님들도 아쉽지만 존재합니다. 교수님께 학위에 대한 개인적인 계획을 상의하여 시작과 종료가 존재하는 계획을 작성하고 시작하는 것이 좋습니다.

2. 코스워크와 논문을 분리하지 말고 과정 중에도 작성하십시오.

풀타임(Full-time) 대학원생은 보통 정부 과제 등을 수행하면서 학비와 인건비를 받기 때문에 자연스럽게 연구활동과 논문작성을 하게 되지만 파트타임(Part-time) 과정은 수업을 듣고 수료 이후에 논문작성을 시작해서 학위가 늦어지는 경우가 있습니다. 그렇기때문에 과정 중에도, 회사생활 중에도, 주변의 각종 현상을 탐구하고 분석하여 의미 있게 분석하여 논문 등재 실적을 쌓아가는 것이 좋습니다.

3. 휴학하지 마시고 원하는 학위까지 밀고 나가십시오.

학위를 중간에 중단해야 할 다양한 이유가 존재할 수 있습니다. 그 이유는 직장이나 가정의 이유일 수 있습니다. 가정과 생업의 이유가 아니라면 멈추지 말고 코스워크 논문학기 등을 쭉 밀고 나가기를 조언합니다. 퇴근 이후 수업을 듣고, 논문 작성하는 것이 힘들어도 포기하지 말고 진행해야 합니다.

● 보안리더의 실전 노하우

1. 석사와 박사학위를 받기 위해서는 스스로 학습하고 연구하는 능력을 키워야 합니다.

정보보안 분야에서의 석사와 박사 학위는 전문성과 연구능력을 향상시키는 중요한 도구입니다. 학위의 가치는 개인 상황과 목표에 따라 다를 수 있지만, 보안 분야에서의 경력과 인정을 높이기 위해서는 석사 및 박사 학위가 유용할 수 있습니다. 중요한 것은 목표와 계획을 확실히 세우고, 학위를 통해 얻고자 하는 것을 명확히 이해하는 것입니다. 학위 선택, 전공 선택, 통합과정 등에 대한 결정은 신중하게 고려해야 하며, 학업을 시작한 후에는 꾸준한 노력과 포기하지 않는 결심이 중요합니다.

2. 논문을 쓰기 위해서는 많은 난관을 극복해야 합니다.

논문을 쓰기 위해 많은 난관들이 분명이 나타날 것입니다. 그렇지만, 그 누구도 마법사 같은 힘을 사용하지 않습니다. 논문과 연구에는 시간 투자가 필요하며, 그 시간은 분명 가치가 있을 것입니다.

4.3
정보보안 취업과 이직

이직을 위한 정보 획득을 위해 플랫폼 활용은 대부분의 사람들이 잘 알고 있다고 생각합니다. 이번 장에서는 이직 시 고려해야 할 사항에 대해 알아보고, 이직할 회사의 정보보호 조직 정보를 얻는 방법에 대해 설명하겠습니다.

4.3.1 ● 이직 기업에 대한 정보취득의 중요성

취업과 이직 시장에서는 뽑고자 하는 회사와 들어가고자 하는 회사와의 관계에서 정보의 비대칭이 발생합니다. 간판만 보고 이직에는 성공했으나, 원하는 직무를 부여 받지 못하거나 원하는 직급이나 역할을 받지 못하는 경우가 다반사입니다. 이런 경우 얼마 지나지 않아 다시 이직을 준비하며 경력이 꼬이는 경우가 존재합니다.

"이직하면 지금의 문제가 해결되는가?"

이직하고 싶다는 얘기를 들어 보면 이직의 이유가 불분명한 경우가 많고, 너무 서두르는 경우도 많습니다. 한 블로그를 통해 이직율이 높은 회사에서 이직하는 이유를 조사한 결과 다음과 같은 회사를 다니고 싶다는 응답이 나왔다고 합니다.

> 1. 로켓 컴퍼니(고속 성장을 하고 있는 회사) 2. 압도적 처우 3. 나를 성장시켜주는 회사

이 중에서 3. 나를 성장시켜주는 회사에 대해 구체적으로 조사해 보았더니, 그 결과 아래와 같은 것이 필요하다고 합니다.

> 1. 내가 성장할 수 있는 일 2. 나의 성장에 도움이 되는 훌륭한 동료 3. 성장을 위해 준비할 시간

그렇지만, 이직을 결심하는 단계에서는 기존 회사에 대한 불만이 쌓였기 때문에 객관적으로 분석하지 못하고 이직하는 경우가 발생합니다. 이직에 후회하는 경우를 주변 이야기를 참고하여 가상으로 구성해 보았습니다.

연봉에 대한 불만

1. 빨리 이직하고 싶은 마음에 원하는 연봉 협상을 하지 못한 경우(연봉으로 제시 받은 금액에 성과금이 포함되어 이전 회사와 급여차이가 없거나 하락한 경우)

2. 이전 회사에는 있던 사내 대출, 자녀 학자금, 병원 진료비 지원 등의 복지가 이직한 회사에 없어, 실제 생각했던 만큼 급여가 상승하지 않은 경우

3. 이직을 통해 급여가 상승했지만, 비슷한 연차, 비슷한 직급의 다른 직원보다 연봉이 낮아 불만인 경우

일에 대한 불만

1. 원하는 직무에 배치되지 못해서 장기적인 경력관리가 어려워진 경우

2. 회사 내 정보보호 직무에 대한 인식이 좋지 않은 경우

3. 경영진이 비용만 사용하는 부서로 생각하거나 불필요하게 여기는 경우

4. 원하지 않는 일을 겸하게 되거나, 근무조건이 좋지 않은 경우

5. 시니어인데, 주니어 취급을 하는 경우

사람에 대한 불만

1. 담당 임원이나, 팀장의 업무 스타일이 맞지 않는 경우

2. 원하는 경력을 인정받지 못해서 위치가 불만족스러운 경우(과장 직급을 원했지만, 대리 말년차로 경력을 인정해 주고 내년에 승진될 것이라고 하였지만, 막상 이직해 보니 승진 적체가 심해서 과장 승진에 몇 년이 소요되는 경우)

3. 공채 출신끼리 뭉치며, 경력직에 대해 무언의 불평등이 존재하는 경우

위와 같은 이유로 후회가 남는 이직을 했더라도 바로 회사를 털고 나오기는 어렵습니다. 한국에서 잦은 이직은 조직 적응력이 부족하고, 참을성이 없는 사람으로 비춰질 수 있기 때문입니다. 즉, 잦은 이직 이력은 회사에서도 정착하기 힘든 사람이라는 생각에 채용을 꺼리게 되며, 조직의 충성도를 평가하는 요소로 사용되기도 합니다. 잦은 이직을 하지 않기 위해서는 대인 갈등이나 불합리한 업무로 '못 참겠다' 식의 사표를 던지고 나오는 것은 본인에게 돌이킬 수 없는 손해를 초래하며, 본인의 가치를 훼손시키는 결과를 초래할 수 있다는 점을 염두에 두어야 합니다.

이직은 감정적인 결정이 아닌 계획적인 판단을 통해 성공률을 높이는 것은 물론 후회를 줄일 수 있는 중요한 요소입니다. 장기적인 경력관리를 위해 심도 있는 고민을 토대로 언제 어디로 이직해야 하는지를 냉철하게 판단해 보는 것이 필요합니다.

이직을 고려할 때는 자신이 이동하려는 기업의 규모, 유형, 직무 등에 대한 목표를 명확히 설정해야 합니다. 어떤 분야에서 성장하고 싶은지, 어떤 종류의 기업이 본인의 가치와 목표에 부합하는지를 정확히 파악해야 합니다. 이를 위해 최소 3개월 전부터 철저하게 준비하는 자세가 요구됩니다.

준비 단계에서는 다양한 기업과 직무에 대한 조사를 진행하고, 자신의 역량과 경험을 강화하기 위한 노력을 기울여야 합니다. 업무적으로 필요한 기술과 지식을 습득하고, 자기소개서와 이력서를 업데이트하며 자신의 강점을 부각시킬 수 있도록 준비해야 합니다. 또한, 네트워킹을 통해 산업 동향을 파악하고 소중한 인맥을 형성하는 것도 중요합니다.

이직을 하기 위해서는 신중한 판단과 준비가 필요하며, 자신의 목표와 가치를 명확히 하고 체계적으로 준비하는 것이 성공적인 이직을 이루는 데 도움이 됩니다.

이직은 감정적이 아닌 계획적으로 결정해야 성공률을 높이는 것은 물론 후회도 줄일 수 있습니다. 장기적인 경력관리에 대한 심도 있는 고민을 토대로 어느 시점에서 어디로 옮기면 좋을지 냉철하게 판단해야 합니다. 신입으로 취업 준비를 했을 때와 마찬가지로 자신이 옮기려는 기업의 규모, 유형, 직무 등에 대한 목표를 명확히 한 후, 최소 3개월 전부터 철저하게 준비하는 자세가 요구됩니다.

이직에 필요한 정보를 수집하는 방법 중 정보보호 공시 제도에 대해 이야기해 보겠습니다.

4.3.2 ● 정보보호 공시에서 원하는 기업 정보 획득하기

정보보호 공시 의무대상인 경우 매년 6월 31일까지 정보보호 공시를 하지 않으면 1천만 원 이하의 과태료가 부과되기 때문에 반드시 공시해야 합니다.

많은 분들이 정보보호 업무를 담당하는 직무로 '정보보안 담당자'를 희망합니다. 그러나 이와 같은 회사의 경우 정보보안 인력이 소수로 운영되기 때문에 인맥을 통한 정보 수집에는 한계가 있을 수 있습니다. 따라서 아래의 정보보호 공시 자료를 통해 부족한 정보를 해석하는 방법에 대해 알려드리겠습니다.

정보보호 투자 현황

정보보호 투자 현황에는 해당 기업에서 1년 동안 사용한 총 정보기술 부문 투자액과 정보보호 부문 투자액의 비율을 공개하도록 되어 있습니다. 비슷한 산업군의 정보보호 부문 투자비율을 비교해 보면 그 회사의 정보보호에 대한 의지를 확인 할 수 있습니다. 또, 연도별로 비교해 보면 정보기술 부문과 정보보호 부문의 투자액이 증가하고 있는지, 아니면 감소하고 있는지를 확인할 수 있습니다.

| 정보보호 투자 현황 예시 |

구분	내용
정보보호 투자 현황	• 정보기술부문 투자액(A) : 36,271,231,034 원 • 정보보호부문 투자액(B) : 7,937,024,451 원 • 주요 투자 항목 : 방화벽, IPS, 웹방화벽 시스템 구축 • B / A : 21.88 %

※ 주요 투자 항목부분은 기술면접을 대비하기 위한 범위에 힌트가 될 수 있습니다, 최신 도입된 보안 시스템을 숙지하고 해당 분야를 미리 학습한다면 면접을 대비하는 데 도움이 될 것입니다.

정보보호 인력 현황

정보보호 인력 현황을 분석하면 정보보안을 수행하는 인력의 규모와 내부, 외부 인력의 비율을 확인할 수 있습니다. 또한, 정보보호 최고 책임자(CISO)와 개인정보보호 책임자(CPO)의 직위나 역할, 그리고 책임자의 특기 활동을 확인하여 전문성 있는 리더가 조직을 이끄는지, 아니면 단순히 자리를 채우기 위한 책임자가 있는지를 확인할 수 있습니다.

| 정보보호 인력 현황 예시 |

구 분	내용
정보보호 인력 현황	• 총임직원 : 2,876 명 • 정보기술부문 인력(C) : 155 명 • 정보보호부문 전담인력(D) 　– 내부인력 21명 + 외주인력 14명　합계 35명 • D / C : 22.58 % • CISO/CPO 지정현황 　[CISO]　　　　　　　　　　　　　　　[CPO] 　– 직책 : 디지털 본부장　　　　　– 직책 : 운영실장 　– 임원여부 : ○　　　　　　　　　– 임원여부 : × 　– 겸직여부 : ×　　　　　　　　　– 겸직여부 : ○ • 특기사항 　[CISO 주요활동] 　– CISO 협의회 회원사 참여, CISO 사업소 현장 지도점검 시행 　[CPO 주요활동] 　– 개인정보 보호 교육 CPO 직접 수행

※ CISO나 CPO의 직책과 임원 여부를 통해 해당 기업의 정보보호 조직의 위치를 확인할 수 있으며, 책임자급의 활동내용을 확인하여 임원 면접에 대비할 수 있습니다.

※ 예를 들어, CPO가 직접 개인정보 보호 교육을 수행한다는 사실은 해당 임원이 교육과 인식 제고에 대한 큰 관심을 가지고 있다는 것을 알 수 있습니다. 또한, 이를 다르게 해석해 보면 CPO가 교육을 수행할 정도로 개인정보 보호에 대한 지식을 보유하고 있다고도 예측할 수 있습니다.

정보보호 관련 인증 평가

정보보호 관련 인증, 평가, 점검 등에 관한 사항은 해당 기업이 유지하고 있는 정보보호 인증 정보를 확인할 수 있으며, 필요한 외부 점검이나 평가 등의 정보를 얻을 수 있습니다. 해당 경험이 있다면 이력서나 면접 시 강하게 어필할 수 있을 것이고, 혹시 경험이 없다 해도 앞으로 필요한 부분을 보완하여 준비할 수 있을 것입니다.

구 분	내용
정보보호 관련 인증, 평가, 점검 등에 관한 사항	• ISMS-P 인증 • ISO 27001/27017 인증 • 주요 정보통신기반시설 점검 / 과기정통부 • 통합실태조사 / 방위사업청 • Payment Card Industry Data Security Standard

정보통신서비스를 이용하는 자의 정보보호를 위한 활동 현황

해당 항목은 기관이 이용자의 정보보호를 위해 하고 있는 활동을 자유롭게 알리는 부분입니다. 해당 공시 항목은 CISO는 물론 대표이사의 직인을 받고 공시를 해야 하기 때문에 해당 활동은 공식적으로 수행하는 활동 중 가장 알리고 싶은 정보보호 활동을 요약해 놓은 항목이라고 이해하면 좋습니다. 다시 말하자면, 이직하고자 하는 기업에서 가장 주요하게 생각하는 활동 중 외부에 공개하는 목록으로 생각한다면 면접 등의 준비 방향을 정할 수 있을 것입니다.

| 정보통신서비스를 이용하는 자의 정보보호를 위한 활동 현황 예시 |

구 분	내용
정보통신서비스를 이용하는 자의 정보보호를 위한 활동 현황	• 사이버 위협정보 분석 공유시스템(C-TAS) 참여 • 24H 보안관제센터 운영으로 실시간 위협탐지 및 대응 • 모의해킹, 취약점 점검을 통한 침해사고 방지 • 전사 사이버위협 및 해킹메일 모의훈련 시행 • 정보보호 투자 활성화 실적 • DLP, 서버접근제어 등 보안 솔루션 노후화 개선 • 정보보호 계획의 수립·시행 및 개선 활동 • 정보보호 실태와 관행의 정기적인 감사 및 개선

정보보호 공시 자료 분석 시 주의점

IT 서비스를 제공하는 그룹사의 계열사인 경우, 서비스 제공 부분을 제외한 투자액을 산정합니다. 그래서 우리가 일반적으로 알고 있는 IT를 제공하는 회사들(예 삼성 SDS, LG CNS, 한화시스템 등)은 관계사나 계열사에 제공하는 정보 서비스 및 정보보호 서비스의 투자비용을 제외하기 때문에 생각보다 적어 보일 수 있습니다. 하지만 그룹사의 정보기술과 정보보호를 담당하고 있기 때문에 실제 투자액은 그것보다 많다고 볼 수 있습니다.

인력현황 부분에서는 외부인력이 사이버보안 관제센터 등을 위탁하고 있다면 상주하는 외부 인력도 포함되지만, 상주하지 않는 인력도 포함됩니다. 또한 외부 유지보수 인력이라도 인력 제공에 대한 부분이 계약서에 명시되어 있다면 인력으로 간주할 수 있습니다. 따라서 외부인력은 실제로 함께 근무하는 조직 내 인력이 아닐 수 있습니다.

4.3.3 ● 정보보호 공시 종합 포털 이용하기

정보보호 공시 자료를 이용하기 위해서는 정보보호 공시 종합 포털에서 원하는 회사의 정보보호 관련 정보를 확인할 수 있다.

1. http://isds.kisa.or.kr 사이트에 접속한다.

[정보보호 공시 사이트 메인 화면(isds.kisa.or.kr)]

2. 정보보호 공시 현황 탭에서 [공시 현황]을 클릭한다.

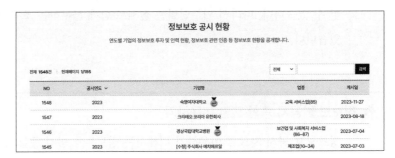

[정보보호 공시 종합 포털 특정 회사 조회화면]

3. 검색창에서 특정 회사를 조회한 화면이다.

해당 기업의 정보보호 공시 현황을 조회할 수 있다. 원하는 회사의 연도를 클릭하면 상세화면이 열리면서 상세 내용을 확인할 수 있습니다.

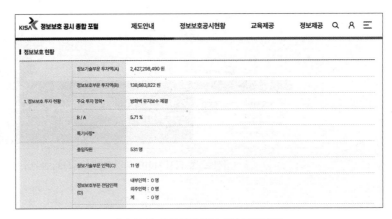

[정보보호 공시 특정 회사 상세 조회화면]

● **보안리더의 실전 노하우**

성공적인 정보보호 이직을 위한 이력서 작성에 대해 조언을 해보자면 정보보안 담당자는 하루에도 "NO"를 몇 번씩 외쳐야 할 경우가 많습니다. 효율성 및 비용을 이유로 정보보안의 수칙과는 다른 방식으로 업무를 처리하는 문의를 받거나 그런 상황을 인지하는 경우 때로는 현업들과 마찰이 생기기도 합니다. 현업들과 마찰 속에서 정보보안의 원칙을 지켜낸 스토리는 정보보안 인들 사이에서는 영웅담 처럼 느껴질 수 있습니다. 하지만, 이런 내용을 이력서에 작성하 는 것이 도움이 될지는 생각해 볼 문제입니다.

오히려 이력서에는 정보보안 원칙과 비즈니스의 어려움을 같이 해결한 'Business enabler'의 역할을 한 스토리가 더욱 경영진에게 호소력 있는 이야기가 될 것이라고 생각 됩니다.

예를 들어 보안적인 이슈로 현업과 문제가 있었지만, 그것을 대화나 기술적 대안을 통해 보안의 문제도 일정부분해결하면서 사업도 가능하게 만들었던 그런 스토리가 이직하려고 하는 회사 경영진에게 매력적인 스토리로 생각되어질 것이라 생각됩니다.

보안리더 **권오훈**

05

클라우드, 금융 관련
보안컨설팅 전문가의 노하우

5.1

정보보안 역할과 책임

기업이 정보보안 체계를 구축한 후 운영하기 위해서는 관리적 보안을 담당하는 정보보안 관리자가 있어야 합니다. 이번 장에서는 정보보안 관리자가 수행하는 직무와 협업에 필요한 역할과 책임을 설명하겠습니다.

5.1.1 ● 역할과 책임의 사전적 정의

정보보안 직무는 기업과 조직에 대한 정보보안 업무 전반을 수행합니다. 특히, 개인 정보와 함께 관련된 법령, 고시 등을 기준으로 컴플라이언스를 준수하기 위한 내부 보안정책을 수립합니다. 안전한 보안정책을 준수하기 위해 기업의 임직원을 대상으로 하는 주기적인 보안인식 교육과 개선활동을 통해 조직의 통제 수준. 즉, 보안 성숙도를 높이기도 합니다. 높은 보안 성숙도를 유지하기 위해서는 임직원의 보안준수에 대한 여부를 점검하고 법률의 해석과 적용에 대한 보안성 검토, 보안이 취약하거나 미흡한 부분들을 식별하여 개선해야 합니다.

이와 같이 기본적인 정보보안 업무로 파생되어 나누어진 보안의 세부역할은 매우 다양합니다. 그렇다면 세부역할에 대해 과연 기업은 어떻게 책임과 역할을 나눌까요? 사전적 의미로써의 역할과 책임에 대한 뜻은 아래 표와 같습니다.

| 역할과 책임의 사전적 정의 |

구분	표준국어대사전	고려대한국어대사전	우리말 샘
역할 (役割)	• 자기가 마땅히 하여야 할 맡은 바 직책이나 임무 • 영화나 연극 따위에서 배우가 맡아야 할 소임	• 일정한 자격으로 자신이 하여야 할 맡은 바의 일 • 영화나 연극, 드라마 등에서 배우가 극에 등장하는 인물을 맡은 일	• 자기가 마땅히 하여야 할 맡은 바 직책이나 임무 • 영화나 연극 따위에서 배우가 맡아서 하는 소임
책임 (責任)	• 맡아서 해야 할 임무나 의무	• 맡아서 행해야 할 의무나 임무. 또는 그것에 대한 추궁이나 의무를 지게 되는 제재	• 맡아서 해야 할 임무나 의무

[출처 : 네이버 국어 사전]

내용을 보니 어떤 생각이 드시나요?

분명 독자분들도 아는 내용이지만 실제 사전적 의미로 접하면 '아하!' 라고 무릎을 '탁' 치게 될 것입니다. 그렇다면 역할과 책임에 대해 상세히 살펴보겠습니다. 정보보안 업무에 대한 역할을 보면 아래와 같이 구인 광고를 하는 기업이 많습니다. 대표적인 구인사이트에서 내용을 인용하여 각색을 하였습니다(예시문이 기업 중심으로 기술).

[참고] 예시 1 정보보안 담당자 주요 역할(출처 : 구직 사이트 인용 후 각색)
- 당장 실행해야 할 일을 제때 처리하거나 앞으로 해결해야 할 과제 업무에 대해 사전 준비를 할 수 있는 인재
- 보안상 취약하거나 미흡한 사항들을 스스로 찾아내고 개선책을 먼저 제시하는 인재
- 정보보안 법률에 기반한 회사에 준수해야 할 사항들을 찾고 여러 부서, 담당자들과 부딪히면서 토론과 논쟁을 할 수 있는 인재
- 혼자 하는 일이 아닌, 여러 사람과 다양한 이유로 함께 하는 직무이기 때문에 설득력, 의사소통 능력과 같은 다양한 역량과 태도가 필요한 인재
- 회사는 물론, 외부기관 사람들과 잦은 커뮤니케이션을 하기 때문에 정확하게 요구 사항을 파악하고 의사를 전달해야 하며, 내향적이고 말솜씨가 부족한 사람보다 커뮤니케이션을 잘하는 인재

예시 2 정보보안 담당자의 일하는 방법
- 전일 퇴근 이후 발생한 이슈 또는 요청 사항을 위해 출근 후 먼저 이메일과 사내 메신저의 쪽지함과 메일함을 열람하고 이를 먼저 해결하기 위해 담당자와 연락 후 해당 업무를 해결합니다.
- 정보보안 관련 결재사항을 점검하고 보안시스템 정책 요청을 처리한 후, 의견을 제시하는 등 고정된 업무를 일부 수행합니다.
- 계획서나 보고서 같은 업무 수행에 필요한 문서 작성을 진행하고 현재보다 업무 효율을 높이기 위한 개선 업무를 수행합니다.

5.1.2 ● 임직원의 역할 및 책임

정보보안의 역할과 책임에 대한 규정은 매우 중요합니다. 규정을 통해 정보보안 체계를 명확히 정의하고 더 나아가 위반 시, 역할에 대한 책임을 물을 수 있습니다. 정보보안의 트렌드는 3~5년 주기로 지속적으로 변화하고 있습니다. 개정된 보안 관련 법령, 클라우드 서비스, 새로운 서비스 등 인지하지 못하면 보안 업무수행에 어려움을 겪을 뿐만 아니라, 더 나아가 심각한 보안사고로 귀결될 수 있습니다.

이에 역할에 대한 책임을 다하기 위해서는 보안사고 예방 관련 컴플라이언스를 숙지하고 스스로 공부하며 끊임없이 보안에 대해 호기심을 가져야 합니다. 그렇다면 조직의 임직원에 대한 정보보안의 역할에 대해 하나하나 차례대로 살펴볼까요?

최고 경영자(CEO)

최고 경영자(CEO)는 정보보안에 대해 궁극적인 책임이 있습니다. 즉, 정보보안의 최종 책임자라는 인식이 필요합니다. 정보보안 경영을 위한 3대 원칙이 있습니다.

1. 전사적인 경영리스크의 일부분

첫째, 정보보안의 이슈는 전사적인 경영 리스크의 일부분이라는 점입니다. 경영 리스크를 극복하기 위해서는 정보보안의 내부통제 체계와 리스크를 관리 대상에 반드시 포함해야 합니다.

2. 정보보안의 최종 책임자는 모든 경영진

둘째, 정보보안의 최종 책임자는 최고 경영자를 포함한 모든 경영진입니다. 최고 경영자는 경영진과 보안 임원인 정보보안 최고 책임자(CISO)에게 정보보안 조직에 관한 충분한 권한 및 업무환경을 제공해야 합니다.

3. 최고 경영자는 보안 관련에 대해 지속적인 평가 및 개선

셋째, 최고 경영자는 정보보안 최고 책임자에게 단순 승인이 아니라, 보안 관련 실적, 운영 현황을 지속적으로 평가 및 개선해야 합니다.

정보보안 최고 책임자(CISO)

정보보안 최고 책임자(CISO)는 정보보안 조직의 구성과 운영을 총괄하는 역할을 수행하고 있습니다. 또한, 정보보안 방침과 계획실무지침을 수립 및 승인합니다. 무엇보다도 침해사고 발생 시 즉각적으로 긴급조치를 수행할 수 있는 체계를 수립하여 안정적으로 운영할 수 있도록 해야 합니다.

정보보안 담당자

정보보안 담당자는 조직에서 구현된 정보보안의 대책에 대해 운영 관리를 책임집니다. 또한, 보안사고 및 모니터링을 통해 즉각적으로 대응을 합니다.

5.1.3 ● 사례로 보는 내부 보안 정책(역할 및 책임)

> [참고] 예시 A 업체의 내부 보안정책
>
> 제21조(외부자 보안관리 역할 및 책임)
> ① 계약업무 담당자는 외부업체와 계약 시 정보보안 요구사항을 명기하여 당사자 간 합의하여야 한다.
> ② 업무주관부서는 정보보안 준수사항 및 사고 시 보고절차 등 명확히 외부자에게 고지하여야 하며 필요 시 외부자에 대한 정보보안 요구사항의 이행 여부를 감사할 수 있다.
> ③ 정보보안 담당부서는 계약업무담당자 및 업무주관부서에서 요청 시 외부자가 정보보안 요구사항을 이행하고 있는지 검토하여야 한다.
>
> 제51조(정보보안 감사 조직의 역할 및 책임)
> ① 정보보안감사를 수행하는 인력은 다음 각 호의 사항을 준수하여야 한다. 정보보안감사와 관련된 모든 사항에 대하여 항상 독립성과 공정한 태도를 견지하여야 한다. 감사와 관련하여 취득한 사실을 정당한 사유 없이 누설할 수 없다.
> ② 정보보안감사를 수행하는 인력은 다음과 같은 권한을 갖는다. 정보보안감사를 위해 필요한 증빙자료, 물품 및 관련서류 등의 제출 및 열람 요구 정보보안감사와 관련된 내용 확인을 위해 필요한 경우 관계자의 출석 및 답변 요구 정보보안감사 지적 사항 등에 대한 시정건의 업무개선을 위한 제안 및 건의 기타 정보보안감사 수행에 필요한 사항의 요구

5.1.4 ● 역할과 책임 관련 보안 컴플라이언스 점검

IT 산업은 규모가 커지고 있고, 이에 따른 보안의 위협도 나날이 증가하고 있는 실정입니다. 따라서 기업의 정보시스템과 이를 보호하기 위한 정보보안 시스템의 중요정보를 관리하는 중요성이 증가하고 있습니다. 기업의 중요한 데이터와 자산을 보호하기 위해서 정보보안 인력에 대한 수요도 늘어날 것입니다. 그렇다면 앞에서 설명한 내용을 바탕으로 기업의 실제 정보보안 업무에 따른 역할과 책임에 대한 설명하겠습니다.

분야	구분	주요 확인사항
1.1 관리체계 기반 마련	경영진의 참여	• 정보보호 및 개인정보 보호 관리체계의 수립 및 운영활동 전반에 경영진의 참여가 이루어질 수 있도록 보고 및 의사결정 등의 책임과 역할을 문서화하고 있는가?
2.1 정책, 조직, 자산관리	조직의 유지 관리	• 정보보호 및 개인정보 보호 관련 책임자와 담당자의 역할 및 책임을 명확히 정의하고 있는가?
2.10 시스템 및 서비스 보안 관리	클라우드 보안	• 클라우드 서비스 제공자와 정보보호 및 개인정보 보호에 대한 책임과 역할을 명확히 정의하고 이를 계약서(SLA 등) 반영하고 있는가? • 클라우드 서비스 관리자 권한은 역할에 따라 최소화하여 부여하고 관리자 권한에 대한 비인가된 접근, 권한 오남용 등을 방지할 수 있도록 강화된 인증, 암호화, 접근통제, 감사기록 등 보호대책을 적용하고 있는가?

[출처 : 정보보호 및 개인정보보호 관리체계 ISMS-P(KISA)]

정보보안 관련 책임과 역할의 정의는 조직의 정보보안 수준을 높이는데 중심축 역할을 합니다.

5.2
정보보안 컨설턴트

정보보안 컨설턴트 직무를 이해하기 위해 정보보안에 대한 개념, 정보보안 컨설턴트의 역량, 정보보안 컨설팅 전문인력의 자격요건에 대해 살펴보겠습니다.

5.2.1 ● 정보보안의 개념

국가직무능력표준(NCS ; National Competency Standards)은 산업현장에서 직무를 수행하기 위해 요구되는 지식, 기술 및 소양 등을 국가가 산업부문별·수준별로 체계화한 것입니다. 즉, 산업현장 직무를 성공적으로 수행하기 위해 필요한 능력(지식, 기술, 태도)을 국가 차원에서 표준화한 것입니다.

NCS 정보보호 모듈은 정보보안 관점에서 업무 환경과 특성을 이해하고 정보시스템과 정보통신 등 IT 기반 사이버 침해사고 위협 및 취약점을 분석·평가합니다. 또한, 업무 연속성을 보장하기 위한 정보보안 비전과 목표를 설정하고 중장기 활동을 수립할 수 있다는 것을 목표로 정의합니다. 정보보안 컨설턴트 직무를 이해하기 위해 정보보안에 대한 개념을 살짝 살펴보고 갈까요?

| 정보보안 정의(예시) |

정보보안의 정의	출처
정보의 기밀성, 무결성, 가용 보존을 의미하고 추가로 진정성(Aauthenticity), 책임성(Accountability), 부인방지(Non-repudiation), 신뢰성(Reliability)을 확보한 상태로 정의함	ISO/IEC 27000 : 2009
인가된 사용자만(기밀성)이 정확하고 완전한 정보(무결성)가 필요할 때 접근할 수 있도록 (가용성)하는 일련의 작업	ISACA(2008)
정보보호는 정보보안이라 하며 정보를 여러가지 위협으로부터 보호하는 것을 뜻함 구체적으로 정보의 수집, 가공, 저장, 검색, 송신, 수신 도중 정보의 훼손, 변조, 유출 등 방지하기 위한 관리적 기술적 방법을 의미함	Wikipedia

그렇다면 정보보안을 위협하는 보안위협은 무엇일까요? 가장 일반적 형태의 위협은 소프트웨어 공격(software attacks), 지적 재산권 탈취(theft of intellectual property), 신분 탈취(identity theft), 기기 또는 정보 탈취(theft of equipment or information), 파괴(sabotage), 정보의 강탈(information extortion) 등의 형태로 나누어집니다. 간단하게 정의를 살펴보겠습니다.

구분	정의
소프트웨어 공격	소프트웨어 공격은 대표적으로 바이러스, 웜, 피싱, 악성코드 위협 등이 있음
지적 재산권 탈취	지적 재산권 탈취는 소프트웨어 라이선스에 대해 불법적으로 사용하는 형태
신분 탈취	신분 탈취는 어떤 사람의 개인정보와 중요정보에 접근하여 사적인 이익을 취하는 형태
기기 또는 정보 탈취	기기 또는 정보 탈취는 모바일 기기를 탈취하여 주요 정보를 탈취함
파괴	파괴는 기업 또는 조직의 홈페이지를 파괴하여 고객의 신뢰도 하락을 목표로 손상을 유발함
정보의 강탈	정보의 강탈은 회사의 재산 또는 정보의 탈취나 랜섬웨어 같이 회사의 정보를 무단으로 탈취하여 대가를 요구하는 위협 형태

간단하게 보안위협에 대한 형태를 알아보았는데 이러한 위협들은 정보보안에 어떤 영향을 미칠까요? 위협에 대해 아래와 같이 2가지로 세분화하였습니다.

1. 비즈니스 관점

기업의 비즈니스에서는 고객에 대한 정보, 재무, 신제품에 대한 설계, Pilot 제품 등 비밀정보가 무수히 많이 있습니다. 이러한 기밀정보나 기업의 중요정보가 악의적인 사용자에게 들어가면 피해 기업은 막대한 금전적 손실뿐만 아니라 신뢰도와 이미지 하락 등으로 크게 손실을 입을 수 있습니다. 명백히 비즈니스 관점에서 볼 때 정보보안은 손실 비용에 대해 균형을 이루어야 합니다.

2. 개인의 관점

개인정보 유출에 대해서는 언론을 통해 많이 접할 수 있습니다. 이는 개인정보 유출은 개인뿐만 아니라 심각한 범죄에도 악용이 됩니다. 보이스 피싱, 랜섬웨어 등에 탈취된 정보는 어디에서 얻었을까요? 정보보안을 소홀하게 여기거나 미흡한 관리를 통해 유출된 개인정보는 다크웹 등의 불법적인 경로를 통해 얻은 정보입니다. 그렇다면, 보안 위협에 대한 대응을 어떻게 할 것인지에 대해 궁금해 하실겁니다. 이를 위해 대응방안과 가이드를 제공해 주는 인력이 정보보안 컨설턴트의 역할입니다. 그렇다면 정보보안 컨설턴트는 수많은 대한민국 직군 중에 어디에 속할까요?

2017년 7월에 한국인터넷진흥원(KISA)에서 산업계와 함께 정보보호 분야 직무를 NCS에 신규 반영하였습니다. 아래 표에 나온 바와 같이, 컨설팅(보안전략, 대책설계, 심사 등)을 정보보안 직무체계 중 '정보보호진단·분석'에 포함시켰습니다.

| 정보보안 – 정보보안 컨설팅 관련 |

대분류	중분류	소분류	세분류	능력단위
20. 정보통신	1. 정보기술	6. 정보보호	2. 정보보호 진단·분석	① 보안전략수립 컨설팅 ② 보안감사 ③ 정보보호관리체계 인증 ④ 정보호제품 인증 ⑤ 보안대책설계 컨설팅 ⑥ 정보시스템 진단 ⑦ 정보보호관리체계 심사 컨설팅 ⑧ 정보보호제품 평가 컨설팅 ⑨ 모의해킹

[출처 : NCS 학습 모듈]

결론적으로 정보보안 컨설턴트 직무에 대해 요약하면, 정보 자산 취약성에 따라 발생할 수 있는 위험의 정도와 피해 규모를 평가하고 이를 감소 또는 상쇄시킬 수 있는 정보보안의 대책과 통제 방법 수립 및 구현을 컨설팅해 주는 직무라고 정의할 수 있습니다. 즉, 1. 기업의 정보자산을 파악하고 2. 그에 따라 발생되는 피해규모를 평가하여 이를 감소시킬 수 있는 보안 대책과 통제 방법을 컨설팅해 줄 수 있는 인력이라 정의할 수 있습니다.

5.2.2 ● 정보보안 컨설턴트에게 필요한 역량은 무엇일까요?

정보보안 역량의 기본적인 필요수준은 무엇보다도 정보보안 관련 법률 및 규정의 이해가 가장 중요합니다. 우리나라에 정보보안 관련 법률은 「정보통신기반보호법」, 「개인정보 보호법」, 「정보통신망이용촉진 및 정보보호 등에 관한 법률」, 「공공기관의 개인정보 보호에 관한 법률」, 「전자금융거래법 및 신용정보법」 등이 있습니다.

정보보안 컨설팅은 이러한 법률이 정하고 있는 범위에서 효과적인 정보보안 행위를 할 수 있도록 관련 경험이나 조언을 제공하고 감사를 수행합니다. 따라서 정보보안 컨설턴트의 가장 큰 역량은 법률 및 규정의 이해입니다. 정보보안 컨설팅의 실제 업무는 제안사의 고객으로부터 제안 요청서(RFP ; Request For Proposal)를 받아 분석을 하고 관련한 대응방안 등을 기술합니다. 기술한 내용을 바탕으로 제안 설명회를 수행하고 제안서를 제출하여 프로젝트를 수주함으로써 컨설팅이 시작됩니다. 또한, 정보보안 컨설턴트는 책임감과 성실함을 요구합니다. 비록 낮은 충성도나 이직률이 높다는 단점이 있지만, 직업의식과 역량을 높일 수 있는 직업 군임은 확실합니다. 무엇보다도, 기밀유지(Confidentiality)는 정보보안 컨설턴트가 가져야 할 원칙 중에 하나입니다. 고객에 관한 기밀자료를 공개하거나, 다른 회사에 제공하여 개인의 이익을 도모해서는 안 되기 때문에 프라이버시와 윤리의식에 대한 인식의 순위가 높습니다.

그렇다면, 업무에 있어 정보보안 컨설턴트의 핵심역량을 살펴볼까요? 아래 표는 관련 선행 연구에서 1단계 중소기업청의 정보보안 컨설턴트용 28개 역량과 2단계 전문가 검증(5명의 팀장 급 이상)을 통해 통폐합하여 실무적인 관점에서 필요한 역량을 도출한 전체 35개의 항목입니다.

| 정보보안 컨설턴트 역량 |

정보보안 컨설턴트 주요 역량(Competence)	역량(C)순위
프로젝트 고객의 정보보안 컨설팅의 이해	C1
프로젝트 방법론에 대한 이해	C2
프로젝트 관리	C3
관리에 대한 지식과 경험	C4
현황 및 분석결과에 대한 통계(또는 그래프) 방법	C5
프로그래밍에 대한 이해	C6
네트워크, 시스템, 애플리케이션 등 전반적인 IT보안의 이해	C7
물리 보안을 위한 IT기술 이해	C8
네트워크, 서버, 애플리케이션 시스템의 현황 및 진단 기술 이해	C9

정보보안 컨설턴트 주요 역량(Competence)	역량(C)순위
전산장비 기술매뉴얼의 이해	C10
네트워크, 서버 및 애플리케이션 시스템의 운영 기술	C11
정보보안을 위한 IT기술 동향 파악	C12
정보시스템 자산 및 리스크 분석 이해	C13
정보보안에 대한 법률과 규제	C14
정보보안 기본계획 수립	C15
정보보안 표준의 이해	C16
정보시스템 취약성 분석	C17
정보시스템 평가 인증	C18
예상되는 위협에 관한 시나리오의 이해	C19
정보보안 산업의 연구동향	C20
정보보안의 과업의 정의 범위 및 관계	C21
개인정보 보안 진단 및 개선을 위한 계획	C22
고객 서비스	C23
외국어 능력	C24
리더십	C25
사고력	C26
문서의 이해 및 작성 기술	C27
팀 워크	C28
프리젠테이션	C29
인적 네트워크	C30
이해관계자와의 관계	C31
책임과 성실성	C32
용모와 복장	C33
자기계발	C34
프라이버시와 윤리	C35

[출처 : 김세윤 & 김태성, 2018]

5.2.3 ● 정보보안 컨설팅 전문인력의 자격 요건(미국과 한국 비교)

국가의 주요 기반시설이 늘어나고 ISMS-P 의무인증 대상과 보안관리체계가 고도화되고 있습니다. 이에 따른 정보보안 컨설턴트의 수요가 증가하는 실정이지만, 산업계의 요구에 따른 인력이 부족한 실정입니다. 정보보안 컨설팅을 생각하는 분들을 위해 한국과 미국의 기준을 비교해 보았습니다. 미국 경우는 기술에 대한 경험과 교육 그리고 인증서를 요구하지만, 우리나라 경우에는 조직 구성원과의 원활한 비즈니스 능력을 요구합니다. 특히, 두 나라 모두 신입보다는 경력자를 선호하고 한국은 경력과 경험을 중시, 미국은 지식과 능력을 요구합니다. 아래 표를 참고하면 됩니다.

| 인력 선호도와 자격 우선순위 |

	미국	한국
신입	0(0%)	12(11%)
경력	52(68%)	55(52%)
미응답	24(32%)	39(37%)
총계(명)	76	106

자격 우선순위	미국	한국
1	CISSP	CISSP
2	CISA	ISMS-P
3	CISM	보안기사
4	CISCO	CISA

[출처: 임재중 외, 2018]

5.3
클라우드 보안을 이해하는 출발점

이번 장에서는 클라우드 보안에 대해서 이야기하고자 합니다. 이에 앞서, 클라우드에 대한 기본적인 개념부터 알아보겠습니다. 많은 분들이 클라우드에 대해서는 알고 있겠지만, 다시 한번 정리해서 살펴보겠습니다.

5.3.1 ● 클라우드의 개념

클라우드는 광대한 네트워크를 통해 접속할 수 있는 가상서버와 서버에 탑재된 애플리케이션, 데이터베이스 등을 제공하는 IT 환경입니다. 즉, 인터넷이 되는 모든 환경에서 클라우드를 이용하면 리소스에 쉽게 접근할 수 있다는 것입니다. 그렇다면 뉴스에서 접할 수 있는 클라우드, 클라우드 컴퓨팅, 클라우드 서비스 등은 무엇일까요? 클라우드는 위에서 말씀 드렸다시피, 가상화 공간의 IT 환경입니다. 클라우드 컴퓨팅(Cloud Computing)은 클라우드를 이용하여 컴퓨터의 자원을 활용하는 방법입니다. 즉 서버, 데이터베이스, 저장공간(storage) 등 여러 리소스를 가상화하여 사용자에게 제공하고 업무 또는 서비스 특성상 자유로이 확장과 축소를 할 수 있습니다.

클라우드 서비스(Cloud Service)는 클라우드 컴퓨팅에서 제공하는 기술적인 방법으로 제공되는 서비스입니다. 대표적으로 IaaS(Infrastructure as a Service, 인프라 기반 서비스), PaaS(Platform as a Service, 플랫폼 기반 서비스), SaaS(Software as a Service, 소프트웨어 기반 서비스)가 있습니다. 즉, 고객은 업무 환경에 맞는 클라우드 서비스를 기반으로 다양한 형태로 이용할 수 있습니다.

너무 어려운가요? 아래 그림을 보면 조금 더 쉽게 이해할 수 있습니다.

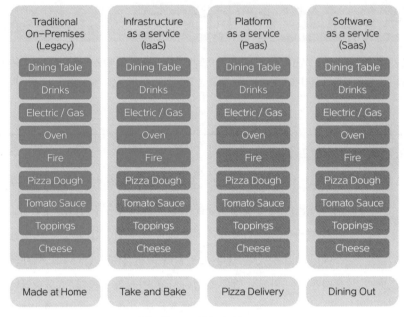

Pizza as a Service

Traditional On-Premises (Legacy)	Infrastructure as a service (IaaS)	Platform as a service (PaaS)	Software as a service (SaaS)
Dining Table	Dining Table	Dining Table	Dining Table
Drinks	Drinks	Drinks	Drinks
Electric / Gas	Electric / Gas	Electric / Gas	Electric / Gas
Oven	Oven	Oven	Oven
Fire	Fire	Fire	Fire
Pizza Dough	Pizza Dough	Pizza Dough	Pizza Dough
Tomato Sauce	Tomato Sauce	Tomato Sauce	Tomato Sauce
Toppings	Toppings	Toppings	Toppings
Cheese	Cheese	Cheese	Cheese
Made at Home	Take and Bake	Pizza Delivery	Dining Out

■ You Manage ■ Vendor Manages

[Pizza as a Service(출처: Albert Barron)]

해당 그림은 서비스형 피자라는 다이어그램입니다. 기본적인 개념은 어느 경우라도 피자를 받는다는 점입니다. 다른 사람이 고객을 대신하여 작업을 수행한다는 점이죠.

- **전산실(Legacy)** : 집에서 제작
- **서비스형 인프라(Infrastructure-as-a-Service)** : 가져가서 굽기
- **서비스형 플랫폼(Platform-as-a-Service)** : 피자 배달
- **서비스형 소프트웨어(Software-as-a-Service)** : 외식

위의 내용을 그대로 대입해볼까요? 클라우드 보안의 첫걸음은 바로 책임 공유 모델(Shared Responsibility Model)입니다. 기존의 전산실인 On-Premise 인프라 방식의 경우에는 모든 보안적 사고의 책임은 회사가 가지고 있었습니다. 서버, 네트워크, 스토리지 등 주요 인프라에 장애가 발생할 경우 직접 해결해야 하고 인프라를 기반으로 작동되는 애플리케이션의 경우 개발자, 운영자 등이 대응을 합니다. 하지만 클라우드 환경에서는 책임 공유 모델을 통해 고객사가 클라우드 서비스를 이용

하는 범위에 따라서 클라우드 서비스 제공자가 보안을 포함한 장애를 책임져야 할 영역과 고객사가 책임져야 할 영역으로 나누어서 정의하고 있습니다.

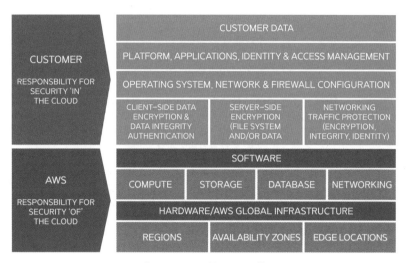

[책임 공유 모델(출처: AWS)]

그러면 클라우드 보안에 대해 이야기를 해볼까요? 클라우드 서비스 제공자(CSP), 주로 AWS 경우 클라우드에서 제공하는 모든 서비스에 대해 실행되는 인프라를 보호할 책임과 의무를 가지고 있습니다. 주로 하드웨어, 소프트웨어, 네트워크 등 주요 시설입니다.

고객사 경우는 고객이 선택하는 CSP의 서비스에 따라 범위가 달라집니다. 예를 들어, EC2 같은 가상 인스턴스형 서버 경우는 IaaS로 분류되어 고객이 필요한 경우 보안 관리, 구성 등을 수행합니다. EC2 운영을 하는 고객은 OS에 대한 인프라 관리 (주기적인 보안 취약점 패치 수행 또는 개선을 위한 업데이트 등), 또는 보안그룹을 통해 해당 서버에 대한 방화벽 관리 등 책임을 가지고 있습니다. 스토리지형 서비스 (S3) 또는 네트워크 대역 관리(VPC) 경우, 고객사는 데이터를 보관하고 관리하기 위해 접근합니다. 이를 위해 데이터 암호화, IAM 권한 최소화, 자산 식별 및 관리 등 책임을 가지고 있습니다. 아래 사례를 통해 조금 더 심층적으로 알아보겠습니다.

구분	클라우드 사용자(고객) 책임	클라우드 서비스 제공자(CSP) 책임
사례	미국 은행 개인정보 유출 사고	한국 AWS DNS 서버 접속 불가
원인	방화벽 담당자의 잘못된 설정으로 취약점이 발생되었고 이를 악용한 해커가 AWS 고객 데이터 접근 및 획득	AWS 엔지니어의 잘못된 DNS 서버 설정으로 해당 지역(리전)의 인스턴스 서비스 장애 발생
결과	해당 보안 사고는 클라우드 보안문제가 아닌 클라우드를 이용하는 기업의 잘못된 보안 설정으로 인해 발생된 것으로, 기업 책임으로 판결	AWS 엔지니어 설정 오류로 AWS 책임을 인정하고 서비스 계약 문서에 기준하여 청구항목 10% 환불
시사점	클라우드 보안 사고를 사전에 예방하기 위해서 CSP뿐만 아니라 고객도 책임과 역할을 다 해야 함. 이에, CSP는 보안 서비스와 리소스 구성을 명확히 이해하고 고객은 철저한 보안 운영 정책 수립과 주기적인 관리를 통해 기업의 보안 수준을 높여야 함	

5.3.2 ● 클라우드 담당자의 고민

클라우드 책임 공유 모델에서 보았듯이, 대부분의 클라우드 환경의 사고는 해커가 아니라, 클라우드 이용자 또는 실제 운영하고 있는 담당자의 실수에서 발생합니다. 주로 계정의 비밀번호 관리 소홀로 인한 탈취, 클라우드 설정 오류로 인한 외부 침입에 속수무책 당한다는 점입니다.

신문 기사를 한번 볼까요?

[클라우드 사건 관련 언론기사(출처: 전자신문)]

Gartner는 99%의 클라우드 보안 실패는 고객사 잘못에 의한 것이라고 전망을 했습니다. 최근 10년 이내 클라우드 사건 사례를 살펴보겠습니다.

| 최근 10개년간 클라우드 사건 사례 |

구분	주요 내용	원인
2015년	• 넷플릭스 서비스 중단(AWS 내부 작업 중 장애)	CSP 실수
2016년	• Azure 네트워크 SW 버그로 서비스 장애	CSP 실수
2017년	• 애플, 에어비앤비 서비스 중단	CSP 실수
2018년	• 나이키, 쿠팡 서비스 중단 • 혼다 자동차 개인정보 유출 • 중국 텐센트 고객사 데이터 삭제	CSP 실수 설정 오류 직원 실수
2019년	• Capitailone 개인정보 대량 유출(1억600만건) • Adobe 해킹으로 개인정보 대량 유출(300만건)	설정 오류 설정 오류
2020년	• App 개발자 실수로 개인정보 노출	설정 오류

클라우드 담당자는 클라우드 서비스의 장점인 민첩성과 확장성을 최대한 보장하면서도 안전한 서비스를 구현해야 합니다. 이를 위해 책임 공유 모델을 이해하고 기업의 서비스 범위를 어디까지 적용해야 할지 고민을 해야 합니다. 무엇보다도 CSP에서 제공하는 보안 서비스를 최대한으로 활용하여 클라우드 장점을 극대화하는 것이 중요하다고 볼 수 있습니다. 그렇다면 클라우드 담당자가 고민해야 할 주요 3가지 포인트가 무엇일까요?

| 클라우드 담당자의 고민 |

주요 고민 포인트	대응 방안	비고
1. 클라우드 IT 안전성	클라우드 환경의 최적화된 보안 설계	• 한번에 투자 보다는 사용한 만큼 비용을 내는 클라우드 장점을 활용 • 컴플라이언스 준수 현황에 대한 가시성 확보 • 사각지대 미발생 대책에 대한 우선적으로 고려 • 지속적인 개선을 통해 자동화 구현하여 업무 효율성 확보
2. 컴플라이언스 활동	클라우드 환경의 정보보안 규제 준수와 모니터링	
3. 클라우드 보안 솔루션	CSP 제공서비스와 3RD Party 솔루션의 적절한 조화와 이해	

다음 아래 표는 ISMS-P 인증심사 항목 중 클라우드 관련 내용입니다.

| ISMS-P 클라우드 인증심사 관련 내용 발췌 |

분야	항목	상세내용	확인사항
2.10. 시스템 및 서비스 관리	2.10.2 클라우드 보안	보안시스템 유형별로 관리자 지정, 최신 정책 업데이트, 룰셋 변경, 이벤트 모니터링 등의 운영절차를 수립·이행하고 보안시스템 별 정책적용 현황을 관리하여야 한다.	• 클라우드 서비스 제공자와 정보보호 및 개인정보 보호에 대한 책임과 역할을 명확히 정의하고 이를 계약서(SLA 등)에 반영하고 있는가? • 클라우드 서비스 이용 시 서비스 유형에 따른 보안위험을 평가하여 비인가 접근, 설정오류 등을 방지할 수 있도록 보안 구성 및 설정 기준, 보안설정 변경 및 승인 절차, 안전한 접속방법, 권한 체계 등 보안 통제 정책을 수립·이행하고 있는가? • 클라우드 서비스 관리자 권한은 역할에 따라 최소화하여 부여하고 관리자 권한에 대한 비인가된 접근, 권한 오남용 등을 방지할 수 있도록 강화된 인증, 암호화, 접근통제, 감사기록 등 보호대책을 적용하고 있는가? • 클라우드 서비스의 보안 설정 변경, 운영 현황 등을 모니터링하고 그 적절성을 정기적으로 검토하고 있는가?

5.3.3 ● 클라우드 보안 대책 수립 전략

클라우드 환경에서 체계적인 보안체계를 수립하려면 어떻게 해야 할까요? 검색 포털사이트를 통해 많은 정보를 알아낼 수 있습니다. 보안 솔루션 벤더사들의 자료, CSP가 제공하는 유·무료 관련 자료 등 다양하지만, 체계적인 보안 대책을 수립하기 위해서는 어느 한쪽으로 치우치지 않고 적절하게 배치해야 합니다. 다음은 클라우드 보안 대책 수립을 위한 전략적인 방안을 소개합니다.

1. 클라우드 서비스 제공사업자(CSP)가 제공하는 보안 기능 및 솔루션을 최대한 활용
2. 기존 On-Premise 보안 솔루션을 클라우드향 솔루션으로 연계(부분적 라이선스 증설)
3. DevOps 등 개발 프로젝트에서 애플리케이션 보안 기능 구현(DevSecOps)

4. CSP 제공 보안 솔루션이 한계가 있거나 대안이 없는 요건은 3rd Party 솔루션 대체 및 연계

클라우드 마켓에서 보안 솔루션은 많이 판매가 되며 주요 보안 요건이 대부분 해결됩니다. 무엇보다도 여러 벤더와 기능, 클라우드 환경에서의 호환성을 고려하여 구매를 해야겠죠?

하지만 클라우드를 사용하면서 사업의 확장, 신규서비스의 오픈, 기존 서비스의 개선 등 예상치 못한 리소스, 사용자 수가 증가됨에 따라 라이선스 비용도 급격히 올라 갑니다. 무엇보다 CSP의 보안 기능은 저렴하고 호환성이 높지만 제공 기능, 관리와 모니터링, 기술지원 등 벤더보다 사실 부족한 점이 큰 단점입니다.

이에 따라, 클라우드 환경에서 보안 대책 수립은 CSP 제공 보안 서비스와 3rd Party 솔루션, 상용화된 보안 서비스, 애플리케이션 수준에서 보안 기능 개발 등 다각적이고 종합적인 시각이 요구됩니다.

그렇다면 클라우드 보안 대책을 효과적으로 구성하기 위해서는 어떻게 해야 할까요?

아래 그림을 보면 다양한 클라우드 보안 대책들을 종합적인 관점에서 검토하여 프레임워크 형태로 도출하였습니다. 이러한 보안 체계 수립이 필요하고 클라우드 사업자에 따라 제공되는 범위가 상이하므로 산업의 환경과 고객의 특성에 따라 적절하게 보안 대책을 적용해야 합니다.

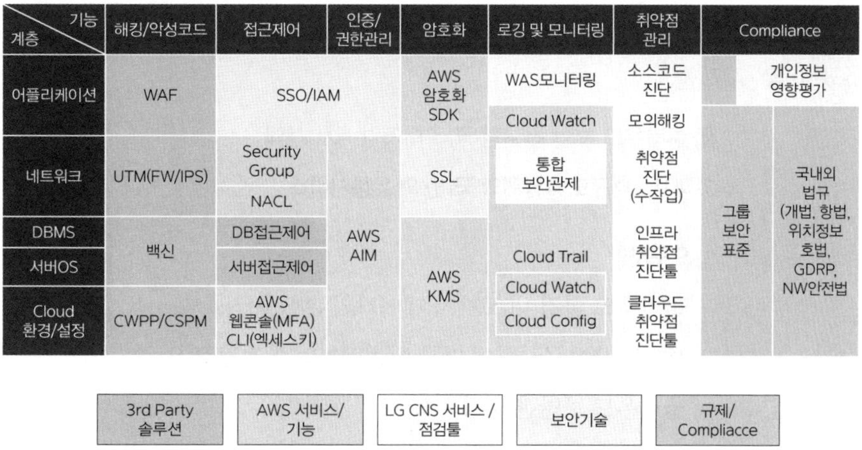

계층 \ 기능	해킹/악성코드	접근제어		인증/권한관리	암호화	로깅 및 모니터링	취약점 관리	Compliance
어플리케이션	WAF	SSO/IAM			AWS 암호화 SDK	WAS모니터링	소스코드 진단	개인정보 영향평가
						Cloud Watch	모의해킹	
네트워크	UTM(FW/IPS)	Security Group		AWS AIM	SSL	통합 보안관제	취약점 진단 (수작업)	국내외 법규 (개법, 항법, 위치정보 호법, GDRP, NW안전법)
		NACL						
DBMS	백신	DB접근제어			AWS KMS	Cloud Trail	인프라 취약점 진단툴	그룹 보안 표준
서버OS		서버접근제어				Cloud Watch		
Cloud 환경/설정	CWPP/CSPM	AWS 웹콘솔(MFA) CLI(엑세스키)				Cloud Config	클라우드 취약점 진단툴	

3rd Party 솔루션	AWS 서비스/ 기능	LG CNS 서비스 / 점검툴	보안기술	규제/ Compliacce

[클라우드 보안 프레임워크(출처: LG CNS)]

5.3.4 ● 클라우드 보안 구축 사례 Lesson Learned

클라우드 보안 관련 업무에 대해 요구하는 보안 역량 등에 대해 살펴보겠습니다.

| 클라우드 보안 서비스 영역 |

보안 구성 영역	주요 내용
보안 컨설팅	• 고객사에 최적화된 클라우드 정보보안 모델을 제시하여 선진 클라우드 정보보호 체계 마련 • 클라우드 보안 컴플라이언스, 클라우드 마이그레이션 보안체계 수립, 클라우드 환경 ISMS-P 인증 등
보안 취약점 진단	• 클라우드 환경에 대한 보안 설정을 점검하고 조치할 수 있는 취약점 진단 및 개선 • AWS, Azure, GCP 클라우드 보안 설정 점검 • 국내 개인정보 보호법 등 컴플라이언스 기준
설계 및 구축	• 내·외부 발생하는 보안 위협에 대응하기 위한 클라우드 보안 시스템 설계 및 구축 • 클라우드 Native를 이용한 보안체계 구축 • 클라우드 전용 보안 솔루션 선정 및 구축(CSPM, CWPP, CASB, ZTNA, SASE 등)
관리형 보안 서비스	• 해킹·악성코드 등 외부 위협을 실시간 감지 및 대응할 수 있는 관제 운영 서비스 • 24×365 보안 관제 서비스 • 클라우드 Native 서비스 보안 운영·관제 • 클라우드 전용 보안 솔루션 보안 운영·관제(CSPM, CWPP, CNAPP 등)

5.3.5 ● 사례들

■ 클라우드 보안 컨설팅 국내 대기업 A사 사례

고객사 : 대규모 A업체의 국내·외 유통서비스

1. 요구사항

• 클라우드 환경 내 고객사 데이터의 손실을 최소화

• ISMS-P 요구사항에 따른 컴플라이언스 점검 필요

• 클라우드 보안관련 정책 및 표준을 확립

• 클라우드 환경에 적합한 보안 관리체계 구현

• 애플리케이션 현대화 AM 체계 수립

2. 컨설팅 방향성

- 클라우드 환경의 ISMS-P 기준 보안 컨설팅을 수행
- 보안 인증 통제항목 기준, 보안 가이드 수립 및 정책 개정
- 현황 점검, 개선방안 수립 등

3. Lesson Leanred

- 컨설팅 세부 업무 중 자산 식별이 기존 컨설팅에서는 현행화가 일부 진행되지 않아 클라우드 환경에서는 리소스 태그 에디터 등 서비스를 통해 사용하기가 용이하였음
- 클라우드 환경은 기존의 Legacy와 달리 특정 1대의 서버에 대한 중요도 평가가 이루어질 수 없고 리소스가 축소·확장됨에 따라 서비스 생성·중지가 빈번하기 때문에 관리절차에 대해 고려를 많이 하였음

2 클라우드 취약점 점검 및 개선 수행 사례

고객사 – 총 50여개 기업 및 300여 개 프로젝트

1. 요구사항

- 컴플라이언스 보안 요건 기준으로 보안설정 점검
- 취약 서비스 설정 식별 및 개선
- 클라우드 보안 가시성 확보 및 중앙 집중 관리 필요
- 최신 사고사례를 반영한 지속적인 점검 항목 업데이트

2. 주요 취약점 점검 범위 및 항목

- IAM, EC2, RDS, S3 VPC EMD
- 디스크 볼륨 암호화 적용 여부, 저장 시 암호화 적용 여부, 감사로그 설정, MFA 설정 등

3. Lesson Leanred

- 최근 취약점 점검은 체크리스트 기반으로 2~3Day 걸쳐 점검 인력이 수동으로 직접 수행하였으나, 클라우드 자동화 점검 도구 도입 후, 점검 자체가 최소 5분 이내로 종료됨

→ 자동화 점검 도구를 통해 빠른 리포팅 산출, 수동 점검 대비 2배 이상 신속한 점검이 가능하였고 주기적으로 발생하는 반복 업무 및 수행 리스크가 감소됨(예)스크립트 수정, 환경변수 변경 등)

• 프로젝트 남은 잔여 시간을 더 중요한 개선 가이드 작성 할당 및 제공하는데 집중할 수 있어 산출물(가이드 문서, 취약점 점검 결과 리포팅 등)에 대한 품질을 높일 수 있었음

• 클라우드 자원 체계에 대한 효율적인 가시성 확보를 통해 즉각적이고 지속적인 모니터링 수행 및 대응이 가능하였고 중앙 집중화 관리를 통해, 높은 보안 수준을 유지하였음

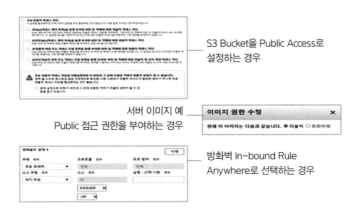

[AWS에서 자주 발생하는 취약한 설정들(예시)]

3 클라우드 보안 설계 및 구축 : 해외 대기업 B사 사례

고객사 : 해외 대기업 E-Commerce 차세대 클라우드 시스템 Open

1. 요구사항

• On-Premise에서 AWS Public 클라우드 전환 프로젝트
• 클라우드 법적 요건 검토(CIS, Best Practice 구축 사례)
• 클라우드 보안 신규 도입 및 구축
• 클라우드 전환 시, 인프라·서비스 별 보안 취약점 식별 및 조치

2. 보안 설계 및 구축 방향성

- Global 보안 표준 수립(CIS, AWS BP 근거한 보안 표준 수립)
- Security Hub 보안 구성
- 3rd Party 및 클라우드 서비스 제공 보안 솔루션 구축과 정책 구성(UTM, WAF, SIEM)
- AWS 인프라 및 서비스 취약점 점검(Inspector, Config, Sec Hub)

3. Lesson Lessoned

- '보안 책임 공유 모델'에 근거한 안전한 클라우드 설계 및 구축을 수행하였으나 오픈 며칠 전, AWS 라우터 설정 오류로 인해 미 동부 리전 서비스가 다운됨(영향도 : 콘솔, CLI 접속 불가 등)
- AWS 장애 전담팀에서 위협도에 따라 Critical(15min), High(1Hr), Medium(4Hr), Normal(12~24Hr) 구분하고 AWS Chime에서 함께 실시간 원인 식별 및 대응을 지원해 주었기 때문에 신속한 조치를 수행할 수 있었음(AWS 장애 전담 담당자, 프로젝트 담당자, 고객사)
- 클라우드 시스템 구축에서는 기존 On-Premise 보안 솔루션이 그대로 클라우드에 적용된 경우가 많지 않음
- 지원되는 솔루션이 있더라도 기존 IP통제를 도메인 네임 기반 통제로 변환하기 위해 솔루션에 적용되는 보안정책을 새롭게 Re-Design 해야 하며 이부분은 반드시 고려되어야 함

❹ 클라우드 관리형 서비스(MSP) 수행 사례

고객사 : 클라우드 관리형 서비스 구독 고객 대상

1. 요구 사항

- 클라우드 환경 24×365 모니터링 통해 위협에 대한 신속한 대응 필요
- 외부 보안 위협에 대해 사전 차단을 하여 안정적인 내부 인프라 운영

2. 주요 업무

- 이벤트 수집 〉 탐지 〉 이벤트 확인·분석 〉 후속 대응
- 방화벽 보안장비, 클라우드 제공 보안 솔루션을 통해 로그 수집

- 외부 공격 확인 시, 이벤트 탐지 및 정·오탐 분류 수행
- 공격 유형 분석 및 조치 대응 지원 마련

3. Lesson Lessoned

- 3rd Party 보안 솔루션에 대한 보안관제는 기존과 크게 다를 것이 없음. 하지만 중요한 것은 클라우드 보안 솔루션 에 대한 보안관제임. 실제 공격이 클라우드 내 올라간 가상서버(EC2 등)에도 들어오긴 하지만 그보다 확장된 공격표면인 클라우드 자체에 대한 공격도 빈번함
- 이런 부분에 대한 모니터링/관제가 되지 않으면 실제 공격이 들어오는지 안 들어오는지 모를 수 있으니 주의해야 함

06

쇼핑몰 정보보안
최고 책임자의 보안 노하우

6.1

인터넷 쇼핑몰 보안 관리자

인터넷을 통해 제공되는 쇼핑몰의 유형에 따른 비즈니스의 특징을 이해하고, 보안 관리자가 알아야 할 보안위협과 업무 중점 사항, 주요 이해관계자들에 대해 알아보겠습니다.

6.1.1 ● 인터넷 쇼핑몰 전성시대

IT 기술이 발달되고 사회 모든 분야가 IT 기술을 통해 재편되고 있는 현대사회의 주요 특징 중 하나로 이용자의 편의성 추구를 빼놓고 얘기할 수 없습니다. 기술의 발달로 많은 것들이 더 빠르고 더 간편해질수록 더욱더 쉽고 간편하고 빠른 서비스를 이용자들이 추구한다는 의미입니다.

이러한 사회적 변화에 따라 기업들도 기존의 업무체질을 탈피하고 새로운 비즈니스 시장 진출을 통한 경쟁에 과감히 뛰어들고 있습니다. 이는 한편으로는 점점 심화되어 가고 있는 경쟁구도 속에서 새로운 먹거리 개발을 통해 살아남고자 하는 변신으로 볼 수 있습니다.

그러한 경쟁의 최전선에 위치한 사업 분야 중 하나가 바로 인터넷 쇼핑몰입니다. 이름만 대면 알 수 있는 대기업들, 시장개척의 꿈을 안고 진출한 스타트업 회사들, 창업을 통한 새로운 인생을 꿈꾸는 개인사업자들 등 다양한 형태의 사업자들이 진출하여 치열한 경쟁을 벌이고 있는 마치 전쟁과도 같은 비즈니스 세계라고 할 수 있습니다. 하루에도 셀 수 없이 많은 물건들이 등록, 조회, 구매, 배송이라는 절차를 거쳐 거래되고 있으며, 그에 비례해 어마어마한 금액이 결제되고 있는 시장이기도 합니다.

이렇게 많은 물품과 금전이 오고 가는 시장은 필연적으로 악의적 해커와 같은 범죄자들을 유혹하게 됩니다. 고객이 구매한 물품이 갈취되어 배송되지 않거나, 거짓 물품에 속아 물건은 받지 못하고 돈만 갈취당하는 범죄행위들이 인터넷 쇼핑몰상에서 비일비재하게 발생하고 있습니다.

따라서 인터넷 쇼핑몰의 보안 관리자(혹은 관리자를 지망하는 이)라면 보안기술에 대한 지식과 더불어 인터넷 쇼핑몰이라는 사업과 이를 운영하는 기업이 가진 특성을 잘 이해하는 것이 중요합니다.

6.1.2 ● 인터넷 쇼핑몰의 유형

현재 인터넷이라는 바다에서 수많은 인터넷 쇼핑몰들이 서비스되고 있습니다. 하지만 쇼핑몰과 관련된 사업자(기업 또는 개인)를 기준으로 보면 크게 3가지 유형으로 구분할 수 있습니다.

1. 자체 쇼핑몰(별칭. 자사몰)

사업자(기업 또는 개인)가 직접 쇼핑몰을 운영하며, 쇼핑몰 운영을 위한 IT 장비와 쇼핑몰 프로그램(Software)에 대한 구매(혹은 개발) 및 운영까지 직접 수행하는 경우입니다. 하드웨어와 소프트웨어 같은 IT 자산을 직접 소유함으로 초기 투자비용이 높다는 특징을 가지고 있으며, 대체로 개인보다는 기업이 이 유형에 해당됩니다. 쇼핑몰 운영을 위한 플랫폼을 직접 구매 및 개발하여 보유하고 있기 때문에 이를 유지하기 위한 전문 기술인력 확보 등 지속적인 투자가 필요합니다.

2. 전자상거래 플랫폼

인터넷 쇼핑몰 사업을 위한 장비 및 프로그램 등 각종 IT 자산을 직접 구매하는 대신 필요한 IT 자산을 모두 구비한 사업자의 환경을 임대 형태로 빌려 쇼핑몰 사업을 수행하는 방식입니다. 인터넷 쇼핑몰 사업에 필요한 IT 장비와 소프트웨어를 직접 구매하는 것이 부담되는 경우 사업 환경을 모두 구비해 놓은 전자상거래 플랫폼을 이용하면 쉽게 인터넷 쇼핑몰 사업을 시작할 수 있다는 장점이 있습니다. 다만, 플랫폼에서 제공하는 쇼핑몰 양식을 이용해야 하므로 사업자의 취향에 맞는 화면구성이 일부 제한된다는 단점이 있습니다.

3. 입점사업자

직접 인터넷 쇼핑몰을 운영하는 대신 타사와의 계약을 통해 타사에서 운영하는 인터넷 쇼핑몰 서비스('오픈마켓'이라고도 함)를 통해 물품을 등록하고 판매하는 형태의 사업형식입니다. 인터넷 쇼핑몰을 통해 사업을 영위한다는 형태만 같을 뿐 정확히 말하면 인터넷 쇼핑몰 사업자는 아니라고 할 수 있습니다. 하지만 하나의 쇼핑몰에 구속되지 않을 수 있으며, 적은 자본으로 여러 인터넷 쇼핑몰을 통해 자신의 물품을 판매할 수 있다는 장점으로 인해 최근 많이 증가하고 있는 사업자 형태입니다. 처음부터 전략적으로 입점사업자 형태의 사업만을 추구하는 중·소규모 기업들도 많이 나타나고 있습니다.

| 인터넷 쇼핑몰 유형별 비교 |

유형	특징						
	초기투자	장비소유	SW소유	개발	운영	회원관리	사후관리
자체 쇼핑몰	높음	○	○	○	○	○	○
전자상거래 플랫폼	낮음	×	×	×	×	○	×
입점사업자	낮음	×	×	×	×	×	×

6.1.3 주요 보안위협

IT 환경 중에서는 인터넷 환경이 가장 다양한 위협에 노출되어 있다고 할 수 있습니다. 인터넷 쇼핑몰 서비스도 마찬가지로 이러한 외부로부터의 위협들을 피해가지 못합니다. 누구나 접근이 가능하다는 가장 강력한 장점이 누구에게나 침해당할 수 있다는 가장 큰 약점으로 둔갑되는 것입니다.

인터넷 쇼핑몰들이 가장 많이 직면하는 침해사고의 유형으로는 "고객의 계정정보 탈취", "배송지 조작을 통한 물품 갈취", "고객 충전금 편취" 등을 들 수 있습니다. 대체로 이런 유형의 사고들은 과거에 유출된 고객정보(계정, 패스워드)로부터 공격이 시작된다는 특징을 가지고 있기도 합니다.

그러나 이런 보안의 위협들이 모든 인터넷 쇼핑몰 사업자들에게 공평하게 작용하지는 않습니다. 어떤 형태의 쇼핑몰 사업을 영위하고 있는가에 따라서 노출된 보안위협의 차이가 존재합니다. 쇼핑몰 회사의 보안 관리자들은 본인이 소속된 회사가 어떤 종류의 위협에 노출되어 있는지를 알아야 합니다. 아는 것이 힘이라고 하듯이 위협을 파악하고 있어야 어떻게 대응해야 하는지로 이어질 수 있기 때문입니다. 따라서 최근 인터넷 쇼핑몰 기업들이 외부의 침해공격으로부터 가장 많이 직면하고 있는 주요 보안위협들에는 어떤 것들이 있는지 알아보겠습니다.

공통의 보안위협

공통의 위협은 인터넷 쇼핑몰뿐만 아니라 인터넷을 통해 사업을 하는 모든 사업자들을 어렵게 만드는 보안위협들입니다. 다음 3개의 공격이 대표적이라고 볼 수 있습니다.

1. DoS(Denial of Service)

최근 표적공격의 증가로 다소 주춤하는 모양새인 DoS(서비스 거부 공격)는 인터넷 서비스를 제공하는 기업들에게는 아직까지도 골치 아픈 침해공격입니다. 서비스를 못하도록 방해하는 목적도 문제지만 공격에 사용되는 기술적 특성으로 인해 근본적으로 100% 방어는 불가능하다는 약점이 있기 때문입니다. 다행히 현재까지는 공격의 분산 및 우회라는 방법을 통해 효과적으로 피해를 최소화하고 있습니다. 최근에는 공격을 빌미로 기업에게 대가(대체로 암호화폐)를 요구하는 해커집단들도 나타나고 있습니다.

2. 크리덴셜 스터핑(Credential Stuffing)

"인증대입공격"이라고도 합니다. 쇼핑몰을 포함해 인터넷 서비스 기업의 고객정보 유출, 정보 위·변조를 통한 배송지 조작과 충전금 편취 사고 등의 주요 원인이 되는 공격 형태로 최근 가장 많이 증가하고 있는 침해공격입니다. 기존에 유출되었던 인증정보(ID,패스워드)와 암호신드롬(암호 설정 및 주기적 변경에 지친 현대인에게 생겨난 스트레스로 쉬운 암호를 선택하거나 기존 암호를 재사용하게 함) 현상을 바탕으로 이루어지는 공격으로 성공 가능성이 높아 인터넷 서비스 기업들에게 가장 큰 피해를 일으키고 있습니다.

3. 피싱(Phishing)

비즈니스 메일에 삽입된 악성코드를 통한 기업 내부 침투를 목적으로 하는 공격입니다. 내부자의 PC 장악에 성공하면 "랜섬웨어" 공격을 통해 대가를 요구하거나 "크리덴셜 스터핑" 공격을 통한 내부정보 유출로 이어지는 연환 공격의 시작점이 됩니다.

자체 쇼핑몰

직접 개발조직을 운영하고 자체 쇼핑몰을 보유하고 있는 기업의 경우에는 빠른 고객요구 대응이 가능하다는 장점이 있는 반면 그로 인한 단점 역시 존재해 보안의 위협이 됩니다.

1. 취약점 재발

내·외부적 요청 및 환경변화에 따른 고도화 또는 재개발의 과정에서 이미 발견되어 조치되었던 취약점이 다시 나타나는 문제가 자주 발생합니다. 같은 공격이 해커에 의해 지속될 수 있는 중요한 원인입니다.

2. 복잡한 코드

여러 이해관계자들의 다양한 요구 사항을 쇼핑몰 서비스에 반영하는 과정이 일정기간 이상 누적되면 초기 버전과는 다르게 프로그램의 소스가 복잡해지기 쉽습니다. 엎친 데 덮친 격으로 개발자의 퇴사와 변경 등으로 발생하는 혼란은 소스의 복잡도를 증가시켜서 프로그램의 관리를 더 어렵게 만들며, 취약점이 발견되어도 적절한 조치를 취하기 힘들게 합니다.

전자상거래 플랫폼

전자상거래 플랫폼의 경우 자체 쇼핑몰에서 발생되는 보안위협도 가지고 있으면서 더불어 공동운명체라는 플랫폼만의 특징적인 보안위협을 가지고 있습니다.

1. 공동위협-①

논리적으로는 분리되어 있더라도 여러 사업자가 같은 환경을 공유하여 인터넷 쇼핑몰을 운영하고 있는 형태입니다. 따라서 하나의 쇼핑몰에서 취약점으로 인한 침해 사고가 발생하는 경우 같은 환경을 공유하고 있는 타 쇼핑몰들도 같은 취약점에 의해 침해될 수 있습니다.

2. 공동위협-②

한 명의 사업자가 취약점을 발견해 플랫폼 사업자에게 조치를 요구하더라도 빠른 대응이 이루어지지 않을 수 있습니다. 특정 사업자를 위한 조치가 아닌 플랫폼 전체에 적용되어야 하기 때문입니다. 그러므로 취약점의 존재를 알면서도 조치 때까지 기다려야 하는 위험이 있습니다.

입점사업자

타사의 인터넷 쇼핑몰 일부 공간을 빌려 타사의 회원을 상대로 자신의 물건들을 판매하는 것입니다. 외부의 침해공격에 노출될 자신의 설비도 존재하지 않고, 침해의 결과로 유출될 수 있는 자신의 고객정보도 없으므로 외부의 보안위협으로부터 상대적으로 자유롭습니다. 하지만 입점한 인터넷 쇼핑몰이 해커의 침해를 받으면 그로 인한 피해에 함께 노출될 수 있는 약점도 가지고 있습니다.

6.1.4 ● 이해관계자 알아보기

인터넷 쇼핑몰 기업에서 보안 관리자가 주로 상대하게 되는 이해관계자는 다음의 5개부서가 대표적입니다. 인터넷이라는 많은 기회와 위험을 함께 품고 있는 정보의 바다에서 사업을 영위하고 있다는 특성상 대부분의 이해관계자들이 외부에서의 보안위협에 대해 상당한 주의와 관심을 가지고 있으며, 혹시 모를 위험에 대비해 정보보안조직과 많은 소통을 하고 있습니다.

1. 개발부서

쇼핑몰을 개발하고 운영합니다. 침해사고가 발생하는 비상상황 시 직접적으로 외부의 보안위협에 대처해야 하므로 쇼핑몰 프로그램 전반에 걸쳐 보안의 수준을 높여 안전을 확보하고자 하는 보안 관리자를 돕기 위해 노력합니다.

개발부서가 직면한 가장 어려운 점은 신규 개발(혹은 고도화) 등의 사업 수행 시 보안을 고려할 수 있는 충분한 개발기간을 확보하지 못하는 경우가 많다는 점입니다. 바로 이 점이 쇼핑몰 서비스가 충분히 신뢰할만한 보안성을 확보하지 못하는 중요한 이유로 오래전부터 언급되어 왔습니다. 따라서 보안강화와 관련해 개발부서에서 느끼는 과중한 부담감이 개발부서와 보안조직의 원활한 소통을 방해하고 이해충돌을 일으키는 원인이 되기도 합니다.

보안 관리자는 이러한 문제의 해결을 위한 방안을 찾고자 노력할 필요가 있습니다. 개발보안 및 보안코딩을 지원하기 위한 "개발보안표준정립", "보안API 확립"이 갈등 해결하기 위한 다양한 해결책 중 하나가 될 수 있습니다.

2. 마케팅부서

고객정보를 토대로 이루어지는 마케팅부서의 다양한 홍보 및 광고 작업들은 정통망법(「정보통신망 이용 촉진 및 정보보호 등에 관한 법률」)과 개보법(「개인정보 보호법」)의 적용을 받습니다. 따라서 정보보안이나 개인정보 보호조직에게 사전 검토를 받아 이루어지는 업무가 많은 편입니다.

때로는 업무처리 과정에서 직원의 실수로 고객정보가 의도되지 않게 타인에게 노출되거나 잘못된 업무처리 과정을 통해 법을 위반해 제공되는 등의 사고가 발생하는 경우도 종종 발견됩니다.

3. 쇼핑몰 사업부서

인터넷 쇼핑몰을 운영합니다. 입점업체 관리, 물품 등록, 고객 구매내역 관리, 주문내역 물류부서 전달 등의 역할을 수행합니다. 부서 내 거의 모든 직원들이 고객정보를 취급하는 개인정보 취급자로서 보안 관리자의 관리·감독 대상입니다. 고객의 개인내역, 구매내역, 계좌정보, 주소지 등 중요한 정보들을 많이 다루고 있어 보안 관리자의 상당한 관심과 주의가 필요한 부서입니다.

4. 물류부서

국내 인터넷 쇼핑몰 사업의 폭발적 성장은 물류체계의 성장에 힘입어 가능했다고 해도 과언이 아닙니다. 그만큼 인터넷 쇼핑몰 사업에 있어 물류부서의 역할은 중요합니다.

물류부서는 고객이 주문한 물품 배달이라는 목적달성을 위해 개인정보와 주소지정보를 이용하는 개인정보 취급부서입니다. 간혹 배달과정에서 개인정보가 유출되는 사고가 발생했다는 뉴스가 나오는 이유도 고객들의 개인정보를 다뤄야만 하는 업무의 특성에서 기인합니다.

많은 양의 고객정보를 취급하고 있으면서도 대부분의 물류센터가 도시 외곽에 위치하고 있어 보안 관리자의 관리·감독 사각지대에 위치할 가능성이 높은 부서이므로 더욱 세심한 관심이 필요합니다.

5. 전산부서

IT 장비, 보안장비, 운영체계의 운영·관리를 책임지는 부서입니다. IT 자산의 안전성 강화를 위한 취약점 조치의 수행주체로서 보안 관리자, 보안조직과 함께 모의해킹, 취약점 점검을 하고, 점검결과에 따른 조치를 수행합니다.

6.1.5 ● 사업의 특이점

인터넷 쇼핑몰 기업의 정보보호 활동은 대체로 「정보통신망법」과 「개인정보 보호법」에서 제시하고 있는 요구 사항에 토대를 두고 수행됩니다. 대체로 요구 사항이 상당한 수준의 보편성을 담고 있어 인터넷 쇼핑몰 기업과 같은 정보통신서비스 제공자가 아니라도 대부분의 기업체에서도 같은 활동이 이루어지고 있습니다.

하지만 보안에서 주목해야 할 인터넷 쇼핑몰만의 사업적 특징이 있으며, 이러한 특징들은 보안조직과 보안 관리자의 정보보안 활동에도 영향을 미칩니다.

사업적 특징

인터넷 쇼핑몰 사업에는 정보보안 측면에서 고려해야 할 3개의 사업적 특징이 있습니다.

구분	내용
24시간 영업	• 인터넷 쇼핑몰 사업은 인터넷이라는 온라인 환경을 이용하기 때문에 24시간 365일 장사를 할 수 있다는 강력한 강점을 가지고 있습니다. • 즉, 사업을 영위하는 데 있어 시간의 제약에서 자유롭습니다.
목표 마케팅	• 데이터 분석이 용이합니다. • 인터넷이라는 IT 기술 기반에서 구현된 온라인 상점이므로 고객들의 이용 현황 및 구매내역, 상품 검색 취향 분석 등의 각종 데이터를 저장하고, 이의 분석을 통해 고객 개개인의 취향에 맞추어 광고를 하는 목표 마케팅을 구현하는 데 유리합니다.
확장 용이성	• 자체 쇼핑몰을 운영하는 사업자의 경우에는 자체 회사의 물품 외에도 계약을 통해 타 사업자(이를 "입점업체"라 함)의 물품 판매가 용이합니다. • 입점업체의 확대를 통해 용이하게 판매 물품의 확장, 인터넷 쇼핑몰의 외적인 규모의 확장을 꾀할 수 있습니다.

문제점 및 대응방안

1. 24시간 영업

24시간 365일 장사를 할 수 있다는 것은 보안의 입장에서는 24시간 365일 외부의 공격에 노출되어 있음을 의미합니다. 그렇다고 보안조직이 24시간 내내 주말도 휴일도 없이 감시하고 대응하는 것은 불가능합니다. 보안인력도 사람인지라 퇴근하고 잠도 자고 사적인 개인생활도 해야 하기 때문입니다. 따라서 이러한 문제를 해결하기 위한 방안으로 24×365 운영하는 상시 보안관제를 도입하는 것이 일반적입니다. 실제로 인터넷 쇼핑몰 및 많은 기업을 대상으로 한 침해공격 중 상당수가 보안조직이 퇴근하여 긴급 대응력이 떨어지는 저녁시간 이후에 이루어지고 있음을 보안 관리자와 보안조직은 고려해야 합니다.

2. 목표 마케팅

다양한 고객 관련 정보를 수집하여 마케팅에 활용할 수 있다는 장점은 달리 표현하면 그만큼 고객에게 밀착된 민감하고 사적인 정보를 수집함을 의미합니다. 따라서 법에서 요구하는 적절한 동의를 통해 수집하도록 검토해야 하며, 수집된 사적인 정보들이 유출되지 않도록 암호화 등 안전한 보관대책을 마련해야 합니다.

3. 확장 용이성

입점업체를 통한 외연의 확대는 인터넷 쇼핑몰에 접속해야 하는 중간관리자에 해당하는 개인사업자의 증가를 의미합니다. 이는 보안의 입장에서 표현하면 인터넷 쇼핑몰을 기준으로 한 공격표면이 증가한 것으로 해석할 수 있습니다. 많은 인터넷 쇼핑몰 기업들이 입점업체들에게 별도의 BackOffice 구현을 통해 업무를 처리하도록 지원하고 있습니다. 이러한 구성은 서버 접속 및 DB 접근이 되어야 하므로 최근 몇 년 새 많이 언급되고 있는 "공급망 공격"과 같은 침해공격에 노출될 수 있습니다. 따라서 보안성 강화를 위해 아래와 같은 대응방안들이 고려될 수 있습니다.

구분	내용
API 방식	• BackOffice를 통해 입점업체에게 제공하는 자료(대체로 구매현황)를 조회할 수 있는 API를 개발해 제공하는 방식입니다. • 각 입점업체가 직접 제공받은 API를 활용해 자체 서비스를 개발하도록 함으로써 서버 및 DB에 대한 접근 부담 없이 정보를 제공합니다. 다만, 규모가 작아 자체 개발이 어려운 입점업체의 경우에는 적용하기 어려운 방식입니다.
셀러툴 방식	• 많은 입점업체들의 경우 한 곳의 인터넷 쇼핑몰에서만 판매하지 않고 다수의 인터넷 쇼핑몰에 입점해 사업을 합니다. 이 경우 여러 쇼핑몰의 BackOffice를 일일이 확인해야 하는 부담을 해결하기 위해 도입되는 프로그램을 "셀러툴"이라고 하며, 입점한 다수의 쇼핑몰에 자동으로 접속하여 판매내역을 가져와 보여주는 기능을 합니다. • 사전에 보안성을 검토하여 선정한 셀러툴 도입 권고를 통해 안전한 접속 방식을 구성하는 것이 가능합니다.

6.2
보안조직에게 필요한 노하우

기업의 보안조직이란 보안이라는 업무적 특수성을 가지고 내외부의 침해공격에 대응해 기업을 보호하는 업무를 수행합니다. 이를 위한 다양한 IT 및 보안기술에 대한 지식과 함께 원활한 업무수행을 위해 갖추어야만 하는 노하우들에 대해 알아보겠습니다.

6.2.1 ● 보안조직 고난시대

DT(Digital Transformation), CX(Customer Experience)와 같은 용어들이 기업들뿐만 아니라 일상에서도 사용되는 시대입니다. 예외 없이 IT 기술을 통한 업무변화를 의미하고 있습니다. 변화를 위한 기술들도 하루가 다르게 발표되고 발전합니다. 클라우드 서비스(Cloud Service), 블록체인(BlockChain), 메타버스(Metaverse), 인공지능(Artificial Intelligence)과 같은 기술들은 이미 주변에서 흔한 용어가 되었습니다.

모든 보안조직이 알고 있어야 하며 기술을 습득하여 보안대책을 마련해야만 하는 대상입니다. 기업이 도입을 확정하는 순간 이는 보안조직에게 선택이 아닌 필수가 됩니다. 그만큼 보안을 한다는 것은 항상 배울 것이 존재하고, 알아야 할 것도 많은 어려운 직업입니다. 어쩌면 그래서 보안을 한다는 것은 전문가로서의 사회생활을 한다는 의미로 받아들여지는 듯합니다.

그러나 기술을 습득하고 보안대책을 적용했다는 것이 기업이 잠재된 위험으로부터 안전하다는 것을 의미하지는 않습니다. "뛰는 보안조직 위에 나는 해커"라는 말도 있듯이 해커들은 항상 부지런하고 이익을 위해 최선을 다하기 때문입니다. 언제 어디서 어떤 취약점을 찾아내어 무슨 새로운 공격을 펼칠지 아무도 알 수 없습니다.

보안조직은 그런 외부의 예측하기 어려운 위협들에 대응해야 하고, 혹시 모를 내부의 위협에도 대비해야 합니다. 그야말로 알아야 할 것도 많고 해야 할 것도 많은 보안조직의 고난시대입니다. 그래서 이러한 힘든 상황에 대비하기 위해 보안조직이 알아야 할 노하우들을 설명해보고자 합니다.

6.2.2 ● 보안인증을 획득하라

기업들이 보안수준을 대외적으로 증명하기 위한 방법으로 가장 용이한 수단이 바로 보안인증입니다. 국내 인증으로는 ISMS-P(Personal Information & Information Security Management System)가 있으며, 해외 인증으로는 ISO 27001(ISMS ; Information Security Management System)과 ISO 27701(PIMS ; Personal Information Management System)이 대표적입니다.

기업이 이런 보안인증을 획득하는 이유는 법으로 획득을 강제하는 경우와 인증 획득을 통해 대외적으로 서비스의 안전성을 홍보하고자 하는 목적이 대부분을 차지합니다. 그러나 이런 인증 획득은 보안조직에게도 다음과 같은 몇 가지 중요한 의미가 있습니다.

1. 보안조직의 활동 증명
대부분의 기업에서 보안조직은 외로운 섬 같은 조직일 수 있습니다. 정보보안이라고 하는 업무가 기업의 타 부서들의 업무들과는 상당히 분리된 별도의 업무라는 특성도 있으면서, 대화내용도 일반 직원들이 이해하기 어려운 낯선 용어와 표현들이 다수 사용되기 때문입니다.

이러한 맹점은 일반 직원뿐만 아니라 최고 경영진에게도 동일하게 적용됩니다. 의외로 상당수 기업의 경영진이 같은 이유로 보안조직의 업무 내용을 직접 보고받는 것을 꺼려합니다.

이런 특성은 정보보안조직에게 불리하게 작용됩니다. 보안수준을 강화하기 위해 열심히 일하지만 정작 그에 대한 평가는 제대로 받지 못할 가능성이 높아지기 때문입니다. 가뜩이나 보안조직의 규모도 작아 인사평가 시 상대적으로 불리하고 업무성과에 대한 평가마저 제대로 받지 못하게 된다면 업무의욕의 저하로 이어질 수밖에 없습니다.

이 부분을 보강하기 위한 목적으로 보안인증이 활용될 수 있습니다. 자세한 내용을 일일이 설명해 인정받는 것보다 외부기관에 의한 평가를 통해 보안활동을 평가받아 인증서를 획득한다는 방향이 최고 경영진에게 더 효과적이기 때문입니다.

2. 침해사고 시 (공인)인증으로 활용

국내 인증인 ISMS-P의 경우 정통망법(「정보통신망 이용 촉진 및 정보보호 등에 관한 법률」)에서 인증을 받아야 하는 필수 기업 대상과 구체적 요구 사항을 명시하고 있다는 특징이 있습니다. 여기서 정보보안조직이 주목해야 할 점은 법에서 명시하고 있다는 부분입니다.

기업이 법에서 요구하는 구체적 사항들을 모두 준수하고 그 결과로 ISMS-P 인증서를 획득한 경우 그 인증서는 정부(법)에서 일정 자격을 인정한 공인인증의 효과를 가지게 됩니다. 즉, 충분한 보안수준을 확보하였음을 정부가 공증해 주는 것입니다. 침해사고를 당해 고객정보를 유출한 기업들이 각종 소송에서 승소할 수 있었던 배경에는 공증의 역할을 하는 인증서도 한몫 담당했음을 부인할 수 없는 사실입니다. 여기에 전문기관의 인정을 받은 여타 보안인증들까지 함께 구비한다면 더할 나위 없는 금상첨화라고 할 수 있습니다.

3. 요청의 명분 확보

기업 정보보안조직이 보안활동을 하는 데 있어 가장 큰 장애는 타 부서들의 협조를 얻어내는 일입니다. 단순히 메일을 통해 협조요청을 하면 다른 업무로 바쁘다는 식의 핑계와 함께 우선순위에서 뒤로 밀리기 십상입니다. 이때 우선순위를 앞당기기 위한 명분이 필요하며, 보안인증이 그 명분으로 활용될 수 있습니다. 해당 부서의 비협조 시 인증서 획득이 늦어지는 등 문제가 될 수 있어 업무 우선순위를 앞당기도록 하는 압박으로 작용하기 때문입니다.

보안 솔루션 구매에 있어서도 같은 작용을 합니다. 인증을 획득하고 유지해야 할 때 반드시 필요한 보안 솔루션이라는 명분이 예산을 확보하는 데 있어 중요한 동력으로 작용하게 됩니다.

특히, 외부 전문기관에 의해 평가받는다는 보안인증의 형식은 정보보안조직의 자체 의견이 아니라 제3자의 시각으로 판단되어 해당 부서에 요청된 협조 사항 또는 보안 솔루션 구매의 필요성이라는 추가적인 명분까지 가져갈 수 있어 보안조직의 부담을 덜어주게 됩니다.

6.2.3 ● 타사의 사례에서 배우자

타산지석이라는 속담이 있습니다. 타인의 상황을 자신에게 투영해 보고 배움을 얻으라는 의미를 가진 문구입니다. 특히, 되새겨야 할 문구이기도 합니다.

침해사고를 겪어보기 전에는 그에 따른 피해나 후유증을 예측하기는 어렵습니다. 설사 같은 침해공격을 받더라도 사전 준비 수준이나 사후 대응수준에 따라서 그 결과가 모든 대상기업에게 같지 않기 때문에 더욱 그렇습니다. 기억해야 할 점은 어떤 경우든 침해사고에 따른 후유증을 가장 크게 받을 부서가 보안조직이라는 것입니다. 그러므로 보안조직은 타사의 침해사례를 항상 주의 깊게 살펴보고 어떤 부분이 기업과 정보보안조직에게 유·불리하게 작용하였는지를 찾아 미리 대비해야 합니다.

몇 가지 기업 침해사례를 통해 정보보안조직이 배워야 할 교훈이 무엇인지 알아보겠습니다.

1 S사

1. 사고 내용

- 2011년 해커에 의해 S사 내부 개발자 PC가 점령되면서 서버가 해킹되어 회원 3,500만 명의 개인정보가 유출된 사고이다.
- 국민 70% 정도의 개인정보가 털린 대규모 유출사고였다.

- 오랜 소송의 결과 2018년 6월 대법원 판결로 S사가 최종 승소하였다.

2. 참고 사항

- 당시 S사는 상당한 수준의 정보보호활동을 수행한 것으로 확인되었다(동종업체 대비 양호).
- 법적 요구 사항을 충실히 이행하고 있었다.

3. 교훈

- 개인정보 유출사고의 발생 시를 대비해 기업과 보안조직은 적어도 2가지의 구명 줄을 준비하는 것이 필요함을 시사하였다.

> - 법 요구사항 만족(보안 솔루션, 보안활동, 보안인증 등)
> - 타 사(동종업체) 대비 양호한 보안수준 구비

● 보안리더의 실전 노하우

판결을 담당하는 판사의 경우 보안 전문가가 아닙니다. 따라서 유출사고에 대한 판결을 위해 기업이 법을 얼마나 충실히 이행하였는지, 사고 당시 기업의 보안수준이 동종업체들과 비교하여 어느 정도로 평가되었는지 등 다양한 정보를 참고하게 됩니다.

2 H사

1. 사고 내용

- 2011년부터 2014년까지 대형마트 H사에서 보험회사 판매목적으로 1mm 깨알같이 작게 써놓은 정보활용동의를 토대로 약 700만 건의 개인정보를 수집해 7개 보험사에 148억 원을 받고 판매하였고, 관련된 위반행위로 재판에 넘겨졌다.
- "판사님은 이 글씨가 정말 보이십니까?"라고 1mm 작은 글씨로 적어 시민단체가 제출한 항의서한이 큰 화제가 되었으며, H사가 대법원에서 최종 패소하였다.

2. 참고 사항

- 당시 H사는 「개인정보 보호법」에서 요구하는 수집동의의 기준을 모두 만족하고 있었다,
- 1심과 2심에서는 모두 H사에게 무죄를 선고하였다.
- 이 소송의 영향으로 동의받을 시 9mm 이상의 글자를 사용하도록 개정되었다.

3. 교훈

법 요구사항 준수에 더해 사람을 배려하는 자세의 필요성이 기업에게 요구되었다.

● 보안리더의 실전 노하우

H사의 정보수집동의는 법의 요구기준은 만족하였으나 1mm의 작은 글씨로 쓰여 누구도 읽기 어려운 수준이었습니다. H사의 패소는 기업이 고객을 대함에 있어 일반적 상식에 비추어 보편타당성도 확보해야 함을 보여주는 사례입니다.

3 I사

1. 사고 내용

- 2016년, 여행·쇼핑을 중개하는 I사에서 당시 회원의 절반에 해당하는 1,030만 명의 개인정보가 유출되는 사고가 발생하였다.
- 메일을 통해 직원 PC 점령 후 이를 기점으로 DB서버까지 접근하였다.
- I사는 사고인지 후 2주가 지나서야 정보주체에게 늑장 공지를 하였다.
- 사고 책임으로 방송통신위원회로부터 45억 원의 과징금과 과태료 부과. 민사소송에서 1인당 10만 원의 손해보상 판결이 났다.

2. 참고 사항

- 당시 기준으로 사고인지 후 24시간 내 고객 통지가 되어야 했음. 늑장 대응이 이후 판결 과정에서 불리하게 작용하였다.
- 여러 보안강의에서 침해사고 사례로 언급되었다.

3. 교훈

- 항상 정직하고 우직한 방법이 최선의 방법이다,
- 정직하고 빠른 처리로 사람들의 관심에서 멀어지는 것이 중요하다.

● 보안리더의 실전 노하우

고객정보가 유출되는 사고가 발생하면 기업은 사고사실을 은폐하고자 하는 유혹에 빠지기 쉽습니다. 사고의 규모가 클수록 그 유혹 역시 큽니다. 하지만 잘못된 결정은 더 큰 후유증으로 기업에게 돌아오기 마련입니다. 당장 힘들고 어렵더라도 떳떳하고 정직한 방법이 최선의 방법입니다.

4 L사

1. 사고 내용

- 2023년 국내 굴지의 통신기업인 L사에서 39만 6천 명의 고객정보가 유출되어 개인정보 보호위원회로부터 68억 원이라는 과징금을 부과받은 사건이다.
- 한국인터넷진흥원이 고객정보의 판매사실을 발견하고 이를 L사에 통보함으로써 유출사고를 인지한 경우이다.

2. 참고 사항

- 조사결과 고객정보 유출은 2018년 6월부터 시작하였다.
- L사의 유출규모 발표는 18만 명에서 29만 명 등으로 계속 변경되어 피해규모 축소 의혹이 대두되었다.
- 해커는 2천만 건 이상의 유출을 주장하였다.
- 피해사실 확인 후 5일 내 통지의무를 위반하였다.
- DB 관리자 비밀번호가 admin으로 확인되었다.

3. 교훈

- 기초가 튼튼해야 한다(초기 비밀번호 변경은 기본).
- 섣부른 거짓, 축소는 사태를 더욱 악화시킨다.

● 보안리더의 실전 노하우

이 사건은 기업 스스로 유출규모를 거짓, 축소해 사태를 더욱 악화시켰다고 평가되는 대표적인 사례입니다. 향후 수년간 많은 보안강의에서 대표사례로 거론될 것이며, 이는 기업의 이미지에도 부정적인 영향을 주게 될 것입니다. 뻔히 드러날 사실을 숨기려는 행동은 손바닥으로 하늘을 가리려는 것과 같습니다.

6.2.4 ● 법 해석 실력 만들기

정보보안조직이 업무를 수행하는 데 있어 가장 많이 참고하는 자료가 법에서 요구하는 내용 즉 컴플라이언스 관련 자료들입니다. 물론 금융사, 게임사, 쇼핑몰 등등 소속된 직장에 따라 적용되는 법의 차이는 있을 수 있습니다. 그러나 정보보안이라는 큰 그림에서 보면 적용방식의 차이가 있을 뿐 보안의 기본 개념과 보안기술에는 차이가 없다고 할 수 있습니다. 마치, 해킹시도나 통신 위변조를 찾아내기 위한 기술이 금융권에서는 사기를 예방하는 기술로 변신해 활용되듯이 말입니다.

정작 정보보안조직에게 낯선 것은 법입니다. IT는 명확하고 분명해 이해하면 되지만, 법은 다소 모호하고 몇 번을 읽어도 분명하지 않은 경우가 많습니다. 더구나 그 정확한 해석과 정의는 실제 법정에서 판사의 판결이 나와야만 결정됩니다. 더해서 보안 관련 법들은 매년 검토와 개정이 반복되고 있어 어떤 내용이 어떻게 개정되는지 지속적으로 살펴야 합니다.

모호하고 분명하지 않은 법. 정보보안조직은 법과 친해질 필요가 있습니다. 그럼 어떻게 해야 법과 친해질 수 있을지 나름 오랜 보안생활을 통해 얻은 경험을 토대로 설명하겠습니다.

법률용어 익숙해지기

보안업무를 하다 보면 법에서 나온 용어들을 많이 접하고 쓰게 됩니다. 그리고 이 용어들 중에는 아리송해서 고개를 갸웃하게 만드는 것들이 꽤 많이 있습니다. 몇 가지 예를 들어 설명하겠습니다.

우선 "이용자"와 "사용자"가 있습니다. 두 용어 모두 영어로는 "USER"로 해석됩니다. 하지만 「정보통신망법」에서는 엄연히 그 의미가 다릅니다.

- **이용자** : 정보통신서비스 제공자가 제공하는 정보통신서비스를 이용하는 자
- **사용자** : 이용자에게 정보통신서비스를 제공하기 위해 정보시스템을 운영하는 자

위 내용만 봐서는 아직도 아리송합니다. 더 풀어 설명하면 "이용자"는 "고객", "사용자"는 "임직원"이라고 이해하면 됩니다. 많은 신문이나 서적에서도 이 두 용어가 구분되지 못하고 사용될 정도로 혼용되고 있습니다.

다른 예로는 "개인정보처리자"와 "개인정보취급자"가 있습니다. 두 용어 역시 「개인정보 보호법」에서 엄연히 그 의미가 다릅니다.

- **개인정보처리자** : 업무를 목적으로 개인정보파일을 운용하기 위하여 스스로 또는 다른 사람을 통하여 개인정보를 처리하는 공공기관, 법인, 단체 및 개인 등을 말함
- **개인정보취급자** : 개인정보를 처리함에 있어서 개인정보가 안전하게 관리될 수 있도록 임직원, 파견근로자, 시간제근로자 등 개인정보처리자의 지휘·감독을 받아 개인정보를 처리하는 자

역시 쉽게 표현하면 "개인정보처리자"는 기업 또는 회사를 의미한다고 이해하면 되고, "개인정보취급자"는 기업 또는 회사에 속한 임직원으로 개인정보를 취급하는 자로 이해하면 됩니다. 아직까지도 이 두 용어의 차이를 이해하지 못해 혼용하는 경우가 있을 정도입니다.

이와 같이 법률용어는 정확히 알지 않으면 자칫 혼용하거나 잘못 해석할 수 있습니다. 그리고 잘못된 해석은 보안조직의 업무수행에 지장을 줄 수 있으므로 주의해야 합니다. 혹 잘 이해되지 않는 법률용어가 있다면 정확한 의미를 찾아보고 익숙해지시기 바랍니다.

법감정 익히기

법률용어에 익숙해지고 나면 다음은 법조문에 대한 해석에 익숙해져야 합니다. 때론 함축적이면서 모호하기까지 한 법조문의 내용은 제대로 해석하기 쉽지 않습니다. 이는 법을 전문적으로 공부한 변호사들에게도 쉽지 않은 일입니다.

법조문의 내용을 어느 정도 이해했다고 하면 이를 실제 사례에 비추어 어떻게 대입할 것인지도 고민해야 합니다. 다양한 사례들에서 각각의 경우에 하나의 법조문이 어떻게 적용되는지가 중요합니다. 다양한 상황들과 관련해 법조문을 대입해 보는 과정을 저는 "법감정을 익힌다"고 표현합니다. 법조문이 의미하는 바를 이해해 가는 과정을 에둘러 표현한 것입니다. 사례를 통해 살펴보겠습니다.

- **사례 ①** : A기업 출입구 CCTV 영상을 관리하는 총무팀은 임직원의 근무시간 내 건물 밖 외출 현황 파악을 하고자 하는 인사팀의 요청을 받아 영상파일을 제공하였다.
- **사례 ②** : B기업 출입구 CCTV 영상을 관리하는 총무팀은 형사사건 관련 범죄조사를 한다는 검찰의 공문을 받아 영상파일을 제공하였다.

위의 경우 건물의 CCTV는 통상 건물의 화재, 도난방지 등의 예방을 목적으로 설치·운영함을 목적으로 합니다. 「개인정보 보호법」에서는 수집 목적 외 이용·제공을 금지하고 있으므로 두 가지 사례 모두 목적 외 이용·제공에 해당됩니다. 따라서 사례 ①의 경우 법규 위반에 해당되지만 사례 ②의 경우 형사사건이 관련되어 「개인정보 보호법」이 아닌 「형사소송법」이 적용되어 영상파일의 제공이 가능합니다. 다른 사례를 살펴보겠습니다.

- **사례 ①** : A인터넷 쇼핑몰에서 고객의 편리한 배송지 관리를 위해 원하는 배송지 정보(수취인, 연락처, 주소) 관리 기능을 제공하고, 쇼핑몰 관리자가 관리할 수 있도록 하였다.
- **사례 ②** : B인터넷 쇼핑몰에서 고객의 편리한 배송지 관리를 위해 원하는 배송지 정보(수취인, 연락처, 주소) 관리 기능을 제공하였다.

위의 경우 사례 ①은 법규 위반, 사례 ②는 법규 준수에 해당됩니다. 배송지 정보는 고객이 아닌 제3자의 개인정보가 수집되는 경우입니다. 사례 ①의 경우 인터넷 쇼핑몰 기업의 관리자(직원, 개인정보취급자)가 기업(개인정보처리자)이 적법한 절차를 거쳐 수집한 것이 아닌 개인정보를 조회할 수 있으므로 정보주체의 동의 없는 수집과 이용이 발생한 것으로 볼 수 있습니다. 이에 반해 사례 ② 고객이 자신의 배송지 관리를 위한 사적인 정보를 별도로 관리하는 경우로 기업의 관리자가 조회할 수 없어 기업과 무관한 것으로 간주되는 것입니다.

이렇듯 비슷하지만 작은 차이로 법규 준수와 위반 여부가 갈리게 되며, 이런 차이를 구분하는 것에 익숙해져야 합니다. 학습을 위한 가장 좋은 방법으로 여러 법률사무소에서 제공하는 판례정보와 Q&A 사례들을 꾸준히 읽어보는 것을 추천합니다.

모호함에 익숙해지기

법은 함축성과 모호성을 가지고 있다고 말씀드렸습니다. 이러한 법률의 특징은 어떻게 해석하느냐에 따라 때로는 A로도 때로는 B로도 해석의 결과가 달라질 수 있습니다. 즉, 법을 바라보는 사람의 생각과 의견에 따라 달라질 수 있음을 의미합니다. 법규정은 다양한 사안들을 규율하기 위한 목적으로 일부러 모호성을 반영하다고 합니다. 몇 가지 사례를 통해 알아보겠습니다.

- **사례 ①** :「개인정보 보호법」에서 개인정보처리자는 보유기간이 지난 개인정보는 지체 없이 파기하여야 합니다.

여기서 모호한 표현은 "지체 없이"라는 표현입니다. 내용만 봐서는 정확히 의미 파악이 어렵습니다. 여러 법에서 자주 사용되는 표현으로 각 법조문마다 규정된 기한이 다릅니다.「개인정보 보호법」에서는 파기와 관련되어 이를 "5일 이내"로 설명하고 있습니다. 즉, 보유기간 만료 후 5일 이내 언제든 파기하면 됩니다.
다만, 회원정보의 경우 만료 5일 뒤 파기로 규정해도 매일 회원들이 가입하므로 결국은 매일 보존기한이 만료되어 매일 파기가 수행되어야 합니다.

이때 보안 관리자는 나름의 기준을 가지고 있는 것이 좋습니다. 그저 애매하게 "5일 이내"라고 표현하지 말고, "상황이 이러하니 차라리 매일 파기를 하는 것이 어떨까요?" 또는 "5일 뒤에 파기하는 것으로 하지요"처럼 나름의 기준을 제시하는 것이 좋습니다.

- **사례 ②** :「개인정보 보호법」에서 개인정보처리자는 개인정보를 수집하는 경우에는 그 목적에 필요한 "최소한"의 개인정보를 수집하여야 합니다.

여기서 모호한 표현은 "최소한"이라는 표현입니다. 정확히 어느 정도가 최소한인지 어디에도 규정되어 있지 않습니다. 단지, 최소한에 대한 입증 책임은 개인정보처리자에게 있다고 되어 있을 뿐입니다. 충분히 입증할 수 있다면 최소한의 범주에 포함되는 개인정보 항목의 수는 많을 수도 또는 적을 수도 있다는 유동적인 해석이 가능한 부분입니다.
기업은 고객의 정보를 하나라도 더 수집하려고 합니다. 이때 보안 관리자는 꼭 필요하지 않다고 확신되는 정보는 수집 대상에서 제외할 수 있도록 노력하는 것이 좋습니다. 일단 수집된 정보는 그 이용 여부와 상관없이 안전하게 관리·감독되어야 하고, 유출과 같은 침해로부터 보호되어야 하기 때문입니다.

개인 자문단 만들기

보안 관리자가 정보보안 법률과 관련해 경험할 수 있는 일 중 하나가 같은 법조문에 대해 보안 전문가 간에도 다른 의견과 해석이 나오는 경우가 심심찮게 있다는 점입니다. 분명 내 생각에 "이건 A야"라고 판단했는데 다른 전문가는 "아니다 B다" 라고 하는 경우입니다. 법률의 모호성이라는 특징을 생각하면 누가 맞고 누가 틀리냐를 논하기는 어렵습니다. A일수도 B일수도 또는 A와 B 모두 가능할 수도 있습니다. 하지만 보안 관리자는 이러한 경우를 대비할 대책을 구비하고 있어야 합니다.

해결방법으로 저는 오랜 경험을 갖춘 보안 전문가들로 구성된 자신만의 자문단을 만들어보는 것을 추천드립니다. 한두 사람의 해석에 의존해서는 어느 한쪽에 치우친 편견에 빠질 수 있습니다. 자신만의 자문단을 통한 집단지성의 판단을 참고할 수 있다면 혹시라도 잘못된 해석으로 발생할 수 있는 위험을 사전에 상당히 감소시키는 효과를 기대할 수 있습니다. 더해서 기업 대상으로도 다수의 전문가들로부터 의견을 받았다는 명분을 가져가는 효과도 덤으로 얻으실 수 있습니다. 자문단을 통해 자문을 받았던 사례 하나를 소개합니다.

- **사례** :「개인정보 보호법」에서는 정보주체의 개인정보를 수집하는 경우 필요한 "최소한"의 정보만을 수집하도록 하고 있습니다. A전자의 스마트폰 센터에서 고객의 수리접수와 관련해 필수 수집정보로 "이름, 전화번호, 주소"를 수집하기로 하고 검토 요청이 왔습니다.

여기서 검토가 필요한 부분은 "이름, 전화번호, 주소"에 대한 수집이 과연 필수인가 하는 부분입니다. 검토를 요청한 부서와 정보보안조직 간 의견 차이가 있어 개인 자문단을 통해 여러 의견을 듣고 아래와 같이 최종의견이 전달되었습니다.

- **최종의견** : 스마트폰 센터의 경우 통상 고객 방문 시 방문사유를 접수하고 접수번호를 발급한 뒤 수리기사 배정 등 이후 작업이 진행됩니다. 따라서 현장에서 수리가 완료되는 경우 접수번호 만으로도 능히 업무처리의 완료가 가능하므로,

"이름, 전화번호, 주소"는 필수가 아닌 선택적 수집항목으로 분류되는 것이 합당하다고 판단됩니다.

6.2.5 ● 업무 효율화를 추구하라

안타깝게도 많은 기업의 정보보안은 그리 넉넉지 않은 수의 보안담당자에 의해 운영되고 있습니다. 기업들이 정보보안을 사업의 동반자가 아닌 비용 부서로 간주하면서 생긴 폐해입니다. 그 결과 정보보안조직은 유사시를 대비한 백업인력도 없이 빡빡한 일정 속에 업무를 진행하는 것이 대부분입니다.

그래서 생각의 전환을 통해 업무의 숨통을 확보하는 작업이 필요합니다. 다음 2가지 작업을 통해 조금 더 여유 있고 효율적인 보안업무를 구축할 수 있습니다.

1. 주기적 반복 작업 배치화

의외로 정보보안조직의 업무 중에서 매주, 매월, 매년 일정주기로 반복해서 수행하는 작업들이 많이 있습니다. 흔히 표현하듯 배치처리로 대체할 수 있는 부분이 상당히 있는 작업들입니다. 이런 작업들에 대해 사람이 모든 작업을 직접 하지 않도록, 배치전환이 필요한 부분에 대해 자동화 전환을 하십시오. 하루 또는 이틀이 걸리던 작업을 단 몇십 분만에도 완료할 수 있습니다.

2. 솔루션 기능 활용

보고를 위한 보고서 작업과 관련해 윗분들이 형식에 신경 쓰지 않는 성향이라면 양식을 만들고 편집하느라 시간을 빼앗기지 말고 솔루션에서 제공하는 보고서 기능을 적극 활용하는 것이 좋습니다. 설령 전체가 아니라 일부의 내용만 가져와 활용해도 시간 단축에 큰 효과를 볼 수 있습니다.

6.2.6 ● 버티고 버텨서 비겨내라

정보보안업계에는 보안을 일생의 업으로 삼은 귀하고 귀한 인력들에게 전해주는 금과옥조 같은 화두들이 여럿 있습니다. 그중 하나의 화두를 설명하겠습니다. 그 화두는 "버티고 버텨서 비겨내라"입니다.

버티고 버텨서 비겨내기

기업 내부의 정보를 지켜내고자 하는 정보보안조직의 투쟁은 사실대로 표현하면 보안조직에 불리하게 기울어진 운동장에서의 싸움과 같은 형세입니다. 그 이유를 설명하겠습니다.

1. 밤·낮 없는 해커의 공격

개인사업자라고도 볼 수 있는 해커는 정해진 근무시간이 없습니다. 24시간 365일이 근무시간입니다. 낮에 근무하고 저녁에 퇴근하는 보안조직이 항상 감시하는 것은 불가능합니다. 현재는 야간관제를 통해 부족한 부분을 메꾸고 있습니다.

2. 너무 많이 유출된 인증정보

오랜 기간 동안 너무 많은 국민들의 ID, 패스워드와 같은 인증정보가 유출되었습니다. 그중 상당수 인증정보는 지금도 공격에 활용이 가능한 정보입니다. 현재도 활발한 인증대입공격(크리덴셜 스터핑)이 바로 그 증거입니다. 올바른 인증정보를 이용해 공격을 시도하는 해커의 공격을 100% 차단하기는 불가능합니다. 포털, 쇼핑몰, 게임, 내부서버까지 공격의 대상입니다.

3. 장소 제한 없는 공격

해커의 공격은 장소에 제한받지 않습니다. 전 세계 어디에서도 공격이 가능하며, 동시에 여러 곳에서 공격할 수도 있습니다. 공격의 근원지를 찾아 차단하기란 매우 어려운 일입니다.

4. 하나만 뚫려도 패배

정보보안조직이 지켜야 할 공격표면은 넓습니다. 미처 알지 못한 보안 구멍이 있을 수도 있습니다. 그 모든 곳을 제한된 인원과 자원으로 방어해야 합니다. 인원과 자원 제한 없이 마음껏 공격하는 해커에 맞서기에는 정보보안조직의 규모와 위상은 초라합니다.

위와 같은 이유로 정보보안조직은 해커와의 전쟁에서 비기려고 해야 합니다. 하나만 뚫려도 지는 전쟁입니다. 최후의 최후까지 버티고 버텨서 비겨내면 그것이 바로 유일하게 이기는 경우입니다.

기업규모에 따라 다르겠지만 조직 내에서 보안담당자가 소통해야 할 부서는 정해져 있습니다. IT 부서, 이커머스 부서, 마케팅 부서들입니다. IT 부서에서도 특히 개발조직이 보안담당자가 가장 많이 대화를 나누는 대상입니다.

개발조직은 기업에서 필요로 하는 대내·외 서비스 개발을 담당하고 있습니다. 이러한 서비스들은 해커들의 잠재적 공격 대상이기 때문에 조직 내 보안 담당자와 긴밀하게 소통하며 취약점과 위험요소를 제거하고자 노력해야 합니다. 하지만, 서로 간 업무 이해도가 다르고 입장 차이가 커 의견충돌이 종종 있습니다.

1. 넉넉하지 않은 개발환경

개발조직에게 부여된 개발기간은 신기하게도 항상 부족합니다. 때로는 보안 전문가의 입장에서도 심하다 느낄 정도로 짧은 경우가 대부분입니다. 개발조직은 여러 부서의 다양한 요구 사항과 촉박한 일정의 압박 속에서 지내고 있습니다. 이러한 상황에서 등장하는 보안조직이 달갑지 않은 것은 당연한 일입니다.

2. 상대방에 대한 배려 부족

개발자는 보안 전문가가 아닙니다. 대체로 보안 전문가도 개발경험이 없습니다. 하지만 모두 IT 분야에서 일하고 있습니다. 흔히 IT쟁이들은 한 성격을 가지고 있다는 말이 있습니다. 여기서 문제가 생깁니다. 상대의 상황을 이해하려고 노력하기보다 자신의 요구와 주장만을 반복하는 경우가 많습니다. 주어진 일정 내에 개발을 완료해야 하는 개발조직과 혹시 모를 침해사고를 막기 위해 취약점 조치를 해야만 하는 각자의 이해관계가 충돌하게 됩니다.

3. 개발보안의 미성숙

위에서 설명했듯이 개발자는 보안 전문가가 아닙니다. 개발보안, 시큐어코딩 등 말을 하지만 개발환경도 하루가 다르게 변해갑니다. 새로운 개발언어와 개발도구를 배우고 익히기에도 시간이 빠듯합니다. 그런데 거기에 보안까지 익히라고 하면 미안한 일입니다. 입장 바꿔 생각해 보면 보안 전문가에게 개발을 익혀 직접 수정하라고 요구하는 것과 다르지 않습니다.

대화를 통해 소통을 만들어 내기 위해서는 서로 상대의 상황과 환경을 이해하고자 노력해야 합니다. 현재의 보안조직과 개발조직은 그저 막연히 상대에 대해 이해하고 있을 뿐입니다.

문제의 해결책 중 하나로 DevSecOp와 같은 개념들이 도입되고 있습니다. Development(개발), Security(보안), Operation(운영)이 개발의 전 과정에 함께 하면서 개발, 보안, 운영을 동시에 진행하는 방식으로 일석삼조의 효과를 노리고 있습니다.

API의 적극적 활용도 도움이 될 수 있습니다. 개발자들에게 보안의 기능 구현을 직접 하도록 요구하지 말고, 필요한 기능들을 API로 제공하여 활용하도록 한다면 개발자들도 개발보안의 부담에서 벗어나 온전히 개발에 집중할 수 있을 것입니다.

이런 방안들이 적극적으로 도입된다면 기업 IT의 두 조직인 보안조직과 개발조직이 서로 반목하고 화내며 충돌해 상처 주지 않고 원활히 소통하면서 지낼 수 있을 것입니다.

07

정보보안 제품 개발 전문가의
업무 노하우

7.1

정보보안 제품 개발자

정보보안 제품 개발자에 대한 직무의 정의, 역할과 책임, 개발 프로세스, 개발 시 고려사항과 함께 정보보안 제품 개발자로서의 필요한 자질에 대해서 알아보겠습니다.

7.1.1 ● 직무의 정의

소프트웨어 개발자란 고객의 요구에 맞추어 컴퓨터 프로그래밍을 하거나 시스템을 설계하는 사람을 말합니다. 흔히 프로그래머와 혼동하기도 하지만 소프트웨어 개발자와 프로그래머의 뉘앙스는 조금 다릅니다. 소프트웨어 개발자는 프로그래밍뿐만 아니라 좀 더 넓은 범위의 프로그램 설계 분야 전체를 포함합니다.

정보보안 제품 개발자란 소프트웨어 개발자 중에서도 ICT 영역에서 보안이 필요한 영역(네트워크 보안, 정보보호, 접근통제, 침입탐지 등)에 대한 소프트웨어 제품을 개발하는 전문가를 의미합니다. 이들은 정보보안 제품의 설계, 개발, 유지 보수를 담당하며, 고객의 요구 사항을 이해하고 보안 제품을 계획하고 구체화합니다. 또한, 정보보호 산업의 동향을 주시하고 최신 보안 취약점, 보안 사고, 대응 기술 등을 파악하는 것도 그들의 중요한 역할 중 하나입니다.

정보보호 영역은 다음과 같이 6가지 영역으로 나누어 볼 수 있습니다.

첫째, 네트워크 보안으로 인가되지 않은 노출, 변경, 침입으로부터 네트워크, 네트워크 서비스, 네트워크상의 정보를 보호합니다.

둘째, 엔드포인트 보안으로 네트워크와 연결된 컴퓨터, 노트북, 스마트폰, IoT 기기 등의 보안 수준을 향상시켜 외부 공격에 대응합니다.

셋째, 플랫폼보안·보안관리로 ICT 환경에서의 여러 위협을 분석하고 대응할 수 있도록 다양한 보안 솔루션들이 하나의 플랫폼으로 작동하여 보안성을 유지할 수 있도록 합니다.

넷째, 클라우드 보안으로 클라우드 기반 시스템 및 데이터를 보호합니다.

다섯째, 컨텐츠·데이터 보안으로 디지털 콘텐츠의 불법 복제, 유통, 유출 등을 방지합니다.

여섯째, 공통 인프라 보안으로 다양한 보안 솔루션과 연계되어 암호, 인증, 접근제어, 로그관리, 백업 등의 보안서비스를 제공합니다.

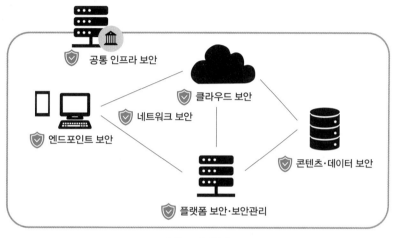

[정보보호 영역]

이러한 정보보호 영역에는 다음과 같은 정보보안 제품들이 있습니다.

| 정보보안 제품 분류 |

구분	제품
네트워크 보안	웹방화벽(WAF),방화벽(UTM, NGFW 등), 침입방지 시스템(IPS), DDoS 차단 시스템, 가상사설망(VPN), 네트워크 접근제어(NAC), 무선 네트워크 보안, 네트워크 위협 탐지 및 대응(NDR), 망분리(일방향게이트웨이), 데스크탑 가상화(VDI, DaaS 등)
엔드포인트보안	콘텐츠 악성코드 무해화 기술(CDR), 엔드포인트 위협 탐지 및 대응(EDR), 악성코드·랜섬웨어 대응, APT 대응, 모바일 단말 보안
플랫폼보안·보안관리	서버 접근 통제, 취약점 분석 시스템, 위협관리시스템, 패치관리시스템, 디지털포랜식시스템, SOAR, XDR(eXtended Detection & Response), TI (Threat Intelligence)
클라우드 보안	워크로드 보안(CWPP), 보안 형상관리(CSPM), CASB(Cloud Access Security Broker), SASE(SD-WAN), 가상화 관리

구분	제품
콘텐츠·데이터 보안	DB보안/DB암호, 보안 USB, 디지털저작권관리(DRM), 데이터 유출 방지(DLP), 인쇄물 보안, 메일 보안 솔루션, 개인정보 비식별화(익명화, 가명화)솔루션, 문서중앙화 솔루션, 완전삭제 솔루션
공통 인프라 보안	사용자 인증, 통합계정관리(IM/IAM), 싱글사인온(SSO), 통합접근관리(EAM), 공개키 기반 구조(PKI), 차세대인증(FIDO, DID,IDoT 등), SIEM, 로그관리/분석 시스템, 백업/복구 관리 시스템, 이상거래탐지시스템(FDS), 키관리시스템(KMS, HSM)

[출처: 2023년 국내 정보보호산업 실태조사 보고서]

7.1.2 ● 정보보안 제품 개발자의 역할과 책임

정보보안 제품 개발자는 소프트웨어 개발자로서의 역할과 책임을 수행해야 합니다. 더불어 암호 알고리즘, 정보시스템 침입, 정보유출 방지, 컴플라이언스 준수 등과 같은 ICT 환경에서의 정보보안을 위한 기술, 암호, 법 등에 대한 이해가 필요하며 윤리 의식 또한 겸비해야 합니다. 자신의 능력을 어떻게 이용하느냐에 따라서 보안 전문가가 될 수도 해커가 될 수도 있기 때문입니다.

| 소프트웨어 개발자의 역할과 책임 |

분류	역할 및 책임
PM (Project Manager)	소프트웨어 프로젝트의 성공을 위해 모든 관리업무를 책임지는 사람으로서 외부팀과 의사소통을 담당하고 의견을 조율
PL (Project Leader)	소프트웨어 프로젝트의 기술 분야를 책임지는 사람으로서 주된 업무는 기본설계와 구현 과정을 관리하며 구현일정, 기능에 대한 우선순위를 조정
PE (Program Engineer)	각 단위 기능에 대해 상세 설계하고 구현하는 사람으로서 구현 일정을 산정하고 요구사항과 개발 표준에 따라 소프트웨어를 개발
QA (Quality Assurance)	제품의 품질 개선을 위한 모든 업무를 담당하며 문서, 절차, 산출물에 대한 중간 과정 점검 및 사후 검사를 통해 소프트웨어의 품질을 보장

정보보안 제품은 정보통신 기반 시설을 이용해 서비스를 제공하고자 하는 기업에서 서비스에 대한 보안을 강화하고자 정보보안 제품을 부가적으로 이용하는 것이기 때문에 서비스 제공의 흐름을 방해하지 않아야 합니다. 따라서 정보보안 제품 개발자

는 제품이 기존 서비스의 기능, 성능 등을 최대한 유지할 수 있도록 기능의 안정성도 고려할 수 있어야 합니다.

2023년 3월 미국 백악관에서 국가 사이버 보안 전략(National Cybersecurity Strategy)을 발표했습니다. 내용 중에 소프트웨어 취약점이 발견되었을 때 누구에게 책임을 묻는가에 대한 부분이 있었습니다. 현재 소프트웨어 벤더사들이 맺는 계약서들은 소프트웨어 벤더사들에 크게 유리한 것이 보통입니다. 소프트웨어로 인한 문제가 발생했을 때 자신들의 책임을 최대한 지지않기 위한 항목으로 계약서를 작성했습니다. 하지만, 이번에 백악관에서 이 부분을 강력히 지적하였으니 상황이 바뀔 예정입니다. 소프트웨어 제품과 서비스를 만드는 자들에게도 책임을 물을 것이라고 합니다. 정보보안 제품의 취약점은 제품의 보안 수준에 대한 신뢰와 직결될 수 있으니 정보보안 제품 개발자는 더 큰 책임감을 가져야 할 것입니다.

7.1.3 ● 정보보안 제품 개발 프로세스

소프트웨어를 개발하기 위해서는 계획 및 분석 (Discover) – 설계 (Design) – 개발(Develop) – 테스트(Test) – 운영·유지보수(Implement) 단계를 거쳐 개발하게 됩니다. 정보보안 제품 개발 역시 동일한 과정으로 개발하게 되며, 소프트웨어 개발 절차에 대해 간단히 살펴보겠습니다.

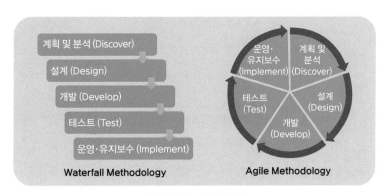

[소프트웨어 개발 방법론]

소프트웨어 개발 방법에는 개발 단계를 진행하는 방법에 따라 폭포수 방법론(Waterfall Methodology)과 애자일 방법론(Agile Methodology) 등으로 나눌 수 있습니다.

폭포수 방법론

폭포수 방법론은 전통적인 소프트웨어 개발 방법론으로서 폭포수가 떨어지는 것 처럼 일련의 개발 단계가 이전 단계의 결과를 바탕으로 다음 단계의 결과물을 위한 작업을 수행하는 구조를 갖습니다. 과정이 단계적으로 이루어지다 보니 프로젝트 전체적인 과정의 이해가 쉽고, 단계별로 정형화된 접근 방식을 이용하기 때문에 기술적인 위험요소가 적습니다. 그러나 설계, 개발 단계에서 요구 사항 변경에 대해 유연하게 대응하지 못하는 문제점이 있습니다.

애자일 방법론

애자일 방법론은 앞을 예측하며 개발하지 않고, 일정한 주기를 가지고 계속 검토해 나가며 필요할 때마다 요구 사항을 더하고 수정하여 발전해 나가는 개발 방식입니다. 프로젝트 계획에 걸리는 시간이 짧고, 요구 사항을 즉각적으로 유연하게 수정합니다. 하지만, 확정되지 않은 계획 및 요구 사항으로 인하여 반복적인 유지보수 작업이 많을 수 있습니다.

| 폭포수 방법론과 애자일 방법론 비교 |

	폭포수(Waterfall) 방법론	애자일(Agile) 방법론
요구 사항	개발 초기에 정의	개발 중에도 추가 및 반영 용이
고객과의 의사소통	요구사항 분석 단계에 집중적으로 이루어짐	지속적 수행
테스트	마지막 단계에서 진행	지속적 수행

7.1.4 ● 정보보안 제품 개발 시 고려 사항

정보보안 제품을 개발할 때에는 정보통신 서비스 영향도를 최소화하고, 최신 보안 동향에 대해 지속적으로 관심을 가지며 제품의 취약점을 최소화하기 위해 보다 더 노력해야 합니다.

서비스 영향 최소화

정보보안 제품을 구매한 고객은 정보시스템에 대한 접근을 제어하고, 처리하는 중요 정보의 유출을 예방하는 등 자산을 보호하기 위해서 정보보안 제품을 사용합니다. 하지만 정보보안 제품의 설치는 기존 서비스의 기능과 속도에 영향을 줄 수 밖에 없습니다. 따라서, 정보보안 제품을 개발할 때는 서비스 속도나 시스템에 주는 영향을 최소화하기 위해서 기존 서비스 환경의 특징, 제품의 성능, 호환성 등 많은 사항을 고려해야 합니다.

최신 보안 동향에 대한 지속적인 관심

IT 기술의 발전과 함께 사이버 공격 또한 진화하기 때문에 기존에 개발되었던 정보보안 제품의 보안기능 강화는 불가피합니다. 따라서, 정보보안 제품 개발자는 발전하는 사이버 공격에 대응하기 위해서 최신 보안 동향을 파악해야 합니다.

예를 들면, 랜섬웨어 공격이 증가하는 추세일 때, 개발자는 랜섬웨어 공격 기법에 대해서 이해하고 이를 방어하기 위해 기능을 업데이트 하거나 이에 대응할 수 있는 새로운 정보보안 제품을 개발합니다. 그리고 정보시스템의 성능이 향상되면서 이전에는 안전했던 암호 알고리즘이 취약해지면 안전성이 더 높은 암호 알고리즘을 사용할 수 있도록 추가해야 하기도 합니다.

이처럼, 정보보안 제품 개발자는 최신 보안 동향에 관심을 갖고 이에 대응할 수 있는 꾸준한 노력이 필요합니다.

보안 취약점 최소화

정보보안 제품을 개발할 때는 소프트웨어의 보안 취약점에 특히 더 신경을 기울여야 합니다. 소프트웨어 제품의 개발 단계에서 개발자의 부주의, 실수, 논리적 오류 등은 보안 측면에서 특히 예민한 문제를 초래할 수 있습니다. 모든 소프트웨어는 개발과정에서 보안 취약점을 최소화하는 것이 중요하지만, 보안 제품의 경우 취약점은 제품에 대한 신뢰 손실과 직결되기 때문에 더욱 민감한 문제로 인식해야 합니다. 정보보안 제품에 대한 취약점을 최소화하기 위해서는 소프트웨어 개발 생명 주기 동안 보안 위협을 최소화하기 위한 전략을 수립하고 이를 이행하기 위해 노력해야 합니다. 또한, 제품을 개발하는 과정에서 지속적인 검사와 보완을 통해 제품의 보안 수준을 최적화해야 합니다.

그럼에도 발생할 수밖에 없는 취약점이나 오류는 상황을 인지했을 때 신속하게 대응하는 것 또한 제품에 대한 신뢰를 유지하기 위한 노력이 될 수 있습니다.

7.1.5 ● 정보보안 제품 개발자의 필요한 자질

고객의 요구 사항을 만족시키면서 제품의 완성도를 높이는 정보보안 제품을 개발하기 위해서는 어떠한 역량이 필요할까요? 필요한 다양한 역량이 있겠지만 그중에서도 이해력, 논리적 사고능력, 프로그래밍 기술, 끈기와 인내 그리고 소프트 스킬이 정보보안 제품 개발 시 더욱 요구되는 자질입니다.

| 개발 단계별 필요한 자질 |

단계	이해력	논리적 사고능력	프로그래밍 기술	끈기와 인내	소프트 스킬
계획 및 분석 (Discover)	○				○
설계 (Design)		○			○
개발 (Develop)	○	○	○		○
테스트 (Test)				○	○
운영·유지보수 (Implement)		○	○	○	○

이해력

정보보안 제품을 개발하기 위해서는 고객의 요구 사항, 업계동향, 법제도 등의 이해를 바탕으로 제품을 설계하고, 보안 기술과 시스템에 대한 이해가 있어야만 보다 견고한 제품을 구현할 수 있습니다.

| 정보보안 제품 개발자의 이해력 |

단계	이해력
설계	• **사용자 요구 사항 이해력** : 제품의 사용자와 관련된 요구 사항을 정확하게 이해하고, 다양한 산업 분야나 조직의 특성에 따라 보안 요구 사항이 다를 수 있음을 파악 • **법제도 이해력** : 개인정보 보호법, 전자금융거래법, 신용정보법, 위치정보법 등과 같은 데이터 보호 및 개인정보 보호와 관련된 법률 및 규정의 이해를 통해 적절한 보안 기능이 제공되고 보안 조치가 이루어질 수 있도록 설계
개발	• **보안기술 이해력** : 보안 이론과 원칙을 기본적으로 이해해야 하고, 다양한 보안 위협과 공격 기법, 보안 프로토콜에 대한 이해를 바탕으로 제품을 보다 견고하게 만들고, 취약성을 최소화 • **시스템 이해력** : 보안 제품은 시스템과 밀접하게 연관되어 있어 시스템 아키텍처, 네트워크 구성, 운영 체제 등에 대한 이해가 보안 제품이 시스템에 통합되고 효과적으로 작동할 수 있도록 할 수 있음

논리적 사고능력

시스템 및 애플리케이션에서 요구하는 기능을 프로그래밍 언어를 이용하여 구현하고, 보안 취약점, 오류 등이 발생하는 경우 이를 해결하기 위해서 논리적 사고능력은 개발자에게 매우 중요한 역량입니다. 개발자는 설계에 따라 프로그래밍 언어를 이용해 기계적으로 코딩하는 것이 아니라, 논리적 사고를 통해 제품을 설계하고 복잡한 보안 문제를 해결하며, 취약점 분석 및 보안위협에 대처할 수 있어야 합니다.

| 정보보안 제품 개발자의 논리적 사고능력 |

단계	논리적 사고능력
설계	적절한 보안 레이어 및 메커니즘을 고려해서 시스템 전체에 대한 통합적인 논리적 구조를 개발하여 보안 솔루션의 효율성을 향상
개발	정보보안은 종종 복잡하고 다양한 변수가 함께 작용하는 분야이므로 이러한 복잡성을 이해하고, 다양한 상황에서도 논리적으로 문제를 해결
운영·유지보수	운영과정에서 문제 발생 시 시스템 및 소프트웨어의 원인을 식별하고, 논리적으로 문제를 분석하여 보다 효율적으로 문제를 해결

프로그래밍 기술

정보보안 제품을 개발하려면 프로그래밍 기술이 필요합니다. 개발자로서 가져야 할 기본적인 기술입니다. 정보보안 제품을 개발하다 보면 다양한 프로그래밍 언어를 배우고 사용하게 됩니다. 프로그래밍 기술은 정보보안 제품을 개발하는 과정에서 가장 필요한 능력이며, 운영 및 유지보수 과정에서도 오류 대응이나 기능 업데이트를 위해서 필요한 능력입니다. 제품을 설계하는 과정에서는 프로그래밍 기술은 없더라도, 프로그래밍 언어의 특징을 이해한다면 제품 개발 시 사용할 언어를 선정하는 데 도움이 됩니다. 제품의 특징이나 운영환경을 고려한 프로그래밍 언어의 선정은 더욱더 안정적이고 효율적인 보안 제품 개발에 도움이 될 수 있기 때문입니다.

| 정보보안 제품 개발자의 프로그래밍 기술 |

단계	프로그래밍 기술
개발	개발에 사용하는 프로그래밍 언어의 특징을 이해하고 언어의 특징을 잘 살린 보안 제품의 개발은 제품의 안전성과 성능을 높임
운영·유지보수	정보보안 제품이 운영되면서 오류에 따른 대응을 위해 프로그래밍 언어에 대한 이해가 있어야 분석이 가능하고, 오류 수정 또는 기능 개선을 위해 필요함

● 보안리더의 실전 노하우

개발자로서 처음 입사하면 운영 중인 제품에 대한 유지보수를 수행할 가능성이 높습니다. 이때, 오류 수정이나 기능 개선에만 집중하지 말고 기존 소스코드 작성이 어떻게 되어 있는지, 로직은 어떻게 되어 있는지에 대해서도 유심히 살펴보면 선배들의 작성 스킬을 알 수 있게 되어 스스로의 역량을 높일 수 있습니다. 또한, 기능을 수정할 때는 문제가 발생한 부분을 수정하는 것뿐만 아니라, 수정된 기능이 다른 기능에 미치는 영향도 고려한다면 오류 재발의 위험성이나 다른 오류 유발의 가능성을 줄일 수 있습니다.

정보보안 제품 개발 시 사용되는 언어는 다양하며, 그 중 몇 개만 소개하겠습니다.

1. C 언어

C 언어는 정보보안 분야에서 가장 널리 사용되는 언어 중 하나입니다. 이는 C 언어가 시스템 레벨의 프로그래밍에 적합하기 때문입니다. 시스템 레벨의 프로그래밍은 운영 체제와 밀접하게 관련되어 있으며, 운영 체제와의 상호 작용을 수행할 수 있는 저 수준의 기능을 제공합니다. 또한, C 언어는 메모리 관리와 같은 시스템의 중요한 요소를 직접 제어할 수 있는 기능을 제공하므로 보안 분야에서 많이 사용됩니다. C 언어는 저급 언어의 특징을 가지고 있어 다른 고급 언어에 비해 배우기가 쉽지는 않습니다. 하지만, 이식성이 좋고, 완성된 프로그램의 크기가 작으며 실행 속도도 빠릅니다. 이러한 장점은 최근에 스마트 홈, 스마트 팩토리, 자율주행, 드론 등과 같이 모든 물체가 네트워크와 연결되면서 저 사양 단말기에도 사이버 보안의 필요성이 요구되어 C 언어의 필요성은 더욱 강조되고 있는 상황입니다.

C 언어는 시스템 레벨로 접근이 가능하고 속도가 빨라서, 다른 언어를 이용해 제품을 개발하더라도 주요 기능은 C 언어로 개발한 API를 이식하여 사용하는 경우도 많습니다. 많은 언어들이 C 언어로 개발된 API를 호출할 수 있도록 지원하고 있으니 (아래 FFI 참조) 정보보안 제품을 개발하고자 하는 개발자라면 C 언어 사용 능력은 중요한 역량이 될 수 있습니다.

> [참고] 외부 함수 인터페이스(FFI ; Foreign function interface)
> 한 프로그래밍 언어(이하 A)에서 다른 프로그래밍 언어(이하 B)의 코드를 호출하기 위한 인터페이스를 말한다. A로는 불가능한 일이 B로는 가능한 경우, A로는 비효율적인 일이 B로는 효율적인 경우, B로 쓰여진 코드가 이미 제공하는 기능을 A로의 번역없이 그대로 사용하고 싶은 경우 등에서 A는 FFI를 통해 B의 코드를 이용할 수 있다. C언어는 역사가 오래 되었을 뿐만 아니라 그 동안 축적된 코드베이스(code base)가 풍부하므로 많은 언어들이 C 언어로 작성한 코드를 사용하기 위한 FFI를 가지고 있다. (출처 : 나무위키)

2. 파이썬(Python)

파이썬은 직관적이고 간결한 문법으로 프로그래머들은 물론 비전공자들 사이에서도 가장 인기있는 언어입니다. 간단한 유틸리티 개발을 넘어 웹 프로그래밍과 4차 산업혁명의 중심인 머신러

닝, 사물 인터넷(IoT), 데이터 분석 등 다양한 분야에서 활용이 가능하여 최신 트랜드에도 가장 맞닿아 있습니다.

파이썬은 1991년 반 로섬(Guido van Rossum)이라는 프로그래머에 의해 개발된 언어로 가독성이 높고 쉬운 문법 덕분에 다른 프로그래밍 언어보다 빠른 습득이 가능합니다. 정보보안 분야에서도 널리 사용되고 있으며, 인공지능 분야에서의 활용도가 높은 언어이므로 인공지능을 이용한 정보보안 분야에서의 개발의 필요성을 고려한다면 꾸준히 인기가 좋은 프로그래밍 언어가 될 것으로 예상합니다.

TIOBE
⟨ the software quality company ⟩

Oct 2023	Oct 2022	Change	Programming Language	Ratings	Change
1	1		Python	14.82%	−2.25%
2	2		C	12.08%	−3.13%
3	4	∧	C++	10.67%	+0.74%
4	3	∨	Java	8.92%	−3.92%
5	5		C#	7.71%	+3.29%
6	7	∧	JavaScript	2.91%	+0.17%
7	6	∨	Visual Basic	2.13%	−1.82%
8	9	∧	PHP	1.90%	−0.14%
9	10	∧	SQL	1.78%	+0.00%
10	8	∨	Assembly Language	1.64%	−0.75%
11	11		Go	1.37%	+0.10%
12	23	∧	Scratch	1.30%	+0.69%
13	18	∧	Delphi/Object Pascal	1.27%	+0.46%

[프로그래밍 언어 지수 (출처 : https://www.tiobe.com/tiobe-index/)]

파이썬은 다양한 라이브러리와 프레임워크를 통해 강력한 데이터 처리 및 분석 기능을 제공하여 많은 보안 전문가들은 파이썬을 사용하여 취약점 분석 자동화, 패턴 분석 및 개발, 통합 로그 분석 개발 등의 도구를 개발하는 데 사용합니다. 또한, 매우 유연한 언어이기 때문에 다양한 운영 체제와 플랫폼에서 실행될 수 있어 다양한 환경에서 테스트 및 평가를 수행할 수 있도록 합니다.

3. 자바(Java)

 자바는 객체 지향 언어로 개발된 프로그래밍 언어로서 자바 가상 머신(JVM ; Java Virtual Machine)을 사용하여 운영체제와 독립적으로 동작할 수 있습니다. 그렇기 때문에 개발 결과물을 운영 환경의 변경에 따른 추가적인 포팅작업(컴파일) 없이 사용할 수 있습니다. 자바는 메모리를 자동으로 관리하기 때문에 C 언어에서 골칫거리인 메모리 관리의 수고를 덜어주고, 오픈소스 라이브러리가 다양하게 제공되어 개발이 용이합니다. 또한, 보안 라이브러리를 제공하기 때문에 암호화, 인증, 접근 제어 및 기타 보안 기능을 어렵지 않게 구현할 수 있습니다. 그리고 다양한 보안 검사 도구와 툴킷을 제공하며, 이는 개발자들이 자신의 코드를 검사하고 보안 취약점을 식별하는 데 도움이 됩니다.

하지만, 자바 가상 머신을 거쳐야 해서 다른 언어에 비해 실행 속도가 느리고, 예외 처리가 잘 되어 있지만, 개발자가 일일이 처리를 지정해 주어야 하는 불편함이 있습니다.

4. 러스트(Rust)

 러스트는 최근에 정보보안 분야에서 인기를 얻고 있는 프로그래밍 언어입니다. C 언어 소프트웨어 보안 결함의 70%는 버퍼 오버플로와 UAF(use-after free) 등 메모리 관련 취약점입니다. 러스트는 성능면에서 C 언어와 비슷한 수준을 목표로 하면서 메모리 오류를 발생시키지 않도록 설계되어 있습니다. 이는 러스트가 메모리 관리를 자동으로 처리하며, 런타임 오류를 방지할 수 있습니다. 이러한 특징은 C, C++ 등을 대체하는 언어로 주목받고 있습니다. C 언어에서 발생하는 보안 결함을 없애고, 메모리 안전성을 높임으로써 C 수준의 성능과 자원효율성을 가지면서 자바처럼 메모리 안전성을 높인 언어로 묘사됩니다.

최근 구글을 비롯한 마이크로소프트, 아마존 웹 서비스(AWS) 등 빅테크 기업들도 보안 강화를 위해서 인프라 및 시스템 프로그래밍 분야에 C, C++을 러스트로 전환하는 추세라고 합니다.

이처럼 정보보안 분야에서 사용되는 프로그래밍 언어는 다양하며, 각 언어마다 가지고 있는 특징이 있습니다. C 언어는 성능과 접근성이 우수하지만, 메모리 관리에 대한 책임이 개발자에게 있습니다. 파이썬(Python)은 높은 생산성과 다양한 라이브러리를 제공하지만, 성능이 느리다는 단점이 있습니다. 자바(Java)는 운영 체제와 무관하게 동작하며, 안전한 실행 환경을 제공합니다. 러스트(Rust)는 최근 정보보안 분야에서 인기를 얻고 있는 언어로 메모리 안정성을 보장하면서도 다양한 보안 기능을 제공합니다. 그 외에도 Ruby, javascript, PHP와 같이 웹 환경에서 정보보안 분야의 개발에 사용되는 언어들이 있습니다.

그럼 이러한 프로그래밍 언어들을 모두 배워야 할까요?

본인이 관심을 가지고 있는 분야나 프로그래밍 언어의 특징을 고려해서 프로그래밍 언어를 선정하여 개발하는 방법을 익힙니다. 입사하는 곳의 개발 제품의 유형에 따라 사용하는 언어와 프레임워크는 변경될 것입니다. 개발할 때 언어의 사용은 도구입니다. 더 중요한 것은 어떠한 절차를 통해 구현하고 구현하는 과정에서 오류의 원인을 찾으면서, 주어진 문제를 해결하기 위한 이해력, 끈기력, 논리적 사고능력 등을 키우는 것이 더 중요합니다.

끈기와 인내

정보보안 제품 개발자는 더 많은 끈기와 인내를 요구합니다. 제품을 개발하는 과정에서 예상하지 못한 오류가 발생하거나 예상과는 다르게 작동하는 경우가 많습니다. 그런 경우 주변 동료들의 도움으로 쉽게 해결되는 경우도 있지만, 그렇지 않은 경우도 많습니다.

| 정보보안 제품 개발자의 끈기와 인내 |

단계	끈기와 인내
테스트	구현된 기능을 테스트하는 과정에서 이상동작을 하거나 오류가 발생했을 때 그 원인을 찾기 위한 끊임없는 노력
운영·유지보수	개발된 제품이 운영되는 과정에서 오류가 발생하거나 취약점이 발견되었을 때 원인을 발견하고 이를 다시 업데이트하는 것에 대한 어려움을 이겨내는 노력

구현한 기능이 예상대로 동작하지 않는 것은 분명 처리하는 과정에서 로직이 잘못되었거나 함수를 잘못 사용하였거나 하는 등 원인이 있습니다. 요구하는 기능을 구현하는 것은 프로그래밍 언어를 익힌 사람이라면 누구나 할 수 있습니다. 개발자는 기능을 개발할 때 들이는 시간과 노력만큼 기능을 테스트하고 오류를 잡아낼 때에도 끈기를 가지고 노력을 기울여야 합니다. 이러한 시간이 개발자의 역량을 한 층 더 올리는 것입니다.

예전에 개발자는 3D 업종이라고 했습니다. 요즘 친구들도 이 용어를 아는지 모르겠습니다. 'Dirty, Dangerous, Difficult'라고 해서, 한정된 기간 안에 제품을 개발하고, 고객이 사용하는 제품에 오류가 생기면 빠른 시간 안에 오류를 해결하는 등 시간적 압박을 많이 받지만, 그에 비해 급여는 적어 '3D 업종'이라고 하면서 기피하였습니다. 지금은 상황이 좋아져서 개발자에 대한 대우도 좋고, 주변 인식도 좋아졌습니다. 이런 3D 업종으로 취급되던 시기에도 개발자로서 만족하며 즐겁게 일할 수 있었던 것은 힘들게 노력하여 해결해 내는 과정에서 느낄 수 있는 쾌감이었던 것 같습니다.

개발된 정보보안 제품을 서비스에 적용하다 보면 보안 제품에서 이상동작을 하거나, 보안 제품을 설치하기 전에는 정상적으로 운영되었던 서비스가 보안 제품을 설치하고 나면 문제가 생기기도 합니다. 그래서 서비스에서 문제가 발생하면 보안 제품의 문제로 접근되는 경우가 많습니다.

그런 경우 문제의 원인을 파악해 보면 제품을 설치한 시스템의 환경 설정, 연동되는 다른 제품의 오류, 보안 제품의 잘못된 사용 등 정보보안 제품의 문제점이 아닌 것으로 파악되는 경우가 많습니다. 이러한 제품의 장애나 오류에 대응하는 과정은 많은 끈기와 인내를 필요로 하며 이는 시니어 개발자가 되기 위한 역량을 높이는 중요한 경험입니다.

소프트 스킬
지금까지는 개발자로서 업무를 수행하는 데 필요한 하드 스킬의 중요성에 대해서 이야기 했다면 마지막으로 개발자로서 사람들과의 커뮤니케이션, 인간관계, 리더십과 같은 소프트 스킬에 대해서 이야기하고자 합니다.

하드 스킬도 개발자로서 중요한 능력이지만 인공지능이 발달하고 업무에서 많은 부분이 자동화되면서 점점 그 기술은 기계가 대체될 수 있는 영역이며, 프로그래밍 기술은 이미 생성형 AI가 그 대체 가능성을 보여 주고 있습니다. 반면에 소통능력이나 인간관계, 리더십과 같은 소프트 스킬은 기계가 대체할 수 없는 사람만의 고유한 영역으로서 업무와 조직의 융화에 핵심적인 능력이기 때문에 그 중요성은 점점 더 커지고 있습니다.

경력이 쌓일수록 개발자는 하드 스킬보다는 소프트 스킬 능력이 더 중요해집니다. 프로젝트를 시작할 때 고객과의 소통을 통해 요구 사항을 정확히 판단하고 조율하고, 설계와 구현과정에서 업무 내용을 전달하며 경험을 공유합니다. 프로젝트 일정을 준수하고 개발물의 완성도를 높이기 위해 조직원들과의 소통과 독려는 시니어 개발자에게 요구되는 중요한 역량입니다.

정보보안 제품 개발자는 정보보안 제품을 개발하고 운영하는 과정에서 어려운 보안 기술에 대한 이해, 보안 기술의 구현, 통합 시험 과정에서의 오류 원인 분석, 운영 과정에서의 장애 대응 등이 자주 겪게 되는 어려움입니다. 이를 해결하기 위한 과정에서 문제를 공유하고 함께 고민하며 서로 독려하는 등의 소프트스킬 역량을 통해 어려움을 극복하는 과정은 개발자로서의 업무에 대한 만족감과 성취감을 높이게 합니다.

● 보안리더의 실전 노하우

개발과정이나 운영과정에서 부딪히게 되는 어려움이 있을 때 주변 개발자 분들과 상황을 공유해 보세요. 해결하고자 하는 문제에 대해서 상대에게 설명을 하다 보면 스스로 답을 찾게 되는 경우가 있기도 하고, 상대 개발자가 가볍게 조언한 내용이 문제 해결의 열쇠가 되는 경우도 많답니다.

7.2

정보보안 제품 완성도 높이기

정보보안 제품 개발자는 프로그래밍을 통해 설계한 제품을 구현합니다. 구현된 정보보안 제품의 완성도를 높이기 위해 프로그래밍을 하는 과정에서 필요한 사항에 대해 몇 가지 이야기하고자 합니다.

7.2.1 ● 기술규격의 준수

기술규격은 시스템에 기술적으로 요구되는 규범이나 요구 사항을 말합니다. 국내 기준도 있고 국제기준도 있습니다. 예전에는 보안을 고려하지 않고 기술을 개발하였다면, 이제는 보안의 중요성이 강조되면서 새로운 기술규격의 개발 과정에서 보안요소도 함께 고려하여 개발되고 있습니다. 보안기술규격의 대표적인 예로써는 보안분야에서 널리 사용되는 인증서를 이용한 사용자 인증과 보안 세션을 맺기 위한 TLS프로토콜이 있습니다.

인증서 형태

필드	값
버전	v3
일련번호	230152
서명 알고리즘	sha256RSA
서명 해시 알고리즘	sha256
발급자	cn=ca,ou=magic,o=dre
유효기간 (시작)	2023.12.10 13:20:30
유효기간 (끝)	2025.12.10 13:20:30
주체	cn=user,ou=dev,o=secu
공개 키	RSA (2048 bits)
공용 키 매개 변수	05 00
전자서명 값	bd579eca784245

□─◯ 인증서

인증서 검증

최상위 신뢰여부

□─◯ 최상위 인증서
(Root CA)

서명 검증

□─◯ 인증기관
(CA)

서명 검증

□─◯ 사용자

[X.509 인증서의 형태와 검증]

온라인 금융거래나 각종 증명서 발급을 위해 온라인 관공서에서 인증수단으로 인증서를 사용해 본 경험이 있을 것입니다. 인증서를 발급하는 기관을 인증기관(CA)이라고 하며 몇 년 전 공인인증기관 폐지로도 논란이 있어 들어본 적이 있을 것입니다. 공인인증기관의 폐지로 공인인증서 사용의 강제성이 사라지면서, 사설인증기관이 많이 생기게 되었고, 인증서 관련 시장은 더 커졌습니다. 이때 공인인증기관과 사설인증기관에서 발급하는 인증서는 X.509 국제 표준 규격을 준수하고 있기 때문에 형태가 동일합니다. 그래야만 서비스에서 사용자 인증을 위해 인증서를 요구하는 경우 인증기관에 상관없이 인증서를 받아들일 수 있기 때문입니다. 다만, 해당 서비스에서 모든 인증서를 허용하지는 않습니다. 서비스에서는 계약 관계를 통해 신뢰하는 인증기관에서 발급한 인증서만을 허용합니다.

이처럼 사용자 인증 시, 사용자가 제출한 인증서의 내용을 확인하고 해당 사용자를 허용할지의 여부를 서비스에서 판단하는 것이 가능한 이유는 인증서의 형태와 인증서 검증 과정이 인증서 기술규격인 X.509를 따르기 때문입니다.

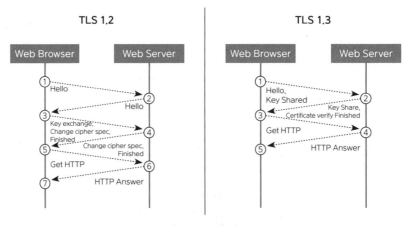

[TLS 프로토콜]

인터넷 사이트에 접속할 때 https://security.leader.kr/ 과 같이 요즘 대부분의 웹 사이트 주소가 https로 시작합니다. 이는 웹 브라우저와 웹 서버 간에 TLS 통신을 통해 보안 세션이 이루어지는 것을 의미합니다. TLS는 RFC 8446에서 정의하고 있으며, 해당 규격에서는 인터넷에서 안전한 보안 세션을 맺기 위한 프로토콜과 메시지 규격을 정의하고 있습니다. 우리가 어떤 브라우저를 사용하여 어떤 웹 서비스에 접속하던 https로 접속이 가능한 이유는 모든 웹 브라우저와 웹 서버가 TLS 기술규격을 준수하기 때문입니다.

이처럼 정보보안 제품은 특정 서비스나 제품에 국한되지 않고, 범용성이 요구되는 경우가 많습니다. 또한 특정 산업군에서 요구하는 표준을 준수하여 제품 간 호환성을 요구하는 경우도 있습니다.

따라서 정보보안 제품을 개발할 때는 표준에서 기술하는 내용을 정확히 이해하고 그 요건에 따라 기능이 개발되어야 합니다. 그래서 보안기술규격을 정확히 이해하려는 노력도 많이 요구되는 직업이 정보보안 제품 개발자입니다.

● 보안리더의 실전 노하우

보안기술 관련 표준문서에는 일반적으로 해당 기술에 대한 샘플 결과물(테스트 벡터)이 함께 제공되기도 합니다. 이런 경우에는 규격에 있는 샘플 결과물이 개발한 제품에서도 처리가 되는지를 단위테스트 과정에서 사용하여 기술규격의 준수 여부를 확인하는데 사용해 볼 수 있습니다.

7.2.2 ● 올바른 보안기능 구현하기

정보보안 제품을 구현할 때는 제품의 기능을 보안 제품의 요건에 따라 정확하게 구현해야 합니다. 하지만, 보안 요건을 준수하며 구현하다 보면 기능이 복잡해지고 성능도 저하될 수밖에 없습니다. 그래서 구현하는 과정에서 규격에서 기술하고 있는 절차중 일부를 생략하거나 수정할 수 있습니다. 이러한 과정에서 보안 기능에 대한 정확한 이해를 바탕으로 수정하지 않으면 심각한 보안 문제를 야기시킬 수 있습니다.

예를 들어, 정보보안 제품에서는 접근하는 사용자를 식별하고 인증한 후 해당 제품에 접근을 허용하게 됩니다.

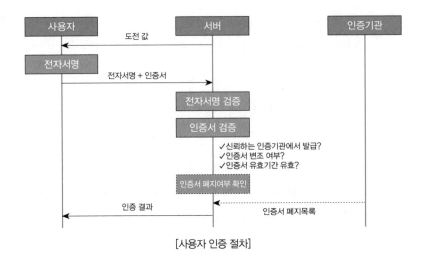

[사용자 인증 절차]

안전한 인증수단으로서 공개키 인증서를 이용한 사용자 인증기능을 제공한다면 다음과 같은 과정으로 진행됩니다. 사용자는 인증을 요청하기 위해 서버에서 받은 도전 값(Challenge)을 개인키를 이용하여 전자서명하고, 개인키와 쌍을 이루는 공개키를 포함하는 인증서와 전자서명 값을 서버에 제출하여 사용자 인증을 요청합니다. 전자서명 값과 인증서를 받은 서버는 인증서의 공개키로 서명 값을 검증하여 인증서에 대한 개인키 소유 여부 확인을 통해 사용자를 인증하게 됩니다.

이때, 전자서명 값 검증만으로는 사용자 인증이 완료된 것은 아닙니다. 인증서 유효성 검증도 이루어져야 합니다. 인증서가 서버에서 신뢰하는 인증기관에서 발급된 것인지, 인증서 내용의 변조는 없는지, 인증서 유효기간이 만료되지는 않았는지, 폐지된 인증서는 아닌지 등 인증서의 유효성 검증이 완료되어야만 인증을 요청한 사용자를 신뢰할 수 있습니다.

보안제품에서 만약 하나의 과정이라도 수행하지 않는다면 어떻게 되는 것일까요? 예를 들어, 서버 접근권한이 있는 담당자의 퇴사로 관리자는 담당자의 인증서를 폐지합니다. 하지만 폐지된 인증서와 개인키 관리를 소홀히 하여 악의적인 사용자가 해당 개인키와 인증서를 이용하여 서버에 접속했을 때 서버에서 인증서 폐지 여부를 확인하지 않는다면, 서버는 해당 인증서가 유효하다고 판단하고 악의적인 사용자를 담당자로 수용하게 되며, 안전해야 할 보안 제품이 심각한 보안 문제를 일으킬 수 있게 됩니다.

이처럼, 정보보안 제품을 개발할 때 올바른 보안 기능을 제공하면서 효율적으로 업무를 수행할 수 있는 기능을 구현하기 위해서는 보안기능에 대한 정확한 이해가 있어야 함을 다시 한번 강조합니다.

7.2.3 ● 안전한 알고리즘의 사용

보안 제품에서는 중요 정보 암호화, 사용자 인증, 보안 채널 생성 등 보안 기능을 제공하기 위해서 다양한 암호 알고리즘을 사용합니다. 암호 알고리즘에는 난수 생성 알고리즘, 대칭키 알고리즘, 비대칭키 알고리즘, 해쉬 알고리즘 등이 있습니다.

보안 제품을 개발하기 위해 자체적으로 자사가 개발한 암호모듈을 사용하는 경우도 있겠지만, 일반적으로는 외부에서 개발된 암호모듈을 사용하게 됩니다. 이런 경우, 무료로 사용할 수 있는 오픈소스 API를 사용할 수도 있고 인증을 받은 암호모듈을 사용할 수도 있습니다.

오픈소스 API는 C로 구현된 OpenSSL과 Java로 구현된 BouncyCastle이 대표적인 암호모듈입니다.

| 오픈소스 암호 모듈 |

오픈소스 API 명	언어	URL
OpenSSL	C	https://www.openssl.org/
BouncyCastle	JAVA	https://www.bouncycastle.org/

인증받은 암호모듈로는 국내 암호모듈 검증제도(KCMVP ; Korea Cryptographic Module Validation Program)를 통해 안전성을 검증받은 제품으로 소프트웨어, 하드웨어, 펌웨어 또는 이를 조합한 형태 등이 있습니다. 특히, 공공기관에 들어가는 제품에는 KCMVP 인증을 받은 암호제품을 사용하도록 하고 있습니다.

암호모듈 검증

| 개요 및 체계 | 검증대상 암호알고리즘 | 검증필 암호모듈 목록 | 자주 묻는 질문 | 검증 공지사항 |

검증필 암호모듈 목록 | 효력 만료 암호모듈 목록

| 보안수준 ∨ | 모듈형태 ∨ | 암호모듈명 ∨ | | 검색 |

암호모듈명	검증번호	개발사	모듈형태	검증일	효력만료일	효력보안수준
STLIB v1.0	CM-222-2027.12	서울과학기술대학교	S/W	2022-12-05	2027-12-05	보안수준1
MagicFCrypto V1.1.0	CM-210-2027.9	(주)드림시큐리티	F/W	2022-09-15	2027-09-15	보안수준1
KEPCRYPTO v1.1	CM-192-2026.11	한전	S/W	2021-11-18	2026-11-18	보안수준1
MagicCrypto V2.2.0	CM-162-2025.3	(주)드림시큐리티	S/W	2020-03-03	2025-03-03	보안수준1

[검증필 암호모듈(출처 : https://www.nis.go.kr:4016/AF/1_7_3_3/list.do)]

암호 알고리즘을 사용할 때, 암호모듈에서 제공하는 다양한 알고리즘 중에 용도에 따라 잘 선별하여 사용해야 합니다. 알고리즘은 용도에 따라 다음과 같이 분류할 수 있으며, 현재 국내 권고 알고리즘으로 지정된 알고리즘 목록과 암호 알고리즘별 보안 강도입니다.

| 용도별 국내 권고 대상 알고리즘 |

유형	용도	알고리즘
해쉬값 생성	메시지 무결성 정보 식별	SHA2 (SHA-224/256/384/512), SHA3 (SHA3-224/256/384/512) LSH (LSH-512-224/256)
키 공유/키 설정	키 공유	RSAES, DH, ECDH
키 유도	비밀키 유도	KBKDF, PBKDF
전자서명	사용자 인증	RSAPSS, KCDSA, EC-KCDSA, ECDSA
데이터 암호화	데이터 기밀성	ARIA, SEED, LEA, HIGHT

[출처 : 암호 알고리즘 및 키 길이 이용 안내서 2018]

보안강도 (비트)	대칭키 암호 알고리즘 (보안강도)	해시함수 (보안강도)	공개키 암호 알고리즘		암호 알고리즘 안전성 유지기간 (년도)
			RSA (비트)	ECC (비트)	
112	112	112	2048	224	2011~2030
128	128	128	3072	256	2030~
192	192	192	7680	384	2030~
256	256	256	15360	512	2030~

[출처 : 암호 알고리즘 및 키 길이 이용 안내서 2018]

보안기능 구현과정에서 암호 알고리즘을 사용할 때는 KISA에서 권고하는 안전한 비도의 암호 알고리즘을 사용하여 안전한 보안 제품이 구현될 수 있도록 해야 합니다.

7.2.4 ● 입력 값 확인

소프트웨어를 개발할 때 입력 값 확인은 정말 중요합니다. 시큐어 코딩에서 보안약점을 제거하기 위해서 "입력 데이터 검증 및 표현"으로 분류된 항목만 해도 전체 항목 중 50% 이상을 차지합니다. 즉, 보안제품 개발 시 입력 값 처리만 잘 해도 개발 결과물의 취약점을 50%는 줄일 수 있습니다.

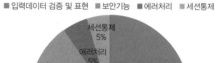

보안설계 기준

■ 입력데이터 검증 및 표현   ■ 보안기능   ■ 에러처리   ■ 세션통제

세션통제 5%
에러처리 5%
보안기능 40%
입력데이터 검증 및 표현 50%

[소프트웨어 보안약점 진단가이드(보안설계 기준)]

제품을 사용하는 사용자나 이용자는 제품 개발자가 기대하는 방법으로만 제품을 사용하지 않습니다. 사용 방법을 몰라서 제품을 잘못 사용할 수도 있고, 실수로 정보나 값을 잘못 넣을 수도 있습니다. 또한 악의적인 사용자는 제품이 이상작동을 하도록 또는 중요정보를 유출시키기 위해서 이상 정보를 넣을 수도 있습니다. 이러한 잘못된 이용을 막기 위해서는 입력 값을 검증하는 과정은 반드시 해야 합니다.

비어있는 입력 값 여부 확인

안전하지 않은 코드의 예(C 언어)

```
void NullPointerDereference(int count) {
 // IntegerAddressReturn()이 0을 return 하면 p는 null 값을 가지게 된다.
 int *p = IntegerAddressReturn();
 // null 값을 가지는 p 값을 참조하여 널(Null) 포인터 역참조가 발생한다.
 *p = count;
}
```

안전한 코드의 예(C 언어)

```
void NullPointerDereference(int count) {
 // IntegerAddressReturn()이 0을 return 하면 p는 null 값을 가지게 된다.
 int *p = IntegerAddressReturn();
 // 참조하기 전에 null 검사를 수행하므로 안전한다.
 if (p != 0) *p = count;
}
```

[비어있는 입력 값 여부 확인(출처 : 소프트웨어 개발보안 가이드)]

제품을 개발할 때 입력 값이 비어있는지의 여부를 확인하는 것은 기능 수행 중 비어있는 입력 값의 처리로 인하여 서비스가 비정상적으로 종료되는 것을 예방할 수 있는 중요한 확인 절차입니다. 특히, C/C++ 언어는 메모리 포인터를 직접 사용하기 때문에 포인터가 NULL인 경우 이를 확인하지 않고 사용하게 되면 제품이 죽어버립니다. 이런 경우 원인을 파악하는 것도 쉽지 않지만, 서비스 운영 중에 발생한다면 서비스가 중단되는 치명적인 문제를 일으킬 수 있습니다. 이러한 취약점은 공격자가 시스템 장애를 일으키기 위한 공격 대상이 될 수도 있습니다.

기능을 개발할 때는 입력 값을 처리하기 전에 입력값이 비어있는지, 처리하고자 하는 만큼의 입력 값이 들어왔는지 등을 확인하는 것은 기능이 안정적으로 제공될 수 있도록 하는 중요한 요소입니다.

입력 값이 의도한 형태인지 확인

입력 값을 처리할 때 입력 값의 형태를 확인하는 것 또한 중요합니다. 예를 들어 전화번호를 입력받아 문자를 전송하는 함수를 구현할 때, 입력된 전화번호가 처리가 능한 전화번호 형태가 맞는지 여부를 확인해야 합니다. 문자메시지를 보내는 함수에서 입력 인자로 국내 핸드폰 번호인 010-1234-1234 형태를 받는다고 한다면 입력 값에 대해서 다음이 우선 확인되어야 할 것입니다.

1. 입력 값이 비어있지는 않은가?(NULL, ""(빈 문자열))
2. 입력 값의 길이가 13인가?
3. 4번째, 9번째는 '-' 문자인가?
4. 각 번호 자리가 숫자만으로 이루어져 있는가?
5. 앞에 세 자리 숫자가 010인가?

이처럼 입력 정보를 검증한 이후에 기능을 구현하는 것이 이후 운영 중 발생할 수 있는 오류나 취약점을 최소화할 수 있으며, 오류 발생에 따른 원인 파악을 용이하게 합니다.

7.2.5 ● 에러처리와 로그기록은 처음부터

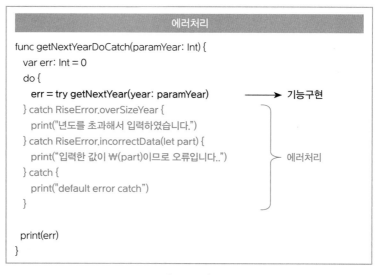

```
에러처리

func getNextYearDoCatch(paramYear: Int) {
  var err: Int = 0
  do {
    err = try getNextYear(year: paramYear)          ──→ 기능구현
  } catch RiseError.overSizeYear {
    print("년도를 초과해서 입력하였습니다.")
  } catch RiseError.incorrectData(let part) {
    print("입력한 값이 ₩(part)이므로 오류입니다..")       에러처리
  } catch {
    print("default error catch")
  }

  print(err)
}
```

[에러처리]

개발하는 과정에서 기능 구현에만 집중하여 에러처리를 간과하게 되는 경우가 많습니다. 기능 한 줄 넣으면서, 에러 발생 여부를 확인하고 그에 따른 에러처리를 추가하는 작업은 번거로운 작업이기 때문에 기능 구현 이후로 미루게 되기 때문입니다.

이는, 개발된 기능을 확인하는 과정에서 에러처리를 하지 않고 넘어갔던 함수에서 에러가 발생하면 원인을 찾는 데 훨씬 더 많은 시간과 노력을 요구하게 됩니다.

또한 미루어 두었던 에러처리는 기능이 완성된 이후에 작업하게 되면 에러처리가 미흡한 부분이 발생하고, 에러처리 미흡한 위치에서 발생한 에러는 다른 기능에 영향을 끼쳐 제품의 이상동작을 야기시킬 수 있습니다.

에러처리를 할 때는 구체적인 에러 코드나 에러 메시지를 사용합니다. 제품은 시스템에서 독립적으로 운영되거나, 다른 제품들과 함께 맞물려 운영되는 등 다양한 환경에서 운영됩니다. 그리고 사용자는 제품을 매뉴얼대로 사용하지 않기도 합니다. 이러한 상황에서 오류가 발생하면 어떤 요인에 의해서 오류가 발생했는지 알 수가 없습니다. 그래서 에러를 처리할 때는 가능한 구체적으로 기록한 에러처리나 로그 기록이 원인을 찾는데 큰 도움을 주게 됩니다. 설계 및 개발 시작과정에서 에러나 예외처리를 위한 별도의 클래스나 함수, 에러코드 등을 미리 정의하고 시작하면 개발 과정에서 에러처리가 좀 더 용이해질 수 있습니다.

하지만 정보보안 제품을 개발하는 과정에서 에러처리를 하거나 로그를 기록할 때 주의할 점이 있습니다. 이용자에게 제공되는 에러메시지는 너무 자세하지 않은 것이 좋습니다. 오히려 공격자에게 정보를 제공해 줄 수 있기 때문입니다.

'오류 보고 메시지', 해커의 정보 획득 수단?

[보안뉴스]2014-01-10 11:05 김○○ 기자

운영체제가 시스템 오류 발생, 하드웨어 변경 등의 상황을 ○○ 서버로 전송하기 위해 생성하는 윈도우 보고 메시지가 악의적 목적을 가진 공격자의 정보 획득 수단이 될 수 있다는 가능성이 제기돼 주목되고 있다.

인터넷 침해대응센터는 10일 ○○ 오류 발생 시 생성되는 오류 보고 메시지에는 사용자의 하드웨어 및 운영체제 정보 등의 사용자 정보가 포함되어 있다고 밝혔다.

○○ 오류 보고는 시스템 충돌 발생 시 자동으로 생성되며, 사용자 동의 하에 인터넷을 통해 해당 보고서를 ○○ 서버로 전송할 수 있도록 구성된다. 보고서 내용에는 PC 모델명, PC ID, OS 버전, 문제를 유발시킨 프로그램명 등이 있다.

[오류 메시지를 통한 정보노출 사고 사례(출처 : 소프트웨어 개발보안 가이드)]

그리고 암호화 연산에 사용되는 비밀키, 개인키, 비밀번호 등과 같은 중요 정보와 개인 정보들은 로그로 남기는 것은 주의가 필요하니 유의하시기 바랍니다.

보안 제품에서는 제품의 보안기능 및 관리자의 보안활동과 관련된 사항을 기록하고 분석하여 대응할 수 있도록 하기 위해서 감사기록을 생성하게 됩니다. 정확한 에러처리와 로그기록은 감사기록을 생성하는 기능을 구현할 때도 중요한 요소가 될 수 있습니다.

7.2.6 ● 이력관리, 주석을 잘 사용하자

에러처리와 마찬가지로 개발하는 과정에서 미루게 되는 두 번째가 주석을 다는 것입니다. 개발과정에서 코드 작성은 기본적으로 간결하고 가독성이 좋아야 합니다. 코드라는 것은 컴퓨터에 전달할 내용을 사람이 이해할 수 있는 형태로 작성하는 것입니다. 그러므로 코드 내용은 누구든지 코드 내용을 봤을 때 어떤 기능을 하려는 것인지 함수명이나 변수명 등을 통해 전달이 되어야 합니다. 하지만, 코드만으로는 모든 내용을 전달할 수 없으며, 코드의 이력관리를 위해서는 주석이 필요한 경우가 있으므로 다음과 같은 상황에서는 꼭 주석을 작성해야 합니다.

코드 내용의 가독성이 부족한 경우

코드를 작성하다 보면 기능을 함수명이나 변수명으로 명확하게 전달하기 어려운 경우가 있습니다. 이런 경우에 구현과정에서 해당 부분이 무엇을 수행하는 과정인지 주석을 작성해 주는 것이 좋습니다. 그래야 이후에 다시 코드를 봤을 때 코드 내용을 이해하기가 쉽습니다. 이런 코드는 본인이 작성했음에도 나중에 보면 "내가 왜 이렇게 했지??","뭐하는 코드지??" 라는 생각이 들게 됩니다.

요건에 따라 작성된 코드인 경우

코드를 작성할 때 기능을 구현하는 과정에서 요구 사항이나 상황에 따라 특정 코드를 넣을 수 있습니다. 이런 경우에는 반드시 코드에 주석을 달아주어야 합니다. 그래야 이 기능이 왜 들어갔는지 이해할 수 있습니다.

```
CRYPTO_API int CRYPTO_API_SetHashAlgo(void IN *pCtx, int IN nHashInfo)
{
  CONTEXT_INIT("CRYPTO_API_SetHashAlgo");

  if (nHashInfo == −1)
  {
    /* (v1.0.0.2) 2023.11.24 added by oms
     * HashAlg 설정 초기화 (.Net과 같은 context를 유지하는
     * Wrapper에서 기존에 설정했던 값 초기화 가능하도록 하기 위함)
     */
    pApiCtx−)nHashInfo = −1;
    API_LOG(LEV_INFO, "The hash algorithm initialized.");
  }
  else
... 중략 ..
```

[특정 조건에 대한 주석 달기]

개발된 코드는 개발 담당자가 지속적으로 유지보수할 수는 없습니다. 담당자가 이 직을 하거나 팀을 옮기게 되는 경우에 기능에 필요하지 않을 것 같은 부수적인 코드에 대한 주석은 결과물을 인계받은 담당자에게 많은 도움을 줄 수 있습니다.

버그를 수정하는 경우

개발된 코드를 유지보수하는 과정에서 버그를 발견하였거나 특정 사유로 수정하는 경우에도 주석을 달아야 합니다. 언제, 왜, 어떤 문제 때문에, 누가 이 코드를 수정했는지 넣습니다. 이런 내용이 이후 제품을 유지하는 과정에서 중요한 정보가 됩니다. 문제가 있어서 해당 코드를 수정했는데, 해당 코드를 왜 수정했는지 주석으로 기록하지 않으면 향후 해당 코드를 리뷰하는 과정에서 잘못된 코드라고 다시 수정하는 경우가 있을 수 있습니다. 이렇게 되면 이전에 발생했던 문제를 다시 만들어내는 결과를 만듭니다.

```
/* (v1.0.0.3) original code
  -- 2023.07.31 modified by oms
  -- Uint32Array가 크롬115 이상에서 오동작하는 경우 있어 Array를 사용하도록 변경

var K = new Uint32Array([
    0x428a2f98, 0x71374491, 0xb5c0fbcf, 0xe9b5dba5, 0x3956c25b,
    ... ]);*/


var K = [0x428a2f98, 0x71374491, 0xb5c0fbcf, 0xe9b5dba5, 0x3956c25b,
    ... ];
```

[수정내용 대한 주석 달기]

오픈소스 코드를 사용하는 경우

코드를 사용하면서 오픈소스를 가져다 쓰는 경우가 있습니다. 이런 경우에 어디서 가져다 썼는지 출처(URL 포함)를 기재해 두면 좋습니다. 해당 오픈소스를 사용하던 중 문제가 생겼거나 기능 업데이트가 필요한 경우 유지보수가 활발한 오픈소스의 경우에는 관련 사항이 수정 또는 추가 개발되어 있는 경우가 있어 쉽게 도움을 받을 수 있습니다. 그리고 오픈소스를 가져다 쓸 때 주의할 점은 라이센스를 반드시 확인해야 합니다. 특히, GPL 계열의 라이센스의 경우 사용은 무료이나 사용하는 방법에 따라 해당 오픈소스를 이용하여 개발된 제품의 소스코드를 공개해야 하는 의무가 발생할 수 있습니다.

```
/**
 * source (MIT License)
 * json_c : https://github.com/kcoms555/json_c
 */
json_value json_get_value(json_value v, ...) {
  void * key = NULL;
  void * vakey = NULL;
  va_list ap;
  ... 중략 ...
```

[오픈소스 출처에 대한 주석 달기]

API는 Application Programming Interface의 약자로서, 사용자 인터페이스(UI ; User Interface)가 사용자에게 앱을 사용하는 방법을 제공한다면 API는 개발자에게 기능을 구현하는 방법(인터페이스)을 제공합니다.

가전제품을 이용할 때 제품 매뉴얼이 함께 제공됩니다. 가전제품을 매뉴얼에서 설명하는 절차에 따라 사용하지 않으면, 기능이 작동하지 않거나 이상 동작을 할 수도 있습니다.

마찬가지로 API라는 것도 매뉴얼에서 제공하는 절차에 따라 호출하고, 호출 시에도 API에서 요구하는 정보의 형태로 전달해야 합니다. 그렇지 않으면 기능이 동작하지 않거나 이상동작을 하거나 에러를 리턴합니다. 잘못된 사용은 테스트 과정에서 오류를 찾아 수정이 가능하기도 하지만, 일부 잘못된 사용은 잠재적인 오류를 만들어 낼 수 있으므로 API를 사용할 때는 사용 방법에 대한 정확한 이해를 바탕으로 사용하고자 노력해야 합니다.

아래 그림은 mbedtls라고 하는 경량화된 TLS API 메뉴얼의 일부입니다. 해당 API를 이용하여 SHA256 해쉬함수를 구현하기 위해서 다음 사례와 같이 구현하였을 때 종료 시, mbedtls_sha256_free(&ctx) 부분을 누락해도 기능은 정상적으로 동작합니다. 하지만, mbedtls_sha256_free 함수를 호출하지 않는 경우, 제품에서 sha256 연산을 호출(gen_sha256())할 때마다 ctx에 대한 메모리가 할당만 되고 해제되지 않아 제품은 운영 중 메모리 부족으로 문제를 일으키게 됩니다.

```c
/**
 * This function initializes a SHA-256 context.
 * param ctx  The SHA-256 context to initialize. This must
 * not be NULL.
 */
void mbedtls_sha256_init(mbedtls_sha256_context *ctx);

/**
 * This function clears a SHA-256 context.
 * param ctx  The SHA-256 context to clear. This may
 *            be NULL, in which case this function
 *            returns immediately. If it is not NULL,
 *            it must point to an initialized SHA-256
 *            context.
 */
void mbedtls_sha256_free(mbedtls_sha256_context *ctx);

/**
 * This function initialize a SHA-256 calculation.
 * param ctx  The context to use. This must be initialized.
 * return 0  on success.
 * return A  negative error code on failure.
 */
int crypto_sha256_init(context *ctx, int is224);

/**
 * This function feeds an input buffer into an ongoing
 * SHA-256 checksum calculation.
 * param ctx  The SHA-256 context. This must be initialized
 *            and have a hash operation started.
 * param input  The buffer holding the data. This must be
 *              a readable buffer of length ilen Bytes.
 * param ilen  The length of the input data in Bytes.
 * return 0  on success.
 * return A  negative error code on failure.
 */
int mbedtls_sha256_update(
    mbedtls_sha256_context *ctx,
    unsigned char* input,
    size_t ilen);

/**
 * This function finishes the SHA-256 operation, and writes
 * the result to the output buffer.
 * param ctx  The SHA-256 context. This must be initialized
 *            and have a hash operation started.
 * param out  The SHA-224 or SHA-256 checksum result.
 *            This must be a writable buffer of length
 *            32 bytes for SHA-256, 28 bytes for SHA-224.
 * return 0  on success.
 * return A  negative error code on failure.
 */
int crypto_sha256_finish(
    mbedtls_sha256_context *ctx,
    unsigned char *out);
```

```
int gen_sha256(const unsigned char *input, size_t ilen, unsigned char *output)

int ret = 0;
mbedtls_sha256_context ctx;

mbedtls_sha256_init(&ctx);
if ((ret = mbedtls_sha256_starts(&ctx, is224)) != 0) {
    goto exit;
}
if ((ret = mbedtls_sha256_update(&ctx, input, ilen)) != 0) {
    goto exit;
}
if ((ret = mbedtls_sha256_finish(&ctx, output)) != 0) {
    goto exit;
}
exit:
    mbedtls_sha256_free(&ctx);

    return ret;
}
```

[API 매뉴얼과 구현 사례]

위의 예제는 SHA256 이라는 해쉬 알고리즘의 구현 사례입니다. 해쉬 알고리즘은 입력 값이 1비트만 달라져도 길이는 동일하지만 완전히 다른 출력 값을 만들어 내기 때문에 데이터에 대한 무결성 정보로 많이 사용됩니다. 보안 제품을 만들 때 다음과 같은 상황에서 주로 사용되며 여러 가지로 유용한 암호 알고리즘이므로 보안 제품 개발자라면 용도를 잘 이해하고 있는 것이 좋습니다.

1. 저장 또는 전송하는 데이터에 대한 무결성 보장(전자서명 값 생성)

2. 로그기록 생성 시, 로그기록의 무결성 보장

3. 보안제품의 무결성 보장

4. 데이터(정보)에 대한 유일 식별 정보 생성

7.2.8 ● 보안정보 초기화하기

마지막으로, 보안 제품은 중요 정보를 다루는 제품입니다. 보안 제품에서 사용된 중요한 정보는 사용이 완료된 후에는 안전하게 파기해야 합니다. 파기를 위해서는 '0' 또는 '1'의 값으로 3회 이상 덮어쓰기 방식을 이용할 수 있습니다. 보안 제품 인증 시에도 필수로 요구되는 사항입니다.

예를 들어, 보안 기능을 제공하는 과정에서 개인키(전자서명용)나 비밀키(데이터 암호화용)를 사용하게 되는 경우가 있습니다. 이때, 키를 안전하게 관리해야 합니다. 전자서명이나 데이터 암호화 API 호출 시, 개인키나 비밀키를 입력하게 되는데, 키 사용을 완료한 후에는 항상 메모리에서 삭제하는 과정을 거치는 등의 키 관리에 유의해야 합니다. 개인키나 비밀키의 유출은 시스템에 대한 사용 권한의 탈취, 주요 정보 유출 등의 위험이 있기 때문입니다.

```c
// 키 정보 초기화
void KEY_CLEAR ( void *ptr, int size )
{
  if ( ! ptr ) {
    return ;
  }
  memset ( ptr, size, 0x00 ) ;
  memset ( ptr, size, 0xFF ) ;
  memset ( ptr, size, 0x00 ) ;
}
```

[키 정보 초기화]

● 보안리더의 실전 노하우

정보보안 제품은 일반적으로 다른 서비스 제품들과 연계되어 구축 및 운영되기 때문에 정보보안 제품에 문제가 생긴 경우 제품을 업데이트하는 것이 용이하지 않습니다. 그래서 제품을 개발할 때 제품에 대한 오류나 취약점을 최소화하는 것은 제품 기능의 완성도를 높이는 것만큼 중요합니다. 소프트웨어 보안 약점 진단가이드의 보안 약점 제거 기준에서 시큐어 코딩 기준인 입력 데이터 검증, 에러처리, 보안 기능을 구현 단계에서 준수한다면 대다수의 보안 취약점을 제거할 수 있음을 확인할 수 있으므로, 제품 개발 시 기본에 충실한 개발을 한 번 더 강조드립니다.

	입력데이터 검증 및 표현		보안기능		에러처리

	SQL 삽입	코드 삽입	경로 조작 및 자원 삽입	크로스사이트 스크립트	운영체제 명령어 삽입	위험한 형식 파일 업로드
입력데이터 검증 및 표현 (17개)	신뢰되지 않은 URL 주소로 자동 접속 연결	부적절한 XML 외부개체 참조	XML 삽입	LDAP 삽입	크로스사이트 요청 위조	서버사이드 요청 위조
	HTTP 응답 분할	정수형 오버플로우	보안 기능 결정에 사용되는 부적절한 입력값	메모리 버퍼 오버플로우	포맷 스트링 삽입	
보안 기능 (16개)	적절한 인증 없는 중요 기능 허용	부적절한 인가	중요한 자원에 대한 잘못된 권한 설정	취약한 암호화 알고리즘 사용	암호화되지 않은 중요정보	하드코드된 중요정보
	충분하지 않은 키 길이 사용	적절하지 않은 난수값 사용	취약한 비밀번호 허용	부적절한 전자서명 확인	부적절한 인증서 유효성 검증	사용자 하드디스크에 저장되는 쿠키를 통한 정보 노출
	주석문 안에 포함된 시스템 주요정보	솔트 없이 일방향 해쉬 함수 사용	무결성 검사 없는 코드 다운로드	반복된 인증시도 제한 기능 부재		
시간 및 상태(2개)	경쟁조건 : 검사 시점과 사용시점	종료되지 않은 반복문 재귀함수				
에러처리 (3개)	오류메시지 정보 노출	오류 상황 대응 부재	부적절한 예외 처리			
코드 오류 (5개)	Null Pointer 역참조	부적절한 자원해제	해제된 자원 사용	초기화되지 않은 변수 사용	신뢰할 수 없는 데이터의 역직렬화	
캡슐화 (4개)	잘못된 세션에 의한 데이터 정보노출	제거되지 않고 남은 디버그 코드	Public 메소드 부터 반환된 Private 배열	Private 배열에 Public 데이터 할당		
API 오용 (2개)	DNS Lookup에 의존한 보안 결정	취약한 API 사용				

[구현단계 보안약점 제거 기준(출처 : 소프트웨어 보안약점 진단가이드)]

정보보안 제품은 다른 소프트웨어 제품에 비해서 처리하는 정보에 대한 민감도(한 비트 정보만 달라져도 무결성 검증 실패, 서명값 검증 실패 등)가 높고, 처리해야 하는 암호문이나 함께 사용하는 키(비밀키, 공개키) 정보가 사람이 읽을 수 있는 형태가 아니기 때문에 개발하는 과정에서도 어려움이 많습니다. 하지만, 정보보안 제품 개발자가 되는 것은 4차 산업혁명 시대에 절대적으로 필요한 역할입니다. 보안의 중요성은 점점 더 강조되고 있으며, 여러분의 기술과 열정이 이를 해결해 주는 열쇠가 될 수 있습니다. 정보통신산업의 보안 분야에서 창의적으로 발전할 수 있는 정보보안 개발자로의 도전을 응원합니다.

08

리테일 산업 정보보호
최고 책임자의 보안 노하우

정보보호 최고 책임자(CISO)

8.1.1 ● 정보보호 최고 책임자(CISO) 직무 이해

정보보호 최고 책임자(CISO) 업무의 중요성

CISO는 조직의 정보 보안을 관리하는 일종의 '디지털 성의 성벽 수호자'입니다. 조직의 디지털 성은 마치 귀중한 보석들이 보관된 정보의 보관고와 같습니다. CISO는 이 보관고를 지키는 경비대장처럼 디지털 성문을 지키고, 해커와 악의적인 공격으로부터 조직의 비밀 정보를 지켜야 합니다. CISO는 디지털 성의 잠금 장치와 암호를 사용하고, 내부와 외부에서의 침입을 방지합니다. 또한, 조직 내부의 모든 사람들에게 '디지털 안전 수칙'을 가르쳐 주어 정보를 안전하게 지키는 데 도움을 줍니다. CISO는 디지털 성벽의 수호자로서 조직의 정보를 안전하게 보호하고, 디지털 보물인 정보를 지키는 중요한 역할을 합니다. CISO의 업무는 조직의 정보 자산을 보호하고 사업 활동을 지원하는 역할로 정보 보안과 사이버 위협으로부터 조직을 보호하고 성장을 지원하는 데 중요한 역할을 합니다.

| CISO 업무의 중요성 |

순번	CISO 업무의 중요성	기대효과	비고
1	비즈니스 지속성 보장	CISO는 조직의 정보시스템과 데이터를 보호하여 비즈니스 연속성을 유지	정보 유출, 해킹, 악성 코드 등으로 인한 재해의 영향을 최소화하고 비즈니스 연속성을 보장함으로써 재무 손실과 평판 손상을 방지
2	고객 신뢰 구축	고객의 개인 정보를 안전하게 보호하고 법규를 준수하여 고객 신뢰를 구축하고 유지	정보 유출 및 데이터 침해로 인한 고객의 신뢰를 훼손 예방
3	법규 준수	조직이 이러한 규정을 준수하도록 보장하며, 법적 소송 및 벌금을 피하는 데 기여	다양한 국가와 업종별 법규 및 규정에 대한 준수

순번	CISO 업무의 중요성	기대효과	비고
4	경쟁우위 제공	조직이 경쟁사에 비해 안전한 환경을 제공하여 고객, 파트너 및 투자자로부터 유리한 평가를 받을 수 있도록 기여	정보통신산업진흥법에 따른 정보보호 공시제도에서는 국내 유가증권 상장사에 대해 공시하도록 함
5	내부 위협 관리	내부 위협을 탐지하고 예방하며, 정보 보안 문화를 조직 내에 확립	내부 직원에 의한 위협과 데이터 침해 가능성을 관리
6	기업 이미지 유지	조직의 평판을 유지하고 미래의 잠재적 위험을 예방하기 위해 노력	보안사고로부터 조직의 이미지와 평판 하락 예방
7	정보 기반 비즈니스 지원	정보 보안을 통해 기업의 정보 기반 비즈니스를 지원하며, 기술 혁신과 미래 성장에 기여	정보기술을 안전하게 이용할 수 있도록 비즈니스 지원
8	사이버 공격 대응	조직이 신속하게 사이버 공격을 대응하고 복구할 수 있도록 기여	사이버 공격에 대응하고 재난 복구 계획을 개발

CISO의 역할과 업무

CISO(Chief Information Security Officer)는 조직 내에서 정보 보안을 책임지고 관리하는 고위 경영진 직책입니다. 조직의 정보를 보호하기 위한 정보보안의 기술적인 업무뿐만 아니라 안정적 조직 운영을 위한 관리 업무도 매우 중요합니다.

| CISO 직무 역할 |

순번	CISO 역할	세부 업무	비고
1	정보 보안 전략 개발	조직의 정보 보안 목표와 전략을 개발	위험 평가, 정책 및 절차 개발, 보안 아키텍처 설계 등
2	보안 정책 및 절차 관리	조직의 보안 정책과 절차를 개발하고 유지 관리	직원의 훈련, 정보보호, 네트워크 보안, 액세스 제어 등
3	위험 관리	보안 위험을 식별, 평가 및 관리	조직은 보안 위험을 최소화하고 적절한 보안 조치를 취할 수 있음

순번	CISO 역할	세부 업무	비고
4	보안 기술 선택 및 관리	보안 기술 및 도구를 선택하고 운영, 유지 관리	방화벽, 침입 탐지 시스템, 암호화 솔루션, 보안 정보 및 이벤트 관리 시스템 등
5	보안 인프라 구축 및 유지	조직의 보안 인프라를 설계하고 유지 관리	네트워크 구성, 클라우드 보안, 물리적 보안 등
6	보안 인식 및 교육	조직 내에서 보안 인식 및 교육 프로그램을 개발하고 수행	직원이 보안 정책을 이해하고 준수할 수 있도록 돕는 역할
7	위기 대응 및 사고 관리	보안 사고나 위기 발생 시 사고 대응 계획 수립 운영	침해사고 방지, 업무 연속성 유지를 위한 계획 수립
8	법제도 준수	조직 관련 법규와 규정을 준수하기 위한 보안 프로세스 개발 및 유지 관리	관련 법규 제개정 모니터링 및 준수를 위한 자원 할당 및 효과성 평가
9	외부 공격 및 위협 감지	외부 공격과 내부 위협을 탐지하고 분석하는 역할	조직의 보안 사고를 조기에 파악하고 대응
10	리더십 및 의사 소통	조직 내에서 보안을 주도하고, 경영진과 다른 부서와의 원활한 의사 소통을 유지	전사적 보안을 강화하고 비즈니스 목표를 지원

CISO의 결재 업무

CISO(Chief Information Security Officer)의 업무 결재 건은 정보 보안을 유지하고 관리하는 데 필요한 여러 가지 활동 및 지출을 포함할 수 있습니다.

| CISO 직무 결재 내역 |

구분	결재 업무	세부 내용
예산 집행	보안 솔루션 및 소프트웨어 구매	방화벽, 침입 탐지 시스템, 암호화 솔루션, 보안 정보 및 이벤트 관리 시스템(SEM), 애널리틱스 도구, 취약성 스캐닝 도구 등의 보안 솔루션 및 소프트웨어 구매
	보안 하드웨어 및 장비 구매	생체 인식 장치, 액세스 제어 시스템, 키 및 카드 리더 등 구매
	외부 보안 서비스 계약	펜 테스트, 보안 컨설팅, 모의 사이버 공격, 사이버 보험 등 포함
	보안 교육 및 교육 프로그램	직원 및 관련 인력에 대한 보안 교육 및 교육 프로그램의 비용을 결재
	법규 준수 비용	ISMS-P, PIA, PCI DSS 등 규제 준수 비용 승인

구분	결재 업무	세부 내용
업무 결재	보안 정책 수립	보안 정책 및 시행문서 제개정에 따른 승인
	보안 감사 및 평가	외부 감사 및 보안 평가 업체에 대한 결재를 승인하며, 조직의 보안 품질과 규제 준수를 확인하는 데 사용
	보안 활동 계획 및 평가	연간 보안 활동 계획과, 운영 실태에 대한 평가 승인
	조직원 평가	조직원의 업무 성과와 역량에 대한 평가 및 개선점 도출
	보안 인력 채용	정보보안 팀에 대한 인력을 채용하기 위한 비용을 처리할 수 있으며, 보안 전문가 및 보안 관리자의 고용 담당

CISO의 의사결정 오류에 대한 위험

CISO가 정확하고 효과적인 보안 의사결정을 내리지 않을 경우, 조직은 보안 위험과 문제에 노출되며 비용, 평판, 법적 문제 등 다양한 부정적인 결과를 겪을 수 있습니다. CISO는 정보 보안에 대한 의사결정을 신중하게 내려야 하며, 이를 위해 업데이트된 정보와 리스크 평가를 기반으로 결정을 내릴 필요가 있습니다.

| CISO의 의사결정 오류에 대한 위험과 부정적 효과 |

위험	설명	부정적 효과
보안 위협 미감지 및 미대응	부적절한 의사결정으로 인해 보안 위협이 감지되지 않을 수 있음	해커나 악의적인 공격에 노출될 가능성을 높일 수 있으며, 보안 사고가 발생했을 때 신속하게 대응하지 못할 수 있음
정보 누출 및 데이터 침해	잘못된 보안 정책 또는 결정으로 인해 정보 누출 및 데이터 침해가 발생할 수 있음	중요한 비즈니스 데이터 유출, 고객 정보 침해, 규제 위반 등의 심각한 문제가 발생할 수 있음
비용 증가	부적절한 보안 결정은 비효율적인 리소스 사용을 초래할 수 있음	너무 많은 보안 솔루션을 도입하거나 필요 없는 보안 조치를 취할 경우, 보안 비용이 불필요하게 증가할 수 있음
심각한 평판 손상	부적절한 보안 결정으로 인해 발생한 사고는 조직의 신뢰를 훼손시키고 고객들로부터의 신뢰 상실	정보 보안 사고로 인한 평판 손상은 조직에 큰 영향을 미칠 수 있음

위험	설명	부정적 효과
법적 문제	보안 규제 및 법규 준수를 위반할 수 있으며, 이로 인해 법적 문제와 소송이 발생할 수 있음	법적 문제에 휩싸이게 되는 것은 조직에 상당한 법적 비용을 초래할 수 있음
내부 불만 및 직원의 혼란	부적절한 보안 결정은 직원들 사이에 혼란과 불만을 유발할 수 있음	직원들은 보안 정책을 이해하지 못하거나 불필요한 복잡성을 경험하면서 업무 수행에 제약을 느낄 수 있음

CISO직무의 독립성과 공정성

CISO(Chief Information Security Officer)에 요구되는 독립성과 공정성은 정보 보안 업무를 효과적으로 수행하고 조직의 보안을 유지하는 데 중요한 역할을 합니다.

| CISO에게 요구되는 독립성, 공정성, 균형성 |

구분	원칙	설명	수행방안
독립성	독립적인 의사 결정	보안 관련 의사 결정을 독립적으로 수행해야 함	다른 부서나 이해 관계자의 영향을 받지 않고, 정보 보안의 최상의 이익을 위해 결정을 내려야 함
	이해 관계자와의 간섭 방지	외부 압력과 무관하게 보안 결정을 내릴 수 있는 독립성을 의미함	조직 내부의 이해 관계자와 보안 조치와 정책에 대한 간섭을 방지해야 함
	중립성 유지	정보 보안을 위협하는 상황에 대한 객관적인 평가를 유지해야 함	어떠한 이해 관계자나 부서와도 중립적으로 대해야 함
공정성	평등한 대우	모든 부서와 직원을 공평하게 대우해야 함	보안 정책과 규칙은 모든 조직 구성원에게 적용되어야 함
	규제 준수	국내 및 국제적인 규제를 준수해야 함	규제 준수는 정보 보안 관련 결정과 프로세스에 공정성을 부여함
	투명성	보안 정책 및 결정에 대한 투명성을 유지해야 함	이해 관계자와 조직 구성원에게 보안 활동과 결정에 대한 설명과 이유를 제공해야 함

구분	원칙	설명	수행방안
균형성	비즈니스 요구와 보안 요구 균형	비즈니스 운영을 지원하면서도 정보 보안을 유지해야 함	비즈니스 요구와 보안 요구 사이에서 균형을 유지해야 함
	조직 내 타부서와의 협력	다른 부서와 협력하면서도 정보 보안을 강화해야 함	공정한 협력과 조율을 통해 정보보안을 강화해야 함
	역할과 책임의 분리	CISO 역할과 다른 부서의 역할과 책임은 분리해야 함	보안 업무의 효율성과 투명성을 높일 수 있음

8.1.2 ● 정보보호 최고 책임자(CISO) 내·외부 환경

CISO가 직면한 도전

CISO는 보안 환경의 동적인 변화와 다양한 도전에 직면하며, 이러한 어려움을 극복하고 조직의 정보 보안을 효과적으로 관리하기 위해 노력해야 합니다.

| CISO가 직면한 도전과 해결 방법 |

도전 요소	설명	해결 방안
사이버 공격 및 사고 발생 시	비상 상황에서 스트레스와 압박이 가해지는 순간이며, 공격의 규모와 영향에 따라 업무 부담이 상당할 수 있음	사이버 공격이나 보안 사고가 발생했을 때 빠르고 체계적으로 대응해야 함
내부 임직원 보안 위협	내부 임직원의 보안위협을 탐지하고 관리하는 데 힘들어 할 수 있음	내부 임직원의 보안 위협 발생을 예방하고, 사고 발생 시 공정하고 합리적으로 처리해야 함
복잡한 규제 준수	다양한 국가와 산업 규제에 대한 준수는 CISO에게 복잡한 업무를 요구할 수 있음	규제 준수를 달성하고 유지하기 위해서는 무거운 문서 작업과 정기적인 감사가 필요함
보안 업무의 복잡성 증가	사이버 위협과 공격은 계속 진화하고 복잡해지고 있음	변화에 대응하기 위해 지속적으로 최신 기술과 전략을 학습해야 함
예산 부족	보안 예산이 한정적인 경우, 적절한 보안 솔루션 및 리소스를 미확보로 정보자산을 보호하는 데 한계가 생길 수 있음	필수적인 예산은 반드시 집행하여야 하며, 당위성에 대해 경영진을 설득해야 함

도전 요소	설명	해결 방안
리소스 부족	보안 팀을 구성하고 전문 인력을 채용하는데 어려움을 겪을 수 있으며, 부족한 리소스로 정보자산을 관리하는 것은 어려운 작업임	평상 시 우수 인력풀을 확보하여야 하며, 그렇지 않을 경우 면접을 통해 우수 인력을 식별할 수 있어야 함
보안 인식 부족	조직 내에서 보안 인식이 부족한 경우, CISO는 직원들을 보안 규정 및 정책을 이해하도록 교육하고 인식을 높이는 데 어려움을 겪을 수 있음	이해하기 쉬운 설명으로 교육을 수행하고, 사고 사례 등을 전파하여야 함 보안 위반 사항에 대해서는 상벌을 집행하여야 함

CISO, CIO 직무 간 갈등

CISO(Chief Information Security Officer)와 CIO(Chief Information Officer) 간의 갈등은 종종 조직 내에서 발생할 수 있는 문제입니다. 이러한 갈등은 두 역할 간의 책임과 목표의 충돌, 리소스 할당에 대한 경쟁, 보안과 비즈니스 운영 간의 균형 유지 등에서 비롯될 수 있습니다.

| CISO, CIO 직무 비교 |

구분	CISO	CIO
역할의 관리자 및 리더십 역할	정보 보안 분야에 중점을 두고 정보 보안 정책, 보안 기술, 사이버 보안 관리 등 담당	주로 정보 기술 및 시스템 관리, IT 인프라 구축, IT 전략 개발 등 IT 관련 역할 담당
비즈니스 목표 지원	정보 보안을 통해 조직의 비즈니스 목표를 보호하고 지원	정보 기술을 통해 조직의 비즈니스 목표를 달성하고 지원
기술 및 역량 요구	정보 보안, 사이버 보안, 보안 정책 및 규제 준수에 관한 전문 지식과 기술 필요	정보 기술 및 시스템 관리, 기술 전문 지식 및 IT 전략 개발 능력 필요

경영진과 타부서 직원 간 갈등

CISO(Chief Information Security Officer) 경영진과 타부서 직원 간의 갈등은 정보 보안 관련 이슈와 다른 부서의 비즈니스 운영 및 목표 간의 충돌에서 발생할 수 있습니다. 이러한 갈등은 조직 내에서 효과적인 정보 보안 관리와 협력을 방해할 수 있습니다.

갈등 요소	설명	해결방안
예산 및 리소스 분배	CIO는 IT 프로젝트 및 시스템 업그레이드를 위한 예산과 리소스를 요청하나, CISO는 정보 보안에 예산과 리소스를 할당하려고 함	리더십 수준에서 예산 분배를 조율하고 비즈니스 목표를 달성하는 데 필요한 IT 및 보안 투자의 중요성을 공유
보안과 업무 효율성 간의 균형	CISO는 정보 보안을 강화하려고 하지만, CIO는 비즈니스 프로세스와 업무 효율성을 향상시키고자 할 수 있음	열린 대화를 통해 보안 정책과 업무 프로세스 간의 균형을 찾고, 유연한 보안 솔루션을 도입하여 보안을 강화하면서도 업무 효율성을 유지
기술 도입과 보안 평가	CIO는 새로운 기술 도입을 추진하려고 하지만, CISO는 새로운 기술의 보안 위험을 우려할 수 있음	CISO와 CIO는 새로운 기술의 보안 평가를 수행하고 보안 요구 사항을 최초 단계부터 통합하는 프로세스를 구축하여 보안 리스크를 최소화
업무 우선순위 및 비즈니스 목표	CIO와 CISO는 각자의 업무 우선순위와 비즈니스 목표를 중시할 수 있으며, 이로 인해 갈등이 발생할 수 있음	비즈니스 리더십과의 협력을 통해 공동의 비즈니스 목표와 전략을 정의하고, CIO와 CISO는 비즈니스 목표를 달성하는 데 협력
정보 공유와 의사소통 부족	CIO와 CISO 간의 정보 공유와 의사소통 부족은 갈등을 증가시킬 수 있음	열린 의사소통과 정보 공유를 장려하고, 주기적인 회의 및 업무 협력을 통해 정보 보안과 IT 운영 간의 조화를 도모

CISO의 노력으로 조직의 정보 보안 인식의 개선 과정

정보 보안 인식의 개선은 조직이 정보 보안을 더 효과적으로 관리하고 보호하기 위해 필수적인 과정입니다.

CISO는 정보 보안 인식의 개선 과정을 이해하고, 단계적으로 적절한 조치를 취해야 합니다. 정보 보안 인식의 개선은 조직의 정보 자산을 보호하고 사이버 위험을 관리하는 데 중요한 부분이며, 조직의 모든 구성원이 보안 문화를 수용하고 준수하는 것을 촉진합니다. 이 변화 과정은 일반적으로 다음과 같은 단계를 따릅니다.

단계	인식 수준	설명
1	의식의 부재 (Unawareness)	• 변화 과정의 초기에는 정보 보안에 대한 인식이 낮거나 전혀 없을 수 있음 • 조직 구성원들은 보안 위험을 인지하지 못하고 정보 보안 조치에 관심을 갖지 않을 수 있음
2	인식 (Awareness)	• 정보 보안 인식의 개선은 인식 단계로 시작함 • 조직은 정보 보안의 중요성을 부각시키기 위한 교육 및 교육 프로그램을 도입함 • 직원들은 정보 보안에 대한 기본 개념을 이해하고, 보안 정책 및 규정 준수의 중요성을 알게 됨
3	교육 및 훈련 (Education and Training)	• 정보 보안 인식을 높이기 위해 교육 및 훈련이 제공됨 • 직원들은 보안 관련 교육을 받고, 사이버 위협과 취약성에 대한 이해를 향상시킴 • 보안 정책 및 절차를 이행하고 사이버 위험을 식별하고 신고하는 방법을 훈련함
4	참여 (Engagement)	• 정보 보안 인식이 개선되면 직원들은 더 많은 참여와 협력을 통해 보안 활동에 참여하게 됨 • 보안 팀과 다른 부서 간의 협력이 강화되고, 보안 이슈에 대한 민감도가 높아짐
5	중요성 인식 (Appreciation of Importance)	• 직원들은 정보 보안이 조직의 비즈니스 목표와 미션에 중요한 영향을 미친다는 것을 인식하게 됨 • 정보 보안은 조직의 평판 및 고객 신뢰를 유지하는 중요한 요소로 인식됨
6	문화 변화 (Cultural Change)	• 정보 보안 인식의 개선은 조직 문화에 영향을 미침 • 정보 보안은 조직의 일상적인 활동에 통합되며, 보안은 모든 직원의 책임으로 인식됨
7	지속적 개선 (Continuous Improvement)	• 정보 보안 인식의 개선은 지속적인 과정이며, 보안 훈련 및 교육은 주기적으로 제공됨 • 조직은 새로운 위협과 기술 동향에 대한 대응을 지속적으로 개선하며, 보안 인식을 유지하고 향상시킴

정보보호 최고 책임자(CISO)가 처한 기회

CISO는 이러한 기회를 활용하여 조직의 정보 보안을 향상시키고 비즈니스 목표를 달성하는 데 기여할 수 있습니다. 정보 보안은 현대 기업 및 기관에게 매우 중요한 일이며, CISO는 이를 성공적으로 관리하기 위한 역할을 수행하는 주요 인물 중 하나입니다.

기회 요인	설명	기대 효과
사이버 보안의 중요성 인식	사이버 위협과 보안 침해사고가 증가하면서 기업과 기관은 정보 보안의 중요성을 점점 더 인식하고 있음	정보 보안에 대한 투자와 리소스를 확보
산업별 규제 및 규정 강화	다양한 산업에서 규제 및 규정 준수 요구사항이 강화되고 있음	규제 준수를 달성하고 유지하기 위한 기회를 가지며, 조직의 평판을 높이고 고객의 신뢰를 유지할 수 있음
사이버 보안 기술 발전	현대의 사이버 보안 기술은 계속 발전하고 진화하고 있음	신기술과 도구를 활용하여 공격에 대한 방어 능력을 향상시키고 보안 운영을 개선할 수 있음
보안 전문가 수요 증가	기업과 기관은 보안 전문가에 대한 수요가 증가하고 있음	정보보안팀을 구성하고 훈련시키는 기회를 가질 수 있으며, 보안 전문가의 고용을 증가시킬 수 있음
사이버 위험 인식 증가	조직의 경영진과 직원들에게 사이버 위험에 대한 인식을 높이는 데 기여할 수 있음	조직 내에서 보안 문화를 조성하고 보안 인식을 향상시킬 수 있음
사이버 공격과 사고 대응 경험	사이버 공격 및 사고에 대한 경험을 통해 지식을 습득할 수 있음	보안 운영 및 대응 능력을 향상시킬 수 있음
정보보호와 개인정보 보호	개인정보 보호에 대한 관심이 증가하고 있음	개인정보 보호 및 정보보호 전략을 개발하고 이를 강화할 수 있는 기회를 가질 수 있음

8.1.3 ● 정보보호 최고 책임자(CISO)가 되기 위한 방법

정보보호 최고 책임자(CISO) 직책 보임

CISO(Chief Information Security Officer) 직책의 보임과 관련된 통계적 정보는 일반적으로 산업, 규모 및 지리적 위치에 따라 다양할 수 있으며, 정확한 통계 데이터는 계속 변화할 수 있습니다. 그럼에도 불구하고 CISO 직책의 중요성이 증가하면서 타부서 인력 전환보다는 내부 직원 승인 및 외부의 보안 전문인력을 채용하는 경우가 많습니다.

| CISO 직책 보임 비율 |

단계	보임 비율	설명	비고
타부서 인력 전환 보임	15% 미만	타부서(인사, 재무, IT 등)에서 근무 후 정보보호 업무로 전환한 직원	기업 특성에 이해도가 높으며 타부서와 인력과의 우호적 관계 형성이 가능하나, 기술적 전문성 부족
내부 보안 인력 승진	25~35%	보안 업무를 하는 직원은 경력과 역량을 쌓은 직원	기업 정보보안 업무에 대한 이해도가 높으나 타부서와 커뮤니케이션 부족할 수 있음
외부 채용	50% 이상	상위의 보안 전문가나 고려할 만한 경력과 역량을 보유한 직원으로 채용된 직원	기술적, 관리적 업무 전문성이 높고, 영향력이 크기 때문에 검증된 인력을 채용하기 어려움

정보보호 최고 책임자(CISO) 연봉과 처우

국내에서의 CISO(CISO ; Chief Information Security Officer) 연봉과 처우는 기업의 규모, 업종, 경력, 역량, 그리고 지역 등 여러 요인에 따라 다양하게 변동합니다. 또한, CISO의 경험과 성과에 따라 연봉이 증가할 수 있습니다.

| CISO 금전적 처우 |

기업 규모	연봉	처우
중소기업	5천만 원~1억 원	유류비, 주차비 지원 등 예산 지원, 기타 임원으로서의 처우
중견기업	1억 원~1.5억 원	차량 및 차량 유지비, 집무실, 접대비, 대학원 등록금 등 예산 지원, 기타 임원으로서의 처우
대기업	1.5억 원~3억 원	중견기업 처우 포함, 스톡옵션, 퇴직금 증가, 다양한 복지 혜택, 기타 임원으로서의 처우

정보보호 최고 책임자(CISO) 대외 활동

CISO(Chief Information Security Officer)가 대외 활동을 수행하는 것은 정보 보안을 더욱 효과적으로 관리하고 조직의 보안 역량을 향상시키기 위한 중요한 부분입니다. 대외 활동은 CISO가 정보 보안 커뮤니티와 다른 조직, 기관, 업체와 협력하고 정보를 교환하는 과정을 의미합니다.

| CISO 대외 활동 |

구분	대외 활동	설명
세미나 참석	파트너사 후원	조찬, 오찬, 만찬 등 초대 기회를 통해 기술 컨퍼런스, 글로벌 세미나 등 참석
	정보 보안 협회 및 그룹 참여	국내 정보보안 동향, 성공사례 공유함과 동시에 식사, 골프, 여행, 오페라 등 친목 도모 기회
정보공유 활동	보안 업무 정보 공유	보안 정책, 보안 시스템 구축 경험과 솔루션 평판, 파트너사 평판 등 공유
	보안 연구 및 개발	정보 보안 연구 및 개발과 관련한 프로젝트 및 협력을 추진하고, 새로운 보안 기술 및 솔루션을 개발하거나 검토하는데 참여
	위기 대응 정보 공유	다른 기업과의 정보 공유와 협력을 통해 사이버 공격에 대한 대응 전략을 개발하고, 위기 관리를 위한 최상의 실천 사례를 공유
	의식주 정보 공유	투자정보, 레저 정보, 식도락 정보, 노후 인생 설계 등

정보보호 최고 책임자(CISO) 요구 역량

CISO(Chief Information Security Officer)가 성공적으로 역할을 수행하기 위해 필요한 요구 역량은 기술적, 리더십, 전략적, 커뮤니케이션 등 다양한 영역을 아우르고 있습니다.

| CISO가 되기 위한 필요 역량 |

구분	요구 역량	비고
기술 역량	기술적 지식 습득	• 암호화 시스템, 침입탐지시스템, 방화벽 등 보안 솔루션에 대한 이론적, 실용적 지식 습득
	규제 및 규정 준수	• 정보 보안과 관련한 국내 및 국제적인 법규 및 제도를 이해하고 준수하는데 필요한 지식 습득
	학습과 기술 역량 강화	• 보안 관련 자격증 취득(예 CISSP, CISM, CEH) • 보안 관련 교육 및 교육 과정 참여 • 최신 보안 기술 및 트렌드 습득 • 보안 커뮤니티 참여와 정보 공유

구분	요구 역량	비고
관리 역량	리더십 및 조직 역량 강화	• 리더십 교육 및 훈련 수행 • 팀 빌딩 및 관리 경험 획득 • 조직 역량 개발 및 운영 프로세스 개선
	리스크 관리	• 리스크 관리와 평가에 대한 지식 보유 • 리스크에 따른 적절한 보안 조치 수행
	커뮤니케이션 능력	• 정보 보안 관련 이슈를 조직의 다른 부서 및 경영진과 효과적으로 커뮤니케이션 • 비기술적인 직원에게 기술적 문제를 설명할 수 있는 능력이 중요
	이해관계자 관리	• 내부 및 외부 이해 관계자와 관계를 관리하고 협력 • 보안 업무와 관련된 이해 관계자와의 관계를 강화하고 조율하는 능력이 필요
업무 역량	비즈니스 이해	• 조직의 비즈니스 목표와 운영에 대한 이해 • 보안 정책을 비즈니스와 조화시키는 역할 수행
	전략적 사고	• 조직의 장기적인 정보보안 전략을 개발 • 비즈니스 목표와 정보보안 목표를 조화시킴
	문제 해결 및 의사결정 능력 강화	• 복잡한 보안 문제 해결 능력 향상 • 의사결정 프레임워크 및 프로세스 확립 • 비즈니스 목표와 보안 목표 조화를 이룸 • 실제 시나리오 및 시뮬레이션 훈련 수행

조직원이 좋아하는 CISO와 싫어하는 CISO

조직원이 좋아하는 CISO와 싫어하는 CISO 사이의 차이는 CISO의 행동, 리더십 스타일, 의사소통 능력 등 다양한 요소에 의해 영향을 받습니다. 조직원들은 CISO 의 행동과 스타일에 민감하게 반응하며, 좋아하는 CISO는 정보 보안 문제를 신뢰하고 지원하며, 싫어하는 CISO는 조직의 정보 보안 문제를 악화시킬 수 있습니다. CISO는 조직의 정보 보안 문화와 성공에 큰 영향을 미치는 역할을 담당하므로 CISO의 리더십 스타일과 행동은 중요합니다. 좋아하는 CISO가 되기 위한 방법을 이해하고, 조직원에게 신뢰받는 CISO가 되기 위해 노력해야 합니다.

구분	조직원이 좋아하는 CISO	조직원이 싫어하는 CISO
리더십	**리더십과 신뢰** : 좋아하는 CISO는 강력한 리더십 능력을 가지며 조직원들의 신뢰를 쌓음, 정보 보안에 대한 비전을 제시하고 팀을 통합함	**고압적인 리더십** : 싫어하는 CISO는 고압적이고 지배적인 리더십 스타일을 채택할 수 있으며, 조직원들과의 협력을 방해함
의사소통	**적극적인 의사소통** : 좋아하는 CISO는 정보 보안 관련 이슈를 이해하기 쉽게 설명하고, 조직 구성원들과 열린 대화를 촉진함, 의사소통은 투명하고 효과적이며, 조언과 피드백을 환영함	**부정확한 의사소통** : 싫어하는 CISO는 정보 보안 이슈를 부정확하게 전달하거나 명확하지 않은 의사소통을 하며, 조직원들이 보안 정책을 이해하기 어렵게 만듦
이해와 협력	**이해와 협력** : 좋아하는 CISO는 비즈니스 운영과 정보 보안 간의 균형을 이해하며, 다른 부서와의 협력을 촉진함, 보안을 강화하면서도 비즈니스 목표를 지원하는 방법을 찾음	**비협력적인 태도** : 싫어하는 CISO는 다른 부서와 협력하지 않거나, 다른 부서와 대립적인 태도를 취할 수 있으며, 조직 내부 갈등을 유발함
전문성	**기술 전문성** : 좋아하는 CISO는 정보 보안 분야에서 전문성을 가지고 있으며, 최신 보안 동향과 기술을 파악하며 조직을 안전하게 유지하기 위해 노력함	**비효율적인 리소스 사용** : 싫어하는 CISO는 보안 리소스를 비효율적으로 사용하거나, 보안 프로세스를 복잡하게 만들어 업무 효율성을 떨어뜨림
리스크 관리	**리스크 인식** : 좋아하는 CISO는 조직의 리스크를 인식하고 관리하기 위해 적극적으로 행동함, 위험을 정확하게 평가하고 사이버 공격에 대비함	**보안 이슈의 무시** : 싫어하는 CISO는 보안 이슈를 심각하게 다루지 않거나 사이버 위험에 대한 무시하는 경향을 가질 수 있으며, 조직을 보안 위협으로 노출시킬 수 있음

정보보호 최고 책임자(CISO)의 4차 산업혁명에서의 역할

4차 산업혁명은 기술적 혁신과 기회를 제공하지만, 동시에 새로운 보안 도전과 위협을 동반합니다. CISO는 이러한 환경에서 조직의 정보 보안을 보장하고 비즈니스 운영을 지원하는 역할을 수행하는 중요한 역할을 합니다.

구분	4차 산업혁명 환경 요소	역할 변화 방향
사이버 보안 리더십	4차 산업혁명에서는 디지털화와 자동화가 증가하고, 기술의 발전이 가속화되고 있음	디지털 환경에서 정보 보안을 보장하고 사이버 위협에 대응하기 위한 방향을 제시해야 함
IoT 및 스마트 시스템 보안	4차 산업혁명은 사물 인터넷(IoT) 및 스마트 시스템을 더욱 통합하고 확대되고 있음	스마트 보안 전략을 개발하고, 보안 취약점을 관리해야 함
클라우드 보안	클라우드 컴퓨팅은 저장, 공유, 활용을 제공하는 4차 산업혁명의 핵심 요소임	클라우드 보안 전략을 개발하고 클라우드 환경에서 데이터와 시스템을 보호해야 함
빅데이터 보안	4차 산업혁명에서 빅데이터 분석과 활용이 증가하면서 CISO는 대량의 데이터를 안전하게 저장하고 처리하는 방법을 제공함	데이터 보안 및 개인 정보 보호에 대한 전략을 강화해야 함
AI 및 기계 학습 보안	4차 산업혁명은 인공 지능(AI)과 기계 학습의 확대 사용을 포함함	AI기술 활용 시 정보를 보호하고 악용을 방지하기 위한 보안 조치를 채택해야 함

8.2
리테일 보안 관리자

8.2.1 ● 리테일 산업 이해

리테일 산업 개념과 특성

리테일 산업은 소비재를 최종 소비자에게 직접 판매하는 산업을 지칭하며 '유통업, 커머스'라고도 합니다. 이는 다양한 형태와 규모의 매장과 판매 채널을 포함하며, 주로 소비자가 상품을 구매하고 소비하는 곳으로 알려져 있습니다. 리테일 산업은 다양한 상품과 서비스를 제공하며, 고객들에게 다양한 쇼핑 경험을 제공합니다. 리테일 산업은 소비자의 쇼핑 습관, 경제적 환경, 기술의 발전 등 다양한 요인에 영향을 받아 지속적으로 변화하고 있습니다.

| 리테일 산업 특성 |

No.	주요 특징	설명
1	최종 소비자에게 직접 판매	리테일 산업은 상품이나 서비스를 소비자에게 직접 제공하는 역할을 하며, 소매업체는 제조업체나 도매업체와 같은 다른 산업에서 구매한 상품을 최종 소비자에게 판매함
2	다양한 유형의 매장	대형마트, 슈퍼마켓, 전문점, 편의점, 온라인 상점 등 다양한 유형의 매장이 리테일 산업에 속하며, 각각의 매장은 특정 상품이나 서비스에 중점을 둔 형태로 운영됨
3	다양한 상품과 서비스 제공	소비자에게 의류, 가전제품, 식료품, 화장품, 가구 등 다양한 종류의 상품과 서비스를 제공하며, 다양한 욕구와 선호도를 충족시킴
4	온라인 리테일의 성장	디지털 기술의 발전과 인터넷의 보급으로 인해 온라인 리테일이 성장하고 있으며, 소비자들은 인터넷을 통해 편리하게 상품을 구매하고 배송 받을 수 있게 됨
5	고객 경험과 서비스	고객 서비스의 품질과 쇼핑 경험이 소비자들에게 중요하게 여겨지며, 이를 위해 매장 내 디자인, 직원의 서비스, 프로모션 등이 고려됨
6	시장 경쟁과 가격 경쟁	리테일 산업은 경쟁이 치열하며, 가격 경쟁이 중요한 역할을 하며, 할인, 프로모션, 멤버십 혜택 등 다양한 전략이 가격 경쟁에서 사용되고 있음

리테일 산업 주요 유형

리테일 비즈니스의 유형은 다양하며, 각각의 유형은 특정 상품이나 서비스에 중점을 둔 매장이나 채널을 나타냅니다. 비즈니스 흐름은 소매업체가 상품을 제조업체나 도매업체로부터 구매하여 최종 소비자에게 판매하는 과정을 나타냅니다.

| 리테일 산업 주요 유형 |

No.	리테일 비즈니스 유형	설명	예시
1	대형마트 및 슈퍼마켓	대규모 상품을 다양하게 판매하는 매장으로, 음식물, 가전제품, 의류, 가구 등 판매	이마트, 홈플러스, GS더프레시
2	쇼핑몰 및 아울렛	여러 브랜드나 매장이 모여 있는 큰 쇼핑몰이나, 할인된 가격으로 브랜드 상품을 판매하는 아울렛 매장	현대아울렛, 여주아울렛

No.	리테일 비즈니스 유형	설명	예시
3	디스카운트 스토어	저렴한 가격에 다양한 상품을 제공하는 매장으로, 할인매장이나 창고형 매장	월마트, 이마트, 롯데마트
4	편의점	작은 규모의 매장으로, 주로 음료, 간식, 생활용품 등의 일상적인 상품을 빠르게 판매하는데 중점	GS25, CU
5	전문점	특정 상품 카테고리에 중점을 둔 전문 매장으로, 예를 들어 의류, 전자제품, 화장품 등이 속함	스타벅스, 홈디포
6	온라인 리테일	인터넷을 통해 제품을 판매하는 비즈니스 모델로, 온라인 쇼핑몰, 전자상거래 플랫폼이 포함	쿠팡, 지마켓, GS숍

리테일 산업 이해관계자

리테일 산업에서의 이해관계자는 다양하며, 다음과 같은 주요 이해관계자들이 있습니다.

| 리테일 산업 이해관계자 |

No.	주요 이해관계자	설명
1	소비자	가장 중요한 이해관계자로 제품이나 서비스를 구매하고 이용하는 사람들로 품질, 가격, 서비스 등에 중점을 두고 소매업체와 상호작용을 함
2	소매업체 및 판매자	매장을 운영하거나 제품을 판매하는 기업이나 개인들이 소매업체 및 판매자로서 중요한 역할하며, 소비자와의 직접적인 상호작용을 통해 비즈니스 수행
3	제조업체 및 도매업체	제품을 생산하거나 대량으로 판매하는 기업들은 소매업체의 이해관계자로 소매업체가 공급망에서 제품을 구매하고 재고를 관리하는 데에 영향을 미침
4	경쟁업체	동일한 시장에서 경쟁하는 기업들은 서로에게 영향을 주고받으며, 가격 경쟁, 마케팅 전략, 제품 혁신 등에서 경쟁 업체들과의 상호작용이 중요함
5	노동조합 및 노동자	소매업체의 노동자와 그들의 조합은 노동 조건, 임금, 혜택 등에 대한 권리를 쟁취하고, 기업과의 협상에서 중요한 역할을 함

No.	주요 이해관계자	설명
6	투자자 및 주주	기업의 주주들과 투자자들은 기업의 성과와 이익에 큰 관심을 가지며, 기업의 경영 및 재무 상태에 영향을 미침
7	정부 및 규제 기관	정부 및 규제 기관은 소매업체들이 법률과 규정을 준수하도록 감독하며, 소비자 보호와 시장 경쟁을 촉진하는 역할 함
8	지역사회	소매업체는 속한 지역사회에 영향을 미치며, 지역사회의 경제적 발전, 고용 창출, 사회적 책임 등에 기여함
9	환경, 소비자 단체	소매업체들은 환경에 대한 영향을 주고받으며, 환경 보호 및 지속 가능한 비즈니스 영위에 대한 압력을 행사할 수 있음

리테일 산업 비즈니스의 흐름

리테일 비즈니스의 흐름은 제품이 제조되어 소비자에게 도달할 때까지의 일련의 과정을 나타냅니다. 리테일 비즈니스의 핵심 프로세스를 구성하며, 효율적인 운영과 고객 만족을 위해 상호 연결되어 있습니다.

| 리테일 산업 비즈니스 흐름 |

No.	비즈니스 흐름	설명
1	구매 및 조달	리테일 비즈니스의 시작은 상품을 구매하거나 조달하는 단계로 제조업체나 도매업체로부터 상품을 구매하는 과정을 의미함
2	재고 보유 및 관리	구매한 상품은 매장이나 창고에서 보유되고, 효율적인 재고 관리를 통해 수요를 충족시키기 위해 재고가 유지됨
3	가격 설정 및 마케팅	상품에 대한 가격은 경쟁력과 수요에 따라 결정되며, 마케팅 전략이 수립되어 소비자에게 상품의 가치와 이점이 전달됨
4	판매 및 결제	상품은 소비자에게 판매되고, 결제가 이루어지며, 오프라인 매장에서의 판매뿐만 아니라 온라인 쇼핑몰 등을 통한 판매도 포함됨
5	고객 서비스	소매업체는 고객 서비스를 제공하여 소비자의 문의나 불만을 처리하고, 만족도를 높이며 재방문을 유도함
6	배송 및 물류	온라인 리테일의 경우 상품은 소비자에게 배송되고, 오프라인 리테일의 경우 매장으로부터 제품을 이동시켜 소비자에게 제공됨
7	교환 및 환불	소비자가 불만족한 경우 리턴이나 교환 정책에 따라 처리되어 소비자와의 관계를 유지하려 노력함

No.	비즈니스 흐름	설명
8	매출 분석 및 리포팅	매출과 재고 등의 데이터는 주기적으로 분석되고 리포트로 작성되어, 비즈니스 전략의 조정이나 개선에 활용함
8	피드백 수집	소비자로부터의 피드백은 제품 및 서비스 품질 향상을 위해 수집되고 분석됨

리테일 산업에서의 데이터 활용

리테일 비즈니스에서 최근 데이터 활용의 중요성이 높아지고 있다. IoT 기술을 활용하여 고객의 행태를 모니터링하고, 구매정보를 활용하여 재방문을 촉진하고 매출을 신장시키는 등의 마케팅 활동을 강화하고 있다.

| 리테일 산업에서의 사용 데이터 |

No.	리테일 데이터	설명
1	유동 인구	매장 외부 행인 수 및 변화 관찰
2	고객 등급	최초, 재방문 등 방문 유형 관찰
3	방문 비율	매장 내부 고객 수 및 행동 변화 관찰
4	고객 패턴, 객층 분석	고객 밀집/동선 확인 고객 객층 분석
5	구매 전환율	전시 상품 관찰 후 구매 전환율 분석
6	체류 시간	방문 고객 체류시간 관찰 분석
7	매출/객단가	상품 구매 매출, 객단가 데이터 분석
8	매장 환경 정보	CO_2, 미세먼지, 온습도, 소음 등을 확인하여 쾌적한 매장 환경 제공
8	고객 중심 마케팅	측정/분석된 고객 행태를 통해 데이터 중심 마케팅 수행

8.2.2 ● 리테일 산업 보안

리테일 산업의 정보보안 중요성

정보보안은 소매업체가 고객과의 상호 작용을 안전하게 관리하고, 기업 자산을 보호하며, 비즈니스 운영의 안정성을 확보하는 데 필수적인 요소입니다. 이는 고객 신뢰를 유지하고, 기업의 지속적인 성공을 보장하는 데 결정적인 역할을 합니다.

No.	정보보안 중요성	설명
1	고객 개인정보 보호	• 소매업체는 대량의 고객 개인정보를 다루고 있으며, 이름, 주소, 전화번호, 신용카드 정보 등 다양한 형태의 민감한 정보를 포함함 • 개인정보가 유출될 경우 고객의 신뢰를 상실하고, 법적인 문제에 직면할 수 있음
2	금융 거래 보안	• 리테일 산업은 제품 판매 및 결제를 수반하고 있음 • 고객의 금융 거래는 매일 다수 이루어지는데, 이러한 거래의 안전성은 소비자들에게 신뢰를 주는 핵심이며, 정보보안이 유지되지 않을 경우 금융 거래의 위험이 높아짐
3	브랜드 평판과 신뢰 유지	• 소매업체의 브랜드 평판과 신뢰는 고객들이 안전하게 쇼핑할 수 있는지에 크게 영향을 받음 • 정보보안 사고가 발생하면 이는 브랜드에 대한 신뢰를 훼손시킬 수 있으며, 장기적인 영향을 미칠 수 있음
4	사이버 공격 대비	• 현대적인 사이버 공격은 다양하고 지능적인 형태로 이루어짐 • 소매업체는 악성 코드, 랜섬웨어, 사회 공학 공격 등 다양한 형태의 위협에 대비해야 함
5	규정 준수	• 「개인정보 보호법」 및 결제 카드 산업의 규제 요구 사항 등 다양한 규정을 준수해야 함 • 정보보안이 강화되지 않으면 규정 준수에 어려움을 겪을 수 있음
6	경쟁 우위 유지	• 소매업체 간 치열한 경쟁에서 고객들은 안전하게 쇼핑할 수 있는 환경을 선호함 • 정보보안이 강화되면 이는 경쟁 우위를 우위를 제공할 수 있음
7	비즈니스 연속성 보장	• 정보보안 사고로 인해 시스템이 다운되거나 데이터가 손실되면 비즈니스 연속성에 심각한 영향을 미칠 수 있음 • 정보보안 시스템은 비즈니스 연속성을 보장하는 데 기여함

리테일 업계의 정보보안 위협

유통 및 소매 기업이 해커들에게 표적이 되는 이유는 다양합니다. 큰 돈을 취급하며 수백만 개의 고객 신용카드 번호를 보관하고 사이버 보안 교육을 받지 않았을 수 있는 일선 인력이 있기도 합니다. 또 비용 절감을 이유로 일부 소매기업들은 적절히 업데이트, 보호, 모니터링되지 않는 구형 장비를 사용하는 경우도 있습니다. 공격의 결과는 소비자 신뢰 상실부터 데이터 손실과 재정적 손실까지 다양하게 발생하고 있습니다. 현재 위협 소매기업들이 직면하고 있는 5가지 사이버 위협은 다음과 같습니다.

| 리테일 산업 정보보안 위협 |

No.	정보보안 주요 위협	설명	사례
1	랜섬웨어 (Ransomware)	랜섬웨어는 '몸값'(Ransom)과 '소프트웨어'(Software)의 합성어로 시스템을 잠그거나 데이터를 암호화해 사용할 수 없도록 만든 뒤, 이를 인질로 금전을 요구하는 악성 프로그램	이케아(Ikea), 맥도날드(McDonald's), 캐나다의 식료품 체인 소비스(Sobey's), 한국 이랜드 등
2	봇(Bot)	인터넷에서 가장 보편적으로 존재하는 '봇'은 '스파이더, 크롤러'라고 불리는 프로그램으로 자동화된 스크립트는 브라우저를 사용하여 마우스 움직임과 클릭 등의 인간 행동을 모방하여 감지하기 어렵게 진화	기프트 카드, 할인 쿠폰 등 고객의 계정에서 얻은 데이터로 사기 구매
3	PoS 맬웨어	금전등록기와 컴퓨터 단말기의 기능을 결합한 시스템으로 매상금액을 정산 줄 뿐만 아니라 동시에 소매경영에 필요한 각종정보와 자료를 수집·처리해 주는 시스템으로 판매시점 관리 시스템에 설치된 악성코드	체크아웃 카운터에 있는 유선 및 무선 PoS 단말기에서 신용카드 데이터를 수집하거나 계정 비밀번호 탈취
4	내부자 위협	스트레스가 높은 고객 대응 업무 직원과 정보보안에 대해 무지한 내부 직원이 내부 정보를 사용하여 정보를 유출하거나 가용성을 저하시킴	회사의 정보자산을 사적으로 유용해 금전적 이익 취함
5	공급망 공격	공급망 공격은 제3자 도구 또는 서비스(공급망)를 사용하여 표적의 시스템 또는 네트워크에 침투하는 공격	소매기업의 공급망에서 취약점을 이용하여 정보 유출 발생

3 리테일 관리적 보안

리테일 업계에서 정보보안 관리를 위해 다양한 조치를 취할 수 있습니다. 아래는 관리적 보안을 강화하기 위한 몇 가지 핵심적인 가이드라인입니다.

| 리테일 산업 관리적 보안 |

No.	관리적 보안	설명	사례
1	보안 정책 및 절차 수립	• 정보보안 정책과 절차를 수립하고 전 직원에게 알기 쉽게 전파함 • 기업의 정보 자산을 보호하고, 규정 준수를 지원하며, 직원들에게 적절한 행동 가이드라인을 제공해야 함	내부관리계획, 정보보호 정책, 시행 문서(가이드, 지침 등)
2	접근 제어	• 최소 권한 원칙에 따라 사용자들에게 필요한 최소한의 접근 권한만 부여함 • 직무에 따라 접근 권한을 세분화하여 불필요한 데이터에 대한 접근을 방지함	Need to do(할 필요), Need to know(알 필요)에 따라 최소 권한 부여
3	인적 보안	• 종업원들의 교육 및 훈련을 통해 정보보안의 중요성을 강조하고, 퇴사한 종업원의 접근 권한을 즉시 취소	채용전 서약서 징구, 교육 수행, 퇴사 시 권한 회수 및 비밀유지 서약서 징구
4	사용자 교육	• 정보보안에 대한 주기적인 교육 프로그램을 제공하여 직원들이 사이버 위협에 대해 인식하고, 안전한 온라인 행동 습관을 형성하도록 지원함	개인정보 보호 교육, 정보보호 교육, 사고사례 전파
5	외부 기관 자문	• 정보보안 전문가와의 협력을 통해 보안 정책 및 절차를 검토하고, 신기술 도입에 대한 조언을 얻을 수 있음	보안 컨설팅, KISA 지원 프로그램
6	정보보호인증 수검	• 산업 규제 및 법적 요구사항에 따라 규정 준수를 유지하고, 정보보안 관련 인증을 획득	ISMS-P 인증
7	위험 평가 및 관리	• 정기적인 위험 평가를 통해 조직이 직면한 보안 위험을 식별하고, 이를 효과적으로 관리	위험분석, 위험평가, 개선과제 이행
8	침해사고 대응 계획	• 사이버 공격이나 개인정보 누출 시나리오에 대비하여 대응 계획을 마련하고 주기적으로 훈련을 실시	개인정보 오남용, 개인정보 유출, DDoS 공격 훈련
9	모니터링 및 감사	• 네트워크 및 시스템 활동을 주기적으로 모니터링하고, 보안 사건에 대한 감사를 수행하여 이상 징후를 신속하게 감지하고 대응할 수 있도록 함	SIEM, FDS 등을 통해 이상행위를 식별하고 대응

리테일 기술적 보안

리테일 업계에서의 정보보안 강화를 위해 기술적인 보안 조치를 적용하는 것이 중요합니다. 아래는 리테일 업계에서 기술적 보안을 강화하기 위한 몇 가지 가이드라인입니다.

| 리테일 산업 기술적 보안 |

No.	기술적 보안	설명	사례
1	접근 제어 및 식별 관리	멀티팩터(MFP) 인증을 통한 신원 확인 기술을 도입하고, 불법적인 접근을 방지	생체인식 인증, OTP 등
2	보안 업데이트와 패치 관리	운영체제, 소프트웨어, 하드웨어 등에 대한 보안 업데이트 및 패치를 정기적으로 적용하여 최신 보안 취약점을 보완	MS 보안패치, SW 제조사 패치, 패턴 업데이트
3	네트워크 보안	외부로부터의 불법 접근을 방지하기 위해 강력한 방화벽을 구축하고, 네트워크 트래픽을 모니터링하여 이상 징후를 식별함	방화벽, 네트워크 스위치를 통한 망분리
4	엔드포인트 보안	최신 업데이트된 안티바이러스 솔루션을 도입하여 악성 코드에 대응함	안티바이러스(백신)
5	정보 유출 방지	민감한 정보의 유출을 방지하기 위해 DLP 솔루션을 도입하여 데이터의 이동과 사용을 모니터링	데이터 손실 방지(DLP) 솔루션
6	데이터 백업	중요 정보, 고객정보를 백업하여 비상상황 발생 시 복구할 수 있도록 함	백업장치, 클라우드, 저장장치 등
7	IoT 보안	IoT 기술을 활용하고 있다면 이를 보호하기 위한 적절한 보안 조치를 마련	비콘, 바코드 스캐너 등
8	사용자 행동 분석	이상 행동을 식별하기 위해 사용자의 활동을 모니터링하고, 정상적인 패턴에서 벗어나는 행동에 대한 경고를 생성	이상행위 탐지시스템

리테일 물리적 보안

리테일 업계에서 물리적 보안은 실제 공간과 기업의 물리적 자산을 보호하는 중요한 부분입니다. 아래는 물리적 보안을 강화하기 위한 몇 가지 가이드라인입니다.

No.	물리적 보안	설명	사례
1	출입통제시스템	출입문에 전자식 접근 통제 시스템을 도입하여 권한이 없는 사람들의 출입을 방지하고, 출입 기록을 기록	ID 카드, 생체인식 기반 출입통제시스템
2	보안 카메라 및 감시 시스템	상점 내외에 보안 카메라를 설치하고 감시 시스템을 운영하여 실시간으로 활동을 모니터링하고, 사건이 발생한 경우에 대비하여 기록을 보관	도난 방지, 시설 안전 CCTV 설치 및 검토
3	경고 및 비상 상황 대응	비상 상황이 발생했을 때를 대비하여 경보 및 통합된 대응 계획을 마련하고 규정된 절차에 따라 신속하게 대응	비상 상황 대책 매뉴얼
4	자산 식별과 보호	중요한 물리적 자산에 대한 식별과 보호를 강화	전산장비, 서버룸, 문서고 등
5	금전 관리 및 현금 보관	현금 보관소 및 금전 관리 프로세스를 보호하기 위해 안전한 금고와 금전 보관 시설을 활용하며, 현금 수송 과정에서 보안을 강화	필요 시 보안업체를 활용하고, 위기 시 경찰 신속 연락
6	백업 시설 및 비상 출구	주요 시설의 비상 출구를 유지하고, 전력이나 통신에 문제가 생겼을 때를 대비하여 백업 발전기 및 통신 시스템 설치	비상출구 확보, UPS, 통신 장비 확보
7	물리적 환경 평가	물리적 환경에 대한 정기적인 평가를 수행하여 보안 취약점을 식별하고 개선	물리적 보안 컨설팅
8	재난 대비 및 복구 계획	자연 재해, 화재, 사고 등에 대비하여 비즈니스 연속성 계획을 수립하고, 신속한 복구를 위한 대응을 계획	업무 연속성 계획(BCP)
9	사회공학 공격 대비	직원들에게 사회 공학 공격에 대한 교육을 제공하고, 외부인이나 불필요한 방문자로부터의 접근 방지	피싱, 스캠 등

리테일 개인정보 보호 준수

리테일 업계에서 다수의 고객 개인정보를 보유하고 있으므로, 개인정보 보호는 매우 중요합니다. 아래는 개인정보 보호 수준을 강화하기 위한 몇 가지 가이드라인입니다.

No.	영역	개인정보 보호 대책	설명
1	고객 정보 관리	개인정보 수집이용 동의서 징구	• 개인정보 수집 시 안내항목 4가지를 포함하여 개인정보 수집 동의 • 동의 받은 신청서는 잠금장치가 있는 곳에 안전하게 보관
2	고객 정보 관리	마케팅 및 홍보 문자 발송	• 계약 이행을 위해 사전 동의없이 문자 발송 가능한 경우 확인 • 광고성 정보 수신 동의 후 광고 발송
3	고객 정보 관리	다른 사업장에 개인정보 제공	• 고객의 개인정보 제3자 제공 시 별도 동의 • 개인정보 제3자 제공 시 안내항목 5가지를 포함하여 제3자 제공 동의
4	고객 정보 관리	고객 개인정보 관리	• 업무상 필요한 직원만 고객정보를 처리하도록 하고, 안전하게 보관 • 개인정보 취급자 지정 • 개인정보 처리위탁 계약서 작성 • 고객 정보를 PC에 저장 시 암호화하여 저장 • PC 및 고객관리 프로그램 로그인 비밀번호 설정 • 백신 프로그램 설치 및 실시간 검사 설정 • 회원가입 신청서 등 고객정보 포함 문서는 잠금장치가 있는 곳에 보관
5	고객 정보 관리	고객 개인정보 파기	• 업무 상 필요에 의해 사용한 고객정보는 불필요해졌을 경우 기준에 따라 삭제 • 개인정보가 복구, 재생되지 않도록 안전한 방법으로 파기
6	직원 정보 관리	채용 진행 시 지원자 개인정보 관리	• 채용 공고 및 면접 진행 시 이력서 관리 철저 • 이력서 및 증빙자료는 면접에 필요한 최소정보만 수집 • 다운받은 이력서는 암호화하여 PC에 저장해야 함 • 채용단계에서는 주민등록번호 수집 불가
7	직원 정보 관리	직원의 인사 정보 관리	• 근로자 명부(근로계약서, 임금대장, 4대보험 가입, 연말 소득신고)에 기록되는 개인정보는 직원의 동의없이 수집 이용 가능 • 직원의 개인정보 저장 시 암호화하여 저장 관리
8	직원 정보 관리	퇴사한 직원 개인정보 파기	• 인사정보에 관한 서류는 3년간 보존 후 파기 • 퇴사 직원의 인사정보 중 3년이 경과된 서류가 있는지 확인 • 직원정보가 PC 등 어떻게 저장되어 관리되어 있는지 확인

No.	영역	개인정보 보호 대책	설명
9	영상정보처리 기기(CCTV) 관리	영상정보처리기기 설치운영	• 공개된 장소에서 개인정보 보호법에 따라 설치 가능한 경우인지 확인 • CCTV를 통한 녹음은 엄격히 금지됨

10	영상정보처리
	기기(CCTV)
	관리
		영상정보처리기기
		안내판 설치
			• 영상정보처리기기 안내판에 기재해야 하는 사
			  항을 모두 포함하여 안내판 설치
			• 매장 내 여러 대의 CCTV가 설치된 경우 매장
			  내부 전체가 설치 지역임을 표시한 안내판을 출
			  입구에 부착

11	영상정보처리
	기기(CCTV)
	관리
		영상정보 관리	• 영상정보는 잠금장치가 되는 안전한 곳에 저장
			• 영상정보 관리시스템의 로그인 비밀번호를 비밀
			  번호 작성규칙 준수하여 사용
			• 영상정보에 대한 관리자를 지정하여 관리자만
			  확인할 수 있도록 함
			• 영상정보의 저장 및 관리업체와 개인정보처리업
			  무 위탁 계약 시행
			• 영상정보 관리에 문제가 없는지 주기적으로
			  관리감독
			• 영상정보를 암호화하여 전송되도록 함

12	영상정보처리 기기(CCTV) 관리	영상정보 요청 시 열람등 조치	• 열람 요청 시 요청서 안내하고 수취 • 열람 요청 전 영상정보 사전 확인 • 열람 통보 및 열람하고 열람 내역 기록
13	개인정보 보호 문의	개인정보 보호 포털	• www.privacy.go.kr • 개인정보 보호 활동을 위한 자료(가이드라인, 해설서 등) • 개인정보 보호 교육 • 개인정보 보호 관련 기술 지원
14	개인정보 보호 문의	인터넷 보호나라	• www.boho.or.kr • 홈페이지 보안 강화 점검 • 정보보호 컨설팅 지원 • 해킹/바이러스 상담

15	개인정보 보호
	문의
		개인정보 보호
		기술지원 센터
			• 기술상담(개인정보 보호 안전성 확보조치 관련
			  법제도 일반상담 문의)
			• 온라인 컨설팅(개인정보처리방침, 개인정보 수
			  집이용 동의, 내부관리계획, 위수탁 계약서 등)
			• 현장방문 컨설팅(사업장에 방문하여 개인정보
			  의 관리적 조치 뿐만 아니라 기술적·물리적 조
			  치 전반에 대한 안전성 진단 및 컨설팅)

8.3

정보보안 담당자의 외부 활동

8.3.1 ● 외부활동의 중요성

정보보안은 빠르게 진화하는 분야이며, 새로운 위험과 도전에 대응하기 위해서는 지속적인 학습과 외부 활동이 필수적입니다. 따라서 정보 보안 담당자가 외부 활동에 투자하는 것은 조직의 보안 능력을 강화하고 위협으로부터의 방어 능력을 향상시키는 데 중요합니다.

| 외부활동의 중요성 |

No.	외부 활동의 중요성	기대효과
1	최신 정보 및 트렌드 파악	최신 보안 동향, 새로운 위협, 공격 기술 및 산업 트렌드를 파악할 수 있으며, 이를 통해 조직 내의 정보 보안 전략을 업데이트하고 적응력을 강화할 수 있음
2	전문성 강화	학회, 컨퍼런스, 교육 및 교육 프로그램을 통해 새로운 기술, 도구 및 방법을 배우고 자격증을 획득함으로써 전문성을 향상시킬 수 있음
3	네트워킹 및 지식 공유	다른 전문가들과 연결하고 지식을 공유하는 기회를 제공하고, 이를 통해 다양한 의견과 경험을 얻을 수 있으며, 보안 커뮤니티와 협력 관계를 구축할 수 있음
4	보안 문제 인식 증진	다른 조직이나 산업 부문의 보안 이슈를 이해하면서, 조직 내의 보안 전략을 보다 다각적으로 평가할 수 있음
5	사이버 위험 대응 능력 강화	세미나, 해커톤, 대회 등을 통해 사이버 공격 및 위험에 대한 대응 능력을 향상시킬 수 있음
6	규제 준수 및 업계 표준 이행	규제 요구 사항을 이해하고 준수하기 위해 외부 기관 및 교육 리소스를 활용할 수 있음
7	보안 문화 강화	정보 보안 담당자가 외부에서 얻은 지식과 인사이트를 내부로 가져와 조직 내의 보안 인식을 높일 수 있음
8	금전적 기회	회사의 연봉 외에 부가적인 소득 향상을 도모할 수 있음

외부활동의 사례

정보보안 담당자는 조직의 내부 정보보안 요구 사항을 충족하는 것 외에도 외부 활동을 통해 정보보안 커뮤니티와 협력하며, 보안 지식을 공유하고 업계 동향을 파악합니다.

| 외부활동의 사례 |

No.	외부활동 사례	활동 목적	활동 사례
1	보안 커뮤니티 참여	보안 관련 커뮤니티 및 협회에 참여하여 다른 전문가들과 지식을 공유하고 최신 보안 트렌드를 파악	SecurityPlus, ISMS-P WIN, 정보보안 문제 공작소, ISACA, 보안 프로젝트 등
2	학회 및 컨퍼런스 참석	정보 보안 관련 학회 및 컨퍼런스에 참석하여 최신 보안 기술과 동향을 습득하고, 다른 전문가들과 네트워킹을 할 수 있음	정보보호대학원, 보안 솔루션사 세미나, KISA, KISIA, 전자신문 세미나 등
3	보안 블로그 및 포럼 활동	보안 블로그, 포럼 및 소셜 미디어를 통해 보안 관련 정보를 공유하고 토론에 참여함 보안 지식을 확장하고 다른 전문가와 의견을 교환하는 데 도움이 됨	보안 블로거, 과학기술정보통신부 보안 포럼 등
4	강의 및 교육 활동	대학, 교육 기관 또는 교육 프로그램에서 보안 강의나 워크샵을 진행할 수 있음	보안 지식을 전파하고 신규 보안 전문가 양성 지원
5	해킹 대회 참가	사이버 경쟁에 참가하여 보안 기술과 해킹 능력을 향상시키고 경쟁적으로 문제를 해결하는 기회를 제공	KISA 해킹방어대회, CODEGATE, HDCON, ISEC, SECUINSIDE 등
6	보안 자격증 획득	보안 증명서를 획득하기 위해 시험을 응시하거나 교육을 받아 전문성을 입증함	ISMS-P, CPPG, PIA, 정보보안기사 등
7	제안서 평가	공공사업 입찰 제안서 평가위원으로 제안서 평가 활동 수행	KISA, NIA 등 제안서 평가,
8	기업 보안 자문	보안 조직, 인력, 기술, 정책 솔루션 등 조언	개인정보 보호 감사, 데이터 안전 활용
9	보안 감사, 심사	자격시험에 합격하여 인증심사, 영향평가 등의 활동을 수행	ISMS-P 인증심사, 개인정보 영향평가, ISO 27001 등

외부활동의 정성적 보상

외부활동의 보상은 본인의 역량 개발과 명예뿐만 아니라 다양한 발전 기회를 제공합니다. 이러한 보상들은 새로운 기회를 재창출할 수 있는 원동력이 될 것입니다.

| 외부활동의 정성적 보상 |

No.	외부활동 보상	내용	비고
1	경험과 포트폴리오	자신의 경험을 향상시키고, 포트폴리오를 다양화하는 기회를 제공함	완료한 프로젝트는 나중에 다른 기업에서의 채용이나 프로젝트 참여에 도움이 될 수 있음
2	인지도와 명성	활동을 통해 기술적 능력과 지식을 공유하고 인터뷰, 기고문 등을 통해 자신의 전문성을 알리는 것이 명성을 쌓는 데 도움이 됨	높아진 인지도와 명성을 통해 자연스럽게 고급 활동의 기회가 찾아옴
3	전문 네트워킹	외부활동은 다양한 전문가와의 네트워킹 기회를 제공함	이를 통해 다양한 기업이나 기관에서의 참여 기회를 얻을 수 있음
4	교육 및 훈련 기회	외부활동을 통해 새로운 기술과 도구를 학습하고, 다른 전문가들로부터 교육을 받을 수 있음	전문가로부터 진로, 업무기술 등을 가이드 받을 수 있음
5	최신 기술 접근성	외부활동을 통해 최신 보안 도구 및 기술에 접근할 수 있음	참여를 통해 최신 기술을 경험하고 적용할 수 있음
6	창업 기회	자신의 보안 전문성을 바탕으로 창업할 수 있는 기회를 제공할 수 있음	새로운 비즈니스를 시작하거나 컨설팅 서비스를 제공할 수 있음

전문적 외부활동의 금전적 보상

보상은 개인의 목표와 우선순위, 참여한 프로젝트의 성격 등에 따라 다를 수 있습니다. 보통은 금전적 보상과 함께 경험과 발전의 기회를 제공받는 것이 전문적 외부활동을 통한 가치를 높일 수 있는 방법입니다.

No.	외부활동 사례	활동 목적	금전적 보상
1	강의 및 교육 활동	기관 담당자를 대상으로 개인정보 보호 교육, 정보보호 교육	시간 당 10만 원 ~ 50만 원
2	수험생 대상 교육	시험 합격을 희망하는 수험생 대비 각종 자격증 교육	시간 당 5만 원 ~ 30만 원
3	제안서 평가	보안 사업 입찰 시 제안서 평가위원 으로 업체 제안서 평가	시간 당 10만 원 ~ 30만 원
4	해킹 대회 참가	해킹 실력으로 국내, 국외 해킹 대회 참가	100만 원 ~ 2,000만 원까지 상금
5	기업 보안성 심의	기관 담당자를 대상으로 개인정보 보호 교육, 정보보호 교육	시간 당 10만 원 ~ 50만 원
6	집필, 검토진 활동	NCS, 가이드 작성 등 정부 집필 과제	페이지 당 5천 원~5만 원
7	보안 감사	기관의 보안 현황에 대한 전문가로 서 자문	시간 당 5만 원 ~ 30만 원
8	온라인 강의	온라인 강의는 플랫폼을 1회 강의로 꾸준한 수익을 창출할 수 있음	인프런, 클래스101, 트레바 리, 링글, 플랜핏 등
9	책 출판	출판사에 기획서를 제출하고, 정해진 기간 내에 책을 출판사여 인세 받음	책 가격의 10% 정도의 인세
10	인증심사	ISMS-P, ISO 27001, PCI-DSS 등	일당 20만 원 ~ 60만 원
11	감리, 영향평가	정보시스템 감리, 개인정보 영향평가	일당 20만 원 ~ 50만 원

8.3.2 ● 외부활동을 하기 위한 역량 개발

전문적 외부활동의 자격요건 및 요구역량

외부활동을 하기 위한 자격 요건은 국가 및 기관에 따라 다를 수 있으며, 해당 분야에서 요구되는 특정 기술 및 지식을 고려해야 합니다. 보안 분야는 지속적인 학습과 개발이 필요하므로 전문가로서 최신 지식을 유지하는 것이 중요합니다.

No.	자격 요건	설명	예시
1	박사	박사 학위는 대부분의 고급 자문 활동을 할 수 있는 학위이며, 전문성이 입증되면 석사, 학사 학위로도 활동할 수 있음	공학 박사, 경영학 박사가 주류임
2	기술사	기술사는 박사급의 자격요건을 갖음	정보관리기술사, 컴퓨터시스템 응용기술사
3	ISMS-P	정보보안 분야의 최고의 자격증으로 기술사, 박사에 준하여 인증심사 외에 활동할 수 있는 경우가 있음	ISMS-P 인증심사원
4	개인정보 영향평가	개인정보 영향평가는 다소 휴무일에 하기에는 무리가 있으나 자격증만으로 쉽게 일거리를 찾을 수 있음	PIA(개인정보 영양평가 전문인력)
5	리더 경험	대기업의 임원 이상은 박사급의 준하여 대우를 해주는 경우가 있음 팀장급도 전문성 여부에 따라 외부활동을 할 수 있음	임원, 팀장 등 직책자
6	전문가	학위, 자격증이 없어도 한 분야에 전문가로 경력을 인정 받는 경우 활동을 할 수 있음	해커, 개발자, 보안 아키텍트, 개인정보 보호 컨설턴트 등

No.	요구 역량	설명	예시
1	경력 및 실무 경험	보안 분야에서의 근무 경력 및 실무 경험	대형 산업체 또는 정부기관에서 보안 업무 경험이 있으면 신뢰성을 높일 수 있음
2	기술적 역량	보안 기술 및 도구에 대한 깊은 이해와 숙련된 기술적 역량이 필요	개인정보 보호, 해킹, 취약점 진단, 인증심사 지식 등
3	커뮤니케이션 및 컨설팅	보고서 작성 및 기술적 내용을 비전문가에게 효과적으로 전달할 수 있는 능력이 중요	교육자료, 산출물 작성, 발표 역량
4	업계 지식	보안 업계의 최신 동향과 새로운 위협에 대한 이해가 필요	산업별로 특정한 보안 문제에 대한 전문 지식을 갖추는 것이 도움

No.	요구 역량	설명	예시
5	창의성과 문제 해결 능력	새로운 문제에 대한 창의적이고 효과적인 해결 능력이 요구됨	보안 전문가는 항상 새로운 위협과 도전에 대처할 수 있어야 함
6	전문 자격증	국내, 국제적으로 인정받는 보안 관련 자격증을 보유하는 것이 유리함	ISMS-P, PIA, 정보처리 기술사, ISO 27001 등
7	비즈니스 이해	조직의 비즈니스 목표와 전략을 이해하고, 보안을 비즈니스 목표에 효과적으로 통합할 수 있는 능력이 필요함	제조업, 리테일, 제약업계, 물류 등 산업별 특화 비즈니스 지식

집필 관련 외부활동 시 어려움

보안 전문가로서 집필 활동을 하는 데에는 몇 가지 어려움이 있을 수 있습니다. 집필 관련 어려움을 극복하기 위해서는 꾸준한 학습, 경험의 쌓임, 피드백에 개방적인 마음가짐 등이 필요합니다. 또한, 독자와의 소통을 통해 어떤 주제와 형식이 독자들에게 잘 전달되는지를 파악하는 것이 중요합니다.

| 집필 관련 외부활동 시 어려움 |

No.	어려움	설명
1	기술적 내용의 이해와 전달	보안은 복잡하고 기술적인 분야이기 때문에 기술적인 내용을 이해하고 비전문가에게 효과적으로 전달하는 것은 어려울 수 있음
2	보안 주제의 빠른 변화	보안 기술과 도구는 빠르게 진화하고 변화하므로 최신 정보를 유지하고 반영하기 위해서는 꾸준한 연구와 학습이 필요함
3	글쓰기 스킬	기술적인 내용을 명확하고 효과적으로 표현하는 것은 쉽지 않을 수 있으며, 좋은 글쓰기 스킬은 필수적임
4	독자층 이해	독자들의 수준과 관심에 맞추어 글을 작성하는 것이 중요하며, 너무 기술적이거나 혹은 기초적인 내용이면 독자들의 이해에 어려움이 생길 수 있음
5	저작권 및 법적 문제	공개 정보를 다루다 보면 저작권 및 법적인 문제에 노출될 수 있으므로, 신중하게 검토하고 안전한 정보만을 다루어야 함
6	핵심 메시지 전달	핵심 메시지를 명확하게 전달하기 위해서는 내용을 정리하고 중요한 부분을 강조하는 능력이 필요함
7	시간 관리	집필 작업은 시간이 많이 소요될 수 있으므로, 다른 업무와 균형을 맞추면서 효율적으로 시간을 관리하는 것이 중요함

No.	어려움	설명
8	피드백 수용	독자, 편집자, 동료 등으로부터의 다양한 피드백을 수용하고 효과적으로 반영하는 것은 중요함
9	윤리적 고려사항	보안과 관련된 주제를 다룰 때 윤리적인 측면을 고려해야 하며, 독자들의 개인 정보나 기업 정보 등을 존중하고 안전하게 다루어야 함

8.3.3 ● 외부활동 참여 방법

보안 전문가 외부 활동 참여 방법

보안 전문가로서 활동을 하기 위해 수요처로부터 기회를 부여 받기 위한 다양한 방법이 있습니다. 이러한 노력과 전문성 향상은 수요처로부터의 신뢰를 얻고, 보안 전문가로서의 기회를 창출하는 데 도움이 됩니다.

| 보안 전문가 외부 활동 참여 방법 |

No.	참여 방법	설명	예시
1	자격증 취득	국내, 국제적으로 인정받는 보안 관련 자격증을 취득하는 것이 기회를 높일 수 있음	ISMS-P, PIA, 정보시스템 감리사, 정보관리기술사 등
2	포트폴리오 구축	직접적인 경험이 부족한 경우, 보안 프로젝트나 개인 프로젝트를 통해 작성한 포트폴리오를 구축해 두면 도움이 됨	보안 BP 사례, 보안 보고서, 펜테스팅 결과 등
3	전문가 인적 네트워킹	보안 커뮤니티 및 이벤트에 참여하여 전문 인적 네트워크를 구축함	전문가들과 교류하여 좋은 기회를 받는 대상자가 됨
4	블로그 및 소셜 미디어 활용	기술 블로그나 소셜 미디어를 통해 보안 관련 지식을 공유하고 전문성을 알리는 것이 도움이 됨	수요처가 전문성을 확인하고 연락
5	컨퍼런스 및 워크샵 참가	보안 컨퍼런스 및 워크샵에 참가하여 최신 동향을 파악하고, 산업 전문가와의 교류를 통해 기회를 찾을 수 있음	정부, 기업 등 보안 관련 세미나 참석
6	인력풀 등록	수요처에서 관리하는 인력풀에 등록하여 필요 시 기회를 부여 받을 수 있음	KISA 제안서 평가위원, 개인정보 보호 전문교육 강사 등

No.	참여 방법	설명	예시
7	수요처와의 관계 형성	수요처와 직접적으로 연락하여 자신의 전문성을 알리고 협업의 기회를 모색함	정부기관, 기업체, 교육기관, 출판사 등에 연락

외부활동 참여 시 마음가짐 및 하지 말아야 할 8가지

처음 참여하는 보안 전문 활동에서는 지속적인 학습과 개발, 다양한 경험을 쌓는 것이 중요합니다. 또한, 적극적으로 커뮤니케이션하고 협업하는 자세를 가지면 좋습니다.

| 외부활동 참여 시 마음가짐 |

No.	마음가짐	예시
1	열린 마음과 호기심	새로운 지식과 기술에 대한 호기심을 갖고 열린 마음으로 접근해야 함
2	지속적인 학습 의지	항상 새로운 지식을 습득하고 자기계발에 힘쓰는 의지를 갖는 것이 중요
3	커뮤니케이션 능력 강화	다양한 전문가들과 소통하고 협업하는 데에는 좋은 커뮤니케이션 능력이 필요함
4	윤리적인 관점	개인정보와 기업정보를 존중하며, 윤리적인 결정을 내리는 데에 신중함 유지
5	문제 해결 능력 강화	빠르고 효과적으로 보안 문제를 해결하는 능력을 강화해야 함
6	인적 네트워킹	소모임, 컨퍼런스, 온라인 포럼 등을 통해 다양한 전문가들과 소통하고 네트워킹
7	자신의 목표 및 관심 분야 설정	자신이 어떤 분야에서 활동하고 싶은지 목표와 관심을 명확히 설정
8	실패에 대한 대처 능력	실패와 불가피한 도전이 있을 수 있으나 이를 기회로 삼고 배우고 성장하는 마음을 가져야 함
9	성장을 위한 책임감	보안 전문가로서는 조직이나 고객의 정보를 책임질 뿐만 아니라 자신의 전문성을 책임질 의무가 있음

No.	하지 말아야 할 것	설명
1	기밀 정보의 노출	• 보안과 관련된 정보는 항상 신중하게 다뤄져야 함 • 자신의 기업이나 클라이언트의 기밀 정보를 외부에 노출시키지 않도록 주의해야 함
2	도덕적인 준칙 위반	• 보안 전문가로서는 도덕적인 행동이 요구됨 • 도덕적인 준칙을 위반하거나 불법적인 활동에 관여하지 않도록 주의해야 함
3	법률 및 규정 위반	• 보안 전문가는 관련 법률과 규정을 준수해야 함 • 법률 위반으로 인한 법적 문제를 피하기 위해 주의가 필요함
4	지적 재산 침해	• 다른 보안 전문가나 기업의 지적 재산을 침해하지 않도록 주의해야 함 • 허가 없이 다른 사람의 소프트웨어, 코드, 문서 등을 사용하거나 공개해서는 안 됨
5	과장된 주장 및 거짓 정보 전달	• 보안 전문가로서는 신뢰성 있는 정보를 전달해야 함 • 과장된 주장이나 거짓 정보를 전달하지 않도록 주의해야 함
6	개인적인 갈등 유발	• 커뮤니티나 행사에서 갈등을 일으키거나, 다른 전문가들과의 불필요한 갈등을 피해야 함
7	정치적 또는 종교적 선호 표현	• 외부활동에서는 개인적인 정치적 또는 종교적 선호를 공개하지 않는 것이 좋음
8	비방 및 모욕적 언어 사용	• 다른 개인이나 기업을 비방하거나 모욕하는 언어를 사용하지 않도록 주의해야 함

외부활동 참여를 위한 10년의 로드맵

보안 전문가로서 소속사 연봉 외에 외부활동으로 소득을 늘리기 위해 5년, 10년의 로드맵을 아래와 같이 제안합니다. 이는 경험과 전문성을 쌓아가면서 다양한 소득원을 확보하는 방향을 제시한 것입니다. 이러한 로드맵을 통해 전문성과 경험을 쌓아가면서 소득을 늘리고 보안 분야에서의 성공을 이룰 수 있습니다.

연차	로드맵	설명
1~2년차	자격증 취득	• 국내, 국제적으로 인정받는 자격증을 취득하여 전문성 강화 • 정보보안기사, CPPG, ISMS-P, PIA, 정보관리기술사 등
	커뮤니티 참여	• 온라인 보안 커뮤니티에 참여하여 다양한 전문가들과 네트워킹 • 시큐리티 플러스, 보안인, 보안프로젝트, ISMS-P WIN 등
	블로그 및 미디어 참여	• 개인 블로그를 운영하거나 보안 관련 미디어에 기고하여 전문성을 공유하고 명성을 쌓기 • 네이버 카페, 블로그, 유튜브 등
3~4년차	교육 및 강의 활동	• 보안 세미나나 워크샵에서 특강을 진행하여 강의 경험 쌓기
	컨설팅 프로젝트 참여	• 보안 컨설팅 프로젝트에 참여하여 다양한 기업에서의 경험 쌓기
	보안 관련 서적 출간	• 기술적인 내용이나 보안 전략에 관한 서적 출간을 통해 저자로서의 명성 쌓기
5~6년차	글로벌 컨퍼런스 발표	• 국제적인 보안 컨퍼런스에서 발표하여 국제적인 인지도 확보
	교육 기관에서 강의	• 대학이나 보안 교육 기관에서 강의를 맡아 학생들에게 전문성 전달
	보안 기술 스타트업 창업	• 쌓아온 경험과 지식을 기반으로 보안 기술 스타트업 창업
7~8년차	보안 서비스 기업 설립	• 보안 서비스 기업을 설립하여 기업들에 보안 컨설팅 및 서비스 제공
	해외 컨설팅 프로젝트 참여	• 국외에서의 보안 컨설팅 프로젝트에 참여하여 국제적인 경험 쌓기
	보안 관련 투자 및 벤처 기업 투자	• 보안 분야의 투자 기회를 찾아 투자하고 다양한 벤처 기업에 참여
9~10년차	기업 보안 컨설팅 컴퍼니 CEO	• 기업 보안 컨설팅 회사를 이끌어 CEO로 활동
	보안 전문가 커뮤니티 리더십	• 보안 전문가들의 커뮤니티에서 리더십 역할을 맡아 다양한 전문가들과 협력
	연구 및 기여	• 보안 분야의 연구에 기여하고, 기술 발전에 기여하는 프로젝트 참여

정보보안 리더에게
필요한 회사생활 노하우

9.1

정보보안 리더의 회사생활

대학 졸업 후 회사 생활하면서 꼭 필요한 자기관리방법과 직무스킬(Skill), 나아가 정보보안 분야에서 리더가 되기 위한 길에 대해 알아보겠습니다. 이는 보안리더로의 발돋움에 실질적인 도움이 될 것입니다.

9.1.1 ● 자기관리방법

회사에서는 학교 생활과는 비교할 수 없을 정도로 다양한 경험과 역량이 요구되며, 자신을 잘 관리하지 못하면 쉽게 지치거나 매너리즘에 빠질 수 있습니다. 회사에서 자기역량을 키우기 위해 본인의 업무가 아닌 정보보안 분야에 관심을 두고 리더가 되고자 한다면 철저한 자기 관리가 필요합니다. 사실 입사부터 정년까지 자기관리라는 문제에 직면하지 않는 사람은 없을 것입니다. 수십 년간의 재직 경험상 입사해서 시작해야 할 자기관리로는 시간관리, 재정관리, 품격관리, 스트레스 관리를 들수 있습니다.

시간관리

'시간은 돈이다'라는 말과 같이 하루가 다르게 급변하고 있는 현대 사회에서 시간의 효율적 활용은 중요합니다. 주어진 시간을 극대화하기 위해 시간관리는 필수적입니다. 누구에게나 하루에 24시간이 공평하게 주어지지만, 현재 주어진 시간을 어떻게 사용하느냐에 따라 미래의 회사생활과 가치평가가 달라질 수 있기 때문입니다. 우선 자기가 해야 하는 업무를 나열하고 우선순위에 따라 처리하면 효율적으로 시간을 관리할 수 있으며, 자신의 주변을 집중할 수 있는 업무 환경으로 만든다면 동료들보다 훌륭한 업무 성과를 거둘 수 있습니다. 구체적인 방법론을 제시하자면 다음과 같습니다.

No.	방법	내용
1	해야 할 일 우선 순위 부여	업무를 시작하기 전에 해야 할 일을 나열하고, 중요성과 긴급성을 고려하여 우선순위를 부여합니다.
2	중요 업무 끝내기	오전에 집중도가 높으므로 해야 할 일 중 중요한 업무부터 오전에 처리합니다. 중요한 업무를 먼저 끝내면 자신감과 성취감을 느낄 수 있습니다.
3	자투리 시간 활용하기	이동 시간이나 휴식 시간 등의 자투리 시간을 활용하면 업무 효율을 높일 수 있습니다. 예를 들어, 출장이나 외근 시 이동 중에는 관련 업무 자료를 조회하거나 직무 관련 인터넷 강의를 수강하는 것이 좋습니다.
4	한가지 일에만 집중하기	정해진 시간에 한 가지 일에만 집중합니다. 여러 업무를 동시에 진행하면 놓치는 일이 발생하고, 예상보다 더 많은 시간이 소요될 수 있습니다.
5	나만의 업무 환경 만들기	나에게 맞는 업무 환경을 만듭니다. 책상 위에 화분, 가족 사진, 디퓨저 등을 올려 놓으면 마음의 여유를 얻어 업무 효율을 높일 수 있습니다.

재정관리

월급을 받으면 하고 싶은 일이 많아지고, 부모님과 지인들을 위해 계획에도 없는 지출을 하는 경우가 많습니다. 그러나 첫 월급부터 계획적으로 지출하지 않으면 이후 월급을 관리하기가 어려워질 수 있습니다. 재정관리 방법으로 일단 목표를 구체적으로 세우고, 지출 항목을 세분화하고, 통장 관리 및 가계부 작성을 통하여 통제합니다.

첫째, 지출 항목 세분화입니다. 아래 내용은 예시이니 참고하여 본인의 지출 항목을 세분화해 보시기 바랍니다.

| 고정지출과 변동지출 |

구분	종류	내용
고정 지출	저축	• 45% 이상 저축하기 • 청약저축과 연금(연말정산고려) 가입하기 • 단기 적금 들기
	주거비	• 15% 이내 주거비 지출하기 • 주거비 절감을 위한 행복주택, 청년매입 임대주택, 청년 전세임대 등 이용하기 • 회사 내 전세자금 대출 이용하기
	보험	• 10% 이하 보험 들기 • 중요 보장 위주로 질병보험, 진단보험, 실비보험 가입하기
	교통비와 통신비	• 5% 이내로 교통비, 통신비 지출하기 • 알뜰교통카드를 신청하여 매월 1만 원 이상 절감하기 • 저렴한 자급제 폰을 구매하여, 알뜰폰 무제한 음성 및 데이터 가입하기
변동 지출	식비	• 사내 식당 또는 도시락으로 점심값 절약하기 • 외식비용은 주 1회 정도 지출하기
	특별지출	• 1년 내 특정 휴가, 명절, 의류 등 약 10% 책정하기 • 자신만을 위한 특별지출이라도 점검을 통해 절약하기
	용돈	• 자기개발(영어, 자격증 준비), 건강관리(운동), 경조사비 등을 용돈으로 분류 • 월급 외에 들어오는 수입(상여금, 성과금 등)으로 사용하기

둘째, 목표에 따라 통장을 따로 만들어 관리하는 것입니다.

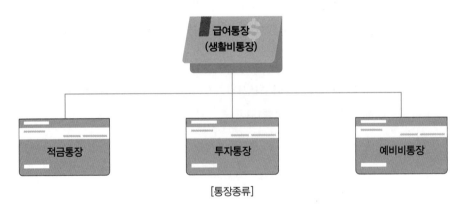

[통장종류]

구분	내용
생활비통장	• 급여통장으로 이체수수료 면제, 은행 거래실적 등 우대 혜택 있음 • 공과금, 통신비, 교통비, 대출이자 등을 자동이체 관리
적금통장	• 짧게는 1년, 3년, 5년, 10년 등 목돈 만들기 • 결혼자금, 주택자금, 차량구매 등에 사용 • 목돈은 현금화하기 쉽고 원금손실이 낮은 적금으로 추천
투자통장	• 매월 정해진 소액금액으로 다양한 투자상품을 투자하는 것을 추천 • 사전 투자 공부와 주변 지인들의 경험담을 통해 투자를 권함 • 향후 투자금액이 손해가 나더라도 생활에 지장을 되지 말아야 함
예비비통장	• 예상치 못한 돈(축의금, 의료비 등)이 들어 갈때 사용 • 매달 정해 놓은 비상금을 넣어 두는 것을 추천

셋째, 가계부 작성입니다. 한달 단위의 지출패턴을 파악할 수 있어 가계부 작성은 어플을 사용하거나 엑셀로 직접 작성하시기 바랍니다.

품격관리

회사생활에 있어 첫인상은 중요합니다. 첫인상을 좋게 하여 상대방이 자신에게 호감을 느끼게 할 수 있습니다. 다음은 첫인상을 좋게 하는 관리 방법입니다.

정장   캐주얼

[복장]

첫째, 옷차림을 통하여 첫인상을 좋게 할 수 있습니다. 옷차림만으로도 오늘 어떤 마음가짐과 자세로 출근을 했는지 전달할 수 있습니다. '자유로운 분위기의 회사', '복장 자율화'를 외치며 최근 스타트업이나 IT 기업 기타 많은 직종에서 캐주얼한 복장을 권장하는 경우가 많아졌습니다.

하지만 정장을 고집하지 않는 편한 회사일지라도 최소 1주일에서 2주일 정도는 정장을 입고 다니면 깔끔하고 예의 바른 좋은 이미지를 심어줄 수 있습니다.

둘째, 표정관리로 첫인상을 좋게 할 수 있습니다. 좋은 표정을 가진 사람은 다른 사람들에게 호감을 줄 뿐만 아니라 긍정적인 인상을 주어 대인 관계와 업무 성과에 많은 도움을 얻을 수 있습니다. 미소를 지을 때는 눈과 입이 함께 웃어야 자연스럽습니다. 미소 짓는 법이 어색하다면 '이'모음으로 끝나는 단어를 발음하며 미소 짓는 연습을 하는 것도 좋은 방법입니다. 미소를 지은 것이 아니더라도 미소를 짓는 상태가 됩니다.

스트레스 관리

일상생활에서 받는 스트레스도 많지만, 직장에서 받는 스트레스의 비중이 더 높습니다. 바로 직무 스트레스입니다. 회사 동료들마다 스트레스를 받는 정도와 해소하는 정도는 매우 다릅니다. 대부분은 해소하지 못하고 쌓아 두는 경우가 많습니다. 이는 다양한 부작용으로 나타나게 됩니다. 예를 들어, 불면증, 우울증, 불안장애, 두통 등이 생길 수 있고, 심한 경우에는 병원 치료를 받아야 하는 경우도 있습니다.

하지만 적당한 스트레스는 회사 생활에 활력을 주기도 하고, 어려움을 극복하거나 계획을 성취하는 데 원동력이 되기도 합니다. 적당한 스트레스와 스트레스 관리는 오히려 생산성을 향상시켜 줄 수도 있습니다. 직무 스트레스를 받고 있다면 이를 해소하는 자기만의 방법을 찾는 것이 중요합니다. 아래는 참고할 만한 스트레스 해소법입니다.

| 스트레스 해소방법 |

방법	내용
스트레칭	하루에 10분 정도 사무실에서 일어나 몸을 쭉 펴고 스트레칭을 하면 근육이 이완되고 긴장이 완화됩니다.
단전호흡	휴식 시간에 5분 정도 허리를 펴고 단전에 집중하여 천천히 호흡을 하면 불안한 마음이 사라지고 평안한 상태가 됩니다.
취미. 운동	취미나 운동에 몰두하면 업무에서 벗어나 스트레스를 해소할 수 있습니다.
종교활동	주말에 가까운 사찰, 교회, 성당에 가서 종교 지도자와 상담을 하거나 종교 활동을 하면 불안과 스트레스가 감소됩니다.
인생 목표설정	뚜렷한 인생 목표를 세우면 이를 달성하기 위해 노력하게 되고, 스트레스를 견딜 수 있는 힘이 생깁니다.
속마음 나누기	스트레스로 인해 느끼는 기분을 누군가에게 나누면 마음이 풀어집니다. 동료나 친구와 속마음을 나누는 것이 좋습니다.
긍정적인 마인드 갖기	자신의 장점과 성과를 칭찬하고, 앞으로도 잘할 수 있다는 자신감을 갖도록 격려합니다

대학을 갓 졸업하고 입사한 회사에서 어떻게 하면 인정을 받고, 좋은 고과를 받을 수 있을까 고민하며 다양한 자기개발 도서를 사서 출퇴근 시간과 주말에 읽고 다녔던 때가 바로 어제인 것 같습니다. 주변 선배들을 보면서 좋은 점은 취하고, 타산지석을 교훈 삼아 스스로 저에게 맞는 생활 습관을 만들어 갔습니다. 저는 10여 년 간 새벽 5시에 기상해서 회사 근처 헬스장에서 운동을 하고 있습니다. 약 30여 분 이상 유산소 운동을 통해 땀을 흘리고 나면, 그동안 쌓인 스트레스가 해소됩니다. 그리고 대중교통을 이용하여 집에서 헬스장을 가는 동안 자격증 관련 인터넷강의을 듣거나 온라인으로 새벽예배를 드립니다. 그리고 자투리 시간을 활용하여 좋은 말씀 또는 문구를 찾아 읽고, SNS를 통해 지인들에게 공유하며 하루를 긍정적으로 시작합니다. 사무실에 도착하여 업무를 하기 전 다이어리에 오늘 해야 할 일들을 나열한 후 업무 우선순위를 체크하여, 업무를 시작합니다. 중간에 고객 또는 상사가 시키는 업무가 들어오면 우선순위를 재조정합니다. 시간관리는 스스로 업무를 하면서 터득하는 것이 좋은 것 같습니다.

프로젝트와 운영업무를 하다 보니 고객과 만날 기회가 많습니다. 이럴 때 정장 차림으로 만나는 사람들을 편하게 대하고, 반가운 얼굴로 인사하여 좋은 이미지를 주려고 노력합니다. 좋은 이미지는 직장 상사들과 고객에게 가까이 다가갈 수 있는 기회를 만들어줍니다. '웃는 얼굴에 침 못 뱉는다' 라는 옛말과 같이 밝은 미소는 상대방의 마음의 문을 열 수 있으며, 대인관계를 원만히 할 수 있는 열쇠가 될 것입니다.

9.1.2 ● 직무스킬(Skill)

직장생활에서 이루어지는 일은 주로 문서작성, 진행보고 및 발표 등의 업무가 있습니다. 직장 내에서 상사에게 인정받고 승진과 연봉 인상에 영향을 미치기 위해서는 성과보고를 잘하는 것이 중요합니다. 지금부터 이에 대해 알아보겠습니다.

문서작성

입사를 하게 되면 여러 가지 문서작성을 하게 됩니다. 신입사원시절 대규모의 국책 사업프로젝트에 투입되어 많은 문서와 프로젝트 산출물을 작성한 경험을 토대로 이 메일, 공문, 사업추진계획서, 결과보고서 작성방법에 대해 알아보겠습니다.

1. 이메일 작성방법

이메일 작성은 여러 가지 문서 작성 중 제일 간단하면서도 중요한 업무 중 하나입니다. 7가지 항목으로 구성하여 형식에 맞추어 작성하면 됩니다.

| 이메일 작성내용 |

No.	구성	작성 내용
1	제목	메일 제목은 상대방의 관심을 끌어야 합니다. 요청하는 회사명 또는 팀명과 메일의 내용을 30자 이내로 간결하게 작성하시기 바랍니다. ⑩ 제목 : [A사] 매체제어 시스템 제안 설명회 참석요청 (12/1 금 09:00 ~ 12:00)
2	인사말	만남의 시작은 인사입니다. 인사말에는 상대방의 이름과 직위를 함께 언급하는 것이 좋습니다. ⑩ 안녕하세요. D회사 홍OO 차장님
3	자기소개	간단한 자기소개를 통해 상대방에게 자신을 소개합니다. 직급과 이름을 언급하면 상대방의 관심을 끌 수 있습니다. ⑩ J사 정보보안팀에 김OO 과장입니다.
4	목적(이유)	비즈니스 이메일은 상대방이 이메일의 주요 내용을 쉽게 이해할 수 있도록 목적을 명확히 작성해야 합니다. ⑩ 매체 제어시스템 교체를 준비 중에 있습니다. 이에 관련 귀사의 제안 설명회 참여를 요청 드리고자 합니다.
5	본문내용	본문은 상대방이 원하는 정보를 제공하거나 행동을 유도하기 위해 작성해야 합니다. ⑩ 제안설명회가 있사오니 아래와 같이 참석요청 드립니다. － 아래 － 일시 : 12/1(금) 09:00 ~ 12:00 장소 : 강남OO빌딩 3층 J사 정보보안회의실
6	맺음말	맺음말은 상대방의 동기 유발을 위해 요청 받은 행동에 대한 미리 감사 인사로 마무리하는 것이 효과적입니다. ⑩ 고맙습니다.

No.	구성	작성 내용
7	첨부파일	파일명을 작성할 때는 작성한 날짜, 작성자(회사, 부서), 제목을 순서대로 작성하는 것이 좋습니다. ⑩ 231115_홍길동(J사 정보보안팀)_매체제어 시스템 제안 설명자료

2. 공문 작성방법

기업과 기업의 공식적인 의견교환, 공공기관 또는 공기업 사업에 참여하는 공공업무 담당자와의 업무 등과 같이 회사를 대표해서 공식적인 내용을 전달하고자 할 경우 공문 형식으로 작성하며, 소속된 회사의 양식에 맞추어 아래 10가지 항목으로 구성하여 작성합니다.

| 공문 작성 내용 |

No.	구성	작성방법
1	주소 및 연락처	자신 회사 또는 기관의 우편번호, 주소, 대표 또는 작성자의 전화번호 & Fax 번호 등을 작성하거나 그룹웨어 내 공문작성 시 자동으로 작성됩니다. ⑩ 100-874 서울시 중구 OOO로 빌딩 　 (Tel 02-111-2222, Fax 02-111-2223)
2	문서번호	자신 회사의 문서번호 체계에 맞춰 자동 발급 또는 수기로 작성합니다. ⑩ 서울-공문-23-1106-1
3	수신	상대 회사 또는 공공기관명을 작성합니다. ⑩ OOOO기관
4	참조	공문을 받는 관련 업무부서명 또는 세부적으로 업무부서명과 담당자를 함께 언급하면 좋습니다. ⑩ 정보보안부서 OOO 담당자
5	발신	자신 회사 또는 기관명, 자세히 쓴다면 부서까지 작성해주면 좋습니다. ⑩ (주)OOO사 영업부
6	제목	공문을 통해 하고자 하는 내용을 30자 이내로 쓰는 것이 좋습니다. ⑩ OOOO 시스템 제안 참여 및 서류 제출건
7	인사	의뢰적으로 상대 회사 또는 공공기관명을 높여 발전을 기원하는 인사말로 작성합니다. ⑩ 1. 귀 기관의 무궁한 발전을 진심으로 기원합니다

No.	구성	작성방법
8	본문내용	본문의 특징은 '공문의 목적'에 맞게 당사가 하고자 하는 내용을 작성합니다. 예 2. 당사에서는 OOOO 시스템을 제안을 참여하고자 아래와 같이 제안서류를 제출하오니 업무에 참고하여 주시기 바랍니다. – 아래 – 가. OOOO 제안서 10부 나. OOOO 견적서 1부. 끝.
9	날짜	공문을 제출하는 날짜에 맞춰 작성합니다. 예 2023.11.06
10	대표자 및 직인날인	회사명 또는 기관명 대표 이름을 작성하거나 그룹웨어 내 공문작성 시 자동으로 출력되며 내부 품의를 받아 승인 후 직인을 날인합니다. 예 (주)OOO 대표이사 사장 홍 길 동

3. 사업추진계획서 작성방법

사업추진계획서는 신규 또는 교체사업을 추진하기 위해 사전에 내부 승인을 받기 위한 문서입니다. 사업의 배경과 목적, 추진 방안, 예산과 일정, 기대효과 등을 순서대로 작성해야 합니다. 참고로 작성 항목이 기관이나 회사별로 다를 수 있습니다.

| 사업추진계획서 작성 내용 |

No.	구성	작성방법
1	사업명	추진하고자 하는 사업의 핵심내용을 20자 내외로 임팩트 있게 작성합니다. 예 외부보안체계 강화를 위한 OOOO 리프레쉬
2	배경 및 목적(필요성)	대·내외 영향 등에 따른 배경으로 명확한 사업의 목적을 작성 합니다. 예 OOO 취약점으로 인한 OOO업무 정상화 　OOO 시스템 장비노후에 따른 장애예상으로 인한 신규시스템 도입
3	추진방안	진행하고자 하는일과 어떤 체계로 구성하여 진행되어야 하는 방법을 작성합니다. 예 OOO 취약점 발생원인과 분석 　국·내외 OOO 솔루션 평가를 통한 시스템 구축
4	예산	사업을 추진하고자 하는 일들에 대해 재료비, 용역비 등 예상되는 투입비용을 작성합니다. 예 총 10억 원(시스템 H/W구매3억 원, S/W 5억 원, 용역비 2억 원)
5	일정	시작과 끝까지의 일정으로 사업수행을 위한 일정을 작성합니다. 예 '24. 1.1 ~ '24.06.30(요구사항분석, 시스템 구축, 테스트, 전사가동)

No.	구성	작성방법
6	기대효과	사업의 직접적인 목적을 통해 기대되는 단기. 장기 기대효과를 작성합니다. ㉠ 운영인력 최소화에 따른 연 운영비용 절감 보안강화에 따른 지속적 생산성 효율 증가

4. 결과보고서 작성방법

결과보고서는 사업추진계획서를 토대로 수행한 결과를 보고하는 문서입니다. 추진
개요, 결과, 성과를 통해 그동안의 업무를 마무리하고, 향후 새로운 업무 추진을 위
한 발판이 되기 때문에 매우 중요합니다.

| 결과보고서 작성 내용 |

No.	구성	작성방법
1	추진개요	대·내외 영향 등에 따른 배경으로 명확한 사업의 목적을 작성합니다(추진 계획서의 배경 및 목적 동일함). ㉠ OOO 취약점으로 인한 OOO업무 정상화 OOO 시스템 장비노후에 따른 장애예상으로 인한 신규시스템 도입
2	추진결과	추진계획에서 추진방안에 대한 실제 기간, 비용, 결과 및 기대효과 등을 작 성합니다. ㉠ 실행기간 : '24. 1.1 ~ '24.05.31 (사전 철저한 준비와 실행력으로 조기 완료) 실행비용 : 총 8억 원(시스템 H/W구매 3억 원, S/W 5억 원, 용역비 2억 원) 실행결과 : OOO시스템 성공가동 기대효과 : 운영비용 약 1억 원 예산절감 생산성 5% 향상
3	향후계획	추진결과에 사후 관리방안과 현 사업을 연계하여 추진하겠다는 의지가 있 다면 향후 사업에 대해 간략내용 등을 작성합니다. ㉠ 사후관리방안 : 기존 OOO시스템 인력 활용한 유지보수 진행 고도화 추진 : '24.08.01 ~ '24.12.31

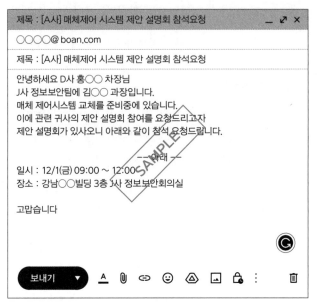

[이메일 샘플]

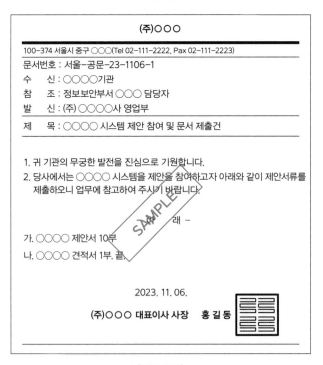

[공문 샘플]

보안체계 강화를 위한 ○○○○ 구축 추진계획

1. 배경 및 목적
   - ○○○ 취약점으로 인한 ○○○업무 정상화
   - ○○○ 시스템 장비노후에 따른 장애예상으로 인한 신규시스템 도입

2. 추진방안
   - ○○○ 취약점 발생원인과 분석
   - 국·내외 ○○○ 솔루션 평가를 통한 시스템 구축

3. 예산 : 총 10억 원
   - 시스템 H/W 구매 3억 원
   - S/W 구매 5억 원
   - 용역비 2억 원

4. 일정 : '24.1.1 ~ '24.06.30

5. 기대효과
   - 운영인력 최소화에 따른 연 운영비용 절감
   - 보안강화에 따른 지속적 생산성 효율 증가

정보보안팀

[사업추진계획서 샘플]

보안체계 강화를 위한 ○○○○ 구축 결과보고

1. 추진개요
   - ○○○ 취약점으로 인한 ○○○업무 정상화
   - ○○○ 시스템 장비노후에 따른 장애예상으로 인한 신규시스템 도입

2. 추진결과
   - 실행기간 : 24.1.1~24.05.31
     사전 철저한 준비와 실행력으로 조기 완료)
   - 실행비용 : 총 10억 원(시스템 H/W 구매 3억 원, S/W 3억 원, 용역비 2억 원)
   - 실행결과 : ○○○시스템 성공가동
   - 기대효과 : 운영비용 약 1억 예산절감
     생산성 5% 향상

3. 향후계획
   - 사후관리방안 : 기존 ○○○시스템 인력 활용한 유지보수 진행
   - 고도화 추진 : 24.08.01~24.12.31

경보보안팀

[결과보고서 작성샘플]

보고 및 발표

회사 생활에서 보고와 발표는 필수입니다. 보고에는 팀장에게 하는 주간 업무보고, 임원에게 하는 신규 사업보고 등이 있으며 발표에는 공공기관이나 대기업에 사업 제안을 위한 발표, 신규 보안 솔루션 발표 등이 있습니다. 이런 다양한 보고와 발표를 성공적으로 이끌어 내기 위해서는 1주일 전부터 자료를 준비하고 시나리오를 작성하여 시선처리, 목소리, 동작 등을 연습하는 것이 도움이 됩니다. 많은 발표의 기회를 갖는 것 또한, 보고와 발표에 대한 자신감을 키울 수 있습니다. 보고 및 발표를 성공으로 이끄는 노하우 5가지를 알아보겠습니다.

첫째, 발표의 핵심내용을 잘 기억할 수 있도록 3가지 정도로 정리하고, 이를 충분히 연습하기를 권장합니다. 연습을 많이 하여 대본 없이도 발표 내용을 자연스럽게 이야기 할 수 있을 만큼 숙지되어야 합니다.

둘째, 단순히 말로만 전달하는 것보다 시각적인 자료가 있으면 더 효과적입니다. 준비한 내용을 앵무새처럼 읊는 것보다 시각적인 요소를 활용하면 더 효과적으로 이목을 끌 수 있습니다. 따라서 통계자료, 영상, 그림 등 다양한 자료를 활용하는 것이 좋습니다.

셋째, 바쁜 현대 사회에서 사람들은 강한 임팩트와 짧은 말을 선호합니다. 발표나 프레젠테이션에서 하고 싶은 말이 많더라도, 너무 길고 장황한 말은 기억에 오래 남지 않습니다. 따라서 효과적인 발표를 위해서는 3분 또는 5분 단위로 내용을 쪼개어 중요한 내용과 강약을 조절하는 연습을 반복적으로 해야 합니다.

넷째, 청중은 발표자의 자신감 있는 태도에 신뢰감을 느낍니다. 따라서 자신감 있는 목소리와 제스처, 시선처리 등을 연습하면 발표의 완성도를 높일 수 있습니다. 이를 위해서는 집이나 화장실 거울 앞에서 발표자와 청중의 입장을 바꿔가며 연습하는 것이 좋습니다.

다섯째, 발표는 청중과의 소통입니다. 앞서 4가지를 준비했다고 하면 마지막으로 예상질문과 답변을 준비해야 합니다. 예상치 못한 질문이 들어올 때 당황하거나 대답을 잘 못하면 감점이 될 수 있으므로 모르는 질문은 솔직히 밝히고 추후 답변하겠다고 하는 것이 좋습니다.

성과보고

인사평가는 회사마다 시기와 주기가 다릅니다. 짧게는 월 단위, 길게는 연 단위로 진행됩니다. 이때쯤 구성원들은 조직의 핵심 성과 지표(KPI)에 맞추어 개인의 실적을 작성하고, 상사와의 면담을 통해 평가를 받습니다. 평가 결과는 연봉과 승진에 영향을 미칩니다. 동료들보다 더 좋은 평가를 받기 위해서는 다음과 같은 방법을 추천합니다.

첫째, 수시로 성과를 정리하는 습관을 가지시기 바랍니다. 업무성과를 정리하려고 하면 누락되는 내용이 많고, 시간이 오래 걸릴 수 있습니다. 따라서 업무가 끝날 때마다 간단한 메모를 남기거나, 엑셀 파일 등을 활용하여 성과를 정리해두는 것이 좋습니다.

둘째, 자신의 성과를 적극적으로 알리시기 바랍니다. 상사가 팀원들의 업무 성과를 모두 확인하기는 어렵습니다. 따라서 자신의 성과를 상사에게 직접 알려야 인정받을 수 있습니다. 업무 결과를 정리할 때, 상사가 알아야 할 내용을 포함하여 작성하고, 회의나 보고 자리에서 자신의 성과를 발표하는 것도 좋은 방법입니다.

셋째, 긍정적인 마인드와 협업 정신을 발휘하시기 바랍니다. 최근에는 다면평가가 도입되어 동료와 상사 평가가 이루어집니다. 따라서 부서 내에서 긍정적인 마인드를 유지하고, 동료들과 협력하는 모습을 보여주시기 바랍니다. 또한, 동료가 어려움을 겪고 있다면 적극적인 도움의 손길이 되어 주어야 합니다.

넷째, 자신의 분야에서 전문성을 키우시기 바랍니다. 전문성이 있다는 것은 능력이 된다는 평가를 받습니다. 또한, 업무 처리에서도 빠른 대응과 긍정적인 결과를 낼 수 있습니다. 전문성을 키우는 방법으로는 자기 분야의 업계 동향을 파악하고, 자격증을 취득하거나 교육을 받는 것이 있습니다.

> [참고] **핵심 성과 지표(KPI)**
> 중요한 비즈니스 목표 대비팀이나 조직의 진행 상태를 나타내는 정량적인 지표입니다. 조직은 KPI를 여러 계층에서 사용합니다. 추적하고자 하는 지표에 따라 조직 전체, 특정 팀 또는 개인 KPI를 설정할 수 있습니다.

9.1.3 ● 정보보안 분야의 리더가 되기 위한 길

대학 4학년 가을, H전자의 공채 면접에서 아직도 기억에 남는 질문이 있습니다. 전쟁에서 용장, 지장, 맹장, 덕장 중 어떤 장수가 승리를 이끌어 낼 수 있냐는 질문이었습니다. 당시 세계 반도체 시장에서 살아남기 위해 치열한 경쟁 속에서 리더가 갖추어야 할 자질을 물어본 것으로 생각됩니다.

| 장수의 정의 |

구분	정의
용장	지혜는 없으나 힘이 세고 무예가 출중하여 겁을 내지 않고 용감하게 싸우는 장수
지장	무예는 용장보다 떨어지나 지혜로 적을 싸우는데 큰 공을 세우는 장수
맹장	무예도 뛰어나며 지혜도 갖추고 있어 부하를 잘 다스리며 용감하게 싸우는 장수
덕장	무예가 출중하고, 힘도 세며 부하를 통솔하는 힘이 뛰어난 품위가 있는 장수

어떤 리더가 되어야 할까요?

리더가 가져야 할 능력이나 통솔력을 우리는 '리더십'이라고 합니다. 조직에 리더십은 회사의 매출과 연결되어 있습니다. 좋은 제품이 있더라도 조직의 리더십이 부실하면 성과를 내기 어렵습니다. 좋은 예로 최근 프리미어 리그에서 뛰고 있는 손흥민 선수는 동표들에게 말보다 행동으로 본보기가 되려고 노력합니다. 예를 들면 축구 드레싱룸에서 동료들에게 서로를 위하는 마음의 리더십을 발휘하여 토트넘이 10승 무패의 성적을 만들 수 있게 한 것입니다. 리더의 말과 행동은 조직원들에게 큰 영향을 미칩니다. 부서장의 부실한 리더십으로 인해 일부 조직원들이 힘들어하고, 성과가 저하되는 경우도 있습니다. 그렇다면 훌륭한 리더가 되기 위한 방법에 대해 알아보겠습니다.

리더의 자질

누구나 태어날 때부터 리더의 자질을 가지고 있지만, 이를 개발하고 발휘하기 위해서는 노력이 필요합니다. 회사에 입사하면 다양한 리더들을 만나게 됩니다. 그들의 모습을 통해 리더십의 중요성을 깨닫고, 스스로의 리더십을 키우기 위한 노력을 해야 합니다.

리더십은 완벽하게 갖추어야 하는 것이 아니라, 조직을 이끌어 나가기 위해 필요한 수준으로 키워 나가는 것이 중요합니다.

| 리더의 자질 |

요소	정의
열정	리더는 자신의 삶과 비전에 대한 열정을 가지고 있어야 합니다. 이러한 열정은 구성원들에게도 전염되어 조직에 활력을 불어넣습니다.
커뮤니케이션	명확하고 간결한 의사소통을 통해 구성원들과 공감하고 협력해야 합니다. 또한, 구성원들의 의견을 경청하고 피드백을 수용하는 자세도 중요합니다.
비전제시	구성원들에게 조직의 목표와 방향을 제시해야 합니다. 이러한 비전은 구성원들의 동기부여와 협력을 이끌어냅니다.
진실성	진정성과 일관된 행동으로 구성원들의 신뢰를 얻어야 합니다.
동기부여	성과를 인정하고 보상하며, 새로운 도전의 기회를 제공하여 구성원들의 성장과 발전을 지원해야 합니다.
위임	구성원들의 역량을 개발하고 조직의 효율성을 높이기 위해 책임과 권한을 부여하여 자율성을 보장해야 합니다.
의사결정	빠르고 정확한 의사결정은 리더의 필수 역량입니다. 이를 위해서는 문제해결 능력과 상황 분석 능력이 중요합니다.
인격과 품격	구성원들로부터 존경받을 수 있는 인격과 품격을 갖추어야 합니다. 이를 위해서는 구성원들의 다양한 가치관을 이해하고 수용하는 열린 자세가 중요합니다.

훌륭한 리더가 되기 위한 방법

1. 지식을 통해 성장하고 싶은 열망이 있어야 합니다.

리더는 내가 항상 부족하다는 생각에서 끊임없이 지식을 탐구할 수 있어야 합니다. 급변하는 정보보안 분야에서 전문성을 강화하기 위해서는 최신 지식을 습득하고 새로운 기술을 접목하는 자세가 중요합니다. 지식은 많은 경험을 할 수 있는 여건을 만들어 주며, 뛰어난 리더가 될 수 있도록 만들어 줍니다.

2. 구성원들의 다양한 사고방식을 존중하고 수용할 수 있어야 합니다.

나와 다른 생각과 견해를 갖고 있다고 해서 배척하거나 무시하면서까지 자신의 생각을 강요하는 것은 리더의 바람직한 자세가 아닙니다. 사람들은 각자의 사고 방식에 따라 문제에 접근하고 그것을 해결하는 방법이 다르기 때문입니다. 구성원들과 함께 모여 토론하고 협력할 때 더 나은 결과를 도출할 수 있습니다.

3. 자신의 결정에 대한 책임을 지는 자세를 가져야 합니다.

리더는 구성원을 이끌고 결정을 내려야 하는 자리입니다. 따라서 자신의 결정에 대한 책임을 지는 자세가 중요합니다. 만약 구성원의 실수로 인해 원치 않는 성과가 나왔다면 그 책임을 구성원에게 돌리는 것은 리더로서의 자세가 아닙니다. 회사에서 리더에게 평균 이상의 급여와 혜택을 주는 것은 리더가 이러한 책임을 감당할 수 있도록 하기 위함입니다

4. 최선을 다할 수 있도록 구성원들에게 동기를 부여해야 합니다.

리더는 구성원들과 함께 일할 때 그들이 진정으로 흥미를 느끼고 즐겁게 참여할 수 있도록 동기부여하는 것이 가장 중요합니다. 우리의 목표는 구성원들이 공정하게 평가되고 보상받을 수 있는 환경을 만드는 것입니다. 또한, 그들이 이룬 성과에 자부심을 느끼게 하는 것도 중요합니다.

5. 구성원들이 스스로 문제를 해결할 수 있는 환경을 조성해야 합니다.

리더가 구성원들에게 일을 시키기만 해서는 안 됩니다. 그렇게 하면 구성원들의 업무 능력 성장이 둔해질 뿐만 아니라 성과에도 한계가 생길 수 있습니다. 따라서 처음에는 어렵고 시간이 걸리겠지만, 구성원들 스스로 문제를 해결하게 합니다. 이로써 구성원들의 업무 능력은 향상될 수 있습니다. 또한, 구성원들은 자율성과 책임감을 키울 수 있게 됩니다.

정보보안 분야의 훌륭한 리더가 되기를 기대하며 앞서 말씀드린 자질과 방법은 절대적인 것이 아니라 상대적인 것이기 때문에 상황에 따라 적절하게 조절해야 합니다. 그리고 무엇보다도 중요한 것은 구성원들에게 진정성을 가지고 소통하여 신뢰를 쌓는 것입니다. 그렇게 해야만 구성원들이 리더를 따르고, 조직이 하나로 뭉쳐서 좋은 성과를 낼 수 있을 것입니다.

9.2

정보보안 리더에게 필요한 자격증

정보보안 분야에 자격증이 왜 필요로 하고 어떠한 종류들이 있는지와 이를 취득하기 위한 노하우에 대해서 자세히 알아보겠습니다

9.2.1 ● 보안자격증이란?

자격증은 일정한 자격을 인증하는 증서로 정보보안 분야에 있어 일을 수행할 수 있는 자격이 있는 사람에게 발급하는 '문서'라고 볼 수 있습니다. 자격증이 없더라도 일을 할 수 있지만, 자격증을 취득하면 해당 분야에 대한 전문 지식과 기술을 갖추고 있다는 것을 증명할 수 있습니다.

9.2.2 ● 자격증을 왜 필요로 할까요?

첫째, 대학교 3학년이 되었을 때 선배들이 취업을 위해 무엇을 준비하는지 옆에서 지켜 보았습니다. 많은 기업과 공공기관에서 각각 필요로 하는 자격증을 기재해 놓은 응시자격을 보고 '자격증'이라는 것이 취업이라는 관문을 넘어가기 위한 허들이라는 것을 알게 되었습니다.

둘째, 취업 이후에는 같이 입사한 동기들과 동료애를 느끼면서도 대부분 진급할 때는 여러 가지 평가를 받았습니다. 또한, 직무관련 회화 능력과 함께 업무에 관련된 자격증을 취득할 경우 가점을 받아 승진을 할 수 있었습니다.

셋째, 어느덧 중견 사원이 되어보니 하고 있는 업무분야에서 스카우트 제의를 받을 때나 좋은 연봉과 삶의 질을 높여주는 회사로 이직할 때 자격증 유무로 이직하는 것을 알게 되었습니다.

넷째, 관련 분야에서 일을 하다 보면 자신만의 노하우가 생기지만 새로운 분야에 있어 변화된 모습을 위해 자기개발에 힘쓸 때에는 자격증이 중요한 매개체로 작용하게 됨을 알게 되었습니다. 따라서 자격증을 취득하여 회사에서 매년 신규 자격증 취

득 수당을 받아 가계재정에도 일부 도움이 되었으며 자녀들에게 부모가 공부하는 모습을 보여줌으로써 가정의 모범이 될 수 있었습니다.

다섯째, 희망퇴직 또는 정년 퇴직하는 선배들을 보면서 회사를 벗어나 새로운 제2의 인생을 살기 위해 정보보안 심사원 자격이 재취업에 많은 영향을 주고 있음을 알 수 있었습니다.

9.2.3 ● 어떠한 종류의 자격증이 있을까요?

정보보안자격증에는 국·내외 공인 자격증들이 있고 그 안에서도 국가 기술 자격증 및 민간 자격증이 많이 있습니다. 기본적으로 국내에 학위 과정과 취업연계 과정을 소개하며, 기업과 공공기관에서 필요로 하는 자격증에 대해 알아보겠습니다.
참고로 Level로 표현한 부분에 있어 경력 또는 능력 레벨로 나누었습니다.

	[학위]	[기술]	[심사/감사]
Level 3	박사	정보관리기술사 컴퓨터시스템응용기술사	ISMS-P
Level 2	석사	CISSP, AWS SCS	CISA, CPPG ISO 27001 인증심사원
Level 1	학사/취업연계과정	정보보안기사 / 산업기사	

[자격증 종류]

학위 유형에 의한 분류

2023년 국가정보보호백서에 따르면 전국 약 45개 대학교의 학사과정에 정보보안학과가 있습니다. 대학에서 다른 학과 졸업을 하고 관련 분야에 취업을 해서 정보보안 관련 대학 입학 및 편입을 준비하는 분들에게 유용할 것입니다.

공공기관 또는 기업에서 취업을 준비하는 분들을 위해 정보보안 분야 양성과정을 반기 또는 매년 진행하고 있습니다. 교육은 전액 무료이며, 교육 수당이 지급되고, 수료생 전원에게 기업 인턴십의 기회가 주어집니다. 뿐만 아니라 기업탐방, 재직자 초청특강, 1대1 취업 컨설팅 등을 실시하여 교육생 취업연계까지 밀착 지원을 해줍니다.

교육기관	과정명	웹사이트 주소
한국정보보호산업협회 (KISIA)	정보보호기업 취업연계형 과정	https://kisia.or.kr/announcement/association/480/
한국정보기술연구원 (KITRI)	정보보호 전문가 양성 과정	http://www.kitri.re.kr/kitri/information/security_v2.web
부산정보산업진흥원 (BIPA)	사이버보안 전문인력 양성과정	http://www.busanit.or.kr/board/view.asp?bidx=14915&bcode=notice_e&ipage=1
SK쉴더스	클라우드 기반 스마트 융합보안과정	https://sslc.kr/

대학을 졸업했거나 직장 생활을 하면서 관련 분야에 전문성을 갖추기 위해 많은 사람들이 대학원을 진학하여 석사·박사 학위를 취득합니다. 일부 기업 또는 공공기관에서는 학비 지원을 해주고 있기도 합니다. 전국에 있는 정보보호 및 정보보안 관련 24개 대학원 40개 학과의 정보입니다. 여기서 일반대학원은 학문과 연구 능력을 향상시키기 위한 교육을 제공합니다.

| 정보보호 및 정보보안학과 일반 대학원 |

학교명	전공	웹사이트 주소
한국과학기술원	• 정보보호대학원	https://gsis.kaist.ac.kr/
중앙대학교	• 산업융합보안학과 • 산업보안정책학과	http://gss.cau.ac.kr/
세종대학교	• 정보보호학과	https://graduate.sejong.ac.kr/
용인대학교	• 경찰보안정보학과	https://graduate.yongin.ac.kr/
국민대학교	• 금융정보보안학과 • 보안스마트에어모빌리티학과	https://gds.kookmin.ac.kr/
배재대학교	• 사이보보안학과	https://www.pcu.ac.kr/
순천향대학교	• 정보보호학과	https://gradu.sch.ac.kr/pages/sub/sub03_01
전남대학교	• 정보보안협동과정	https://cs.jnu.ac.kr/
제주대학교	• 융합정보보안학협동과정	https://ibsi2.jejunu.ac.kr/

학교명	전공	웹사이트 주소
명지대학교	• 보안경영공학학과간협동과정	https://gs.mju.ac.kr/
건국대학교	• IT융합정보보호학과	https://www.konkuk.ac.kr/do/GradNew/Index.do
상명대학교	• 저작권보호학과	https://www.smu.ac.kr/grad/
한양대학교	• 정보보안학과	https://isec.hanyang.ac.kr/
전북대학교	• 정보보호공학과	http://sg.chonbuk.ac.kr/Grad/
부경대학교	• 정보보호학과 • 정보보호학협동과정	https://graduate.pknu.ac.kr/

특수대학원·전문대학은 특정 분야나 전문성 인력양성이 목적이며 실무자들에게는 해당 분야의 전문 지식을 보다 심도 있게 학습할 수 있는 기회를 제공합니다.

| 정보보호 및 정보보안학과 특수대학원/전문대학 |

학교명	전공	웹사이트 주소
고려대학교 정보보호대학원	• 정보보호학과 • 빅데이터응용 및 보안학과 • 금융보안학과 금융 • 보안정책 전공 • 디지털포렌식학과 • 융합보안학과 • 사이버보안학과	https://scs.korea.ac.kr/
고려대학교 컴퓨터 정보통신대학원	• 소프트웨어보안학과	https://gscit.korea.ac.kr/
동국대학교 국제정보보호대학원	• 사이버포렌식학과 • 정보보호학과	https://gsiai.dongguk.edu/
성균관대학교 정보통신대학원	• 정보보호학과	https://gsic.skku.edu/
중앙대학교 보안대학원	• 산업융합보안학과 • 기술보호학과	http://gss.cau.ac.kr/
세종사이버대학교 정보보호대학원	• 정보보호학과	https://graduate.sjcu.ac.kr/
단국대학교 행정법무대학원	• 융합보안학과	https://gslp.dankook.ac.kr/

학교명	전공	웹사이트 주소
숭실대학교 정보과학대학원	• 정보보안학과	http://itmba.ssu.ac.kr/
건국대학교 정보통신대학원	• 정보보안학과	https://gsit.konkuk.ac.kr/
명지대학교 산업대학원	• 융합보안안보학과	https://gsit.mju.ac.kr/
중부대학교 휴먼텍대학원	• 정보보안학과	https://www.joongbu.ac.kr /menu.es?mid=a70201010100
서강대학교 정보통신대학원	• 정보보호전공	https://gsinfo.sogang.ac.kr/
국민대학교 법무대학원	• 보안법무전공	https://ifl.kookmin.ac.kr/
강원대학교 정보과학·행정대학원	• 정보보안전공	https://information. kangwon.ac.kr/
동의대학교 국가안정정책대학원	• 보안학과	https://safety.deu.ac.kr/
순천향대학교 미래융합대학원	• 정보보호학과	https://gradu.sch.ac.kr /pages/sub/sub01_0501

기술 유형에 의한 분류

1. 정보보안기사(산업기사)

정보보안기사(산업기사)는 기술과 심사·감사 공통으로 정보보안 분야에서 국내 유일의 국가기술 자격증으로 회사 및 공공기관에서 선호하고 있습니다. 다양한 실무 경험과 지식을 갖춘 대한민국 최초의 국가공인 보안 전문가로 인정받는 의미의 자격증입니다. 그동안 최종 합격률이 낮아 매번 실기 시험 이후 지원자들이 국민신문고에 글을 올리고 있어 2023년부터 시험 기관이 한국인터넷진흥원에서 한국방송통신 전파진흥원으로 변경되었고 연2회에서 연3회로 증가되었습니다. 또한, 실기시험 수준이 평이해지고 있습니다.

기관 (URL주소)	한국방송통신전파진흥원 (https://www.cq.or.kr)	시험회수 및 일정	년 3회 필기 3월/6월/9월 실기 4월/7월/11월
필기시험	시스템보안, 네트워크보안, 애플리케이션보안,정보보안일반 정보보안관리 및 법규 (산업기사제외)	실기시험	시스템 및 네트워크 보안특성, 취약점 점검 및 보완, 관제 및 대응, 정보보호계획 수립, 위험분석, 정보보호대책 구현
문항수 /유형	100문제(80문제)/객관식 4지 선다형	문항수/ 유형	15문제/필답형
시험시간	150분(120분)	시험시간	180분(120분)
합격점수	60점 이상	합격점수	60점 이상
자격	① 4년제 대학 졸업 또는 졸업예정자(2년제 대학 졸업 또는 졸업예정자) ② 3년제는 졸업 + 동일 및 유사직종 실무 경력 1년(동일직무분야 기능사 + 경력1년) ③ 산업기사 + 경력1년(동일직무 분야 기능사 + 경력1년)		

2. CISSP

CISSP(Certified Information System Security Professional)는 국제공인 정보시스템 보안 전문가로 국가 사회의 중용한 정보시스템과 정보자산 보호를 위한 전문가로 국내 「정보통신기반보호법」, 「정보통신망 이용촉진 및 정보보호 등에 관한 법률」, 「전자금융거래법」, 「정보통신사업진흥법」에 의거하여 CISA를 포함하여 채용의무 또는 자격요건을 지정하고 있습니다.

기관 (URL주소)	ISC2(https://www.isc2.org /Register-for-Exam)	일정	국내시험장 일정 참조
시험과목	보안과 위험관리, 자산보안, 보안 아키텍처와 엔지니어링, 보안운영, 신원과 접근관리, 통신과 네트워크 보안, 보안평가와 검사, 소프트웨어 개발보안	시험언어	한글/영어 병행출제
문항수 /유형	250문제/4지 선다형	시험시간	6시간

합격점수	1,000점 만점/700점 이상	유효기간 /갱신방법	3년/120CPEs (교육 또는 활동 등) 보고
자격	① 정보보호 관련 분야 에서 5년간 경력 ② 4년제 학사학위 이상 : 1년 실무 경력 면제 ③ ISC2에서 연관 자격증(CISA, CISM 등) : 1년 경력면제		

3. AWS SCS

AWS SCS(Security Specialty)는 아마존 클라우드에서 보안 솔루션을 만들고 구현하는 데 필요한 자격으로 데이터 분류 및 보호 메커니즘, 데이터 암호화 방법 및 안전한 인터넷 프로토콜에 대한 이해와 이를 구현하기 위한 메커니즘에 대한 이해도를 검증하는 자격증입니다. 최근 기업들이 인프라시스템을 온프라미스 구성에서 클라우드로 전환하면서 보안에 대한 관심을 중요시 하고 있어 대부분 회사에서 선호하고 인정하는 자격증 중에 하나입니다.

| AWS SCS(Security Specialty) 자격증 정보 |

기관 (URL주소)	AWS (https://aws.amazon.com/ ko/certification/certification- prep/testing)	일정	국내시험장 일정 참조
시험과목	인시던트 대응 로깅 및 모니터링 인프라 보안 자격 증명 및 액세스 관리 데이터 보호	시험언어	한글,영어 병행출제
문항수 /유형	5문제, 4지 선다형	시험시간	170분
합격점수	1,000점 만점/750점 이상	유효기간 /갱신방법	3년/시험
자격	① 정보보호 관련 분야 에서 5년간 경력을 쌓고 ② AWS 워크로드 보안 분야에서 2년 이상 실무 경험		

4. 정보관리기술사

정보관리기술사는 자격증의 끝판왕으로 국내 IT 분야의 최고의 자격증입니다. IT 지식을 바탕으로 한 기획 업무가 메인이며, 계획, 설계, 분석, 평가, 컨설팅의 업무 비중이 높습니다. 「전자정부법」에 따라 수석감리원으로 활동할 수 있습니다. 또한, 「전자금융거래법」에 의거 금융기관 CISO 지정의무화에 따른 자격요건 중에 하나입니다. 준비기간은 최소 6개월 이상이 소요되며, 수험 기간 내 개인적인 생활을 포기하고 꾸준히 준비한다면 합격할 수 있습니다.

| 정보관리기술사 자격증 정보 |

기관 (URL주소)	한국산업인력공단 (https://www.q-net.or.kr)	시험횟수 및 일정	년 3회 필기 2월, 5월, 8월 면접 4월, 8월, 11월
필기시험	정보의 구조·수집·정리·축적·검색 등 정보시스템의 설계 및 수치계산, 기타 정보의 분석 관리 및 기본적인 응용에 관한 사항	면접시험	구술형
문항수 /유형	단답형 및 주관식 논술형	시험시간	30분
시험시간	총 400분(매 교시당 100분)	합격점수	60점 이상
합격점수	60점 이상	유효기간 /갱신방법	5년, 50학점 이수
자격	① 기사 + 실무경력 4년 ② 산업기사 + 실무경력 5년 ③ 석사 +실무경력 4년 ④ 학사(대졸) +실무경력 6년 ⑤ 3년제 전문학사(전문대졸) + 실무경력 7년 ⑥ 2년제 전문학사(전문대졸) + 실무경력 8년 ⑦ 실무경력 9년 등		

5. 컴퓨터시스템응용기술사

컴퓨터시스템응용기술사는 정보관리기술사와 동등한 자격이며 컴퓨터 시스템구축, 설계·개발 등의 실무적인 부분으로 시스템 엔지니어 중점인 자격증입니다. 기술사자격증 취득 시 일부 기업과 공공기관에서 매월 일정액의 수당 또는 인센티브를 지급하는 경우가 있으며, 국가사업에 참여 시 평가의 가점이 부여됩니다. 또한, 박사학사와 전문성을 인정받는 자격이지만 동등한 자격은 아닙니다. 기술사는 실무능력을 평가하는 자격이며, 박사는 학문적 연구능력을 평가하는 자격으로 생각하면 됩니다.

기관 (URL주소)	한국산업인력공단 (https://www.q-net.or.kr)	시험횟수 및 일정	년 3회 필기 2월, 5월, 8월 면접 4월, 8월, 11월
필기시험	하드웨어시스템 소프트웨어시스템 관한 분석 설계 및 구현 그밖에 컴퓨터응용에 관한 내용	면접시험	구술형
문항수 /유형	단답형 및 주관식 논술형	시험시간	30분
시험시간	총 400분(매 교시당 100분)	합격점수	60점 이상
합격점수	60점 이상	유효기간 /갱신방법	5년, 50학점
자격	① 기사 + 실무경력 4년 ② 산업기사 + 실무경력 5년 ③ 석사 + 실무경력 4년 ④ 학사(대졸) + 실무경력 6년 ⑤ 3년제 전문학사(전문대졸) + 실무경력 7년 ⑥ 2년제 전문학사(전문대졸) + 실무경력 8년 ⑦ 실무경력 9년 등		

● 보안리더의 실전 노하우

매년 펼쳐지는 사이버공격과 피해는 기업의 IT 자산을 위협하고 있어 보안 분야는 시간이 가면 갈수록 인기있는 직종으로 대두되고 있습니다. 주변에 지인과 회사 내 선배들 자녀의 취업에 대한 문의가 들어 오고 있으며, 비전공자들도 어떻게 하면 관련된 일을 할 수 있는지 궁금해 합니다.

저는 대학에서 전파공학을 전공하였습니다. A사에 통신직군으로 입사를 해서 관련 통신시스템 설계 및 구축업무를 하다가 B사에 이직을 하게 되었습니다. 그동안 일해 온 해외 고객 유치업무의 성과가 나지 않아 부서가 없어지면서 정보보안부서 내 단말 관리와 OS 표준운영 업무를 하였습니다. 관련 부서에 있다 보니 정보보안기사를 준비하면서 기회가 찾아와 클라이언트 보안 업무를 맡아 운영 중에 있습니다. 최근 보안장비의 EoL(End Of Life)이 되어 제조사 솔루션 기술검토와 추진계획을 준비하고 있습니다.

비전자공자이면서 보안자격증이 없다고 해서 보안업무가 넘사벽(넘을 수 없는 4차원의 벽)은 아닙니다. 기업과 공공기관에서 정보보안에 대한 인력 모집으로 이직이 많아지면서, 관련 시장의 인력 부족으로 제가 아는 중견 업체의 경우 특성화고등학교 졸업생과 비전공자 대학졸업생들 중 열정과 정보보안 분야의 호기심이 많은 인력을 채용하고 있습니다. 평소에 관심을 가지고 준비한다면 기회는 언제든지 찾아옵니다. 하버드대학교 도서관에 적힌 글귀 중에 "잠을 자면 꿈을 꾸지만, 지금 공부하면 꿈을 이룬다"는 명언을 기억하시길 바랍니다.

심사/감사 유형에 의한 분류

1. CISA

CISA(국제공인 정보시스템 감사사)는 정보시스템 감사 분야에서 인정받는 자격으로 일반기업과 금융업체의 감사실은 물론 IT 및 경영컨설팅에 이르는 다양한 분야로 진출할 수 있는 기회가 주어집니다.

| CISA(국제공인 정보시스템 감사사) 자격증 정보 |

기관 (URL주소)	ISACA (https://www.isaca.org/credentialing/ cisa/plan-and-register)	일정	국내시험장 일정 참조
시험과목	정보시스템 감사 프로세스 IT 거버넌스 및 관리 정보시스템 획득 개발 및 구현 정보시스템 운영 유지보수 및 지원 정보 자산의 보호	시험언어	영어 또는 한국어
문항수 /유형	150문제/4지 선다형	시험시간	4시간
합격점수	800점 만점/450점 이상	유효기간 /갱신방법	3년/120CPEs (교육 또는 활동 등)보고
자격	최소 5년 이상의 IS/IT 감사, 통제, 보증 또는 보안 경력(최대 3년 면제) ① 60학점 대학교육 : 1년 실무경력 면제 ② 120학점 대학교육 : 2년 실무경력 면제 ③ 정보보호 또는 정보기술 관련 분야 석사학위 소지자 : 3년 실무경력 면제		

2. CPPG

CPPG(개인정보관리사)는 민간자격입니다. 최근 개인정보 유출 사고가 빈번하게 발생하고 있어 개인정보 보호에 대한 법률과 규정이 강화되어 더욱더 중요시 되고 있습니다. 전문인력을 보유하기 위해 대기업에서 사내 KPI(Key Performance Index, 핵심성과지표)로 자격증 보유 여부를 지정함에 따라 개인뿐만 아니라 기업과 공공기관에서의 단체 응시 비율이 높아지고 있는 추세입니다. 또한, 다음에 설명할 ISMS-P 자격증을 준비하는 데 도움이 많이 되고 있습니다.

| CPPG(개인정보관리사) 자격증 정보 |

기관 (URL주소)	한국CPO포럼 (https://cpptest.or.kr)	일정	년 3회(4월, 8월, 12월)
시험과목	개인정보 보호의 이해 개인정보 보호 제도 개인정보 라이프사이클 관리 개인정보의 보호조치 개인정보 관리체계	시험언어	한글
문항수 /유형	100문제/4지 선다형	시험시간	2시간
합격점수	1,00점 만점/60점 이상	유효기간 /갱신방법	3년/40PDU (교육 또는 활동 등)보고
자격	자격제한 없음		

ISO 27001은 정보보호관리체계 구축 및 운영의 국제 표준으로 기업 및 공공기관에서 국제표준 인증 취득 후 매년마다 심사를 받고 있습니다. 이를 체계적으로 관리하거나 개선에 중추적인 역할을 담당하는 감사 활동의 핵심 요원 양성을 위해 정식 교육기관인 인증원 등을 통해 5일간의 교육과 시험이 진행됩니다. 합격 이후 현장 심사 참관 또는 심사(총 20회)를 통해 정식적인 심사원에 자격을 받을 수 있습니다.

| ISO 27001 인증심사원 자격증 정보 |

기관 (접수처)	CQI/IRCA (로이드, SGS 인증원 등)	일정	각 인증원 교육일정 참조(5일)
교육프로 그램	ISO 27001:2022 요구사항 정보보안경영시스템 수립 인증심사 단계별 워크숍 및 최종 사례연구	시험	Part1 – 용어 비교, 원칙 등 Part2 – 방법, 조항, 예시 등 Part3 – 심사증거, 방법, 관련 항목 등 Part4 – 부적합보고서 또는 심 사조서 작성
문항수 /유형	14문제/서술형	시험시간	2시간
합격점수	90점 만점/63점(70%) 이상	유효기간/ 갱신방법	3년, 24시간 교육수료
자격	① 4년제 대학졸업 이상 또는 이와 동등학력을 취득한 자로서, 동등 학력 취득 이후 에 ② 정보기술 분야 경력을 합하여 4년 이상을 보유하고 ③ 이 중 최소 2년은 정보 보안과 관련된 역할/기능 실무경력자 ④ 5일(40시간) 교육이수		

3. ISMS-P 인증 심사원

ISMS-P 인증 심사원은 2018년 11월 「정보보호 및 개인정보 보호 관리체계 인증 등에 관한 고시」 시행으로 정보보호 관리체계(ISMS)와 개인정보 보호 관리체계 (PIMS) 인증제도가 통합되어 진행 중에 있고 매년마다 수험생들이 많이 늘고 있는 자격증으로 2023년 9월 「개인정보 보호법」이 개정됨에 따라 2024년에는 관련 자격을 가진 인력이 더욱더 많이 필요한 상황입니다.

| ISMS-P 인증 심사원 자격증 정보 |

기관 (접수처)	한국인터넷진흥원(한국CPO포럼)	시험횟수 및 일정	년 1회(필기 7월, 실기 11월)
필기시험	ISMS-P 인증기준 (개인)정보보호 관 련 법규 (개인)정보보호 이론 및 기술 개인정보 생명주기	실기시험	실무교육 5일 및 실무평가
문항수 /유형	50문제/객관식 5지선다	유형	서술형(결함보고서)
시험시간	2시간	시험시간	4시간

합격점수	60점 이상	유효기간/ 갱신방법	3년/42시간 수료(7시간 필수교육 및 35시간 선택교육(인증심사 5일)
자격	① 4년제 대학졸업 이상 또는 이와 동등학력을 취득한 자로서, 동등 학력 취득 이후에 ② 정보보호 및 개인정보 보호 경력을 각 1년 이상 필수로 보유하고 ③ 정보보호, 개인정보 보호 또는 정보기술 경력을 합하여 6년 이상을 보유		

● 보안리더의 실전 노하우

해외 자격증을 준비하는 수험생 중에 Dump를 구매하여 준비하는 사례가 종종 있습니다. 그러나 구매하는 것은 누구나 관련 자격에 대한 이론을 이해하고 실전 시험 준비를 하는 경우 합격에 도움이 되지만 시간이 없다고 문제와 답만 외워 자격시험을 볼 경우 Dump와 똑같이 문제가 나오면 다행이지만 그렇지 않을 경우 불합격하는 사례가 있습니다. 그리고 특정 자격증 시험에서 Dump 내 답을 동일하게 체크할 경우 이를 체크하는 알고리즘이 잡아내어 커트라인 이상을 맞았어도 떨어트리는 사례가 있다고 합니다.

합격을 하더라도 관련 전문가들과 몇 마디 나누어 보면 실력이 드러나게 되며 업무에 적용하지 못하게 됩니다. 그렇게 된다면 그동안 준비한 시간, 돈, 노력이 허사로 끝나는 경우가 발생합니다. 저 또한 입사 3년차에 유망한 자격증이라고 하여 Dump에 의지하여 자격을 취득하였지만 시간이 지나고 나니 쓸모 없는 자격증으로 전락하고 말았습니다. Dump는 시험 과정에 있어 학습 실력을 점검하는 데에만 사용하면 좋겠습니다.

9.2.4 ● 자격증을 취득하기 위한 노하우

자격증 취득을 위해 여러 가지 분야의 공부를 하면서 취득한 노하우는 품질관리에서 이야기하는 데밍의 PDCA사이클을 활용하고 있습니다.

1. 계획 단계(plan)

첫째, 자격증을 취득하는 계획 단계(Plan)로 향후 정보보안 분야에서 자신의 커리어에 도움이 되는 자격증을 선택하고 스스로에게 얼마만큼의 가치를 가져 올 수 있는지 목표를 세우고 필요성을 강하게 느껴야만 합니다. 그리고 자격증을 선택하였다면 각종 자격 카페 또는 자격증을 취득한 지인의 합격수기를 통해 관련 교재와 강의(인터넷 강의 또는 오프 라인)를 선정하고 공부방법 등을 참고하면 좋습니다. 여기서 중요한 것은 남들이 했던 방식 중 나에게 맞는 방법을 통해 자격취득 일정을 고려하여 세부적인 학습계획을 수립하는 것입니다.

2. 실행 단계(Do)

둘째, 실행 단계(Do)에서는 학습계획에 따라 책의 목차를 별도로 복사 또는 엑셀로 정리하여 공부하기 전에 오늘 해야 하는 과정은 어떠한 학습을 해야 하는지 확인해야 합니다. 또한, 기출문제를 카테고리별로 정리하여 학습내용에 들어가기 전에 알고 들어가면 중요 핵심내용을 파악하는 데 도움이 되며 한 과정이 끝나면 연습문제를 통해 실력을 점검하시기 바랍니다.

3. 검증 단계(Check)

셋째, 검증 단계(Check)에서는 매일마다 학습목표량에 맞추어 달성하였는지 점검을 하고 부족한 부분이 있다면 관련 내용에 대해 보완(이해, 암기 등)을 해야 합니다. 바쁜 업무와 회식으로 늦게 집에 가면 학습량을 맞추지 못합니다. 책상 앞에 앉아 최소 30분 정도는 공부하시기 바랍니다. 자격증 공부의 연계가 있어야 흐름이 끊기지 않습니다.

4. 개선 단계(Act)

넷째, 개선 단계(Act)에서는 주 단위 학습계획 수정과 학습방법을 고치시기 바랍니다. 학습방법에 있어 퇴근 이후 책상에 앉아 공부하는 시간뿐만 아니라 출퇴근 시간에 활용하여 암기를 하면 좋습니다. 모든 일이 개선이 없이는 변화가 이루어지지 않습니다.

마지막으로 자격증 취득을 위한 학습에 있어 단순히 지식을 습득하는 것만으로 끝날 것이 아니라 실무에 적용할 수 있는 능력을 키우는 것이 중요합니다. 학습과정에서 어려움이 있을 경우 주변 전문가 또는 스터디 모임을 통해 도움을 받는 것도 좋은 방법입니다.

앞으로 자신의 미래를 위해 멋진 정보보안 분야의 선도자가 되길 기원합니다

10

OT 보안 전문가의 노하우

10.1

보안 관리자

OT(Operational Technology) 보안 관리자는 새롭게 떠오르고 있는 분야인 OT 영역의 사이버 보안을 담당합니다. 현재 OT 보안 전문가는 시장 수요 대비 절대적으로 부족한 상황으로 향후 높은 직업적 가치가 보장되는 전문 기술직입니다. OT 보안 관리자의 업무 소개 전에 OT 보안의 의미와 기존 IT 보안과는 어떻게 다른지 등 OT 보안 직무에 대해 우선 알아보겠습니다.

10.1.1 ● OT 보안의 의미

OT/IoT 보안에 대한 개념은 비교적 최근에 발달한 개념입니다. Industry 4.0, 디지털 혁신을 거쳐 산업의 스마트화가 이루어지면서 모든 사물이 초연결되는 사회가 되어 가고 있습니다. 스마트 팩토리, 스마트 빌딩, 스마트 시티, 자율주행, 무인 교통시

[OT보안 관리자]

스템 등 산업 기술의 혁신은 우리의 삶과 비즈니스 형태를 통째로 바꾸고 있습니다.

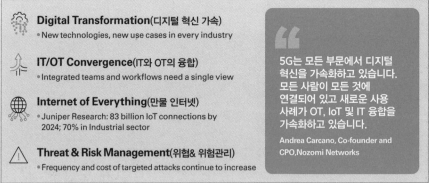

Digital Transformation(디지털 혁신 가속)
- New technologies, new use cases in every industry

IT/OT Convergence(IT와 OT의 융합)
- Integrated teams and workflows need a single view

Internet of Everything(만물 인터넷)
- Juniper Research: 83 billion IoT connections by 2024; 70% in Industrial sector

Threat & Risk Management(위협& 위험관리)
- Frequency and cost of targeted attacks continue to increase

5G는 모든 부문에서 디지털 혁신을 가속화하고 있습니다. 모든 사람이 모든 것에 연결되어 있고 새로운 사용 사례가 OT, IoT 및 IT 융합을 가속화하고 있습니다.

Andrea Carcano, Co-founder and CPO,Nozomi Networks

[사이버보안 관리 변화를 주도하는 시장의 힘(노조미네트웍스)]

사이버 보안 관점에서 이러한 기술적인 발달과 변화는 사이버 공격자들에게 새로운 비즈니스 환경을 열어 주고 있습니다. 모든 사물이 연결됨으로 인해 해커가 침투할 수 있는 경로가 대폭 증가하였습니다. 과거에는 원격으로 접근할 수 없었던 공장설비에 대해 해커들은 이제 자유롭게 설비 네트워크에 침투할 수 있습니다. 앞으로 무

인화, 자율주행 등이 대세이며 운영상의 리스크 중의 하나는 사이버 공격입니다. 이와 같은 리스크에 대응하기 위해 탄생된 보안 개념이 OT/IoT 보안입니다. OT 업무 환경의 특성상 기존의 IT 보안 솔루션이나 개념으로는 완벽하게 보호할 수가 없습니다.

세계적인 리서치 및 IT 자문회사인 가트너(Gartner)에 따르면 "OT(Operational Technology)란 기업의 물리적 장치, 프로세스 및 이벤트를 직접 모니터링·제어하여 변경을 감지하거나 변경하는 하드웨어와 소프트웨어로 스마트 시티(Smart City), 스마트 팩토리(Smart Factory), 스마트 빌딩(Smart Building), 사회기반시설 등 다양한 환경에서 운영되고 있는 시스템"으로 정의하고 있습니다. 이러한 시스템을 사이버 공격으로부터 보호하는 것을 'OT 보안'이라고 하며, 주로 산업 영역의 설비 자산 및 제어 시스템을 보호하는 개념입니다.

10.1.2 ● IT와 OT의 차이점

OT의 의미에 이어 IT 환경과 OT 환경의 차이를 알아보겠습니다.

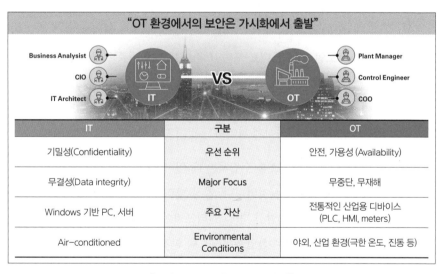

IT	구분	OT
기밀성(Confidentiality)	우선 순위	안전, 가용성 (Availability)
무결성(Data integrity)	Major Focus	무중단, 무재해
Windows 기반 PC, 서버	주요 자산	전통적인 산업용 디바이스 (PLC, HMI, meters)
Air-conditioned	Environmental Conditions	야외, 산업 환경(극한 온도, 진동 등)

[IT와 OT 비교표 (노조미네트웍스)]

IT 부문을 담당하는 주요 직군에는 최고 정보책임자인 CIO를 비롯하여 CISO, IT 아키텍처, 비즈니스 애널리스트(SW/HW) 등이 있습니다. 반면에 OT부문을 보면 최고 운영책임자인 COO를 비롯하여, 공장장, 제어 및 계측 엔지니어, 생산기획, 설비보안 등, IT와는 완전히 결이 다른 직군들이 있습니다.

우선순위의 차이를 비교해 보면 IT부문의 경우는 데이터의 무결성이나 정보의 유출 방지 등이 우선 순위를 가지고 있지만, OT부문의 경우는 산업 설비와 생산망의 무 중단, 무재해 등 가용성을 최우선적으로 고려하고 있습니다. 24시간 가동되는 생산 라인이 멈추게 될 경우 기업 전체의 손해가 막심하기 때문에 공장 가동을 멈추고 작업하는 것은 아주 드물게 진행됩니다. 따라서 공장 설비들의 OS나 SW 버전들은 아주 오래되어, 최신으로 유지하기 어렵기 때문에 사이버 보안에 취약한 편입니다. 보호되어야 할 자산들 자체가 다르고, 자산들의 위치나 환경도 매우 다릅니다.

10.1.3 ● OT 보안 직무의 역할과 범위

데이터넷에 따르면 OT 보안 전담조직은 OT 조직과 IT 보안 조직의 협업을 이끌어 내 IT-OT 융합 환경을 위한 체계적인 정책과 거버넌스를 만들어야 합니다. 이때 국제적인 사이버 보안 가이드와 산업 표준을 고려해야 합니다. 우리나라에서는 산업용 보안 표준의 대표 모델 IEC-62443을 기준으로 한 KS X IEC 62443이 제정되어 임베디드 장치, 네트워크 장치, 호스트 장치, 소프트웨어, 애플리케이션 등 ICS 구성 요소 4종에 대한 보안 요구 사항을 보안 등급에 따라 1~4단계를 제시하고 있으므로 이를 정확하게 파악하는 것이 필요합니다.

OT 보안 거버넌스를 수립하는 데 있어 가장 기초적인 작업은 OT 자산과 네트워크에 대해 이해하는 것입니다. 가장 널리 알려진 OT/ICS 네트워크 참조 아키텍처는 퍼듀대학에서 제안한 '퍼듀 엔터프라이즈 참조 모델 퍼듀모델(Purdue Model)'입니다. 퍼듀모델은 산업제어시스템 환경에서 보안을 구성하는 방법론으로 Level 0에서 Level 4까지 이르는 5단계 영역으로 구분하고 있으며, 이 중에 Level 0에서 Level 3까지의 영역을 일반적으로 OT 영역으로 봅니다.

OT System Elements

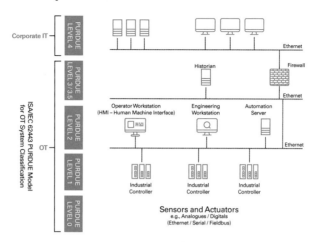

[OT 시스템 요소(노조미네트웍스)]

1. Level 0

Level 0은 제어 시스템의 최하위 계층으로 센서, 액추에이터 및 펌프, 모터 등 디지털 및 아날로그 설비 또는 IoT 디바이스들이 실제 작동하는 물리적인 프로세스 레벨입니다.

2. Level 1

Level 1은 Level 0단에 위치한 물리적인 프로세스 설비들을 제어하기 위한 PLC, RTU, IED 등의 산업용 컨트롤러들이 위치해 있습니다.

3. Level 2

Level 2는 보다 상위단의 물리 프로세스 제어 및 모니터링 구간으로 실시간 제어 및 소프트웨어, DCS, 휴먼-머신 인터페이스(HMI), 감독 제어 및 데이터 수집(SCADA) 소프트웨어를 위한 엔지니어링 워크스테이션 및 자동화 서버 등이 위치해 있습니다.

4. Level 3

Level 3는 종합적인 제조 운영 시스템 영역으로 원하는 제품을 생산하기 위한 생산 워크플로우를 관리합니다. 배치 관리, 제조 실행/운영 관리 시스템(MES/MOMS), 실험실, 유지보수 및 플랜트 성과 관리 시스템, 데이터 히스토리언 및 관련 미들웨어 등을 위한 히스토리안 서버 등이 위치합니다.

5. Level 4

Level 4는 제조 운영의 비즈니스 및 물류 관련 활동을 관리하는 우리가 흔히 알고 있는 IT 영역이라고 볼 수 있습니다. ERP가 기본 시스템으로 기본적인 공장 생산 일정, 자재 사용, 배송 및 재고 수준을 설정하는 SW 및 HW 기기들이 위치해 있습니다.

IT 부문의 주요 자산은 직원들의 PC를 비롯하여 서버, 네트워크 및 통신 장비, 스토리지 및 백업장치 등이 있지만, OT 부문은 PLC(Programmable Logic Controller)나 HMI(Human Machine Interface)를 비롯한 산업용 콘트롤러와 이에 연결된 다양한 산업용 디바이스들이 있습니다. 이들은 IT의 범용적인 OS가 아닌 각 설비 벤

[OT-ICS벤더들]

더에서 제공하는 독자적인 통신 프로토콜들을 사용하고 있습니다. 위 그림에서 보면 지멘스, 하니웰, 슈나이더 등 ICS 벤더들의 산업설비들이 우리나라 산업 생산 현장에서 광범위하게 사용되고 있습니다. 이들이 통신에 사용하는 프로토콜들은 기존 IT 기술로 분석 및 모니터링 할 수 없고, OT에 특화된 전문 솔루션에 의해 분석을 해야 합니다. IT 담당자들이 보기에는 이런 산업용 프로토콜은 아주 생소한 분야이며 IT라기보다는 산업공학 또는 전기공학 측면이 더 크다고 볼 수 있습니다.

KISA의 스마트공장 사이버 보안 가이드 라인에 따르면 다음과 같은 업무와 업무 영역을 이야기하고 있습니다.

| KISA, 스마트공장 사이버보안 가이드 |

보안 지원 조직업무	보안 책임자 업무 영역
• 전담 조직의 보안 활동 승인 • 보안 정책 위반 행위에 대한 처리 • 보안 전반에 걸친 사항 검토 및 승인	• 보안 정책 및 정책시행 문서 수립 및 관리 • 보안을 위한 조직 구성 및 책임과 역할 부여 • 보안 관리체계 수립 및 운영 • 중요자산 식별 및 우선순위 부여 • 보안 교육 • 그 밖의 법·제도에서 정한 보안 보호조치 이행 등

10.1.4 ● OT 보안 직무 수행 프로세스 및 고려 사항

OT 보안 업계에 종사하다 보면 가장 많이 듣는 보안 표준이 ISA/IEC 62443입니다. 산업보안에는 업종별로 다양한 국제 표준과 지침들이 있습니다. 그중 IEC62443이 제조업의 가장 대표적인 국제 표준이기 때문에 이 내용을 기준으로 OT 보안 프로세스와 주요 고려 사항들을 살펴보겠습니다.

국제자동화협회(ISA)는 사이버 공격으로부터 미국의 중요 인프라를 구성하는 장비와 운영을 보호해야 할 필요성을 인식하고 2002년에 ISA99 표준위원회를 설립했습니다. 그 이후로 ISA99는 자동화 및 제어 시스템의 보안을 위해 특별히 제작된 포괄적인 표준 및 기술 보고서 제품군을 발표했습니다.이 표준은 국제전기기술위원회(IEC)에 제출되어 국제 표준 ISA/IEC 62443으로 전 세계적으로 채택되었습니다. ISA/IEC 62443 시리즈 표준은 UN의 승인을 받았습니다. 이후 전세계적으로 제어 시스템 보안을 위한 체계 수립 및 운영가이드로 사용되고 있고, 보안 장비 및 보안 시스템 설계와 운영을 위한 평가 지표로도 사용되고 있습니다.

| ISA/IEC 62443에서 정의한 일반적인 제어보안 관리 구성안 |

Part 1 일반(General)	Part 2 정책 및 절차(Polices & Procedures)	Part 3 시스템(System)	Part 4 장비(Component)
1-1. 용어, 개념 및 모델 1-2. 용어 및 약어 총괄 용어집 1-3. 시스템 보안 규정 메트릭 1-4. IACS 보안생명 주기 및 사용 사례	2-1. IACS 보안 관리 시스템 요구사항 2-2. IACS 보안 관리 시스템 구현 지침 2-3. IACS 환경의 패치 관리 2-4. IACS 서비스 공급자들을 위한 보안 프로그램 요구사항 2-5. IACS 자산 소유자를 위한 구현 지침	3-1. IACS 보안 기술 3-2. 보안 위험 평가 프로세스 및 시스템 설계 3-3. 시스템 보안 요구사항 및 보안 수준	4-1. 제품 개발 요구사항 4-2. IACS 장비에 대한 기술적 보안 요구사항

또한, KISA에서 제안하는 스마트 공장 운영 절차는 아래와 같습니다.

10.1.5 ● OT 보안 전문가의 필요 역량

앞서 OT 보안 전문가의 필요성과 가치에 대해 알아보았습니다. OT 보안을 강화하기 위해 기업·기관이 가장 먼저 해야 할 일은 전담조직을 마련하고 책임과 권한이 있는 인력을 배치하는 것입니다. 미국 국립표준원(NIST)의 'ICS 보안 가이드'에서는 전담조직의 필요성을 강조하며 이 조직에는 IT 담당자와 제어기사, 제어시스템 운영자, 네트워크·시스템 보안 전문가, 관리 직원, 물리적 보안 담당자 등이 포함되어야 한다고 설명했습니다. 또 CIO·CSO, 현장관리자와 긴밀하게 협조해야 하며, 인력에 대한 역할 정의와 정책, 지침을 세분화하여 마련해야 한다고 밝혔습니다. 이번 장에서는 OT 보안 전문가로 업무를 수행하기 위한 역량과 조건에 대해 알아보도록 하겠습니다.

OT 보안 전문가로 업무를 수행하기 위한 역량과 조건

1. OT 보안 담당자로서 성공적인 업무 수행을 위해서는 IT 보안에 대한 전반적 이해, 네트워크 보안 및 운영 프로세스에 대한 기본적인 이해 필요

사실 IT 부문의 네트워크 보안 역량만 잘 갖추어도 50%의 조건은 가지고 있는 것입니다. 따라서 일반적으로 컴퓨터 공학(CE) 또는 컴퓨터 과학(CS) 학사 학위(또는 이에 상응하는 학위) 또는 이에 상응하는 교육·훈련·경험이 있는 사람이 적합합니다.

2. MS, 리눅스 등의 운영체제와 일반적인 SW 프로그래밍 경험 및 정보보안에 대한 이해

OT 보안 솔루션은 현재 외산 솔루션이 시장을 리드하고 있고, 국산 솔루션들도 태동하여 기술력을 올리고 있는 중입니다. 이러한 솔루션들을 다루고 이해하기 위해서는 SW 플랫폼에 대한 기본적인 기술과 경험이 필요합니다. Unix 시스템, 가상화 기술, 스크립팅 및 API 통합에 대한 풍부한 지식도 필요합니다.

3. 산업용 제어 시스템 DCS(또는 ICS)에 연계된 기술적 환경의 이해와 경험

공장이나 발전소 등의 설비 영역에는 다양한 벤더들의 설비 시스템들이 혼용되어 사용 중이고 OT 보안을 관리하기 위해서는 그 시스템들 및 통신 프로토콜을 이해해야 합니다. 또한, ICS와 더불어 관련된 기술들 간의 에코시스템을 이해할 수 있어야 합니다. OT 보안 전문가는 IT와 OT 영역을 아우르는 오케스트라 같은 역할을 수행합니다. 그래서 OT 보안 전문가들 중에서 ICS 벤더에서 보안을 담당했던 사람들이 많이 선호되는 편입니다.

[OT/IT 보안 연계, 기술적 협력 에코시스템(노조미네트웍스)]

4. 산업계 보안 관련 국제 컴플라이언스 및 규제에 대한 이해

OT 보안 개념의 탄생 배경에는 산업계의 다양한 컴플라이언스에 있다고도 볼 수 있습니다. IT 영역에 대한 다양한 규제가 존재하듯이 OT 영역에 특화된 규제들이 존재합니다. 뒤에서 다시 설명 드리겠지만, 현재 선진 글로벌 국가들의 산업보안 규제는 점점 더 강화되는 추세입니다. OT 보안 관리자에게는 몸담고 있는 기업이나 기관의 특성에 맞는 OT 보안 규제를 이해하고, 선제적으로 대응할 수 있는 역량이 필요합니다. OT 보안 전략을 마련하기 위해서도 글로벌 규제 동향에 대해 잘 이해를 하고 있어야 합니다.

5. 영어 커뮤니케이션 능력

OT 보안 업무를 담당하다 보면 필수불가결하게 영어를 사용해야 하는 경우가 많습니다. 대부분의 ICS 설비들이 외산이며 외국의 엔지니어들과 소통해야 하는 경우가 종종 있습니다. OT 보안 분야를 경험해 본 한국 전문가가 아직 부족한 상황이기 때문에 제 경험상, 이슈가 생기거나 프로젝트 진행 시, 관련 제품의 본사 엔지니어들과 협의를 해야 하는 경우가 생기곤 합니다. 업계에서 사용하는 전문 용어들도 이해할 수 있어야 할 것입니다.

6. 원활한 업무 수행을 위한 의사소통 능력과 리더십

이 사항은 OT 보안 전문가의 독보적인 자질은 아니고, 어느 조직에서나 요구되는 사항이기도 합니다. 다만, OT 보안 담당자의 경우는 보수적이기로 유명한 공장의 제어보안 조직과, IT 조직 사이에서 중간자 역할(일)을 해야 하므로 IT 조직 내에서만 일할 때 보다는 공장 업무 프로세스를 이해하고, 현장 담당자들과 원활한 커뮤니케이션을 할 수 있어야 합니다. 자칫 설비 제어의 이상으로 공장이 멈추거나 사고가 발생할 수도 있기 때문에 현장에서 작업을 하는 경우 빡빡한 사전 허가와 복잡한 업무 프로세스를 지켜야 하는 경우가 많습니다. 그러므로 IT와 OT를 아우르는 기술 전문 지식과 경험 외에 전혀 다른 업무 프로세스와 환경을 가진 두개 부문 사이에서 균형적인 사고로 커뮤니케이션을 리딩할 수 있는 리더십도 필요하다고 이야기할 수 있습니다.

이렇듯 OT 보안 전문가로서 가져야 할 역량과 조건이 까다롭고, 복잡하며, 쉽게 얻을 수 있는 것이 아니기 때문에 전문가가 절대적으로 부족한 상황입니다. 이에 반해, OT 보안 시장은 급속도로 성장할 것으로 예상되어, 시장 수요대비 공급이 많이 부족한 상황이 상당기간 지속될 것으로 보입니다. 따라서 앞으로 OT 보안 직종은 고급 전문가로 인정받을 수 있을 것입니다.

10.1.6 ● OT 보안 전담 조직 유무에 따른 보안 사고 대응 비교 예시

OT 보안 관리 조직이 있는 경우와 없는 경우, 두가지 상황을 가정한 시나리오를 통해 OT 보안 관리자의 역할과 의미에 대해 알아보겠습니다.

A사는 한국의 석유 화학 기업으로 한국과 해외에 대형 생산 설비를 갖추고 원유정제 공정을 기반으로 다양한 유종과 부가적인 석화 제품들을 생산하고 있는 대기업입니다. A사는 한국의 대기업들과 마찬가지로 본사에 CIO 및 CISO를 두고 IT 영역에 다양한 보안 솔루션을 적용하고 있으며, CISO 아래에 보안 담당자들과 그룹사의 SI 담당자들이 보안 업무를 담당하고 있습니다. 지금까지는 큰 보안 사고없이 생산라인을 운영해 왔고, 망분리와 폐쇄된 공정망으로 비교적 보수적인 보안 운영을 해 오고 있었습니다(실은 그렇게 주장을 한 것입니다).

공장 라인의 운영(OT) 설비들은 공장의 제어팀에서 전담해 왔으며, 각 라인의 PLC(Programmable Logic Controller)나 HMI(Human Machine Interface) 같은, DCS(분산제어시스템, Distributed Control System) 또는 ICS(Industrial Control System)로 통칭되는 생산 제어 장비들은 하니웰(Honeywell), 지멘스(Siemens), 에머슨(Emerson) 등 대부분 외산 설비들로 구성이 되어 있고, 이들 벤더들의 관리하에 철저한 물리적 보안을 유지하고 있었습니다. 물리적인 보안이라는 의미는 철저한 출입 통제 및 접근 제한 조치를 했다는 의미입니다. 다만, 아직은 IT와 OT를 통합 관리하는 조직 프로세스나 솔루션을 갖추고 있지는 않습니다. 따라서 생산망의 IT 부분은 A사와 A사의 SI사에서 나온 보안 담당자들이 상주하며 관리를 하고 있고, 통합적인 모니터링을 하고 있습니다. 생산 영역의 사이버 보안(OT 보안)에 대해서는 별도의 담당자는 없고, 폐쇄망으로 분리되어 있으며 제어설비들은 공장 가용성 유지를 위해 오랫동안 큰 변화 없이 생산라인을 가동하고 있습니다. 제어 설비들의 관리 및 운영은 철저히 이들 벤더의 관리하에 유지보수 및 운영되고 있습니다. 이들 벤더들의 허가 또는 전문 엔지니어 동반 없이는 이 설비들에 대한 어떠한 작업도 마음대로 할 수가 없습니다. 혹시나 생길 수 있는 실수나 작업 오류로 인해 설비가 멈추면 공장의 생산 라인 가동에 큰 영향을 미칠 수 있기 때문입니다.

어느 날 한 ICS 설비의 갑작스러운 이상으로 생산 라인의 시스템이 다운되었고, 결국 생산 라인이 멈추는 사고가 발생했습니다. ICS 설비의 오작동의 원인은 쉽게 파악이 되지 않았습니다. 그러던 와중에 해커의 랜섬웨어 공격이라는 통지와 함께 수십억 원에 해당하는 비트코인을 요구하는 협박이 있었습니다. 즉시, 설비 제어팀,

ICS벤더, CIO 및 CISO 조직 등이 긴급히 대책 회의를 하였으나, 급격히 늘어가는 생산 중단 피해를 최소화하기 위해 요구하는 비용을 지불하고 해결할 수밖에 없었습니다. IT 부문은 공장 설비 자산들을 관리해 오지 못했기 때문에 사이버 공격의 루트와 원인을 알 수가 없었으며, OT 부문은 무작정 IT 부문의 잘못으로 몰아가고 있는 상황이었습니다. IT 부문에서는 논리적인 기술 및 설명으로 IT망의 보안에 문제가 없었음을 해명해도 IT 시스템 및 네트워크를 이해하지 못하는 공장 설비 담당자들을 이해시킬 수가 없었습니다. 또한, 회사는 주가하락 및 신용도 하락의 우려로 해킹 사고 소식을 쉬쉬하며 숨겨야만 했습니다. 그나마 다행인 것은 더 큰 사고로 이어지거나 인명 피해가 발생하지는 않았다는 점입니다.

추후 재발 방지를 위한 TF가 구성되었고, 글로벌 컨설팅 회사에 고가의 전문적인 보안진단 컨설팅을 의뢰해 본 결과, OT와 IT를 아우르는 보안 조직, OT 보안 전문가 및 업무 프로세스를 갖춰야 하며, OT와 IT를 통합 보안 모니터링을 할 수 있는 OT 보안 전문 솔루션 도입이 시급하다는 결론을 내리게 되었습니다.

사례 **2**

B사는 A사와 동종의 비즈니스를 하고 있는 유사한 규모의 글로벌 기업입니다. B사의 경우는 이미 A사와 유사한 피해를 받은 적이 있었고, 이후 보안 진단 컨설팅에 따라 체계적인 IT/OT 통합 보안 프로세스를 갖추어 놓았습니다. CIO 및 CISO 조직과 더불어 중앙의 통합 보안 관제실에서는 SIEM 및 OT SOC(OT Security Operation Center) 등의 체계를 갖추었습니다. 본사 통합 관제실 외에도 각 공장마다 OT 관리 조직을 두어, 전문 자격을 갖춘 OT 보안 관리 전문가를 배치하였습니다. OT 보안 관리조직에서는 OT 보안 전문 솔루션을 도입하여 기존의 IT 보안 기능에 OT 보안 기능을 연계할 수 있도록 통합하였습니다. 통합 관제실에서는 IT망뿐만 아니라 OT 망의 다양한 벤더들의 ICS 설비들을 가시화하여 실시간으로 모니터링하고, 이상 징후를 사전에 탐지하며 취약점을 분석할 수 있는 시스템과 프로세스를 갖추었습니다. 기존에는 불가능했던 각 생산 라인별 ICS 설비 및 설비들 간의 네트워크 상태를 모니터링하고, 나아가 ICS 벤더별 장비들의 독립적인 통신 프로토콜까지 분석할 수 있게 되었습니다. 즉, 설비 자산들의 변화와 비정상적인 행동

들까지 모니터링을 할 수 있게 되어, IT 망과 OT 망을 아우르는 통합적인 사이버 보안 체계를 마련하게 되었습니다.

어느 날 이 회사의 통합 관제실에 비상 알람이 뜨고, 각 보안 담당자들의 이메일로도 긴급 알람 이메일이 발송이 되었습니다. 본사의 통합 관제실뿐만 아니라, 현장의 보안 관제실에도 동시에 알람이 발생했습니다. 보안 시스템은 공장망 내 한 설비 라인의 이상 수치에 대한 알림이 발생하고 있었습니다. OT 보안 관리자는 OT 보안 솔루션의 알람을 클릭하여 상세한 정보 분석을 시작했습니다. 이 솔루션에 의해 이상 징후를 보이는 자산의 정확한 위치, 설비 정보, 통신 패킷 정보, 프로토콜 정보, 설비 OS의 버전 정보, 이상 네트워크의 트래픽 정보 등 다양한 정보를 실시간으로 확인하게 되었습니다. 사실 이 OT 보안 관리자는 이미 이 시스템에서 경고한 취약점을 이미 파악하고 있었습니다. 공장의 설비는 이상 없이 돌아가고 있는 상황이었습니다만, OT 보안 담당자는 이상이 발견된 설비 및 네트워크의 문제점과 원인을 곧 파악하고, 실제 생산라인의 운영 담당자에게 조치 방안을 알려 주었습니다. 알람의 내용에 따르면 한 설비가 인가되지 않은 통신을 공장망 외의 서버와 지속적으로 시도하고 있었고, 그 원인은 얼마전 작업을 했던 (USB에 의한 버전 업그레이드) 설비에 기존 보안 정책을 우회하여 공격을 할 수 있게 만들어진 멀웨어가 침투했던 것이었습니다. 공장 담당자는 즉각적으로 해당 설비를 점검하고, 실제 생산라인에 영향이 가기 전에 정확한 처리를 할 수 있었습니다. 이를 계기로 생산 라인 전반에 걸친 CVE(Common Vulnerabilities and Exposures, 공개적으로 알려진 정보 보안 결함 목록)를 분석하여, 각 설비들을 무결하게 운영할 수 있도록 조치하였습니다. 또한, 이 회사는 해외의 각 지사들에게도 유사한 조치를 취하여 전 세계 모든 시스템이 안전하게 운영될 수 있도록 조치하였습니다.

사례를 좀 극단적인 예로 비교를 해 보았지만 이와 같이 OT 보안 관리 프로세스, 솔루션 및 전문가 유무에 따라 그 대응 방식과 결과는 극명하게 달라질 수 있습니다.

10.1.7 ● OT 보안 전문가의 가치

Industry 4.0, 사물인터넷, 디지털혁신 등의 용어들은 새로운 산업혁명의 시대를 여는 대표적인 Keyword입니다. 스마트 팩토리, 스마트 빌딩, 스마트 교통 시스템, 스마트 시티 등등 우리의 업무와 삶은 모든 면에서 스마트화됩니다.

반면에 악의적인 요소 또한 같이 스마트화되고 있다는 사실을 간과해서는 안 됩니다. 최근의 사이버 공격 트랜드는 방어가 비교적 잘 되어 있는 IT 망을 우회하여 생산 설비망으로 직접적인 사이버 공격을 하고 있습니다. 생산 설비망은 폐쇄되어 있고, 인터넷 망과 차단되어 있으며, 생산 설비의 가용성에 영향을 미치면 안 된다는 이유로 심도 깊은 사이버 보안 관리를 해오지 못했고, 해커들은 이 틈을 노려 다양한 공격 기법을 통해 공장 생산망에 직접적인 공격을 하고 있습니다.

안타깝게도 기존의 IT보안 담당자들은 생산 설비 및 설비 네트워크를 이해할 수 없기 때문에 이러한 사이버 공격에 대해 방어할 수 있는 준비가 안 되어 있었습니다. 최근 생산망에 대한 사이버 보안 솔루션(OT/IoT 보안 솔루션)들이 시장에 선보이고 있으나, 워낙 생소한 분야이다 보니 이런 솔루션을 경험해 본 보안 전문가가 매우 부족한 상황입니다.

OT 보안은 익히 알려진 IT 보안 분야와는 환경이나 기술적인 요소가 많이 다르지만 전혀 연관성이 없는 것은 아닙니다. 50% 정도는 IT 보안 기술분야, 50%는 산업 및 설비 보안 분야가 혼합되어 있다고 생각하면 됩니다. 문제는 이 양쪽 분야의 업무 프로세스를 이해하고, IT와 OT 분야를 모두 경험해 본 보안 전문가가 시장에 많지 않다는 것입니다. IT 보안 분야만 하더라도 많은 IT 기술 분야 가운데 가장 레드오션화되어 있고, 업무 강도나 스트레스 대비 대우를 받지 못하고 있기 때문에 회피하는 직종이 되고 있습니다. IT 보안에 충분한 예산을 고려하고 있는 기업은 대기업에 국한된다고도 볼 수 있습니다.

그 결과로 사이버 보안의 중요성이 점점 커지는 지금 보안 담장자들을 충분히 확보하기가 힘들며, 더욱이 IT와 OT를 동시에 이해하는 보안 전문가는 거의 찾기가 어려운 상황입니다. 또한, OT/IOT 보안의 필요성은 제조 공장에만 국한된 것이 아니라, 석유화학, 발전 및 송배전, 광산업, 항만, 철도, 공항, 제약, 수처리, 국방, 선박 및 해운, 빌딩, 병원, 유통 및 물류, 식품 및 농수축산업 등등 거의 모든 산업에 적용될 정도로 광범위해지고 있습니다.

[OT/IoT 보안 필요 산업 현황(노조미 네트웍스)]

이러한 시장의 변화로 OT 보안 전문가의 입지는 앞으로 계속 높아질 것이고, 산업의 스마트화가 진행될수록 그 수요는 늘어날 것입니다. 실제 OT 보안 전문 인력의 몸값은 다른 IT 보안 전문인력보다 높고, 이 현상은 계속 더 강해질 것으로 보입니다.

또 하나의 문제는 이런 OT 보안 전문 인력 양성문제입니다. 시장의 수요는 급증하고 있지만, 이런 인력을 양성하기가 쉽지 않다는 것입니다. 각 대학에 정보통신학과들이 있고, 일부에는 정보보안 관련 전공도 있지만, 산업보안이나 OT 보안을 가르칠 만한 전문적인 교수진도 절대 부족한 현실을 감안할 때 이런 현상은 상당기간 지속될 것으로 보입니다. IT 보안에 종사하고 있는 분들이나 정보보안을 전공하고 있는 학생들은 OT 보안 쪽에 관심을 두고 기술과 경험을 쌓는다면 향후 독보적인 전문가로서 직업적인 안정성을 크게 누릴 수 있을 것이라 생각합니다.

10.2
OT/IoT 보안 트랜드

IT 종사자들은 잘 알겠지만, 정보보안 분야만해도 수십, 수백 개의 기업들이 비즈니스를 영위하고 있습니다. 그런데 사실 그 대부분은 IT 보안 영역입니다. 최근 사이버 사고의 특징은 공격의 표면이 다양해지면서, IT 영역을 거치지 않고, 바로 현장의 OT 설비나 IoT 디바이스를 통해 직접적인 사이버 공격을 하고 있습니다. 따라서 OT/IoT 보안 분야가 시장에서 새롭게 떠오르고 있으며 미래의 보안 분야 아이템으로 큰 관심을 받고 있습니다. 이번 장에서는 OT/IoT 보안의 피해 사례 및 규제·지침과 국내외 시장현황에 대해 알아보겠습니다.

10.2.1 ● OT 보안 피해 사례

OT 보안 분야의 피해 사례는 우리의 예상과 달리 많고 피해 규모가 상상 이상이며, 피해 산업도 보다 다양해지고 있습니다. OT 분야의 대표적인 공격 사례는 2010년 이란 핵시설에 대한 스틱스넷(Stuxnet) 공격 사례입니다. 이 사례는 너무나 유명한 OT 사이버 공격 사례이므로 별도로 설명하지는 않겠습니다. 이외에도 미국의 석유 공급 파이프 라인인 콜로니얼 파이프 라인에 대한 랜섬웨어 공격으로 북동부지역의 석유 공급이 마비되었고, 약 57억 원의 피해가 발생하였습니다.

▶ **큰 대가를 치루는** 제어시스템 보안 사고
천문학적 규모의 금전적 손실과 브랜드 이미지에 심각한 영향

중요한 인프라 및 전략 산업 자산에 대한 사이버 공격은 현재 세계 5대 위험 중 하나입니다.
– 세계 경제 포럼 (글로벌리스크 보고서, 2018)

제어시스템 사이버공격으로 인한 평균 손실 비용

4,300억 원

구 분	회 사	이슈/공격	피해규모(KRW)
2021	미국 콜로니얼 파이프라인	다크사이드 랜섬웨어	57억 원
	미국 플로리다 올즈마	윈도7, 팀뷰어 익스폴로잇	식수 오염 시도
2019	노르스크 하이드로	LockerGoga 랜섬웨어	800억 원
	듀크 에너지	컴플라이언스 미 준수	150억 원
2018	사우디 페트로케미칼	Triton 멀웨어	알려지지않음
	영국 NHS	WannaCry 랜섬웨어	1,400억 원
2017	머크	NotPetya 랜섬웨어	1조 300억 원
	페덱스 (TNT 익스프레스)	NotPetya 랜섬웨어	4,700억 원
	머스크	NotPetya 랜섬웨어	3,500억 원
	몬델레즈	NotPetya 랜섬웨어	2,200억 원
2016	우크레네르고	Industrover/Crash override ICS 멀웨어	대규모 정전 (산정 불가)
2012	사우디 아람코	Shamoon 멀웨어	1조 1,800억 원
2010	이란 핵시설	Stuxnet 멀웨어	원심분리기 1,000개 파괴

[주요 OT 보안 사고 사례(출처:투씨에스지)]

이러한 OT 영역에 대한 사이버 공격은 지속적으로 확대되고 있으며, 과거에는 발전 시설이나 석유화학 등 대형 인프라 설비를 주요 타겟으로 공격했다면 최근에는 대형 쇼핑몰, 식료품기업, 병원에 이르기까지 거의 모든 산업 영역에서 OT/IoT 관련 공격이 일어나고 있습니다. CCTV나 아파트의 월패드 해킹 사건은 우리나라에서도 유명했던 사이버 범죄 사건입니다.

앞서 이야기한대로 생산설비와 주요 인프라가 스마트해지면서 공격 표면이 다양화된 것이 주요 원인이라고 볼 수 있습니다. IT 부문의 공격은 방어 수단이 비교적 잘 갖추어져 있습니다. 백신, 백업, 방화벽, 암호화, 이중화, 이메일 보안, 네트워크 보안, DRM 등등 수많은 솔루션들로 이중 삼중의 보호를 하고 있으며, 사이버 공격이 일어나도 대부분의 대기업은 사전에 방어를 한다거나 사이버 공격 피해를 당해도 곧 복구할 수 있는 시스템을 갖추고 있습니다. 하지만 OT 영역은 생산설비 가용성 측면이나 안일한 보안 개념 측면에 의해 무방비 상태인 경우가 많고, 실제 공격을 당했을 때 대책이 거의 없어, 해커가 요구하는 금품을 지급하고 해결하는 케이스가 많습니다. 이는 OT 영역에 대한 사이버 공격이 계속해서 증가되는 부작용을 낳고 있습니다.

기업이나 기관의 정보보안 담당자들을 만나 OT 보안의 필요성을 이야기할 때 가장 많이 접하게 되는 반응은 산업망 자체가 폐쇄적이고 망분리가 되어 있어 안전하기 때문에 별도의 추가적인 OT 보안 솔루션이 굳이 또 필요한가하는 반문입니다. OT 영역인 제어 시스템의 위협 경로를 보다 상세히 알아보도록 하겠습니다. 아래 내용과 그림을 보면 왜 OT망에 보안 솔루션이 반드시 필요한가에 대해 잘 설명되어 있습니다.

- **인터넷망을 통한 외부 원격 지원** : 랜섬웨어, 악성코드 유입 및 감염
- **비인가 무선 통신을 통한 제어망 액세스** : 내부정보 유출, 악성코드 감염
- **내부 네트워크에 바이러스에 감염된 노트북 연결** : 랜섬웨어, 악성코드 유입 및 감염
- **인터넷망에서 다운로드 받은 파일을 USB를 통해 제어망에 옮김** : 제어시스템 랜섬웨어 감염, 제어 설비 가동 중단
- **설비 간 시리얼 포트 연결** : 설비 간 악성코드 전파 및 PLC 제어변수 변경 등 제어 설비 공격

- PLC 제어변수 로직 감염
- 방화벽 설정 누락으로 업무망에서 제어망 HMI 접속 가능 : 비인가자 제어시스템 접근 경로 노출
- 외부 3rd 시스템과 제어망 내부 시스템 연결 : FA망−외부망 접근 경로 유출

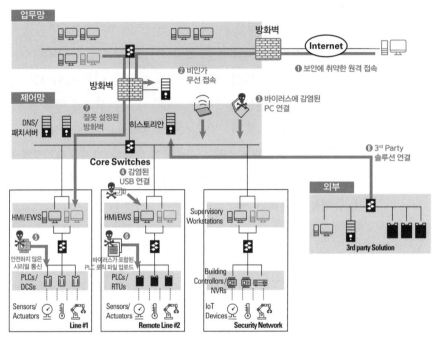

[제어시스템 위협 경로(ANSI/ISA-99 Standards to Improve Control System Security)]

대형 설비와 사회 기반 인프라 시설 제어시스템의 경우는 사이버 공격으로 인해 생산설비의 마비에서 시작해 생산 설비의 파괴까지 이어질 수 있습니다. 대형 화학설비의 가스 누출 사건, 댐이나 수처리 시설의 파괴나 오염, 발전 설비의 파괴로 인한 대규모 정전 사태, 교통 시스템의 마비, 중요 의료시설 마비에 의한 응급 환자 피해 등등 우리가 영화에서나 본 사건들이 실제 사이버 공격에 의해 일어날 수 있습니다. 이런 사고는 기업이나 기관에 대한 랜섬웨어 등 사이버 공격자들에게 지급하는 직접적인 금융 피해, 인부들이나 그 지역에 대한 인적·물적 피해, 그리고 그 기업의 이미지에 대한 피해 등등 2차, 3차 피해를 유발합니다. 이와 같이, IT 부문 사이버 사고의 피해 대비 OT 부문에 대한 사이버 사고의 피해는 비교가 안될 정도로 차이가 큽니다.

가장 최근 상황인 2023년의 사이버 공격 현황을 살펴보겠습니다. 아래 그림은 2023년 상반기의 주목할 만한 사이버 보안 이벤트를 보여 주고 있습니다.

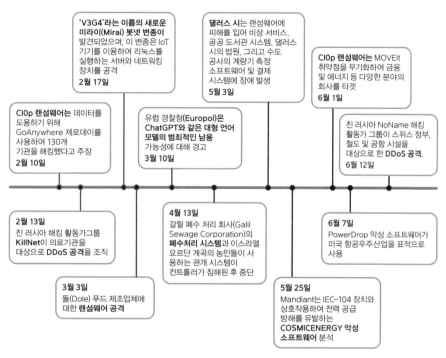

[노조미네트웍스 2023 상반기, OT/IoT 보안 보고서 (2023.08)]

2023년 초부터 주로 랜섬웨어 공격 집단들이 LOTL기법을 사용하는 여러 유형의 위협 공격과 계속해서 주목할 만한 사이버 활동을 보이고 있습니다. 이러한 기법들은 쉽게 접근할 수 있으며 탐지를 피할 수 있고, 매우 적응력이 뛰어나기 때문에 자동화를 지원합니다.

※ LOTL(Living-Off-The-Land)공격 : 해커와 같은 공격자들이 시스템에 이미 설치되어 있는 Tool을 사용하여 해킹 공격을 하는 기법으로 안티바이러스 탐지를 피할 수 있다.

글로벌 규제 현황

각 산업별로 특성화된 다양한 규제들이 존재합니다. OT 보안 사고와 피해가 증가하다 보니 각국의 규제가 강화되고 있습니다. 글로벌에서 비즈니스를 하는 우리 기업들도 각 지역별·산업별 규제에 대해 잘 이해하여 적절한 대응이 필요합니다.

주요 선진 국가들의 2023년 상반기 사이버 보안 법률 및 중요 인프라 정책이 강화되고 있으며, 특히, 산업 영역, OT 보안과 관련된 법률들에 대한 지침이 많이 대두되고 있습니다.

2022년 4월, 국회입법조사처에 흥미 있는 내용이 보고되었습니다. 미국의 「사이버보안 강화법」에 대한 내용으로 시사성이 매우 큰 내용입니다.

2022년 미국 사이버보안 강화법

2022년 3월 2일 미 상원의원의 만장일치로 '2022년 미국 사이버보안 강화법'을 승인하였으며, 3월 15일 미 바이든 대통령이 서명하였습니다. 이 법안은 제1편 (Title I)의 「2022년 연방 정보보안 현대화법」(Federal Information Security Modernization Act of 2022), 제2편(Title II)의 「2022년 중요 인프라에 대한 사이버 사고 보고법」(Cyber Incident Reporting for Critical Infrastructure Act of 2022), 제3편(Title III)의 「2022년 연방 보안 클라 우드 개선 및 고용법」(Federal Secure Cloud Improvement and Jobs Act of 2022)으로 구성되어 있습니다. 이 법안은 연방 기관이 사이버공격을 받으면 미 국토안보부의 사이버보안 및 인프라 보안국(CISA ; Cybersecurity and Infrastructure Security Agency)과 의회에 보고하고, 정부가 사이버보안에 대해 위험 기반 예산 모델(risk-based budget model)을 채택해야 한다고 규정하고 있습니다. 또한, 연방 기관 간의 사이버안보 관련 업무를 조정하고 있으며, CISA가 민관 네트 워크의 사이버보안 사고 대응을 담당하는 주무부서임을 명확히 하였습니다.

특히, 언론의 주목을 받은 부분은 제2편입니다. 앞으로는 중요 인프라 기업이 사이버 공격을 받았을 때 해당 사이버 사고가 발생하였다고 합리적으로 믿은 시점으로부터 72시간 이내에 CISA에 보고해야 하며 해당 기업이 랜섬웨어 공격을 받았다면 공격자에게 랜섬을 지불한 때로부터 24시간 이내에 보고해야 합니다.

EU 사이버 보안 규제 강화

미국의 사이버 보안 규제에 이어 최근 EU의 사이버 보안 규제도 강화되었습니다. 2024년 10월에 EU의 네트워크 및 정보시스템 지침인 NIS2가 시행됩니다. NIS2는 사이버 리스크 관리를 의무화하고 기업의 회복탄력성과 연속성을 보장하면서 사이버 보안 요구 사항을 준수하도록 하고 있습니다. 이 지침에서는 규제 대상 조직에서 중대한 사고 발생 시 24시간 내에 조기 경고하고, 72시간 내에 통지하며, 1개월 내에 최종 보고서를 제출하도록 되어 있습니다. 위험관리와 통지 의무 위반 시 필수조직(Highly Critical Sector)은 1,000만 유로(약 142억 원) 또는 직전 회계연도의 전 세계 총 매출액 2% 중 더 높은 금액을 부과해야 하며 중요조직(Critical Sector)은 700만 유로(Critical Sector) 또는 직전 회계연도의 전 세계 총 매출액 1.4% 중 더 높은 금액을 부과해야 할 정도로 강력한 규제입니다.

NIS2의 또다른 시사점은 NIS2의 영향력이 EU 기업들에게만 국한되지 않는다는 것입니다. EU에서 비즈니스를 하는 기업들도 동일하게 적용되는 것으로 EU에 공장을 가지고 비즈니스를 하고 있는 우리 기업들도 대응이 필요한 상황입니다.

이외에도 해양 선박 분야의 「해사보안법」 역시 강화되어 우리나라 선사들을 비롯하여 조선사 등도 이미 준비를 시작한 상황입니다. 국제선급협회(IACS)는 선박 및 기자재시스템 사이버 복원력 달성을 위한 통합 요구사항인 UR E26, E27을 발행하고 내년부터 건조 계약되는 모든 선박에 이를 적용하도록 하고 있습니다.

이렇듯 글로벌 산업 규제가 강화되면서 우리 정부도 사이버 보안 규제를 강화하고자 하는 움직임을 보이고 있습니다. 따라서 관련 법 규정의 강화에 따라 우리 기업들도 산업 보안에 대한 대응과 투자를 해야 할 것으로 보입니다.

10.2.2 ● 글로벌 OT 보안 시장 현황

OT 영역에 대한 사이버공격이 늘어나고 이에 대비하기 위한 정부의 규제와 지침이 강화되면서 OT 보안 시장도 빠르게 대응하고 변화하고 있습니다. 해외의 시장조사 기관들이 이와 관련된 다양한 시장조사 및 예측 리포트를 내 놓고 있습니다.

세계적인 IT 시장조사 및 자문기관인 가트너(Gartner)는 산업 전반에서 OT 보안에 대한 관심이 높아짐에 따라 이 시장이 계속 발전할 것으로 예상하고 있습니다. OT 보안 시장은 산업용 IoT(IIoT) 이니셔티브의 영향도 점점 더 많이 받고 있습니다. 현재 시장 경계는 다소 모호한 상태이며, IIoT가 IT, OT, IoT 및 물리적 보안 공간을 포괄하는 '디지털 보안' 시장으로 융합되면서 앞으로 점진적으로 융합될 것으로 예상됩니다. 2020년 이후에는 기술 통합의 단계적 진행으로 인해 디지털 보안에 대한 시장 부문 간의 구분이 줄어들고 모든 시장에서 특정 보안 요구 사항을 충족할 수 있는 제품이 등장할 것으로 예상됩니다.

많은 조직에서 기술과 전문 인력이 부족하기 때문에 위험 평가, 보안 테스트 및 인증, OT 관리형 보안 서비스, 사고 대응(포렌식 기능 포함)에 대한 수요를 포함하여 OT 보안 전문 서비스에 대한 기회가 증가할 것으로 예상됩니다.

제품 측면에서는 새로운 디지털 비즈니스 요구 사항에 부합하는 중요한 보안 전략의 일환으로 적응형 보안의 개념을 OT 보안에도 도입해야 할 필요성이 커지고 있습니다. IT 환경이 필연적으로 보안 침해에 노출되는 것과 마찬가지로 컨버지드 OT 인프라도 위험에 노출되어 있습니다. 가트너의 적응형 보안 개념은 표적 공격이 점점 더 정교해지는 상황에서 예방 조치만으로는 충분하지 않다는 생각에 기반합니다.

가트너(Gartner) – IT Security Market View 2021 ~ 2022

가트너(Gartner)에 따르면 OT 보안 시장은 급변하고 있습니다. 전통적인 틈새 시장이었던 OT 보안 시장은 레거시 산업 시스템과 OT 전용 네트워크 및 방화벽에 초점을 맞춘 제품의 필요성을 강조했습니다. 점점 더 다양한 기능을 갖춘 새로운 도구와 서비스를 사용할 수 있게 되면서 시장은 이제 빠르게 변화하고 있습니다. OT가 IT 시스템에 계속 연결되고 새로 설계된 CPS가 배포됨에 따라 OT 관리, 거버넌스, 인프라 및 보안이 진화하고 있습니다.

1. 위협이 증가하고 변화하고 있다.
2. 더 많은 취약점이 부상하고 있다.
3. 전문 보안 기술 및 리소스의 공급이 부족 하다.
4. 더 많은 규정, 지침 및 프레임워크가 등장하고 있다.
5. CPS 보호 플랫폼이 중심이 된다(자산 가시화 및 위협 감지의 중요성).
6. 업종별 다양한 벤더가 등장하고 있다.
7. 지난 2년 동안 주목할 만한 인수합병 및 벤처 캐피털 움직임이 있다.
8. OT 및 IT 보안 공급업체는 지속적으로 연결 고리를 구축한다.

가트너(Gartner)는 OT 보안 및 제어를 위한 전문 서비스 수요는 당분간 두 자리수로 증가할 것이라고 보고 있습니다. 주요 기업의 보안 담당자들을 대상으로 한 설문조사 결과 약 46%의 담당자들이 전년 대비 OT 보안에 대한 비용이 크게 증가했다고 답변했으며, 이 비용은 주로 IT 예산으로 확충되고 있다고 답했습니다. 또한 아직까지는 OT 보안을 담당하는 조직은 CISO 조직 또는 CIO 조직이라고 답변한 대답이 66%에 해당했습니다.

그렇다면 여기서 OT 보안 기술이 현재 시장에서 어떤 위치에 있는지, 기술적인 혁신 측면에서 대중화가 되었는지를 알아볼 필요가 있습니다. 가트너(Gartner)에서는 매년 다양한 혁신 기술들의 시장진입에 대한 리포트인 Hype Cycle을 발표하고 있으며, 2022년도 발표자료에는 OT 보안에 대한 내용이 있습니다.

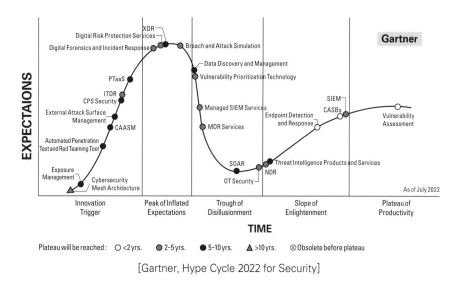

[Gartner, Hype Cycle 2022 for Security]

이 그래프를 보면 OT Security 기술(솔루션)은 시장의 초기 진입 단계 및 검증 단계를 거쳐, 기술적인 인정을 받고 있습니다. 향후 2~5년 내에 시장에서 주류화된 제품으로 진입할 것으로 예측이 되고 있습니다. 이는 상당히 빠른 시일 내에 시장에서 보편적으로 도입이 되는 솔루션으로 자리매김할 수 있다는 뜻입니다.

MARKETS and MARKETS –"OT Security Market global forecast 2027"

1. OT 보안 시장은 다양한 수직 분야에서 엔터프라이즈 인프라를 보호하기 위한 관행 및 기술의 채택률이 증가함에 따라 크게 성장할 것으로 예상됩니다.

2. OT 보안 솔루션에는 NGFW(Next-Generation Firewalls)에서 SIEM (Security Information and Event Management) 시스템, IAM(ID 액세스 및 관리) 등에 이르는 광범위한 보안 기술이 포함됩니다.

3. 산업 제어 시스템(ICS)은 OT의 주요 구성 요소이며, ICS에는 다양한 산업 프로세스를 감독하는 다양한 유형의 장치, 시스템, 제어 및 네트워크가 포함됩니다. 가장 일반적인 것은 SCADA(Supervisory Control and Data Acquisition) 시스템과 분산 제어 시스템(DCS)입니다.

OPERATIONAL TECHNOLOGY SECURITY 시장   www.marketsandmarkets.com

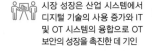

2021.6

15,541 USD MILLION 2022
20.1조 원

32,369 USD MILLION 2027
41.6조 원

CAGR 15.8%

The global OT security market is expected to be worth USD 32,369 million by 2027, growing at GAGR of 15.8% during the forecast period.

▶ 아메리카는 2022년에 세계 OT 보안 시장에서 가장 큰 시장 점유율을 차지할 것으로 예상되며,
▶ 아시아 태평양은 예측 기간 동안 가장 높은 CAGR로 성장할 것으로 예상됩니다.

시장 성장은 산업 시스템에서 디지털 기술의 사용 증가와 IT 및 OT 시스템의 융합으로 OT 보안의 성장을 촉진한 데 기인	OT 시스템에 대한 사이버 공격의 증가로 인해 시장에 다양한 OT 벤더가 존재하고, 엄격한 정부 규제로 인해 많은 국가에서 OT 솔루션에 대한 큰 기회가 있음.	에너지 및 전력(발전) 산업은 OT 보안 시장에서 큰 기회를 제공하며 예측 기간 동안 가장 높은 CAGR로 성장할 것으로 예상

[OT 보안 시장 규모(마켓앤마켓)]

본 자료에 따르면 OT 보안 시장은 기술 벤더들에게 많은 수익을 가져다줄 것으로 예상되며 디지털화를 향한 정부의 이니셔티브, 규제 요구 사항 증가, OT 인프라에 대한 사이버 공격 증가로 인해 향후 5년 동안 상당한 성장이 예상되고 있습니다. 그러면서 OT 보안 시장에 대한 성장동인, 제한 사항, 기회 및 과제에 대해 아래와 같이 분석을 하였습니다.

DRIVERS 동인	• 산업 시스템에서 디지털 기술의 사용 증가 • OT 보안 솔루션 구축 촉진을 위한 CIP와 관련된 엄격한 정부 규제 • IT와 OT 시스템의 융합으로 OT 보안 성장 촉진
RESTRAINTS 제한사항	• OT 보안 솔루션의 높은 조달 비용 • OT 보안 솔루션의 유지 관리 및 업그레이드와 관련된 새로운 문제
OPPORTUNITIES 기회	• 전문적이고 managed security service에 대한 수요 증가 • 중요 인프라 보호를 위한 강력한 OT 보안 솔루션에 대한 정부 및 기업의 R&D 투자 • OT 네트워크 보안에 대한 필요성 증가
CHALLENGES 도전과제	• OT 보안 시스템을 분석할 훈련된 보안 분석가 부족 • OT 보안 기술에 대한 인식 부족

[OT 보안 시장의 D.R.O.C]

그 외 KBV Research나 Research and Market 등

그 외 KBV Research나 Research and Market 등의 글로벌 운영 기술(OT) 보안 시장 규모 및 산업동향 리포트에서도 2028년까지 연평균 10% 이상의 성장률을 보일 것이라고 전망하고 있습니다.

SANS 2022 OT/ICS 사이버 보안 보고서

글로벌 OT 보안 솔루션 기업인 노조미 네트웍스에서 사이버 교육 및 인증 기관인 SANS 인스티튜트(SANS Institute)에 의뢰해 진행한 'SANS 2022 OT/ICS 사이버 보안 보고서'결과 발표자료를 살펴보겠습니다. 2022년 SANS ICS/OT 설문조사는 에너지, 화학, 중요 제조, 원자력, 수자원 관리 및 기타 산업의 광범위한 산업 분야를 대표하는 332개의 응답을 반영한 리포트입니다.

이 보고서에 의하면 공격자들은 제어 시스템 구성 요소를 타깃으로 삼고 있으며 여전히 ICS 사이버 보안 위협이 높은 것으로 나타났습니다. 랜섬웨어 및 금전적 갈취를 목적으로 한 사이버 범죄가 위협 벡터 리스트에서 1위(39.7%)를 차지했으며, 특정 국가 지원을 받는 공격(nation-state sponsored attacks, 38.8%)이 2위, 랜섬웨어 이외의 범죄 공격이 3위(32.1%), 하드웨어/소프트웨어 공급망 위험(30.4%)이 그 뒤를 이었습니다.

기업들은 지난해부터 보안 태세를 대폭 강화했으나, 그럼에도 불구하고 1/3 이상 (35%)은 조직이 침해를 당했다는 사실과 엔지니어링 워크스테이션에 대한 공격이 지난 12개월간 2배로 증가했다는 사실을 인식하지 못하는 것으로 조사되었습니다. 또한, 글로벌 선진기업들의 보안 담당자들을 대상으로 한 조사 결과, ICS(OT)에 대한 사이버보안 대비 태세가 성숙해지고 있으며, 비교적 대응을 잘 하고 있다는 결과가 조사되었습니다.

- 66%는 제어 시스템 보안 예산이 지난 2년간 증가했다고 답변했습니다(지난해 47%에서 증가).
- 56%는 사고 발생 첫 24시간 내에 침해사고를 감지한다고 답변(지난해 51%에서 증가)했으며, 대다수(69%)의 응답자들은 6~24시간 내에 탐지(detection)에서 봉쇄(containment)로 이동한다고 답했습니다.
- 87.5%가 지난 해에 OT/제어 시스템 또는 네트워크에 대한 보안 감사(audit)를 수행했으며(지난해 75.9%에서 증가), 현재 1/3(29%)이 지속적인 평가 프로그램을 구현했다고 답했습니다.
- 대다수(83%)가 OT 시스템 보안을 모니터링하고 있으며, 그 중 41%는 전용 OT SOC를 사용하고 있습니다.
- 조직들은 ICS 교육 및 인증에 투자하고 있습니다. 응답자의 83%는 전문 제어 시스템 인증 보유자였으며, 이는 지난해 54%에서 크게 증가한 수치입니다.
- 약 80%가 ICS 운영을 강조하는 역할을 하고 있으며, 이는 지난해 50%에서 크게 증가한 수치입니다.

10.2.3 ● 한국 OT 보안 시장 현황

OT 보안 솔루션을 제공하는 기업들이 한국시장의 성장 잠재력을 크게 보고, 한국에 진출했거나 진출을 고려하고 있습니다. 한국 시장의 OT 보안 성장 잠재력을 높게 보는 데에는 몇 가지 이유가 있습니다.

1. 한국은 글로벌 제조 선진국가에 진입했습니다.

전자, 반도체, 자동차, 석유화학, 철강, 바이오 등 산업의 핵심 인프라를 갖추고 전 세계에 높은 품질의 제품을 공급하고 있는 한국은 OT 보안 솔루션 벤더들의 입장에서는 좋은 잠재력을 가진 시장입니다.

2. 지정학적인 위치로 한국은 보안에 투자를 할 수밖에 없다고 생각하고 있습니다.

한국 바로 위에 세계 최고의 해커집단을 운용하고 있는 북한이 있으며, 그 위에는 중국과 러시아까지 자유 민주주의 국가에 결코 우호적이지 않은 사이버 해킹의 강국들이 위치해 있습니다. 노조미네트웍스 연구소의 2023년 상반기 OT/IoT 보안 보고서에 따르면 한국이 세계에서 3번째로 사이버 공격 활동이 많은 나라로 집계되었습니다. 중국, 미국, 한국 등에 대한 사이버 공격이 많다는 것은 그만큼 정치적인 목적의 공격 행위도 많다는 것을 의미합니다.

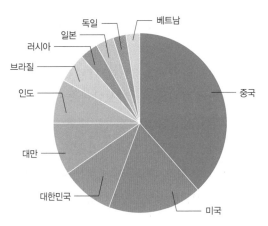

[2023년 상반기 사이버 공격 국가별 현황(노조미 네트웍스)]

3. 최근 국제 사회 및 경제 분야에서 급격히 위상이 올라간 한국의 Buying power를 염두에 두고 있기 때문입니다.

최근 세계 경제 상위 국가 Top 10까지 올라갔던 한국의 경제 규모는 글로벌 OT 보안 벤더의 입장에서는 매력적인 시장으로 간주될 수 있습니다.

최근 2~3년간 한국의 대기업들 위주로 OT 보안 솔루션에 대한 검토 및 분석이 있었고, 실제 피해를 겪기도 하면서 OT 보안 솔루션의 필요성을 점차 인식해 가고 있습니다. 즉, 글로벌 선진국가들과는 약간의 갭차이가 있습니다만, 분명히 시장이 크게 열릴 기회가 오고 있습니다. 하지만 일부 대기업들을 제외하고는 아직 'OT 보안'이라는 용어 자체도 생소해 하는 기업들이 많습니다. 그렇기 때문에 바로 솔루션 도입을 하기보다는 컨설팅을 먼저 수행해 보거나 아니면 컨설팅과 연계한 도입 프로젝트를 진행하는 경우가 많습니다. 과거 RPA가 한국 시장에 들어올 때와 많이 비슷하다고 생각합니다. 글로벌의 메이져 컨설팅사들이 우선적으로 RPA와 연계한 프로젝트들을 진행하였고, 자연스레 국내외 RPA 솔루션들이 한국 시장에 확대가 되었습니다.

OT 보안 관련 한국 시장의 움직임은 크게 4가지 비즈니스 영역으로 구분하여 설명할 수 있습니다.

1. 컨설팅 영역

국내에 진출해 있는 메이저 글로벌 전문 컨설팅사나 대형 IT 기업의 컨설팅 부문에서 OT 보안에 대한 컨설팅을 진행하고 있습니다. 각 산업별 OT 보안 관련 규제에 대해 한국 고객들은 아직 생소한 상황이며 강화되는 규제에 대한 적절한 전력을 수립해야 하는 과제를 안고 있습니다. IT와 OT 보안의 프로세스 자체가 다르기 때문에 그동안 경험해 보지 못한 OT 보안의 조직과 운영 프로세스에 대한 컨설팅이 요구되고 있습니다. 통합된 보안 전략을 수립하고, IT와 OT까지 관제할 수 있는 조직과 운영 프로세스를 만들기 위해 해외 선진 사례들에 대한 Case study, 고객사의 보안 역량 진단 및 평가, OT 보안 솔루션들과 연계한 PoC 등을 진행하면서 OT 보안 비즈니스 체계를 전파하고 있습니다.

하지만 시장에 OT 보안 전문 컨설팅 전문가들이 절대적으로 부족하여 소수 전문 컨설팅 인력들이 자주 자리 바꿈을 하기도 합니다. 물론 한국의 보안 관련 국가기관들도 OT 보안의 현황과 전략에 대해 많은 리포트와 컨설팅 자료들을 내놓고 있긴 하지만, 아직은 거시적인 차원의 이론적인 부분이 많습니다. 실제 프로젝트 경험 및 전문 솔루션에 의한 OT 보안 운영 경험이 부족하기 때문에 우리나라 기업 고객들이 수용하는 데에는 한계가 있습니다. 대형 컨설팅사들이 OT 보안 컨설팅 비즈니스를 확대하고 있는 또 다른 이유는 그동안 한국에서 큰 사업 거리였던 대형 ERP나 MES 사업 등 대형 프로젝트들이 많이 줄었다는 점도 있습니다. 그러다 보니 새로운 전략적 비즈니스 아이템들을 고민하였고, OT 보안 사업은 그런 컨설팅사들의 구미에 잘 맞는 사업이기도 합니다.

2. SI 영역

그룹사의 규모가 크든 작든, 한국의 그룹사들은 자체 SI회사들에 의해 IT 프로젝트들이 도입 및 운영이 되고 있습니다. SI회사들 역시 전과 달리 대형 프로젝트들이 줄면서 차세대 먹거리에 대한 요구가 계속 있어 왔고, OT 보안 부문은 SI성으로 진행하기 좋은 사업 아이템으로 떠오르고 있습니다. 현재 국내의 Top 5 SI회사들은 OT 보안 사업에 대해 적극적으로 비즈니스를 시작했으며, 대내 및 대외 영업을 위해 글로벌 벤더사들과 파트너십을 맺고 국내 시장 확대에 나서고 있습니다. SI사들은 OT 보안의 컨설팅, OT 보안 솔루션 유통, 프로젝트 시행 및 유지보수 운영까지 담당을 하고 있습니다.

3. 기존 IT 보안 영역

IT 보안 솔루션 및 서비스는 대표적인 레드오션 분야입니다. 수많은 국내외 벤더들이 치열하게 경쟁하고 있으며, 이미 시장의 큰 성장을 기대하기가 어려울 정도로 포화되어 있다고 볼 수 있습니다. 따라서 이들은 자신들도 OT 보안 분야의 플레이어라고 주장하며, OT 보안 분야로의 진입을 꾀하고 있습니다. OT 망의 보안 솔루션 도입이 시작되면서 그동안 화이트 스페이스로 남아 있던 OT 영역은 기존의 IT 보안 회사들에 있어서도 좋은 시장으로 떠오르고 있습니다. 다만, OT 망의 ICS/DCS 설비들이 대부분 외국산 제품이며, 독자 프로토콜에 대한 접근 자체를 보수적으로 운영하고 있기 때문에 국산 IT 벤더들의 OT 보안 솔루션 자체로의 진입벽은 아직은 높은 편입니다. 따라서 고객들은 OT 보안 프로젝트 고려 시, 전문적인 OT벤더가 필요한 영역인지, 기존의 IT 보안 벤더로도 가능한 영역인지를 정확히 파악할 수 있어야 합니다.

전통적인 물리 및 관제보안 회사들도 클라우드계의 MSP 사업자처럼, OT 보안 분야의 MSSP(Managed Security Service provider) 비즈니스 가능성을 놓고 전략적인 접근을 하고 있습니다. 이는 기존의 IT 및 물리 관제 서비스에 OT 보안까지 통합하여, 종합적인 보안 서비스를 제공함으로써 고객에게 일체화된 보안 서비스를 제공할 수 있기 때문입니다. 실제로 글로벌에서는 MSSP 사업이 확대되고 있습니다. OT 보안 전문 솔루션의 입장에서도 고객의 통합 보안 전략의 눈높이를 맞추려면 기존의 IT 및 네트워크보안 회사, 그리고 ICS 벤더들과의 협력이 중요하기 때문에 앞으로도 다양한 합종연횡이 예상됩니다.

4. 전통적인 산업 설비인 ICS/DCS 영역

OT 보안 솔루션의 목적을 작게 이야기해 보면 결국은 산업망 내의 ICS/DCS 설비들을 가시화하고, 이들의 독특한 프로토콜을 이해하며, 이들이 속한 네트워크의 이상징후를 탐지하고 미리 알려주는 것입니다. 그만큼 OT 영역에서 ICS 설비 및 ICS 벤더의 영향력은 막강하다고 볼 수 있습니다. 오랜 역사를 가지고 산업설비 업계에서 활동해 온 벤더들도 이제는 자사 설비들의 사이버 보안의 중요성을 인식하고, 사업화하고 있습니다. 독자적으로 OT 보안 솔루션을 개발하기도 하고, 기존의 OT 보안 솔루션과 파트너십을 강화하기도 하는 방법으로 자사 제품들의 사이버 보안 역량을 올리고 있습니다.

다만 고객의 입장에서는 자사의 산업 현장에 다수의 ICS 벤더들의 설비를 운용하고 있기 때문에 ICS 벤더 로고에 상관없이 통합적인 보안 서비스를 요구하고 있어, 당분간 OT 보안 전문 솔루션의 입지는 흔들리지 않을 것으로 보입니다.

한국의 기업과 기관들도 OT 보안의 필요성을 인식하기 시작했고, 자체적으로 도는 외부 컨설팅을 동원하여 사전 검증 작업들을 하고 있으며, 예산도 준비하기 시작했습니다. 특히, 관련 지침이 강화되는 석유화학 업종이나 해양선박 산업에서는 타 업종보다 선도적으로 OT 보안 솔루션 도입을 검토하고 예산을 마련하고 있습니다.

우리나라 정부 또한 사이버 보안의 영역이 산업영역까지 확대된다는 점을 고려하여 관련 법령이나 지침을 개정하려고 하고 있습니다. 미국이나 EU의 관련 보안 규정들이 강화됨으로 인해 자연스럽게 우리나라의 제도도 강화될 것으로 생각되니, 우리 기업이나 기관들도 사전에 준비를 해야 할 것입니다.

하지만 보안 업계 종사자들의 의견들을 들어보면 아직까지 우리나라 정부나 기업의 OT 보안에 대한 인식은 낮은 상태이며, IT 보안도 완벽하지 않은 상태에서 OT 보안의 투자 및 예산 확대는 당분간 보수적일 것이라는 이야기도 나오고 있는 상황입니다.

이런 업계의 목소리에 정부도 움직이고 있는 듯합니다. 2023년 9월 5일, 과학기술 정보통신부는 제30차 비상경제차관회의에서 '정보보호산업 글로벌 경쟁력 확보 전략'을 발표하고, 1,300억 원의 사이버 보안 펀드를 조성, 2027년에 한국의 보안 산업을 세계 5위권까지 진입할 수 있게 하겠다고 하였습니다.

비전	글로벌 정보보호산업 강국 도약		
목표	'27년까지 정보보호산업 세계 5위권 진입	'27년까지 정보보호산업 시장규모 30조억 달성	'27년까지 보안 유니콘 육성
추진전략	❶ 보안패러다임 전환 주도권 확보 및 新시장 창출 ❷ 협업기반 조성을 통한 신흥시장 진출 강화 ❸ 글로벌 공략을 위한 단단한 산업 생태계 확중 ❹ 차세대 정보보호 기술 경쟁력 확보		

- 보안·의료 SW 등 파급력이 높은 분야 대상으로 보안 취약점 점검과 컨설팅, 보안패치 등 공급망 전반의 보안 관리 지원
- 물리보안 분야를 차세대 성장산업으로 육성하기 위해 국산 신기술 적용·확산 지원도 진행
- 스마트 선박, 로봇, 우주, 자율주행차 등 신산업 융합보안 시장 개척 작업

[과기부 정보보호산업 글로벌 경쟁력 확보 전략]

10.2.4 ● 한국의 OT 보안 산업 발전을 위한 조언

한국은 IT 보안에 대해서는 이미 많은 투자가 이루어져 왔습니다. 정부나 기업이나 IT 보안에 대해서는 중요성을 인지하고 있으며, 국내와 많은 보안 벤더들이 IT 보안 영역에서 활동을 하고 있습니다. 최근에는 디지털 트랜스포메이션, 인더스트리 4.0 같은 트렌드에 맞추어, 정부주도로 디지털 혁신과 스마트 팩토리, 스마트 시티 같은 혁신을 드라이브하고 있습니다. 하지만 OT 보안에 대해서는 아직 인지도도 낮고, 준비도 많이 부족한 상황입니다.

미국, 유럽, 호주 및 일본 등 선진 국가들은 사이버 보안 규제 확대를 서두르고 있습니다. 이는 사이버 공격의 피해가 비단 일개 기업에만 국한된 것이 아니라 국가적인 차원에서 막대한 피해로 이어질 수 있다는 것을 잘 알고 있기 때문입니다. 따라서 한국도 IT 보안을 넘어 이제는 정부주도로 OT 보안에 대한 필요성을 각 기업에 전

파할 필요가 있으며, 대기업뿐만 아니라 중견기업도 OT 보안에 대한 본격적인 투자를 생각해야 합니다.

민간기업의 입장에서 보면 IT와 OT 영역 간의 갭이 있습니다. 예를 들면, 산업설비 제어 보안에 대한 권한이 어디에 있는지? 설비영역에서 랜섬웨어에 의한 보안 사고 발생 시 과연 누구의 책임인지? IT담당의 책임인지, OT쪽의 책임인지 모호합니다. 조직 또한 IT와 OT가 분리되어 있으며 통합 업무 관리에 대한 공백이 있습니다. 따라서 모범적인 OT 보안 체계를 구축하기 위해서는 OT 보안 전담 조직을 구성해야 합니다. 그렇게 해야 IT와 OT를 통합하여 관제 및 보안 관리를 할 수 있으며 기업입장에서 체계적인 보안 전략 수립 및 안전한 운영이 가능하다고 생각합니다. 그만큼 책임과 권한도 더 명확해 질 것입니다. 한마디로 완벽한 기업 보안을 위해서는 IT와 OT를 통합하여 관제하는 조직 운영이 시급합니다.

[참고] OT 보안 체크포인트(투씨에스지)
- 네트워크에 OT/IoT 장비가 있는가?
- OT/ICS(Industrial Control System) 네트워크 보안을 담당하는 부서 또는 인원이 있는가?
- OT/IoT 자산의 정보 확인이 가능한가?
- 폐쇄망에서 발생되는 위협과 리스크를 탐지할 방안이 있는가?
- 존재를 모르고 있는 자산·노드·통신이 네트워크에 확실히 없는가?

마지막으로 시장의 수요 변화에 대응할 OT 보안 전문가의 육성이 시급한 과제입니다. 많은 기업과 기관들이 OT 보안 전략을 수립하고 프로젝트 준비를 하고 있으나, 전문가가 절대적으로 부족하다 보니, 선뜻 프로젝트를 시작하지 못하는 경우가 많습니다. 이는 비단 솔루션 자체의 전문가를 이야기하는 것이 아닌 OT 보안 운영 전략과 프로세스를 아우르는 전문가도 절대적으로 부족한 상황임을 의미합니다.

11

게임 보안 및 개인정보 보호 전문가의 노하우

게임 보안 관리자

K-콘텐츠에 대한 한류열풍 지속 및 글로벌화 – 게임산업 수출을 주도하다.

음악, 영화, 만화, 방송, 게임 등 다양한 분양에서 K-콘텐츠가 전 세계적인 인기를 끄는 사례가 증가하고 있고 이로 인해 K-콘텐츠의 수출규모도 빠르게 증가하고 있습니다. 우리나라 콘텐츠 산업은 세계적 수준의 제작 역량을 기반으로 글로벌 시장에서 매우 큰 인기를 끌 수 있는 콘텐츠를 지속적으로 생산하여 제공하고 있고, 이를 통해 글로벌 영향력을 확대하고 있습니다.

〈오징어 게임〉은 2021년 넷플릭스에서 글로벌 시장 1위를 차지하고, 2022년 미국 에미상 감독상과 남우주연상을 수상하며 흥행과 작품성을 모두 인정받았습니다.

음악의 경우 BTS, 블랙핑크 등의 한국 아이돌 그룹이 글로벌 차트 1위 및 전세계에서 콘서트를 열고 큰 인기를 끌고 있습니다. 게임도 과거 콘솔게임과 PC게임 시장이 모바일게임 시장으로 확대되어 크게 성장하여 미국, 유럽, 아시아, 남미 등 글로벌 시장에서 큰 인기를 끌고 있으며, 게임산업의 수출호조가 전체 콘텐츠 수출 성장을 견인하고 있습니다.

문화체육관광부와 한국콘텐츠진흥원이 발간한 국내외 게임산업의 통계와 동향을 정리한 '2022 대한 민국 게임백서'에 따르면 2021년 국내 게임산업 매출액은 전년 대비 11.2% 증가한 20조 9,913억 원으로 집계되었습니다. 수출액 또한 86억 7,287만 달러(한화 약 9조 9,254억 원)로 전년 대비 5.8% 증가한 것으로 확인되었습니다.

| 콘텐츠 산업 중장기 시장전망 |

분야	매출액(십억 원)				
	2021년	2022년	2023년	2024년	2025년
만화	1,895	1,965	2,025	2,083	2,137
음악	6,357	6,736	6,990	7,095	7,329
게임	20,618	22,572	24,940	27,489	29,746

분야	매출액(십억 원)				
	2021년	2022년	2023년	2024년	2025년
영화	2,728	4,970	5,749	5,874	5,999
애니메이션	563	557	588	635	672
방송	22,950	23,779	25,104	26,017	26,930
광고	19,372	20,035	20,699	21,364	22,029
캐릭터	12,258	12,298	12,338	12,378	12,418

[출처: 2022 콘텐츠산업 중장기 시장전망연구]

그리고 국내 게임산업이 2024년에는 25조 원, 2025년에는 총 매출 30조 원에 근접할 것이라는 연구가 발표되었습니다. 게임산업은 오는 2024년에 기존 콘텐츠 산업 매출 1위였던 방송사업을 제치고 국내에서 가장 매출액이 큰 산업으로 예상되고 있습니다.

게임산업 종사자 수도 2025년 약 9만 465명이 종사할 것으로 예상되고 있으며, 게임업계의 인력수요는 앞으로도 꾸준히 증가할 것으로 예상됩니다.

11.1.1 ● 온라인·모바일 게임의 성장 – 게임회사의 기회와 위협

매년 급격하게 성장하고 있는 게임 시장에서 성공의 필수 요소는 무엇일까요? 무엇보다 유저의 흥미를 끌 수 있는 게임기획, 그것을 실현하게 해 줄 수 있는 개발 역량, 사업적으로 흥행에 성공시킬 수 있는 마케팅 능력과 같이 게임 서비스가 안정적으로 서비스될 수 있게 하는 성공 요소가 필수적으로 마련되어야 할 것입니다. 그런데 이렇게 모든 성공 요소를 준비한 게임이 시장에서 매우 좋은 반응을 거두고 있을 때, 보안이 취약하다면 게임 서비스는 계속 성공 가도를 달릴 수 있을까요?

과거 사례에서 알 수 있듯이 결제, 메모리 해킹, 어뷰징 해킹 등으로 인한 여러 보안 이슈들이 발생하여 더 이상 게임 서비스를 유지하지 못하는 상황까지 이르게 될 수도 있습니다.

아래는 국내 게임사의 일부 사례이며, 다크 웹 등을 검색해 보면 게임사를 포함한 많은 해킹 피해 사례를 확인할 수 있습니다.

> [참고] 해킹으로 인한 OO 게임 회사 서비스 종료 기사(출처 : 김종진-온라인 게임의 보안에 관한 연구)
>
> 한편, 국내 많은 온라인 게임들이 해외로 수출됨에 따라 잇따라 발생하는 해킹 피해 또한 게임 보안의 필요성을 역설하고 있습니다. 각 국의 해커들이 서버 실행 파일과 데이터 파일, 게임 소스를 유출하여 불법 무료 게임 서버를 운영하는 등 다양한 해킹 기법들을 이용하여 심각한 피해를 초래하고 있습니다. 3D 온라인 게임 '라OOOO'를 서비스하고 있는 G사의 경우 대만에서 시범 서비스 도중 해커에 의해서 서버 실행 파일과 데이터 파일이 유출되었고 독일에서 불법 무료 서버가 운영되어 서비스를 중단해야 하는 고초를 겪었습니다. 다행히 유출된 게임 소스는 현지화 초기 버전이어서 피해가 확대되지는 않았지만, 이로 인해 회사의 신뢰도에 큰 타격을 입게 되었습니다.

11.1.2 ● 메타버스, 블록체인 등 새로운 게임 환경의 대두 및 위협

디지털 대전환으로 재조명된 메타버스 관련 기술 및 서비스에 대해 글로벌 주요 국가와 국내 많은 게임사가 관심을 갖고 있습니다.

| 메타버스 게임 사례 |

게임 명	내용
로블록스	메타버스 게임의 대명사, 게임을 하나의 '사회'로 인식
제페토	아바타와 놀이 중심의 사회 관계 형성
마인크래프트	자유롭게 세상을 창조, 다른 이용자와 함께 활동
포트나이트	플레이어 간 소통을 위해 제공된 게임 내 가상공간 활성화

[(출처: KISA INSIGHT 2022 VOL.4)]

게임 분야에서도 메타버스 실감 콘텐츠를 기반으로 하는 서비스가 개발되어 제공 중에 있습니다. 또한, 메타버스 환경으로의 발전은 가상 세계 위협이 현실 세계에서도 동일하게 발생할 가능성 또한 높이고 있습니다.

| 메타버스 해킹 사례 |

구분	내용
로블록스 개인정보 유출	• 로블록스 백 엔드 서버 고객 지원패널 접근권한이 해킹 당해 약 1억 명 의 활성화된 유저정보에 해커가 접근 • 이메일 주소, 비밀번호 변경, 2단계 보안 인증 제거 등 권한을 악용하여 유저의 아이템을 파는 등 피해 발생
스팀 VR 게임 보안 취약점 패치	• 밸브사의 Steam VR의 가상 홈 기능인 VRChat과 가상 현실을 위한 오 픈 소스 플랫폼인 High Fidelity에서 취약점 발견 • 해커는 대화방에 미리 취약점으로 제어한 상태에서 사람들을 초대하여 초대된 사람들의 웹 캠, 마이크, VR 헤드셋에서 보는 것을 조작 가능

[출처: KISA INSIGHT 2022 VOL.4]

| 메타버스 보안위협 |

구분	보안 위협
게임분야	• 게임 서비스에 접속할 때 스니핑 공격으로 인해 서비스 이용자의 로그인 정보, 개인 정보, 기기 정보 등이 유출 • 게임 접속을 위해 로그인 시도 시, 과도한 서비스 요청 및 접근으로 인한 서비스 거부(DoS, DDoS) 발생 • 서비스 이용 결제 데이터 위·변조를 통하여 유료 콘텐츠 및 서비스를 무 료로 불법 이용 • 공격자가 서비스 서버, DB 등을 해킹하여 이용자의 게임 캐릭터, 아바 타, 아이템 등의 데이터를 변조하여 전송하거나 탈취 • 게임 접속 요청 시 과도한 서비스 요청으로 서비스 마비 발생

[출처: KISA INSIGHT 2022 VOL.4]

이러한 다양한 보안 위협에 대응하고 안전한 게임 서비스를 제공하기 위해 노력하고 있는 게임 보안 관리자들은 구체적으로 어떤 일들을 하고 있을까요?

11.1.3 ● 게임 회사 보안 관리자의 역할과 책임

AI, 클라우드, 메타버스, 블록체인 등 IT기술이 발전하고 디지털 전환이 가속화되면서 사이버상의 위협으로부터 기업 자산을 보호하는 정보보안의 중요성 또한 높아지고 있습니다. 게임 회사뿐만 아니라 대부분의 회사에서 비즈니스의 성공을 지속하기 위해 보안에 대한 관심이 크게 증가하고 있습니다. 게임 회사라고 해서 보안 관리자의 역할과 책임이 다른 업종과 크게 다른 것은 아닙니다. 다른 업종과 마찬가지로 게임 회사의 정보보안 조직은 정보보안 정책과 보안 솔루션 구축 및 보안 모니터링, 개인정보 보호 업무, 모의 해킹, 취약점 점검, 법률/정책 감사, 사내 보안 교육 등을 담당하는 조직을 운영하며, 게임사의 개발 및 서비스에 필요한 정보보안과 관련된 모든 업무를 담당하는 역할을 하고 있습니다. 특히, 게임 회사의 경우는 게임 서비스에 특화된 업무인 게임 보안 솔루션을 개발 및 운영하고, 게임 서비스의 보안 수준을 향상시키기 위해 다양한 해킹 기법을 적용하여 취약점을 찾고, 보고하고, 대응하는 역할도 포함되어 있습니다. 회사별로 다를 수 있지만 중견 이상의 게임 회사에 보안조직이 맡고 있는 업무 분류에 대해 간략히 소개 드립니다.

| 게임회사 보안 관리자의 역할 및 분류 |

역할 별 분류	설명
보안정책	전사 정보보호정책수립 및 운영, 교육
개인정보 보호	전사 개인정보 보호 정책 수립 및 운영, 법무조직 협업
보안 인프라운영	보안 인프라 설계 및 구축 운영, 보안 모니터링
보안개발	게임 보안 솔루션 개발 및 보안 운영 자동화
보안진단	게임 및 플랫폼 등 취약점 진단 및 모의 해킹, 시큐어 코딩
감사	개인정보 보호 감사, 보안 감사(ISMS-P 등 인증관련 감사 포함)

게임 회사에 특화된 게임을 위한 보안 개발업무와 보안 진단업무에 대해 조금 더 알아볼까요?

11.1.4 ● 보안 개발 – 게임 보안 솔루션 개발 및 운영 업무

메모리 조작은 해커가 악의적인 목적으로 게임의 메모리를 해킹하여 메모리상에서 값을 바꾸는 공격입니다. 게임 내에서 게임머니나 아이템 수량, 점수 등 주요 데이터를 찾아서 변경하는 방식입니다. 이것은 프로그래밍을 하지 못하는 악의적인 유저들의 경우에도 다크웹 등에서 구한 메모리 해킹 툴을 이용하여 메모리에 상주한 게임 앱의 메모리 값을 찾아 변조하는 가장 흔한 해킹 방법입니다. 이러한 해킹 툴에 대한 방어가 되지 않으면 게임에서 매우 중요한 경제 시스템이 붕괴되기 때문에 정상적인 유저들은 게임 밸런스가 무너진 상태에서 더 이상 게임을 진행할 수 없게 되고, 많은 유저들이 게임에 대한 흥미를 잃고 게임을 이탈하는 문제점이 발생하게 됩니다.

게임 보안 담당자는 게임 보안 솔루션을 개발하거나 운영 시 실행 중인 메모리 해킹 툴을 검출하는 방안을 마련해야 합니다. 또한, 알려지지 않은 메모리 해킹툴 또는 프로세스의 실행을 감시하는 등의 행위를 사전에 확인 및 차단해야 합니다. 그리고 프로세스를 디버깅할 수 있는 디버거의 접근을 차단할 수 있도록 방안을 마련해서 해당 공격에 대한 대비를 해야 합니다.

다음은 정상적인 결제 방법을 우회하여 무료 결제를 통한 아이템 등을 구매하는 공격이 있습니다. 이러한 허위 결제가 가능해지면 게임 내에서 정상적인 방법으로 아이템 구매를 하는 유저가 현저하게 낮아지며, 해당 유저들의 클레임과 유저의 상실감으로 인해 게임 이탈현상이 발생하게 되는 심각한 사태에 직면하게 됩니다.

게임 보안 담당자는 사전에 메모리 해킹 이외에도 각종 어뷰징으로 인해 게임을 방해하는 행위가 있는지 검출해야 합니다. 또한, 게임앱이 위·변조가 되지 않도록 소스 코드 난독화 기능을 구현해야 하며, 디컴파일 툴에 의해 디컴파일 및 컴파일이 가능하지 않도록 해야 합니다. 파일이 위·변조된 경우 무결성을 검사할 수 있게 구현해야 하며, Shared library 분석을 방지하거나 어렵게 해야 합니다. Unity 엔진의 경우 dll 위·변조가 손쉽게 이루어질 수 있으므로, 무결성과 암호화 부분도 잘 구현될 수 있도록 대응해야 합니다. 마지막으로 업데이트 시 통신 패킷이 암호화되지 않은 부분이 없는지를 잘 확인하여 개발팀에서 안전한 통신이 이루어질 수 있도록 한 번 더 체크해야 합니다.

게임 시장에서 모바일 게임이 가장 큰 시장이다 보니 해킹 사례도 가장 빈번히 발생하고 있습니다.
게임 회사에서는 위와 같은 기능을 모아 놓은 게임 보안 솔루션 제품을 구입해 사용하는 경우도 있으나 중견 이상의 게임사의 경우 게임사 보안 조직 산하에 게임 보안 솔루션을 개발하는 조직을 두어 게임 보안 솔루션을 직접 개발하는 환경을 마련하기도 합니다.

게임사에서 게임 보안 솔루션을 직접 개발하는 이유는 업데이트가 많을 수밖에 없는 서비스의 특성때문인 경우가 많습니다. 보안 솔루션이 새로운 해킹툴 등에 대비하여 업데이트를 하는 경우, 안드로이드, 애플 IOS, 윈도우 등의 보안 업데이트, 게임 내에서의 업데이트 등도 발생하여 해당 업데이트와 보안 솔루션의 충돌이 발생하여 게임 서비스에 장애가 발생하거나 특정 게임에 대한 새로운 해킹툴이 발견되는 문제가 생길 수 있습니다. 이와 같은 경우 보안 솔루션을 업데이트하여 신속하게 대응하고, 각 게임사마다 자사의 게임 서비스에 최적화된 보안기능을 구축하여 유저들이 안심하고 게임을 즐길 수 있도록 합니다.

게임을 평소에 잘 안 하거나 게임에 대해서 관심이 없는 분들은 게임 보안이 단순히 게임이 실행되고 있을 때 보호해주는 역할이라고 생각하는 분도 있을 것입니다. 게임 보안 솔루션은 게임이 실행되고 있을 때도 물론 게임을 보호하는 역할을 해야 하지만 게임을 실행하기 이전 단계에서도 보호를 해야 합니다. 공격자들은 게임의 클라이언트를 분석해 본인들이 원하는 방향으로 만들고 싶어합니다. 이러한 것들을 방어하기 위해서는 게임 리소스를 분석하지 못하도록 보호할 수 있는 분석 방지 서비스를 마련해야 합니다. 보통 packer를 통해 게임코드, 리소스를 packing해 복호화 전까지 읽을 수 없도록 하고, obfuscator를 통해 게임소스를 쉽게 읽지 못하도록 합니다. 게임 실행 단계에서는 외부에서 시도되는 다양한 공격에 대해 모니터링하고 방어하는 전략이 필요합니다. 이때 게임 보안 담당자는 게임 실행 시 인가되지 않은 프로그램을 차단하고 클라이언트를 보호하기 위해서도 게임 보안 솔루션의 안티 치트 기능을 사용하여 방어하게 됩니다.

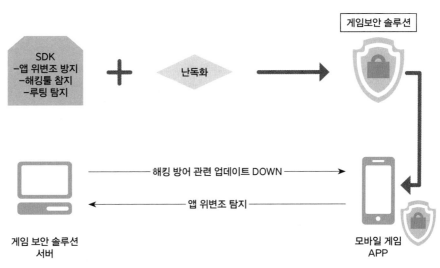

[게임보안 솔루션 구성도]

위와 같은 게임 보안 솔루션 개발 업무를 하기 위해서는 어떤 역량이 있으면 좋을지 주요 게임사의 채용 공고 중 일부를 소개해 드립니다.

첫째, 게임회사가 게임 보안 솔루션을 직접 개발하여 운영하는 경우 아래와 같은 역량을 가진 인재를 모집하니 본인이 목표로 하는 각 게임사 채용 공고의 모집 요강을 상세히 분석해서 준비하는 것을 추천드립니다.

| 게임 보안 개발 담당자의 담당 업무 및 자격 요건 |

담당 업무	자격 요건
• 모바일 게임 보안 솔루션 클라이언트 모듈 개발 및 운영 • 모바일 게임 보안 솔루션 서비스 기술 지원	• C/C++ 언어 사용이 능숙하신 분 • OS에 대한 리버싱, 디버깅이 가능하신 분 • 암호화, 네트워크, 자료구조, 알고리즘에 대한 풍부한 지식을 보유하신 분 • Android, iOS 애플리케이션 및 라이브러리 개발 경험이 있으신 분 • 모바일 게임 보안 솔루션 개발 경험이 있으신 분 • Linux, Android, iOS 등 OS의 동작원리에 대한 지식을 보유하신 분 • 실행파일(PE/ELF/DEX/Mach-O)의 파일구조 및 실행 방식에 대한 높은 이해도를 가지신 분 • Cheat & Anti-Cheat 기술에 대한 이해도가 높으신 분 • O-LLVM 등 난독화 컴파일러에 대한 이해도가 높으신 분 • 새로운 기술에 대한 흥미와 열정이 있으신 분 • 뛰어난 문제 해결 능력이 있으신 분 • 블록체인에 대한 이해가 높으신 분

담당 업무	자격 요건
• PC 게임 보안 솔루션 개발 및 유지 보수 • PC 게임 보안 솔루션 서비스 및 기술 지원	• C/C++ 언어 사용이 능숙하신 분 • 시스템/네트워크 프로그래밍(Win32 API, Assembly) 경험자 • Windows, Linux 운영체제에 대한 이해도가 높으신 분 • Windows Kernel Driver 개발 경험자 • PC 게임보안 솔루션 개발 경력자 • 해킹 툴 분석 스킬 보유자

둘째, 게임사가 게임 보안 솔루션을 직접 개발하지 않고 전문 보안 회사의 상용 솔루션을 구매하여 운영하는 경우는 직접 개발을 하지 않기 때문에 위의 경우와 다르게 게임 보안 솔루션에 대한 이해와 커뮤니케이션 능력이 중시되는 점을 인지하고 준비하면 좋을 것 같습니다.

| 비 개발 게임 보안 담당자의 업무 및 자격 요건 |

담당 업무	자격 요건
• 안티치트 프로젝트 일정 관리 • 라이브 게임의 보안 이슈 대응 및 리스크 관리 • PC/모바일 게임보안 솔루션 이슈 관리게임 관련 커뮤니티 모니터링	• 게임 관련 불법프로그램 및 취약점에 대한 이해도를 가지고 있으신 분 • 게임서비스를 이해하여 유관부서와 원활한 커뮤니케이션 능력을 보유하신 분 • Unreal Engine, Unity 게임 개발 경험이 있으신 분 • 해킹 툴 사용 또는 분석 경험이 있으신 분 • 업무 자동화 경험이 있으신 분 • PC/모바일 게임 보안 솔루션 운영 경험이 있으신 분

보안진단 - 게임 서비스에 필요한 시스템의 취약점 점검 및 모의 해킹

게임회사의 보안 관리자는 제작 및 출시되는 모든 게임, 게임과 관련되는 서비스에 대해 취약점 점검, 모의 해킹을 통해 사전에 위험을 식별하여 관리하는 업무를 하고 있습니다. 보안은 사전에 예방하는 것이 실제로 사고가 발생해 대처하는 것과 비교해 '60배 정도' 비용적으로 이득이라는 IBM 보고서에서도 있듯이 신규 게임 관련 서비스(신규, 업데이트)를 출시하기 이전에 보안진단을 수행하여 위협이 될 수 있는 요소는 제거하여 서비스를 출시하고, 출시 이후에도 관련 위협을 상시적으로 점검하여 보안에 대한 위험을 낮추는 업무를 하고 있습니다.

게임과 상황에 따라 다를 수 있지만 인게임 내 보안진단 대상은 게임에서 사용하는 인증 프로토콜에 대한 취약점 분석을 진행합니다. 게임 계정 생성과 관련된 인증 프로토콜 분석과 프로토콜 취약점을 이용한 악의적인 계정 생성 및 탈취 가능성을 확인해야 합니다. 예를 들면 프로토콜 Tampering, Replay 등이 있습니다. 또한, 게임 계정 관리 프로토콜(예 개인정보,인증정보 등) 취약점 분석을 통해 확인된 계정, DoS 탈취 등의 가능성도 확인합니다. Session Hijacking, Account DoS, Password Initialization 등이 이에 해당합니다. 인증 프로토콜에 적용된 암호화 알고리즘의 적절성 및 분석 가능성도 확인해야 합니다. 인증 프로토콜에 적용된 암호화 알고리즘(인증 데이터 암호화, 인증 트래픽 암호화 등)의 적절성과 분석 가능성을 확인하며, 암호 알고리즘을 이용한 암호문 임의 생성 및 악의적인 사용 가능성을 확인합니다. 또한, 게임 결제 프로토콜에 대한 취약점 분석을 통한 악용 가능성도 반드시 확인해야 하며, 게임 결제 프로세스에 사용하는 암호 알고리즘 분석을 진행해야 합니다. 암호 알고리즘 분석을 통한 결제 프로토콜 재사용 및 변조 가능성 확인, 부당·미승인 거래를 통한 부당 이득 가능성 확인, 게임 결제 프로세스를 이용한 기타 악용 가능성 검토 등을 통해 허위 결제가 되지 않도록 게임 앱에서 결제 시 발급받은 in-app 결제 영수증을 Game Server로 보내어 영수증의 유효성을 정상적으로 체크할 수 있도록 방해 요소를 제거해야 합니다. 게임 클라이언트의 데이터 처리 알고리즘에 대한 분석을 통한 악용 가능성을 확인해야 합니다. 게임 클라이언트가 처리·저장하는 데이터에 대한 접근·변조 가능성을 검토하고, 데이터에 대한 접근·변조를 통해 게임 내 부정한 이득 가능성이 있는지 확인합니다.

마지막으로 모바일 게임 앱을 분석합니다. 게임 앱의 디컴파일 및 리패키징 가능성을 확인하고 게임 운영 환경에 대한 안전성(예 Rooting, Jailbreak, Debugger, Emulator)에 대해 검증합니다. 게임 실행 기기에 게임 및 개인정보의 저장 및 관리가 안전하게 이루어지는지 반드시 확인하고, 기타 게임에 필요한 주요 환경적인 요소들을 분석하여 위협의 가능성이 있는지 확인해야 합니다.

게임 보안 관리자로의 도전

게임사의 비즈니스 환경이 나날이 치열해지고 있습니다. 치열한 국내 시장을 벗어나 글로벌 시장으로의 진출은 필수 요소가 되었습니다. 글로벌 환경에서 통할 수 있는 안전한 보안 체계를 수립하고, 여러 해외 관계사들과 원활히 협업할 수 있는 환경을 마련하는 데 노력을 기울여야 합니다. 많은 수의 게임 회사는 자율적인 문화를 추구하고 있습니다. 임직원들은 누가 시켜서 일을 하는 것이 아니라, 각자 맡은 분야에서 스스로 업무를 수행하고 도전하는 문화입니다. 이러한 환경에서 강화된 보안으로 인한 불편함이 업무 생산성에 큰 영향을 주어서는 안 됩니다. 견고함은 높이면서 임직원과 유저의 편의성을 해치지 않는 게임사만의 보안 체계를 구축하는 게임 보안 관리자의 길에 도전해 보세요.

11.2
개인정보 보호 관리자

개인정보 보호의 의미 및 중요성

디지털 기술의 발전으로 인해 개인정보의 수집, 처리, 전송이 더욱 용이해지면서 개인정보는 금융거래, 쇼핑, 고객관리, 게임, 민원 처리 등 현대 사회의 구성 및 유지 발전을 위해 없어서는 안 되는 필수적인 요소로 자리잡고 있습니다. 또한, 데이터 경제시대를 맞이하여 개인정보는 기업 및 공공기관에서도 여러 부가가치를 창출할 수 있는 자산의 성격으로도 높게 평가받고 있습니다. 개인정보가 유출되면 개인의 신원이 도용되어 금융사기, 범죄 이용 등 부정한 목적으로 사용될 위험이 높아집니다. 기업의 경우 기업의 이미지 실추로 인해 정보주체의 불매 운동, 서비스 이탈, 다수 피해자에 대한 집단적 손해 배상, 과태료, 과징금 등 법률적 책임으로 인한 경제적 손실이 나타날 수 있으며, 공공기관의 경우 전자 정부의 신뢰성 하락, 대규모 국민의 범죄 노출 등 다수의 문제가 발생할 수 있습니다. 이와 같이 개인정보 보호는 개인, 기업, 국가의 권리를 보호함에 있어 중요한 역할을 하기 때문에 개인정보를 보호하는 일은 매우 중요한 업무가 되었습니다.

11.2.1 ● 개인정보 보호관련 법과 규제

「개인정보 보호법」 - 개인정보 보호 관리의 근거

한국의 「개인정보 보호법」은 2011년에 개정되어 현재의 형태를 갖추고 있습니다. 이 법은 공공부분과 민간부분을 망라한 개인정보 처리 원칙 등을 규정하여 국민 사생활의 비밀을 보호하고 개인정보에 대한 권리와 이익을 보장합니다. 또한, 국민의 프라이버시 침해와 정신적·금전적 피해 발생에 대한 위험을 줄이고 정보사회의 고도화 및 디지털 시대의 도전에 부응하며 적절한 규제를 제공하고자 하는 목적을 가지고 입법되었습니다.

초기에는 혼자 있을 권리에서 출발한 프라이버시 보호 측면의 법제에서 이후 개인정보 자기결정권의 보호를 기초로 한 개인정보 보호체계와 산업적 활용의 조화로 중심이 변화되고 있습니다. 「개인정보 보호법」은 개인정보처리자를 중심으로 정보주체의 개인정보처리에 관한 적법한 기준을 규정한 개인정보 처리에 관한 일반법에 해당하므로 적용 조문별로 우선 적용해야 하는 다른 법률이 있는지 검토해야 합니다. 일반적으로 특별법이 일반법에 우선하고 신법이 구법에 우선한다는 원칙은 동일한 형식의 성문 법규인 법률이 상호 모순 저촉되는 경우에 적용됩니다. 이때 법률이 상호 모순 저촉되는지는 법률의 입법 목적, 규정 사항 및 적용 범위 등을 종합적으로 검토하여 판단해야 합니다(대법원2016.11.25. 선고2014도14166판결).

또한, 「개인정보 보호법」은 개인정보 보호와 관련한 일반법의 성격을 가지므로 개인정보 보호에 관하여는 다른 법률에 특별한 규정(특별법)이 있는 경우를 제외하고는 「개인정보 보호법」을 적용해야 합니다.

조례는 지방자치의회에 의해 제정되고, 자치사무와 관련된 사무를 규율하며, 헌법과 법령 등의 수권이 있어야 합니다. 수권은 상위규범이 하위규범(기관)에 대하여 일정한 틀 안에서 입법 또는 집행의 권한을 주는 것입니다. 2021.3.23 행정기본법의 시행으로 이 법 제2조 제1호 제가목3단에 근거해 법령에 위임을 받아 중앙행정기관 및 헌법기관의 장이 정한 훈령 예규 및 고시 등 행정규칙도 법령의 범위에 포섭됩니다.

| 개인정보 보호 분야 주요 법률 |

분야	주요 법령	비고(관련 법령)
공공 민간		일반법
공공분야	공공기록물관리에 관한 법	주민등록, 통계법, 전자정부법, 국세기본법, 국가정보원법, 보안업무규정 공공감사에 관한 법, 민원사무처리법, 데이터 기반 행정법 등
공공분야	공공데이터의 제공 및 이용 활성화에 관한 법	개인정보는 배제하고 있으나, 비 식별된 데이터 처리와 관련됨
정보 통신	정보통신망법 소비자보호에 관한 법	국가정보화 기본법, 인터넷주소자원에 관한 법, 정보통신 진흥 및 융합 활성화 등에 관한 특별법, 이동통신단말장치 유통구조 개선에 관한 법률, 정보통신산업 진흥법, 정보보호산업의 진흥에 관한 법, 클라우드 컴퓨팅 발전 및 이용자 보호에 관한 법, 통신비밀보호법, 데이터산업진흥법 등
전자상거래	전자상거래 등에서의 소비자보호에 관한 법	전자문서 및 전자거래기본법, 전자서명법, 약관의 규제에 관한 법, 소비자 기본법 등
금융 신용	신용정보보호법	금융실명거래 및 비밀보장에 관한 법, 전자금융거래법, 보험업법 등
교육	교육기본법	초중등교육법, 고등교육법, 유아교육정보시스템 및 교육정보시스템의 운영 등에 관한 규칙 등
보건 복지	보건의료기본법 의료법 사회보장기본법	약사법, 생명윤리 및 안전에 관련한 법, 응급의료에 관한 법, 장기 등 이식에 관한 법률, 사회보장급여법, 사회복지사업법, 전자서명법 등
인사 노무	근로기준법	채용절차의 공정화에 관한 법, 아동청소년의 성 보호에 관련 법, 소득세 법 등
기타	형법, 감사원법, 국회법, 변호사법, 법무사법, 공인중개사법, 학원법, 여객운수사업법 등	

구분	내용	
전자정부법	공공분야 MY데이터제도	• 행정 공공기관 등이 보유 관리하고 있는 본인에 관한 행정정보에 대한 제공 요구권 도입
전자정부법	공공 마이데이터 포털	• 국민이 본인 행정정보를 확인하고 제3자에게 제공할 수 있는 포털 운영
신용정보법	My데이터제도	• 본인 신용정보를 타 금융회사 등으로 이전 요구할 수 있는 권리 도입 • 정보활용 동의제도 개선 • 정보활용 등급제 도입 • 자동화된 데이터 처리 결과에 대해 금융회사 등에게 설명 요구/이의제기권 보장 등
데이터 기반 행정법	법 제정 취지	• 공공기관이 생성하거나 취득 관리하는 데이터를 분석 등의 방법으로 정책 수립 및 의사결정에 활용하여 객관적이고 과학적인 행정 수행 도모
데이터 기반 행정법	데이터 정의	• 정보처리능력을 갖춘 장치를 통하여 생성 또는 처리되어 기계에 의한 판독이 가능한 형태로 존재하는 정형 또는 비정형의 정보
데이터 산업법	데이터 정의	• 다양한 부가가치 창출을 위하여 관찰, 실험, 조사, 수집 등으로 취득하거나 정보시스템 및 소프트웨어 진흥법 제2조 제1호에 따른 소프트웨어 등을 통하여 생성된 것으로서 광 또는 전자적 방식으로 처리될 수 있는 자료 또는 정보 • 데이터 자산 보호 규정 도입
부정경쟁방지법	전자적 방법으로 상당량 축적 관리되며 비밀로서 관리되고 있지 않은 기술 영업상 정보에 대한 보호제도 도입	

[출처 : KISA개인정보 보호포털 참고]

11.2.2 ● 개인정보 보호 담당자의 역할과 책임

개인정보 보호 담당자의 역할과 책임

> 법 제31조(개인정보 보호책임자의 지정)
> ① 개인정보처리자는 개인정보의 처리에 관한 업무를 총괄해서 책임질 개인정보 보호 책임자를 지정하여야 한다.

개인정보 처리자인 회사는 개인정보 보호 책임자(CPO)를 지정하고 개인정보 보호 책임자는 법무부서, 사업부서, 고객센터, CISO, CTO, CIO 등 여러 부서 관계자들과 협업하여 해당 기업에 적법하고 효율적이며, 체계적인 Compliance를 구축 및 운영해야 합니다.

> 법 제31조(개인정보 보호책임자의 지정)
> ③ 개인정보 보호 책임자는 제2항 각 호의 업무를 수행함에 있어서 필요한 경우 개인정보의 처리 현황, 처리 체계 등에 대하여 수시로 조사하거나 관계 당사자로부터 보고를 받을 수 있다.

개인정보 보호 책임자(CPO)는 개인정보의 오남용, 유출 등을 방지하기 위하여 물리적·관리적·기술적 안전조치를 취해야 합니다.

개인정보 보호 책임자는 개인정보 보호를 위한 여러 업무를 수행하기 위하여 개인정보 보호 조직 체계를 마련하고 개인정보 보호 담당자를 통해 관련 업무를 수행하고 있습니다.

例 CEO-CPO(CISO 겸직)-개인정보 보호 담당자

例 CEO-CPO(법무 or 재무 겸직)-개인정보 보호 담당자

例 CEO-CPO-개인정보 보호 담당자

개인정보 보호 책임자의 법적 의무(법 제31조 제2항, 제4항 시행령 제32조)

1. 개인정보 보호 내부 관리 계획의 수립 및 시행

2. 개인정보 처리 실태 및 관행의 정기적인 조사 및 개선

3. 개인정보 처리와 관련한 불만의 처리 및 피해 구제

4. 개인정보 유출 및 오·남용 방지를 위한 내부통제시스템의 구축

5. 개인정보 보호 교육 계획의 수립 및 시행

6. 개인정보파일의 보호 및 관리감독

7. 개인정보 처리 방침의 수립 변경 및 시행

8. 처리 목적이 달성되거나 보유기간이 지난 개인정보의 파기

9. 개인정보 보호와 관련 이 법 및 다른 관계 법령 위반 사실을 갈게 된 경우에는 즉시 개선조치 시행

게임 회사 사례로 보는 내부 관리 계획(역할 및 책임)

제00조 [개인정보 보호 책임자]

1. 회사는 개인정보 보호에 관한 업무를 총괄하고 책임질 개인정보 보호 책임자를 아래 각 호의 범위 내에서 정하고, 인사발령 등을 통하여 정식 임명하여야 한다.

> 1) 대표이사
> 2) 임원

2. 개인정보 보호책임자는 다음 각 호의 업무를 수행하여야 한다.

> 1) 개인정보 보호 시행계획의 수립·변경·시행
> 2) 개인정보 내부관리계획의 수립·변경·시행
> 3) 개인정보처리 규정 수립·변경·시행
> 4) 개인정보 처리방침의 수립·변경·승인·시행
> 5) 개인정보 처리와 관련한 불만의 처리 및 피해 구제
> 6) 개인정보파일의 보호 및 관리·감독
> 7) 처리 목적이 달성되거나 보유기간이 지난 개인정보의 파기
> 8) 개인정보 유출 및 오용·남용 방지를 위한 내부통제시스템의 구축
> 9) 개인정보 보호 교육 계획의 수립·시행
> 10) 개인정보 처리 실태 및 관행의 정기적인 조사 및 개선

3. 개인정보 보호 책임자는 제2항에서 정한 업무를 개인정보 보호에 대한 전문 소양을 갖추고 다른 업무로부터 독립된 자(이하 "개인정보 보호 담당자")가 대신하도록 할 수 있다. 이 경우, 개인정보 보호 담당자는 대신하는 업무에 대해 그 경과 및 이행 결과를 개인정보 보호책임자에게 정기적으로 보고하여야 한다.

4. 개인정보 보호 책임자와 개인정보 보호 담당자는 개인정보 보호와 관련된 제도나 환경의 중대한 변화가 발생하였을 경우, 이에 대한 안내 교육에 참가하는 등 내부 정책 개선에 노력해야 한다.

개인정보 보호 담당자는 개인정보 보호 책임자(CPO)를 도와 개인정보 보호에 필요한 개인정보 컴플라이언스 체계 구축 및 법률 준수, 개인정보 리스크 예방체계 구축, 안전한 정보주체 데이터 활용 체계 구축, 개인정보 중심 설계 강화 등의 실무 활동을 수행합니다.

개인정보	법률	시행령	고시
개인정보, 민감정보, 고유식별정보, 주민등록번호, 개인영상정보, 가명정보	제29조(안전조치의무)	• 영 제30조(개인정보의 안전성 확보조치) • 영 제30조의2(공공시스템운영기관 등의 개인정보안전성 확보 조치 등)	• 개인정보의 안전성 확보조치 기준(제2장 개인정보의 안전성 확보조치) • 개인정보의 안전성 확보조치 기준(제3장 공공시스템 운영기관 등의 개인정보 안전성 확보조치)

관리적 조치

개인정보 보호 정책 수립 및 공개	내부 관리 계획의 수립 및 시행
개인정보의 처리 목적	• 개인정보 보호 조직의 구성 및 운영에 관한 사항
처리하는 개인정보의 항목	• 개인정보 취급자에 대한 관리 감독 및 교육
개인정보의 처리 및 보유 기간	• 접근 권한 관리
개인정보의 제3자 제공에 관한 사항	• 접근 통제
개인정보의 파기 절차 및 파기 방법	• 개인정보의 암호화
개인정보 처리의 위탁에 관한 사항	• 접속기록 보관 및 점검
정보주체와 법정대리인의 권리 의무 및 그 행사방법에 관한 사항	• 악성프로그램 등 방지
개인정보 보호 책임자의 성명과 전화번호 등 연락처	• 취약점 점검
개인정보를 자동으로 수집하는 장치의 설치 운영 및 그 거부에 관한 사항	• 물리적 안전조치

개인정보 보호 정책 수립 및 공개	내부 관리 계획의 수립 및 시행
개인정보의 안전성 확보 조치에 관한 사항	• 개인정보 유출 사고 대응 계획 수립 시행에 관한 사항 • 위험 분석 및 관리에 관한 사항 • 수탁자에 대한 관리 및 감독 • 개인정보 내부 관리 계획의 수립, 변경 및 승인에 관한 사항 • 그 밖에 개인정보 보호를 위하여 필요한 사항
검증 가능성 및 책임 추적성 확보	• 개인정보 보호 조직 및 보고 체계 구축
개인정보처리시스템에 대한 접근 기록	• 개인정보 보호 조직 구성
개인정보 파일의 이용, 출력, 변경 등의 기록	• CPO, 담당자, 취급자 등의 책임, 역할 등 구체화
개인정보가 기록된 서류, 매체 등의 휴대 기록	• 취급자별 접근할 수 있는 개인정보의 범위 명확화
개인정보 파일의 삭제 파기 및 폐기 기록	• 유출사고, 위반 행위 등에 대한 보고 및 연락체계 수립
위수탁시 파기, 폐기 등을 증명할 수 있는 기록	
개인정보 관련 자산 관리 및 식별	• 개인정보 유출 탐지 및 신고 체계 수립
개인정보 파일의 명칭, 종류, 생산일	• 변조, 훼손, 유출 등의 방어 및 탐지능력
개인정보처리시스템의 구성도 작성	• 사실관계 조사 및 원인 규명 능력
취급하고 있는 개인정보 유형 및 항목	• 신속 정확한 피해확산 방지조치 역량
개인정보 파일 별 책임자	• 신속한 신고 및 통지 시스템
개인정보파일의 이용 또는 제공 목적/접근권한	

[출처 : 개인정보 보호위원회 CPO의 지위와 역할]

기술적 안전 조치

구분	내용
접근 권한 관리(제5조)	개인정보 취급자 계정 관련 보호 조치 (권한 최소화, 접근권한 변경 등)
접근 통제 (제6조)	개인정보 처리 시스템 접근 통제 (안전한 인증수단, 인터넷 차단 등)
개인정보의 암호화(제7조)	개인정보 암호화, 안전한 암호 키 관리
접속기록 보관 및 점검(제8조)	개인정보 취급자 접속 기록 보관 접속기록의 안전한 보관 및 점검
악성프로그램 등 방지(제9조)	악성 프로그램 방지, 보안 업데이트
개인정보 출력 복사 시 안전조치(제12조)	개인정보 출력 복사물에 관한 안전조치

물리적 안전 조치

구분	내용
물리적 안전 조치(제10조)	개인정보 보관장소 출입 통제, 보조저장 매체 반 출입 통제 등
재해 재난 대비 안전조치(제11조)	재해 재난 발생 시 개인정보 처리시스템 보호 및 백업/복구를 위한 필요 조치
개인정보의 파기(제13조)	복원 불가능한 파기 및 이력 관리

일반적인 개인정보 보호 담당자의 주요 수행 업무

1. 개인정보 Life cycle 단계별 compliance 구축 및 필요 사항 조치 관리

2. 개인정보 처리 방침, 개인정보 동의서, 내부관리 계획 수립 및 이행

3. 개인정보 보호 관련 검토 및 대내외 commutation

4. 개인정보 보호 관련 인증 심사 및 외부기관 점검 대응

5. 자사 상품 및 서비스에 대한 위험 평가 및 고객정보 보호 관리 실태 점검·개선

6. 개인정보 관련 감사(감사 관련 별도 조직이 없는 경우 포함)

개인정보 보호 담당자가 되기 위해 필요한 핵심 역량

1. 개인정보 보호 관련 법, 규제 정책, 개인정보 보호 기술 및 관련 트렌드에 대한 깊은 이해가 필요합니다. 특히 법률 관련해서는 변호사 등 관련 법률 전문가와 충분한 소통이 될 수 있도록 깊은 이해가 필요합니다.

2. 본인이 소속된 기관의 사업(상품) 및 서비스 관련 업무에 대한 개인정보 처리 및 보호조치에 대한 경험과 지식을 가지도록 노력해야 합니다.

3. ICT 비즈니스 이해 기반 전략적 사고 및 대내외 관계자들과 유연하게 대화 할 수 있는 능력이 매우 중요합니다.

4. 개인정보 관련 인증 심사 대응을 위해 ISMS-P, ISO27001, CBPR 같은 인증 심사 관련 학습 및 업무 경험에 대한 노하우를 가질 수 있도록 준비해야 합니다.

5. AI, 클라우드, 블록체인 등 다양한 분야의 TI 전문 지식을 보유할 수 있도록 꾸준히 준비해야 합니다.

개인정보 보호 담당자의 역량 향상을 위한 무료 교육 정보

하기 교육 정보는 기관 홈페이지 개편, 교육 일정 등으로 인해 변경될 수 있으니 최신 정보를 확인하시기 바랍니다.

개인정보 배움터

https://edu.privacy.go.kr/user/index/mainView.do

- **KISA 아카데미**

  https://academy.kisa.or.kr/main.kisa

  > - (개인) 정보보호 기술 관련 무료(중소기업/우선기업)교육이 매우 많습니다.
  >   - 고용노동부(최정예 정보보호 전문인력 양성 프로그램)
  >   - 과학기술정보통신부(민간 SW개발보안 교육, 실전형 사이버훈련장)

- **KISIA 한국정보보호산업협회**

  https://ksea.kisia.or.kr/home/kor/schedule/calender/index.do?menuPos=10

  > - (개인)정보 보호 기술 관련 무료(중소기업/우선기업)교육 및 개인정보 보호 감사, 개인정보 영향평가 실무, 개인정보 안전성 확보 조치 등 다양한 개인정보 보호 교육이 제공되고 있습니다.

일을 시작한지 얼마 되지 않은 주니어 시절에는 오프라인 교육 참석이 쉽지 않은 경우가 많습니다. 그런 경우라도 포기하지 말고 양질의 온라인, 세미나, 스터디 등을 통해서 자기 계발을 지속해야 합니다. 또한, 현업에서 일을 할 때 IT 부서와의 원활한 커뮤니케이션을 위해서는 클라우드, 블록체인, 개발 등에 관한 법률과 보안 역량 외에 IT 관련 역량을 강화해 나간다면 경쟁력 있는 개인정보 보호 담당자가 될 수 있습니다.

개인정보 보호 담당자의 비전

디지털 데이터의 빠른 발달로 기업과 조직은 개인정보 보호에 더 큰 관심을 기울이고 있습니다. 이로 인해 여러분들과 같은 개인정보 보호 담당자의 미래는 매우 밝을 것으로 예상하고 있습니다.

- **고용 가능성의 증가** : 역량있는 개인정보 보호 담당자에 대한 수요가 지속적으로 증가하고 있습니다.
- **전문성 강화와 경력 발전** : 개인정보 보호가 더욱 복잡해지고 기술적인 측면이 강화되면서 전문성 있는 개인정보 보호 담당자의 필요성이 커지고 있으며, 높은 수준의 전문성을 갖춘 개인정보 보호 전문가는 높은 수준의 책임과 리더십을 맡을 수 있는 기회를 얻을 수 있습니다.

- **글로벌 시장에서의 활동** : 다국적 기업들은 글로벌 데이터 처리 및 개인정보 보호에 대한 규정 및 요구를 이해하는 전문가를 필요로 합니다. 이에 따라 국제적인 활동과 경험이 있는 개인정보 보호 전문가에 대한 수요가 높아집니다.
- **다양한 업종에서의 적용 가능성(이직유리) 업종 간 융합** : 개인정보 보호는 거의 모든 산업 분야에서 중요한 이슈로 부상하고 있습니다. 전문적인 개인정보 보호 기술과 지식은 여러 산업 분야로의 전환에도 도움이 될 수 있습니다.
- **보상 및 혜택의 향상** : 고도의 전문성과 높은 수준의 보안 역량을 갖춘 개인정보 보호 담당자들은 이에 상응하는 높은 보상을 받을 수 있습니다. 경력이 쌓일수록 높은 위치로 진출하고 보상 및 혜택을 더욱 향상시킬 수 있습니다.
- **도덕적 책임감의 충족** : 개인정보 보호 담당자는 조직 및 기업의 사회적 책임과 도덕성을 강조하는 핵심 인물로 자리매김하게 됩니다.

미래의 개인정보 보호 담당자는 높은 수준의 기술적·법적·윤리적 지식을 갖추어 글로벌 시장에서 중요한 역할을 수행하며, 동시에 전문성과 경력 발전에 대한 다양한 기회를 경험할 수 있습니다.

11.3

주니어 개인정보 보호 담당자를 위한 정보 활용 노하우

시간이 지날수록 업계의 비즈니스 환경이 점점 복잡해지고, 국경을 초월한 경쟁이 치열해지고 있습니다. 기업의 생존을 위해서 국내 시장뿐만 아니라 글로벌 시장으로의 진출은 피할 수 없는 흐름이 되었습니다. 개인정보 보호 업무는 「개인정보 보호법」 등 여러 관련 법규와 기술 환경, 인프라, 플랫폼, 내부 정책 등 여러 종합적인 정보를 파악해서 진행 방향을 결정해야 하는 경우가 많습니다. 개인정보 보호 담당자는 기존에 나와 있는 정보 그리고 하루가 다르게 빠르게 발전하고 있는 새로운 지식들을 습득해야 하며 필요 시 업무에 신속하게 적용해야 하는 능력을 갖추고 있어야 합니다.

개인정보 보호 관련 자료는 현재 인터넷에 많이 공개되어 있지만 개인정보 보호 업무를 시작한 지 오래되지 않은 개인정보 보호 담당자들의 경우 오히려 해당 정보의 존재 여부를 모르거나 알고 있더라도 어떤 상황에서 어떤 자료를 참고해야 할지 모르는 경우가 있기도 합니다. 이에 개인정보 보호 담당자들의 원활한 업무 수행을 위해 필요한 정보 활용 방법을 알아보겠습니다.

해당 정보 활용 방법은 사이트 개편, 기관 정책 등으로 인해 변경될 수 있으니 최신 정보를 확인하시기 바랍니다.

개인정보 보호 담당자는 서비스 기획 단계의 시작부터 종료까지 모든 단계에서 보호 환경을 구축하고 안전한 서비스를 제공할 수 있어야 합니다.

11.3.1 ● 개인정보 보호의 시작 Privacy by Design – 개인정보 보호 중심 설계

개인정보 보호는 처음 시작부터 매우 중요합니다. 서비스 초기 준비 단계부터 개인정보를 고려하지 않은 서비스나 제품은 나중에 서비스 영향도 등에 따라 문제점을 수정하기도 어렵고, 개인정보 보호 정책을 추가 반영하기가 현실적으로 쉽지 않을 때가 많습니다. 그러므로 개인정보, 프라이버시 유출 및 침해 가능성에 대비하여 서비스 및 제품의 시작(기획 및 설계) 단계부터 개인정보 보호 담당자가 투입되어 관련 내용을 함께 검토 진행해야 합니다. 개인정보 보호 담당자는 해당 서비스 또는 제품에 대한 개인정보 보호 위험을 검토하고 해당 서비스에서 처리되는 개인정보에 관한 모든 것을 검토해야 하며, 개인정보 보호 기획 시 제공 서비스의 목적과 범위를 명확하게 정의하여 불필요한 개인정보가 수집되지 않도록 해야 합니다. 또한, 개인정보 처리 시 서비스 운영에 불필요한 개인정보가 처리되지는 않는지 관련 사항을 점검할 수 있는 방안을 마련해야 합니다. 개인정보 처리 시 법적 의무 사항 등을 잘 확인하여 관련 준수 사항을 입증할 수 있도록 시스템을 기획해야 합니다.

개인정보 처리 과정에서 필요한 안전성 확보 조치, 정보주체 권리 보장 등과 같은 규제 사항에 대해 방안이 마련되어 있는지도 잘 확인해야 합니다.

마지막으로 관련 사항이 모두 준비가 된 후 마무리 점검 단계에서는 개인정보 보호 조치가 설계에 모두 반영이 되어 개인정보 침해위험 등은 없는지 확인해야 합니다.

| 개인정보 기획 시 고려가 필요한 항목 |

단계	점검 수칙	점검 내용
기획	서비스에 반드시 필요한 개인정보인가?	• 제공하려는 서비스의 목적과 범위를 명확하게 정의 • 불필요한 개인정보는 수집하지 않도록 기획 • 개인정보 보호법 제16조(수집 제한)
	개인정보 처리 시 정당한 근거가 있는가?	• 개인정보 처리에 적용되는 법적 의무를 확인하고 준수할 수 있도록 시스템 반영 • 법 준수 여부를 입증할 수 있도록 기획 • 개인정보 보호법 제22조(동의 방법)
설계	반드시 필요한 개인정보만 최소한으로 처리하는가?	• 꼭 필요한 개인정보만 수집·처리 될 수 있도록 시스템을 설계 • 오류 가능성 등을 고려하여 불필요한 개인정보가 수집·처리되지 않도록 정기 확인 절차 마련 • 개인정보 보호법 제29조 (수집/이용)
	개인정보 처리단계별 적절한 안전조치 적용	• 최소 인원에게만 권한 부여 후 로그 관리 • 안전조치가 적용되도록 시스템 설계에 반영 • 개인정보 보호법 제29조 (안전조치의무)

단계	점검 수칙	점검 내용
설계	개인정보의 처리절차 및 방법을 투명하게 공개	• 정보주체가 개인정보 처리 내용을 쉽고 명확하게 알 수 있도록 설계 • 개인정보 보호법 제15조(수집/이용)
	정보주체가 권리 행사를 쉽게 할 수 있도록 보장	• 개인정보 열람·정정·삭제 등의 요구 방법을 쉽게 확인하고 행사할 수 있도록 시스템 설계 • 개인정보 보호법 제38조(권리행사 방법)
	개인정보 제3자 제공 및 위탁 시 정보주체에 명확히 안내	• '목적', '제공받는 자', '제공 항목' 등을 명확히 알리고 동의를 받은 후 처리하도록 설계 • 위탁업무 내용을 확인할 수 있도록 설계 • 개인정보 보호법 제17조(개인정보 제공)
	정보주체가 서비스 해지 시 개인정보 파기 및 추가 수집 방지	• 법령 상 개인정보 보관의무가 있는 경우를 제외하고 지체없이 파기되도록 설계 • 추가 수집 방지 위한 기기 제거·회수 절차 마련 • 개인정보 보호법 제21조 (개인정보 파기)
	사업 종료 시 정보주체 권리 보장 방안 마련	• 양도·양수 시 정보주체에게 개인정보 이전 사실을 통지 후 권리를 안내하는 절차 마련 • 개인정보 보호법 제27조 (이전 제한)
점검	서비스 출시 전 개인정보 침해 위험요소 점검	• 보호조치가 설계에 반영되었는지 확인 • 변경 시 추가 개인정보 침해위험 점검 • 개인정보 보호법 제22조 (동의 방법)

[출처 – KISA 자동처리 되는 개인정보 보호 가이드라인)]

EU의 ENISA은 PbD 개념 적용을 고민하고 있는 사업자를 위해 다양한 접근방법, 전략, 기술적 요소 등을 포함하여 개인정보 보호 설계 전략을 아래와 같이 제시하고 있습니다.

ENISA의 개인정보 보호 설계 전략

| EU Privacy by Design 고려 시 참고 항목 |

구분	내용	설계 패턴
데이터 지향 전략	프라이버 침해 가능성을 최소화하기 위해 개인정보의 명확한 활용목적에 따라 처리되는 개인정보의 양을 최소화해야 합니다.	수집 최소화, 익명·가명
	개인정보가 처리되는 과정에서 평문 전송 등으로 인해 외부에서 해당 내용을 볼 수 없도록 조치해야 합니다.	암호화
	개인에 대한 다양한 정보들을 가능한 분리해서 저장하여 하나의 DB에서 한사람이 식별되지 못하도록 해야 합니다.	알려져 있지 않음
	많은 양의 개인정보를 처리할 경우, 가능한 한 개인이 식별되지 않도록 식별자를 최소화하고, 처리 결과는 범주화 등을 통해 식별 불가능하도록 해야 합니다.	K-익명성, 차등 프라이버시 등
프로세스 중심전략	어떤 정보가 어떤 목적으로 어떻게 사용되는지 등 개인정보 처리과정 전반에 대해 정보주체가 투명하게 알 수 있도록 제공해야 합니다.	데이터 유출 알림, P3P
	정보 제공을 기반으로 정보주체가 개인정보 처리 과정 전반에 대해 명확하게 이해하여 자신의 개인정보의 잘못된 활용이나 보안 수준에 대해 권리 행사가 가능해야 합니다.	사용자 중심의 ID 관리, 종단 간 암호화 지원 제어
	내부 개인정보 보호 정책은 법 제도 의무 사항을 모두 반영해야 하며, 강제적으로 시행되어야 합니다.	접근통제 개인정보 보호 권리 관리
	컨트롤러는 개인정보 보호 정책이 효과적으로 운영되고 있고, 데이터 유출 사고에 즉시 대응이 가능하다는 등 법적 의무사항을 준수하고 있다는 입증을 할 수 있어야 합니다.	개인정보 관리체계 감사기록

[출처 - ENSIA]

프랑스 감독기구인 CNIL에서 제공한 무료 개인정보 영향평가 프로그램(https://github.com/LINCnil/pia)을 통해 개인정보 RISK를 GDPR기반으로 검토할 수도 있습니다. 한글 사용 매뉴얼은 네이버 프라이버시센터에서 확인하실 수 있습니다. 정리하면 법적 의무 사항을 반드시 준수, 개인정보는 사전에 예방, 필요한 개인정보 보호 조치는 처음 기획 단계부터 반영, 단계별 개인정보 보호, 개인정보 처리 과정은 투명하게, 정보주체의 권리를 존중하여 서비스를 준비해야 합니다.

11.3.2 ● 법령 해석 너무 어려워요 – 회사에 법무팀이 없을 때

회사에 법무팀이나 변호사 없이 개인정보 보호 담당자로서 업무 진행 시 관련 법률 및 규제에 대한 판단이 어려울 때가 있습니다. 본인 또는 회사 내에서 법률 해석이 어려운 경우 다른 도움을 통해 진행하기 위한 정보를 소개해 드립니다. 다만, 관련 법률 판단에 따른 위험이 크거나 모호할 경우 법률 전문가의 자문을 통해 안전하게 진행하시기 바랍니다. 개인정보 처리의 적법성 입증은 개인정보 처리자의 의무이므로 잘못된 정보로 인해 불이익을 받지 않도록 유의하시기 바랍니다.

국가 온누리사이트인 국민신문고(https://www.epeople.go.kr/)

국가 온누리사이트인 국민신문고(https://www.epeople.go.kr/)를 통해서 관련 법령에 대한 상담을 받을 수 있습니다. 문의 접수를 진행하여 답변을 참고해 보면 도움이 되는 경우가 많습니다. 해당 답변은 시간이 다소 소요되므로 관련 문의 접수 시 참고하시기 바랍니다.

추가적으로 개인정보 On 마당 온누리사이트(https://talk.privacy.go.kr)를 통해 기존 사례 및 집단 지성의 힘을 이용할 수도 있습니다. 해당 사이트는 개인정보 정의 등 관련 사례들이 체계적으로 DB화 되어 있고, 관련 전문가들의 집단 지성의 힘을 이용하여 정보를 확인할 수도 있습니다.

법령/고시 관련 해설서, 표준 해석 사례, 가이드, 논문 등 관련 자료 검색

개인정보 관련 법령을 이해하고 해석하는 데에 있어 어려움을 덜어주고 궁금증을 해소하기 위해 개인정보 보호위원회는 21년부터 현재(23.07버전)까지 「개인정보 보호법」 표준 해석 사례를 공개하고 있습니다. 표준 해석이 있더라도 개별 사례에 따라서 추가적인 해석이 필요할 수도 있지만 이런 표준 해석이 있으므로 인해 복잡한 개인정보 보호 법령을 해석하고 적용할 때 최소한의 기준으로 삼을 수 있는 길잡이가 되어 주기 때문에 평소에도 관심을 가지고 정독해 보는 것을 추천합니다(해설서나 가이드 등의 자료는 대부분 잘 보기 때문에 표준 해석 사례에 대해서만 부연 설명하며, 모두 중요한 자료이므로 본인의 업무에 관계된 자료는 시간이 될 때마다 읽어보기를 추천함).

구분	내용
법령 가이드 라인	법령 및 고시에 대한 접근 편의 제공
연구보고서	정보보안 및 개인정보 보호 등의 환경 변화를 조사·분석
동향분석	개인정보, 사이버 위협, 법제 동향 등 관련 보고서
정기간행물	앱마켓 규제 현황, ChatGPT 같은 신기술 보안위협, 법제연구, ICT 유망 기술 등 다양한 보고서 제공

| 개인정보 포털(https://www.privacy.go.kr) |

구분	내용
법령자료	개인정보 보호 관련 법령, 행정규칙 모음
지침자료	개인정보 보호법 해설서, 표준 해석례 등 지침 자료
교육자료	다양한 개인정보 보호법 교육 교재
정책자료	동향자료, 분석자료, 정책자료, 연구자료 등 다수
상담자료	개인정보 온마당 기반의 상담사례와 검색 기능
판례보기	관례 보기 및 검색 기능

본인이 속한 업계의 개인정보 보호 담당자들과의 소통

관련 사항에 대한 업계 동향은 어떤 지 각종 네트워킹(온·오프라인)을 통해 확인해 보는 것을 적극 추천합니다. 오픈 카톡방 등 개인정보 보호 관련 채널 또는 같은 업계 사람들과의 네트워킹이 가능한 채널에 보안 이슈가 노출 되지 않는 선에서 관련 내용을 확인해 볼 수 있습니다. 특히, 같은 업계의 경우 우리 회사에서 고민한 부분이 다른 회사에서는 법률 전문가의 자문을 받아 먼저 진행한 경우도 많이 있습니다. 매우 유익한 정보를 서로 주고 받을 수 있으므로 반드시 이용하시기 바랍니다. 참고로 경우에 따라 타사의 개인정보 수집 처리에 대한 동의 항목, 구현 방식,데이터 보관 주기, 개인정보 처리방침 등 해당 회사 서비스를 직접 살펴 보고 얻을 수 있는 정보도 많이 있으므로 관련 업계 동향에 지속적으로 관심을 가지시기 바랍니다.

유럽, 중국, 미국 등 해외 서비스를 회사에서 시작하려고 할 때 회사에 법무팀도 없고, 컨설팅 예산도 여의치 않을 경우 어디서 관련 정보를 확인하여 서비스 준비를 시작하면 좋을지 막연할 수도 있습니다. 이때 유용하게 필요한 무료 정보를 소개하겠습니다.

주요 해외 법률 내용 확인

해외 서비스 개인정보 관련 법적 의무 규제에 대해서는 이렇게 알아봅니다.

국내, 중국, 유럽, 미국 등을 대상으로 서비스 준비 시 '국가별「개인정보 보호법」비교 맵핑테이블 v2.0-221204 을 이용하여 관련 법령을 우선 확인하시기 바랍니다.

- Q : 국내뿐만 아니라, 중국, 유럽, 미국 등을 대상으로 한 앱을 개발 중입니다. 개인정보 보호 정책 작성 의무가 있는지? 작성 의무가 있다면 어떤 내용을 포함하여 개인정보 보호 정책을 제작해야 하는지 알려주세요.

- A : 법률 맵핑 테이블에서 체크 포인트와 해당 국가법률 선택 시 상세 정보가 표시되므로 해당 자료를 통해 문의한 내용을 확인할 수 있습니다.

맵핑 테이블은 국내가 포함되어 해외 국별 법률 비교가 용이하여 법적 의무 준수 사항을 처음에 확인하는 데 있어 매우 유용합니다. 해당 자료는 23년 연말까지는 Gdpr.kisa.or.kr – 자료실에서 제공할 예정이지만, 그 이후로는 개인정보 보호 위원회 홈페이지(https://www.pipc.go.kr)의 ' 글로벌 정책' 메뉴에서 제공될 예정인 점을 참고하시기 바랍니다.

법률 매핑 테이블을 통해 국내법과 해외 각 국의 법을 함께 비교해서 보면 많은 부분이 이해가 되기는 하지만 궁금한 점도 많이 생기게 될 겁니다. 그때 가장 먼저 찾아보면 도움이 되는 자료는 해외 개인정보 보호 법률 상담 사례집(20~22년까지 나와있음)입니다. 개별 사례에 따라서 해석한 내용을 최소한의 기준으로 삼아 법적 의무 사항을 확인해 본다면 판단에 큰 도움이 될 것으로 생각됩니다.

- Q : 미국의 아동에 대한 광고 노출 시 어떤 절차를 보장해 주어야 하는지요? 미국 COPPA상 아동의 개인정보 처리에 주의할 점은 무엇인지요?

- **A** : 미국 CCPA상 사업자가 16세 미만으로부터 수집한 개인정보를 제3자에게 판매하고자 하는 경우에는 아래와 같은 사전 동의가 필요합니다[CCPA 1978.120(d)].

> - **13~16세의 개인정보인 경우** : 본인의 사전동의(옵트인) 동의 필요
> - **13세 미만의 개인정보인 경우** : 부모나 후견인의 옵트인 필요(COPPA 적용)

만약, 아동 광고 노출 시 아동의 개인정보를 제공하게 되는 것이 '개인정보 판매'로 해석될 가능성이 있다면 위와 같은 사전 동의 절차를 준수해야 합니다.

또한, 위와 같은 동의 이후에도 본인이 제공(판매) 거부권을 행사할 수 있도록 그 권리를 사전에 고지하고, 운영하는 홈페이지상에 "내 개인정보를 판매하지 마세요 (Do Not Sell my personal information)" 라는 제목의 눈에 띄고 확실한 링크를 제공하여 권리를 행사할 수 있도록 해야 합니다[CCPA 1798. 135(a)].

특히, 부모나 후견인의 동의를 필요로 하는 아동의 경우에는 위와 같은 제공(판매) 거부권을 해당 부모나 후견인이 행사할 수 있도록 설명하고, 고지하여야 함을 주의해야 합니다[출처 2022년 해외 개인정보 보호 법률 상담사례집 P.248].

유용한 사이트 소개

지금까지 원하는 정보를 얻지 못하였다면 국제협력센터 사이트에 직접 가서 정보를 확인하는 방법도 있습니다.

- **개인정보 보호 국제협력센터** : https://m.privacy.go.kr/pic/dpaList.do
  - 해외 개인정보 감독기구 124개국에 대한 정보가 나와 있음
  - 33개 국가별 정보(아시아, 유럽, 북미, 중남미, 대양 주)
- **본인이 속한 업종의 온누리 사이트나 관계 사이트의 보고서**
  - 업무에 활용가능한 전문 로펌 변호사분들이 작성한 내용이 많이 포함되어 있음

여기서는 게임사에서 해외 서비스 시 참고할 수 있는 '한국컨텐츠진흥원' 자료 중 게임사가 해외 서비스 시 고려해야 될 법률 관련 정보가 수록되어 있는 보고서의 일부 목차를 예시로 수록하였습니다.

예시 – 인도네시아[출처– 한국 컨텐츠 진흥원 글로벌 게임 정책 법제 연구 태평양 김태균 변호사]

1. 결제 및 환불 관련 : 결제 수단, 표시광고, 청약철회, 환불, 미성년자 결제, 결제환불 관련 기타
2. 등급분류 : 등급심의, 등급분류 사후관리, 확률형 아이템, 광고관련
3. 본인인증/미성년자 관련
4. 약관
5. 개인정보 보호 : 개인정보 수집 및 동의, 개인정보 처리, 개인정보 보호
6. 기타분류 : 게임관련 법령/규정, 경품 이벤트, 법인설립, 지역 서버 필수 여부 등

해외 개인정보 보호 무료 법률상담 신청(매월 최대 3회)

마지막으로 여기까지 알아보았지만 해결이 되지 않는 해외 개인정보 보호 법률 문제가 있다면 한국인터넷진흥원(KISA)에서 제공하는 로펌 서비스를 이용하여 전문 변호사님의 상담을 받을 수 있습니다. 질의가 월 3회 이하로 예상되는 경우라면 바로 해당 서비스를 이용하는 것도 좋습니다. 23년 현재까지는 매년 무료 법률 서비스가 제공되고 있으니 업무에 이용하면 많은 도움을 받을 수 있을 것으로 예상합니다.

[참고] **2023년 해외 개인정보 보호 법률상담 신청**

본 신청 양식은 〈한국인터넷진흥원(KISA)〉의 2023년 해외 개인정보 보호 법률 상담 사업의 법률상담 신청서입니다. 아래 사항을 숙지하시고 법률 상담을 이용해주시면 감사하겠습니다.

1. 상담내용
문의 기업/기관의 주요국 관련 법률 적용 여부, 대상국가 진출 시 현지 개인정보 보호법 준수 관련 주요 이슈 등
2. 대상국가
EU, 미국, 중국, 일본, 독일, 영국, 싱가포르, 베트남

[출처 – KISA 해외개인정보 보호 법률상담 신청 페이지 일부]

GDPR 준비를 위한 유용한 참고 사항

1. 동의, 적법한 이익

GDPR 제6조 처리의 적법성 중 가장 많이 사용하는 2가지(동의, 적법한 이익)

- **동의(Consent)**

- 동의가 적절한 개인정보의 처리 근거인지 검토가 필요합니다.
- 동의 전제 조건(Free/Freely given, Specific, Informed, Unambiguous indication of wishes)을 충족하지 못한 동의는 적법한 근거로 인정될 수 없습니다.
- 명확하고 세분화된 형태의 동의를 받아야 하며, 동의를 철회할 수 있는 권리 보장과 동의 증빙 보관 관리 등이 필요합니다.
- 동의를 잘 구현하기 위해서는 첫째 속한 업종의 선두 주자 회사의 동의 구현 방식을 분석하여 아이디어를 얻습니다.
- GDPR 대상은 아니지만 동의를 근거로 하는 경우 영국 ICO와 같은 주요국의 감독기구에서 제공하는 체크리스트(https://ico.org.uk/for-organisations/uk-gdpr-guidance-and-resources/lawful-basis/a-guide-to-lawful-basis/lawful-basis-for-processing/consent/) 등을 활용하여 동의가 적절함을 확인하는 것을 추천드립니다.

Asking for consent

☐ We have checked that consent is the most appropriate lawful basis for processing.
동의가 프로세스에 있어서 가장 적절한 법적근거인가?

☐ We have made the request for consent prominent and separate from our terms and conditions.
동의 요청이 명확히 드러나 있고, 약관과 분리되어 있는가?

☐ We ask people to positively opt in.
고객이 자유롭게 동의한 것인가?

☐ We don't use pre-ticked boxes or any other type of default consent.
동의에 미리 체크가 되어 있거나 디폴트 동의 상태인 동의 방법을 사용하고 있지 않은가?

☐ We use clear, plain language that is easy to understand.
이해하기 쉽게 명확하고 쉬운 말을 사용하고 있는가?

☐ We specify why we want the data and what we're going to do with it.
개인정보 수집 목적 및 해당 개인정보로 어떤 일을 수행할 것인지 특정하였는가?

☐ We give separate distinct ('granular') options to consent separately to different purposes and types of processing.
서로 다른 목적과 다른 유형의 데이터 처리를 위하여 별개의 구분되는 동의 옵션을 제공하였는가?

☐ We name our organization and any third-party controllers who will be relying on the consent.
그 동의에 의해 정보를 처리할 우리 조직 또는 제3자 컨트롤러를 명시하였는가?

☐ We tell individuals they can withdraw their consent.
동의를 철회할 수 있다는 사실은 알렸는가?

☐ We ensure that individuals can refuse to consent without detriment.
개인이 동의를 하지 않아도 그로 인한 불이익을 받지 않도록 보장하고 있는가?

☐ We avoid making consent a precondition of a service.
서비스 제공의 조건으로 동의를 하도록 만들었는가?

☐ If we offer online services directly to children, we only seek consent if we have age-verification measures (and parental-consent measures for younger children) in place.
아동에게 온라인 서비스를 직접 제공할 경우, 연령 호가인 절차를 거친 후에만 동의를 할 수 있도록 하고 있는가?

Recording consent

☐ We keep a record of when and how we got consent from the individual.
개인으로부터 동의를 받은 시기와 방법을 기록하고 있는가?

☐ We keep a record of exactly what they were told at the time.
동의 당시에 개인이 전달한 사항을 정확히 기록하고 있는가?

Managing consent

☐ We regularly review consents to check that the relationship, the processing, and the purposes have not changed.
개인과의 관계, 프로세스와 정보수집의 목적이 변하지 않았다는 사실을 점검하기 위하여 정기적으로 동의를 리뷰하고 있는가?

☐ We have processes in place to refresh consent at appropriate intervals, including any parental consents.
부모의 동의를 포함한 적절한 기간을 두고 동의를 새롭게 할 수 있도록 하는 적절한 절차를 가지고 있는가?

☐ We consider using privacy dashboards or other preference-management tools as a matter of good practice.
프라이버시 Dashboard 또는 Preference-management tool 사용을 고려하고 있는가?

> ☐ We make it easy for individuals to withdraw their consent at any time and publicise how to do so.
> 개인이 언제든지 동의를 쉽게 철회할 수 있도록 하고 있으며, 철회 절차를 공개하고 있는가?
>
> ☐ We act on withdrawals of consent as soon as we can.
> 동의 철회가 있는 경우 최대한 신속하게 진행하는가?
>
> ☐ We don't penalise individuals who wish to withdraw consent.
> 동의 철회 시 개인에게 불이익을 주지는 않는가?

- **적법한 이익(Legitimate Interest)**

가장 탄력성 있는 개인정보 처리의 근거이나 항상 적법한 근거로 인정될 수는 없으므로 개인의 이익, 자유, 권리와 적법한 이익의 비교 형량에 따른 판단이 필요합니다. 또한, Legitimate Interest Assessment(LIA)기록에 대한 보관이 필요합니다.

> [예시] NORTON ROSE FULBRIGHT (대형 로펌)
> For marketing and business development purposes
> – to provide you with details of new services, legal updates and invites to seminars and events where you have chosen to receive these. We will provide an option to unsubscribe or opt-out of further communication on any electronic marketing communication sent to you or you may opt out by contacting us as set out in section 12 below.
> Legal grounds : legitimate interests, consent.

Legitimate Interests Assessment(LIA)에 관한 체크리스트와 샘플은 하기 사이트를 참고하시기 바랍니다.

> https://ico.org.uk/for-organisations/uk-gdpr-guidance-and-resources/lawful-basis/legitimate-interests/how-do-we-apply-legitimate-interests-in-practice/

2. EU 역외 이전 근거 – (적정성 결정, 명시적 동의 등이 여의치 않을 때)

EU 적정성 결정이 되지 않은 국가로의 EU 정보주체의 역외 이전 발생 시 정보주체의 명시적 동의를 받거나 또는 EU 표준 계약 조항인 SCC를 이용할 수 있습니다. KISA에 EU EDPB에서 제공한 표준양식에 대한 한글 자료를 게시하였으니 업무에 참고하시기 바랍니다.

https://gdpr.kisa.or.kr/gdpr/bbs/selectArticleList.do?bbsId=BBSMSTR_000000000111

자료실-기타 – EU 표준계약조항(SCC, Standard Contractual Clauses)

3. DPA (Data Processing Agreement) – 데이터 처리 계약

우리나라의 위·수탁 계약서와 유사하게 GDPR 준수를 위한 DPA(Data Processing Agreement데이터 처리 계약)를 맺을 때 참고할 수 있는 좋은 자료를 소개합니다.

https://gdpr.kisa.or.kr/gdpr/bbs/selectArticleList.do?bbsId=BBSMSTR_000000000065

[출처 : 자료실– 발표자료– DPA 작성 실무 숙명여대 조수영 교수]

보안리더 **권오영, 김준환**

12

그룹 지주회사 보안
전문가의 업무 노하우

12.1

그룹 지주회사 보안 관리자

이번 장에서는 그룹과 지주회사, 모회사, 자회사, 계열사 등의 기업 구성을 이해하고, 이들 기업 유형별로 요구되는 정보보호 역할 및 전략을 살펴보겠습니다 또한, 기업 합병 및 분할과 같은 주요 사건들이 정보보호 전략에 미치는 영향을 분석하고, 기업 규모와 인프라 구성요소에 기반한 맞춤형 보안 모델을 제시할 것입니다. 이러한 분석을 통해 그룹 지주회사의 보안 관리자들이 복잡한 보안 환경을 능동적으로 관리하여, 효과적이고 체계적인 보안 관리 체계를 구축하는 데 도움이 되기를 기대합니다.

12.1.1 ● 기업 보안의 전략적 접근

오늘날 기업 환경은 급격한 기술 발전과 함께 그 어느 때보다 복잡하고 다양한 위협에 직면해 있습니다. 특히, 그룹 지주회사는 다양한 산업 분야와 글로벌 시장에 걸쳐 있는 다수의 모회사, 자회사, 계열사를 관리하며, 이로 인해 독특하고 복잡한 보안 도전 과제를 안고 있습니다. 이러한 조직 구조에서 보안 관리자의 역할은 단순히 기술적인 문제 해결을 넘어서 전략적이고 포괄적인 관점에서 정보보호 체계를 구축하고 관리하는 데에 있습니다.

그룹 지주회사의 보안 관리자는 공공, 금융, 통신, 제조, 의료, 인터넷 쇼핑몰 등 특정된 업종의 보안 관리자와는 다른 고민을 가집니다. 각기 다른 비즈니스 모델과 운영 환경, 법률적 요구사항을 가진 여러 회사들을 아우르면서 보안 정책과 시스템을 효과적으로 따로 또 같이 조율해야 합니다.

12.1.2 ● 기업 구성과 정보보호 전략

기업의 여러 형태

그룹은 여러 법인이나 기업이 일정한 목적을 위해 뭉친 형태를 말합니다. 이러한 그룹 내에서 각각의 기업은 '지주회사', '모회사', '자회사', '계열사' 등 다양한 형태로 존재합니다.

1. 지주회사

주로 자산 관리와 경영 참여를 목적으로 다른 회사의 주식을 소유하고 그 경영에 관여하는 회사입니다. 예를 들어, 하나금융그룹에서 하나금융지주는 다양한 자회사들을 거느린 대표적인 지주회사입니다. 이런 지주회사의 주된 목적은 그룹의 경영 효율성을 높이고, 전략적 사업 결정을 통해 그룹의 가치를 증대시키는 것입니다.

2. 모회사

다른 회사의 대부분 주식을 소유하고 있어 그 회사의 경영에 영향력을 행사할 수 있는 위치에 있습니다. 예컨대, 삼성전자는 여러 자회사를 갖고 있어 모회사의 역할을 수행하고 있지만, 삼성 그룹의 지주회사는 삼성물산과 삼성생명입니다. 모회사는 주로 자회사에 대한 재정적·경영적 지원을 제공하며, 그룹의 전략적 방향을 설정하는 역할을 담당합니다.

3. 자회사

모회사의 지배를 받으며, 주로 모회사의 사업 부문 중 하나를 담당하거나 특정 기능을 수행합니다. 자회사는 모회사의 자본과 경영 노하우를 바탕으로 운영되지만, 법적으로는 독립된 회사로서의 지위를 갖습니다. 예를 들어, 현대자동차그룹에서 현대모비스는 자동차 부품을 전문으로 생산하는 중요한 자회사 중 하나로 현대자동차의 경영 아래 운영되고 있습니다.

4. 계열사

그룹의 전략적 방향성과 목표에 기여하는 것을 목적으로 하면서도 자체 경영 구조를 통해 독립적인 사업 결정을 내리고 특화된 시장 전략을 추구합니다. 예를 들어, SK그룹의 SK이노베이션은 에너지와 화학 분야의 기술 혁신을 통해 경쟁력을 강화하고, 지속 가능한 성장을 위한 핵심 동력을 창출하는 중추적인 계열사로서 역할을 수행하고 있습니다.

구분	그룹 (Group)	지주회사 (Holding Company)	모회사 (Parent Company)	자회사 (Subsidiary)	계열사 (Affiliate)
정의	여러 회사가 경제적 관계로 묶여 있는 대규모 기업 집단	다른 회사들의 주식을 소유하고 이를 통해 통제하는 회사	자회사를 소유하고 직접 경영하는 회사	모회사에 의해 지배되거나 통제되는 회사	특정 기업 그룹에 속하지만 완전한 소유는 아닌 회사
목적	여러 법인들의 경제적 상호작용과 협력	투자와 경영 관리에 중점	자체 사업 운영과 자회사 관리	모회사의 전략 하에 운영되는 독립 법인	경영적, 재정적 연계를 통한 협력과 독립성 유지
역할	전략적 협력 및 그룹 전체의 이익 추구	자본 관리와 투자 결정	자체 제품/서비스 제공 및 자회사 관리	모회사의 경영 지침에 따라 운영	상위 회사와의 협력 속에서 일정한 독립성 유지

기업 유형에 따른 맞춤형 정보보호 전략

기업의 정보보호는 단순히 기술적인 문제를 넘어서 거버넌스, IT 인프라, 역할 분담, 전략 설정 및 구체적인 실행 활동에 이르기까지 다방면에 걸친 체계적 접근이 요구됩니다. 예를 들어, 삼성전자와 같은 글로벌 기업은 자회사인 삼성바이오로직스, 삼성 SDS 등 다양한 분야의 자회사들을 관리하면서 통합된 정보보호 정책을 수립해야 합니다. 이에 대한 이해를 바탕으로 지주회사 및 모회사는 그룹 내에서 정보보호를 위한 방향을 정립하고, 이를 자회사 및 계열사와 공유하여 일관된 정보보호 기준을 마련해야 합니다.

거버넌스 측면

알파벳은 구글뿐만 아니라 Waymo, Verily와 같은 다양한 자회사들을 거느린 기업으로 정보보호 거버넌스는 이러한 다양성과 기술 중심의 사업 모델에 적합해야 합니다. 알파벳은 그룹 차원의 정보보호 정책을 주관하고, 이를 모든 자회사에 적용할 수 있도록 역할을 담당합니다. 이는 복잡한 사업 구조와 다양한 기술적 요구 사항을 반영하는 복잡한 과정을 포함합니다.

1. 정책 및 표준의 개발

알파벳은 효과적인 정보보호를 위해 필요한 정책, 절차 및 표준을 개발하고 업데이트합니다. 이 과정에서 알파벳은 규제 요구 사항, 산업 표준, 그리고 새로운 기술 위협에 대한 평가를 포함시킵니다.

2. 통합된 거버넌스 프레임워크

알파벳은 정기적인 거버넌스 회의를 주재하고, 각 자회사의 CEO 및 CISO와의 긴밀한 커뮤니케이션을 통해 사이버 보안 위협, 데이터 보호 정책, 규정 준수 요구 사항 등을 논의하면서 전 그룹의 정보보호 활동 방향 설정, 기준과 프로세스 개선 등의 통합된 정보보호 프레임워크를 운영합니다.

3. 준수 및 감사 메커니즘

준수를 보장하기 위한 체계적인 감사 및 모니터링 프로세스를 마련하여 모든 자회사가 알파벳의 정보보호 기준을 준수하도록 합니다. 이는 정기적인 내부 감사, 보안 평가 및 GAP 분석을 포함합니다.

IT 인프라 측면

아마존은 클라우드 서비스와 관련하여 세계적인 리더로 AWS(Amazon Web Services)를 통해 강력한 클라우드 기반의 인프라를 자회사들에 제공합니다. 이는 각 자회사의 IT 부서가 직면할 수 있는 복잡성과 운영 비용을 줄이는 동시에 일관된 보안 기준을 구현하는 데 도움을 주어 정보보호의 효율성과 탄력성을 크게 향상시키는 요소입니다.

1. 중앙화된 데이터 센터

아마존은 데이터의 중앙 집중식 관리를 통해 강력한 보안 프로토콜과 함께 효율적인 데이터 처리 능력을 제공합니다. 이러한 시스템은 자회사가 따로 보안 인프라에 대한 투자 없이도 최상의 보안 수준을 유지할 수 있게 합니다.

2. 클라우드 기반 서비스의 보안

아마존은 AWS를 통해 보안에 중점을 둔 클라우드 서비스를 제공합니다. 이는 물리적 보안, 네트워크 보안, 그리고 데이터 암호화와 같은 다양한 보안 기능을 포함하며, 모든 자회사에게 규모의 경제를 제공합니다.

3. 컴플라이언스와 인증

아마존은 클라우드 인프라가 다양한 업종과 업계의 특정 규정과 표준을 준수하도록 관리합니다. 이는 HIPAA, GDPR, SOC 1, SOC 2 등의 컴플라이언스 요구사항을 충족하는 데 필수적입니다.

정보보호 역할

BMW 그룹 내의 자회사인 Mini와 Rolls-Royce는 고유한 브랜드 가치와 시장 위치를 고려하여 각기 다른 보안 요구 사항에 집중합니다. Mini는 젊고 역동적인 시장을 대상으로 하기 때문에 소비자 데이터 보호와 관련된 보안 조치에 중점을 두며, 차량의 연결성과 관련된 사이버 보안 위협에 대비합니다. 반면 Rolls-Royce는 고급차 시장에서의 위치를 고려하여, 고객의 개인 정보와 럭셔리 차량에 대한 높은 수준의 보안을 필요로 합니다.

1. 위험 평가 및 관리

이들 각각의 브랜드는 BMW 그룹의 전략적 목표에 부합하면서도 독립적으로 맞춤형 정보보호 계획을 수립하고 실행합니다. 이를 위해 각 자회사는 고유의 보안팀을 운영하며, 그룹의 중앙 보안팀과 협력하여 최적의 보안 조치를 개발합니다. 자회사별로 고객 데이터의 보호, 지적 재산권의 관리, 공급망 보안 등의 위험 요소를 고려한 맞춤화된 위험 평가와 보안 계획을 통해 BMW 그룹은 전체적으로 보안 사고로 인한 재정적 손실과 브랜드 이미지에 대한 손상을 최소화할 수 있습니다.

2. 보안 기술의 구현

각 브랜드는 최신 보안 기술과 절차를 채택하여 그룹 전체의 보안 기준에 부합하도록 합니다. 이는 브랜드 특유의 요구사항에 맞는 맞춤형 정보보호 계획의 수립과 실행을 포함합니다.

3. 교육 및 인식 프로그램

Mini와 Rolls-Royce는 직원들을 대상으로 한 보안 교육과 인식 프로그램을 운영하고 독려하여 보안 문화를 내재화하고 전반적인 보안 수준을 높입니다.

정보보호 전략 설정

소프트뱅크와 같은 지주회사는 그룹의 다양한 사업 전략을 이해하고 각각의 자회사가 직면한 독특한 도전을 파악하여 전사적인 정보보호 전략을 수립합니다. WeWork의 공유 오피스 서비스와 ARM Holdings의 반도체 기술은 각각의 보안 요구 사항이 다르며, 소프트뱅크는 이를 지원하는 보안 전략을 개발함으로써, 각 자회사가 사업을 안전하고 효과적으로 운영할 수 있도록 맞춤형 접근이 필요합니다.

1. 전략적 통찰력

소프트뱅크는 자회사의 비즈니스 모델과 시장 위치를 분석하여, 이를 기반으로 한 보안 전략을 개발합니다. 이는 기술 트렌드, 고객 데이터의 중요성, 그리고 기타 운영상의 리스크를 고려한 것입니다. 예를 들어, 소프트뱅크는 WeWork의 공간 예약 시스템과 회원 데이터를 보호하기 위해 필요한 보안 조치를 강화하고, ARM Holdings의 지적 재산과 디자인을 보호하기 위한 엄격한 접근 제어와 데이터 보안 프로토콜을 구축합니다. 또한, 지주회사 차원에서 주기적인 보안 감사를 실시하여 자회사들이 정보보호 전략을 적절히 이행하고 있는지 검토합니다.

2. 협력과 상호작용

소프트뱅크는 WeWork, ARM Holdings와 같은 자회사와 긴밀히 협력하여 비즈니스 모델과 성장 계획을 고려한 사업 운영의 모든 단계에서 정보보호가 중요한 고려 사항으로 자리 잡을 수 있도록 이들 기업의 사업 전략을 지원하고 강화합니다. 이러한 전략은 자회사가 자체적으로 또는 그룹 차원에서 실행할 수 있도록 유연해야 합니다.

3. 법적 및 규제 준수

소프트뱅크는 각 자회사가 다양한 법적 및 규제 환경에서 운영될 수 있도록 지원합니다. 보안 전략은 법적 요구사항과 조직의 정책을 모두 충족하는 방식으로 구성되어야 하며, 변화하는 규제 환경에 대응할 수 있는 유연성을 가져야 합니다.

기업의 정보보호 전략은 복잡하고 다면적인 접근이 요구됩니다. 삼성전자부터 알파벳, 아마존, BMW, 소프트뱅크에 이르기까지, 대규모 글로벌 기업들은 각기 다른 자회사들과 함께 거버넌스, IT 인프라, 역할 분담, 그리고 전략 설정에 이르기까지 여러 단계에서 정보보호 정책을 수립하고 집행합니다. 이들 기업의 사례를 통해 보았듯이, 체계적이고 통합된 정보보안시스템은 사업의 성공에 필수적인 요소임을 재확인할 수 있습니다.

요약하자면, 기업의 정보보호는 다차원적 접근이 필수적이며, 각기 다른 특성과 요구 사항을 가진 자회사들을 아우르는 통합된 보안 정책과 실행 전략의 수립이 중요합니다. 크고 작은 기업들이 동일한 보안 문제에 직면할 수 있지만, 각각의 기업은 그들의 규모, 산업, 자원에 맞는 맞춤형 정보보호 전략을 개발하고 적용해야 합니다. 이제 각 기업 규모에 따른 정보보호 활동에 대해 알아보겠습니다.

기업 규모에 따른 정보보호 활동

각 기업 규모에 따른 정보보호 활동에는 명확한 차이가 있습니다. 소규모 기업부터 대기업에 이르기까지, 각 기업의 자원, 기술, 그리고 시장에서의 위치는 정보보호 전략의 수립에 중요한 요소가 되며, 각기 다른 규모와 산업 특성의 차이점을 이해하는 것은 정보보호 활동을 정의하고 실행할 때 매우 중요합니다. 아래는 스타트업부터 대기업에 이르기까지 다양한 기업 규모별로 권장되는 정보보호 활동에 대한 개요이며, 규모 및 업종에 따른 기업 분류는 예시에 따라 임의의 기준을 설정하였습니다.

1 스타트업(소규모)

소규모 기업은 종종 제한된 자원으로 인해 보안팀을 갖추지 못할 수 있습니다. 이러한 기업들은 기본적인 사이버 보안 프레임워크와 정책을 구축해야 하며, 직원 교육과 의식 향상 프로그램을 통해 전반적인 보안 수준을 높이는 데 중점을 두어 직원 스스로가 첫 번째 방어선이 됩니다.

- **리소스 제약** : 보안 인력과 예산이 제한적이므로 반드시 필수적이거나, 핵심 자산에 대한 보안을 중심으로 한 전략이 필요함, 외부 전문가 서비스 이용을 고려할 수 있음
- **정보보호 접근** : 초기 인프라 투자를 절감하기 위해 클라우드 기반의 보안 서비스(Security as a Service) 등을 활용하여 비용 효율적인 보안 솔루션을 도입
- **주요 활동** : 간단한 방화벽 설정 등의 기본적인 네트워크 보안, 정기적인 바이러스 백신 업데이트, 초기 단계의 접근 제어 적용, 내부 정보 유출에 대비한 데이터

암호화, 랜섬웨어 감염에 대비한 기본적인 데이터 백업 계획 수립 및 시행
- **중점 사항** : 핵심 데이터를 식별하고, 접근제어 및 암호화를 통해 중요 정보를 보호하는 데이터 보호 정책 수립 및 실행

2 중견기업(중규모)

중견기업은 좀 더 체계적인 정보보호 구조를 갖추며, 전담 보안팀을 운영할 수 있습니다. 이들은 리스크 평가 및 관리, 내부 감사, 그리고 정보보호를 위한 기술적, 행정적 조치의 실행에 더 많은 자원을 할당할 수 있습니다.

- **내부 인프라 구축** : 내부 IT 팀을 보유하며, 사내 인프라에 대한 투자 시작
- **정보보호 접근** : 보안 전담팀을 두어 내부 및 외부 위협에 대응함, 통합 보안 관리 시스템 도입을 고려하는 등의 더 많은 맞춤형 보안 솔루션을 적용
- **주요 활동** : 정보보호 관리체계 수립 및 운영, 보호대책 요구사항 영역의 정기적인 보안 감사 및 평가
- **중점 사항** : 사업의 성장 및 확장과 더불어 증가하는 비즈니스 복잡성을 고려하여, 규제 준수 및 대외 보안 인증 요구 사항을 충족시키는 보안 프레임워크 구축 및 운영

3 대기업(대규모)

대규모 기업은 매우 복잡한 IT 인프라와 수많은 사용자를 관리해야 합니다. 이들은 전사적인 보안 거버넌스와 체계적인 준수 및 감사 메커니즘을 구축합니다. 대규모 기업은 상세한 보안 정책과 프로세스, 전략적 보안 설계 및 기획, 고급 보안 기술의 도입, 그리고 외부 위협과 내부 위험에 대응하기 위한 첨단 보안 솔루션을 적용합니다.

- **글로벌 거버넌스** : 글로벌 표준 및 규제에 부합하는 강력한 보안 거버넌스 수립
- **정보보호 접근** : 고도화된 사이버 보안 전략과 자회사 간의 정보 공유 및 협력 강화
- **주요 활동** : 사이버 위험 평가, 지속적인 모니터링 시스템, 사고 대응 계획, 교차 역량 훈련
- **중점 사항** : 지속적인 기술 혁신과 새로운 위협에 대한 신속한 대응, 광범위한 규제 준수

| 규모 및 업종에 따른 기업 분류 예시 |

분류	직원 수	매출(원)	순이익(원)	주요 업종	사업 범위	사업 복잡성	규제 준수
소규모 기업	100명 이하	30억 이하	5억 원 이하	IT/서비스, 제조, 소매	지역적	낮음	낮음
중규모 기업	101 ~ 500명	30 ~ 1,500억 원	5 ~ 100억 원	건설, 제조, 금융, 테크	국내+국제	중간	중간
대규모 기업	501명 이상	1,500억 원 이상	100억 원 이상	자동차, 반도체, 에너지, 금융	글로벌	높음	높음

| 기업 유형별 맞춤형 정보보호 고려 사항 요약 |

기업유형	거버넌스	IT 인프라	정보보호 역할	정보보호 전략	수행 활동 예시
그룹	그룹 정책 및 기준 수립	그룹 시스템 및 데이터 관리	보안 관리 체계 마련	포괄적 보안 거버넌스	그룹 차원의 보안 정책 및 프로세스 수립 위험 평가 및 관리
지주회사	전략적 관리 및 지침 제공	최소한의 통합 보안 기준 설정	정보보호 지침 및 기준 마련	효율적인 보안 관리 체계 유지	보안 거버넌스 지침 제공 투자 및 자원 배분 결정
모회사	자회사와 협력하여 전략 수립	IT 시스템 통합 추진	자회사 보안 관리 지원	균형 잡힌 보안 체계 구축	보안 정책 및 전략 수립 지원 정보보호 협력 체계 구축
자회사	독립적인 정책 및 전략 수립	모회사와의 IT 통합 또는 독립 운영	자체 보안 거버넌스 운영	자율성 내에서의 보안 관리	독립적 보안 정책 및 프로세스 수립 IT 인프라 보안 관리
계열사	자체적인 보안 정책 마련	독립적인 IT 시스템 구축	독립적인 보안 거버넌스 수립	모회사와의 보안 협력 강화	독립적 보안 정책 및 전략 수립 데이터 및 시스템 보안 관리

12.1.3 ● 기업 합병 및 분할 과정에서 정보보호 이슈

기업의 합병과 분할

기업 합병, 합병 후 통합(PMI ; Post-Merger Integration) 그리고 기업 분할은 기업의 성장, 구조 조정, 전략 변화와 같은 주요 비즈니스 결정 과정에서 발생하며, 이러한 결정들은 기업 구조를 변화시키고, 정보보호 전략에도 중대한 영향을 미칩니다.

1. 기업 인수/합병(M&A ; Mergers and Acquisitions)

한 기업이 다른 기업을 합병하거나 인수하는 것을 말합니다. 이는 시장 점유율 확대, 비용 절감, 기술 확보 등의 목적으로 이루어지며, 기업 성장의 중요한 수단입니다.

- **인수** : 한 회사가 다른 회사를 사들여 그 회사의 소유권을 갖게 되는 것
- **합병** : 두 회사가 합쳐져서 하나의 새로운 회사가 되는 과정

2. 합병 후 통합(PMI ; Post Merger Integration)

합병 후, 두 회사가 하나로 통합되는 과정입니다. 이 단계는 조직, 문화, 시스템 등을 효과적으로 통합하고, 합병으로 인한 시너지를 극대화하는 것이 목표입니다.

3. 기업 분할

기업이 자신의 일부 사업부를 별도의 독립 기업으로 만드는 것을 말합니다. 이는 전략적 재편성, 효율성 향상, 또는 특정 사업부의 가치 극대화를 위해 이루어지곤 합니다.

- **분사(Spin-off)** : 사업부를 독립시켜 새로운 회사를 만드는 것
- **매각(Divestiture)** : 회사가 사업부나 자산을 다른 회사에게 판매하는 것

이러한 변화 과정은 기업 내부의 정보보호 구조에 큰 영향을 미칩니다. 합병이나 분할 과정에서 정보 유출, 보안 위협의 증가, 데이터 관리의 복잡성 증가 등 다양한 위험 요소들이 발생할 수 있기 때문에 각 단계별로 적절한 정보보호 전략을 수립하는 것이 필수적입니다.

| 단계별 정보보호 문제와 대응 전략 |

단계	정보보호 문제	대응 전략
인수/합병	기업 간 정보 교환 시 보안 유지 미리 식별된 리스크 관리 잠재적 데이터 유출 방지	안전한 데이터 공유 채널 구축 보안 체계와 리스크 평가 중요 정보 암호화 및 접근 관리
합병 후 통합 (PMI)	IT 시스템과 데이터 통합의 복잡성 통합된 보안 문화 및 정책 필요 확장된 사업 범위에 따른 리스크 관리	데이터 통합 계획 수립 및 실행 보안 문화 및 정책 마련 리스크 평가 및 대응 전략 개발
기업 분할	데이터 및 애플리케이션의 안전한 분리 접근 권한 및 보안 프로토콜의 재설정 필요 독립적 보안 체계 수립	보안 요구 사항 기반의 데이터 분리 접근 권한 재조정 및 검토 새로운 보안 기준/프로토콜 재정립

인수/합병 과정에서의 정보보호 고려 사항

인수나 합병은 기업에게 많은 이점을 가져다 주지만, 보안 위험도 함께 증가시킬 수 있습니다. SANS Institute의 백서 "Security Considerations in the Merger/Acquisition Process"는 이러한 위험을 관리하는 데 필수적인 지침을 제공합니다. 이 과정에서 기업이 고려해야 할 주요 보안 측면들을 설명하고, 각 항목별로 진행해야 할 주요 활동을 표로 요약하였습니다.

- **Due Diligence(신중한 조사)** : 기업 인수나 합병을 결정하기 전에 대상 기업의 보안 상태를 심도 깊게 조사합니다. 이 단계에서는 기업의 보안 정책, 절차, 과거의 보안 사고 이력 등을 평가하여 잠재적인 위험을 식별합니다.
- **Risk Assessment(위험 평가)** : 인수·합병으로 인해 발생할 수 있는 새로운 보안 위험을 식별하고 평가합니다. 이는 향후 보안 전략을 수립하는 기초가 됩니다.
- **Data Security(데이터 보안)** : 데이터는 기업의 가장 중요한 자산 중 하나입니다. 인수·합병 과정에서 이 데이터의 안전을 보장하는 것은 필수적입니다.
- **Compliance Issues(규제 준수 문제)** : 인수·합병으로 인해 발생할 수 있는 규제 준수 문제를 파악하고 이에 대응하기 위한 계획을 수립합니다.
- **Integration Plans(통합 계획)** : 인수·합병 이후, 두 기업의 보안 시스템과 정책을 성공적으로 통합하기 위한 계획을 세웁니다.

- **Incident Response(사고 대응)** : 보안 사고가 발생할 경우 신속하게 대응할 수 있는 계획을 마련합니다.
- **Continuous Monitoring(지속적 모니터링)** : 보안 환경은 끊임없이 변화합니다. 합병·인수 후에도 지속적인 모니터링을 통해 새로운 위험을 식별하고 대응합니다.
- **Employee Training and Awareness(직원 교육 및 인식)** : 인수·합병과 관련된 보안 문제에 대한 직원들의 인식을 높이고, 적절한 교육을 통해 이들이 보안 위험을 이해하고 올바르게 대처할 수 있도록 합니다.

| 기업 인수/합병 과정에서의 정보보호 고려 사항 요약 |

구분	활동	설명
Due Diligence	보안 정책 및 절차 검토	대상 기업의 보안 프레임워크와 이행 상태를 조사합니다.
	과거 사고 분석	과거의 보안 사고와 그 대응을 평가합니다.
Risk Assessment	위험 식별	인수·합병으로 인한 새로운 위험을 식별합니다.
	위험 평가	식별된 위험의 중요도를 평가합니다.
Data Security	데이터 보호 계획 수립	중요 데이터를 보호하기 위한 전략을 수립합니다.
Compliance Issues	준수 요건 검토	적용되는 규제 및 법률 요건을 검토합니다.
Integration Plans	시스템 통합 전략	보안 시스템의 통합을 위한 전략을 개발합니다.
Incident Response	대응 계획 수립	사고 발생 시 대응 프로토콜을 마련합니다.
Continuous Monitoring	모니터링 프로세스 정립	보안 상태를 지속적으로 모니터링할 수 있는 프로세스를 정립합니다.
Employee Training and Awareness	교육 프로그램 개발	보안 인식 및 교육 프로그램을 개발합니다.

합병 후 통합(PMI) 과정에서의 정보보호 고려 사항

합병 후 통합 단계에서의 정보보호 고려 사항은 여러 가지 이유로 매우 중요합니다. 합병은 기존의 정보보호 체계를 새로운 환경으로 변화시키고, 이로 인해 새로운 취약점이 발생할 수 있습니다. 또한, 합병은 기업의 규모 확장과 함께 보안에 대한 위협의 범위를 넓히며, 종종 복잡한 법적 및 규제 준수 문제를 수반합니다. 기업은 이러한 변화에 효과적으로 대응하기 위해 철저한 보안 통합 계획을 세워야 하며, 예상되는 정보보호 문제와 대응 전략을 살펴보겠습니다.

- **보안 정책과 프로세스의 불일치** : 기존의 보안 정책과 프로세스를 검토하고, 통합된 조직의 목표에 부합하도록 조정 및 통합합니다.
- **IT 시스템 및 데이터 호환성 문제** : 통합 전에 철저한 IT 인프라와 애플리케이션 감사를 수행하고, 데이터 이전 및 시스템 통합에 있어 보안 표준을 엄격히 적용합니다.
- **법적 및 규제 준수의 복잡성** : 합병에 관련된 모든 지역 및 산업의 법률과 규제 요건을 식별하고, 준수 계획을 수립합니다.
- **내부 직원의 저항 및 보안 문화 차이** : 직원 참여와 교육 프로그램을 통해 보안 인식을 증진시키고, 통합된 보안 문화를 조성합니다.
- **새로운 보안 위협 및 리스크의 등장** : 지속적인 보안 위험 평가를 실시하고, 적응형 리스크 관리 프로세스를 개발합니다.

| 합병 후 통합 시 정보보호 문제와 대응 전략 요약 |

정보보호 문제	대응 전략
보안 정책과 프로세스의 불일치	기존의 보안 정책과 프로세스 검토 및 통합 조직 목표에 맞게 조정
IT 시스템 및 데이터 호환성 문제	IT 인프라와 애플리케이션 감사 및 호환성 테스트 수행
법적 및 규제 준수의 복잡성	법률과 규제 요건 식별 및 준수 계획 수립
내부 직원의 저항 및 보안 문화 차이	직원 참여 증진 및 보안 교육 프로그램 구축
새로운 보안 위협 및 리스크의 등장	지속적인 보안 위험 평가 및 적응형 리스크 관리 프로세스 개발

| 합병 후 통합 시 단계별 체크리스트 예시 |

점검 항목	단계별 상세 내용	완료(Y/N)
보안 정책 조정	단계 1 : 현재 보안 정책 문서 검토 단계 2 : 양 조직의 정책 비교 분석 단계 3 : 통합된 정책 초안 작성 단계 4 : 관련 부서 피드백 수집 단계 5 : 경영진 승인 및 최종 정책 문서화	

점검 항목	단계별 상세 내용	완료(Y/N)
IT 시스템 호환성 평가	단계 1 : IT 시스템 감사팀 구성 단계 2 : 시스템 및 데이터 호환성 분석 단계 3 : 통합 계획 수립 단계 4 : 통합 실행 단계 5 : 장애 요인 모니터링 및 해결	
컴플라이언스 검토	단계 1 : 규제 환경 분석 단계 2 : 통합 조직 컴플라이언스 요구사항 식별 단계 3 : 내부 컴플라이언스 체크리스트 업데이트 단계 4 : 컴플라이언스 이행 계획 수립 및 실행	
보안 인식 프로그램 개선	단계 1 : 기존 보안 인식 프로그램 평가 단계 2 : 통합 조직 문화에 맞게 프로그램 개선 단계 3 : 보안 교육 및 훈련 프로그램 개발 단계 4 : 정기적인 교육 실행 및 피드백 수집	
리스크 관리 프로세스 강화	단계 1 : 리스크 관리 프로세스 검토 단계 2 : 새로운 위협 및 취약점 식별 단계 3 : 리스크 평가 방법론 업데이트 단계 4 : 정기적 리스크 재평가 및 관리	
접근 관리 체계 통합	단계 1 : 접근 권한 관리 시스템 검토 단계 2 : 권한 통합 및 조정 단계 3 : 접근 권한 정책 업데이트 단계 4 : 정기적인 접근 권한 감사 수행	
보안 인프라 및 도구 통합	단계 1 : 현 보안 인프라 및 도구 인벤토리 작성 단계 2 : 기술적 호환성 평가 단계 3 : 필요한 도구 업그레이드 또는 교체 결정 단계 4 : 통합 및 구성 작업 실행 단계 5 : 통합된 시스템의 보안 효과성 평가	
사이버 보안 사고 대응 계획 개선	단계 1 : 기존 대응 계획 검토 단계 2 : 조직 특성에 맞게 대응 계획 수정 단계 3 : 대응팀 재구성 및 훈련 단계 4 : 시뮬레이션 및 드릴 실행 단계 5 : 대응 계획 정기 업데이트 및 테스트	
정기적 보안 감사 및 모니터링	단계 1 : 감사 및 모니터링 프로세스 정의 단계 2 : 통합 조직에 맞게 프로세스 수정 단계 3 : 감사 일정 수립 및 실행 단계 4 : 모니터링 시스템 설정 및 최적화 단계 5 : 이상 징후에 대한 대응 프로토콜 개발	

기업 분할 과정에서의 정보보호 고려 사항

기업 분할 과정에서의 정보보호는 매우 중요합니다. 분할 과정에서 데이터, 지적 재산권, 고객 정보 등의 안전한 처리와 이전이 필수적이며, 동시에 새롭게 독립할 각 사업부가 자체 보안 체계를 갖추어야 합니다.

- **데이터 분리와 이전** : 기업 분할에서는 민감한 데이터를 안전하게 분리하고 새로운 엔티티로 전송해야 합니다. 이 과정은 데이터의 분류, 필터링 및 마스킹을 포함하여 민감한 정보의 유출을 방지하기 위한 엄격한 보안 프로토콜을 요구합니다.

- **규정 준수** : 분할되는 사업 부문은 데이터 보호 및 개인정보 보호와 관련된 다양한 지역 및 국제 규제를 준수해야 합니다. 이는 GDPR, HIPAA 등의 법률에 따라 데이터 처리와 이전을 관리하는 것을 포함합니다.

- **접근 권한 관리** : 적절한 데이터 접근 권한을 설정하고, 분할 후에는 불필요한 접근이나 이전 기업과의 데이터 공유를 차단해야 합니다.

- **보안 인프라와 도구의 재구성** : 보안 인프라와 도구(예 방화벽, 침입 탐지 시스템)를 새로운 조직의 요구에 맞게 재구성하고, 필요한 경우 새로운 솔루션을 구현해야 합니다.

- **사이버 보안 정책의 개발과 갱신** : 분할된 조직에 맞는 새로운 보안 정책을 개발하고 기존 정책에서 변경해야 하는 부분을 업데이트해야 합니다.

- **보안 인식 및 교육 프로그램** : 직원들에게 새로운 보안 정책, 절차, 도구 등을 교육하여 보안 의식을 강화하고, 사이버 보안 리스크를 최소화합니다.

- **사이버 보안 사고 대응 계획** : 분할된 조직은 자체적인 사고 대응 계획을 수립하고 실행해야 하며, 이는 모의 훈련을 포함하여 실제 상황에 대비해야 합니다.

- **벤더 관리** : 분할 과정에서 제3자 서비스 제공자나 벤더와의 계약도 재검토하고, 필요한 경우 새로운 계약을 체결하거나 기존 계약을 조정해야 합니다.

- **지적 재산권 보호** : 소프트웨어, 특허, 상표 등 지적 재산권에 대한 보호를 강화하고, 무단 사용이나 침해로부터 보호하기 위한 조치를 취해야 합니다.

- **보안 감사 및 모니터링** : 분할 후의 조직에서 정기적인 보안 감사와 모니터링을 계획하고 실행하여 지속적으로 보안 상태를 점검하고 향상시켜야 합니다.

이러한 고려사항은 분할 전략의 일부로서 사전 계획의 중요한 구성 요소입니다. 분할 과정에서 정보보호가 소홀해지면, 데이터 유출, 법적 책임, 비즈니스 연속성 문제 등 다양한 리스크가 발생할 수 있습니다.

| 기업 분할 시 정보보호 문제 및 대응 전략 요약 |

정보보호 문제	대응 전략
데이터의 정확한 분리 및 할당	중요 데이터 자산 식별 및 분류, 적절한 데이터 관리 및 할당 프로세스 정립
액세스 권한의 재구성 및 관리	기존 권한 구조 검토 및 재설정, 새로운 액세스 제어 메커니즘 구현
법적 규제 및 컴플라이언스 준수	관련 법규 및 규제 요구사항 파악 및 준수, 법적 리스크 평가 및 관리
보안 정책 및 절차의 갱신	분할된 조직에 적합한 보안 정책과 절차 재정립, 정책 문서화 및 직원 교육
IT 인프라와 시스템의 분할	기술적 인프라 분석 및 분할 계획 수립, 데이터 및 시스템 분리 시 보안 고려
새로운 보안 위험과 취약성	위험 평가 및 취약점 관리 프로세스 정비, 적절한 보안 대책 마련
계약, 법적 합의서 및 SLA의 재검토	현재 계약의 법적 요구사항 재검토, SLA의 재협상 및 업데이트
사고 대응 및 복구 전략의 부재	새로운 조직에 맞는 사고 대응 계획 수립, 비상 복구 전략 마련 및 테스트
보안 인식 및 교육 부족	보안 인식 프로그램 개발 및 실행, 정기적인 보안 교육 및 훈련 시행

기업 분할 시 단계별 체크리스트 예시

1 계획 및 준비

점검항목	단계별 상세 내용	완료 (Y/N)
데이터 분류 및 매핑	• 초기 데이터 분류 및 매핑 작업 • 분할 전략 수립에 따른 필수 데이터 식별	
컴플라이언스 및 법률 검토	• 분할 대상 기업의 법률적 요구사항 식별 • 컴플라이언스 및 데이터 보호 법률 준수 계획 수립	

2. 실행

점검항목	단계별 상세 내용	완료 (Y/N)
접근권한의 검토 및 재설정	• 기업 또는 사업부 분할에 따른 새로운 접근 권한 체계 설계 • 기존 시스템 및 서비스에 대한 접근 권한 점검 및 재설정 등의 필요한 수정 작업	
보안 정책 및 절차 수정	• 분할된 조직에 적합한 보안 정책 및 절차 수정 • 변경된 정책 및 절차의 문서화 및 전파	
IT 인프라 및 시스템 분리	• 분리 계획에 따른 인프라 및 시스템의 물리적, 논리적 분리 • 보안 점검을 포함한 이관 절차 수행	

3. 통합 및 최적화

점검항목	단계별 상세 내용	완료 (Y/N)
위험 관리 프로세스 재정립	• 분할된 조직에 맞는 새로운 계약 조건 및 SLA 정의 • 필요한 법적 문서 수정 및 업데이트 작업	
계약 및 SLA 조정	• 분할된 조직에 맞는 새로운 계약 조건 및 SLA 정의 • 필요한 법적 문서 수정 및 업데이트 작업	

4. 교육 및 인식

점검항목	단계별 상세 내용	완료 (Y/N)
사고 대응 및 복구 계획 재정비	• 재정비된 조직의 사고 대응 및 복구 계획 마련 • 비상 사태에 대비한 훈련 및 시뮬레이션 실시	
보안 교육 및 인식 프로그램	• 분할된 조직에 적합한 보안 인식 프로그램 개발 및 실행 • 정기적인 보안 교육 및 인식 프로그램 실시	

5. 검토 및 지속적인 개선

점검항목	단계별 상세 내용	완료 (Y/N)
보안 체계 및 정책의 지속적인 점검 및 강화	• 분할 후 새로운 조직 구조에 맞는 보안 체계의 정기적인 점검 • 지속적인 보안 개선을 위한 전략 수립	

인수·합병, 통합, 분할에 대한 체계적 접근

인수·합병, 합병 후 통합, 그리고 분할과 같은 기업 변혁 과정을 통해, 우리는 각 상황에서 발생할 수 있는 정보보호 문제들과 그에 대한 전략적 대응 방법을 탐색해 보았습니다. 더불어, 이러한 문제들을 체계적으로 관리하기 위한 실무 체크리스트를 예시로 들어, 기업이 정보보호 관련 고민을 단계적으로 해결해 나갈 수 있는 방법을 제안했습니다.

정보보호는 단편적인 기술적 문제를 넘어서 전략적 비즈니스 의사결정과 깊숙하게 연결되어 있습니다. 이러한 고민은 지속적으로 변화하는 경영 환경 속에서 합병 및 분할과 같은 복잡한 과정을 겪고 있는 기업의 안전한 정보 환경을 구축하고 유지하는데 도움이 될 거라 생각합니다.

12.1.4 ● IT 인프라 환경의 정보보호 전략 모델

기업의 IT 인프라 환경에 따라 정보보호 전략은 크게 달라집니다. 이는 회사의 구조, 기술, 비즈니스 요구에 의해 좌우됩니다. 여기에서는 IT 인프라 환경의 주요한 구성 요소에 따라 인프라 환경을 3가지 유형으로 구분하여 이에 적용할 수 있는 정보보호 전략 모델을 살펴보겠습니다.

유형 ■ 분리되어 개별 운영되는 인프라 환경

- **적용 상황** : 모회사와 자회사가 독립적인 IT/보안 인프라를 유지할 때
- **주요 과제** : 연간 보안 평가, 각자의 보안 표준 준수

모회사와 자회사가 각각 독립적인 IT 인프라를 구축하여 운영하는 경우, 모회사는 정기적으로 자회사의 보안 수준을 평가해야 합니다. 이는 두 조직 간의 보안 표준이 서로 다를 수 있기 때문에 중요합니다. 예를 들어, 글로벌 회사 A사의 한국 자회사가 미국 본사의 보안 정책과 상이한 경우, 이로 인해 발생할 수 있는 보안 취약점을 식별하고 관리하는 것이 필요합니다.

유형 2 일부가 공유되어 운영되는 인프라 환경

- **적용 상황** : 모회사와 자회사가 독립적인 패치관리, 일부 보안 솔루션 서버를 공유하거나 동일 제품으로 운영한 경우 동일한 수준의 보안 취약점 진단
- **주요 과제** : 모회사 수준의 보안 정책 감사 및 취약점 관리

모회사와 자회사가 일부 IT 솔루션과 보안 시스템을 공유하는 경우, 자회사는 모회사의 보안 정책에 맞추어 운영되어야 합니다. 이를 통해 보안 관리의 일관성을 유지하고, 자원을 효율적으로 활용할 수 있습니다. 예를 들어, B그룹의 경우 클라우드 기반 보안 시스템을 도입하여 그룹 내 모든 회사의 데이터 보안을 강화하고 있습니다.

유형 3 통합되어 운영되는 인프라 환경

- **적용 상황** : 모든 인프라 및 애플리케이션이 통합 운영될 때
- **주요 과제** : 전체 시스템의 일관된 보안 정책 적용, 통합된 위험 관리 및 대응 체계 마련

모든 IT 인프라와 애플리케이션이 통합되어 운영되는 경우, 이는 보안 관리의 효율성을 높이지만, 한편으로는 전체 네트워크에 대한 보안 위협 또한 증가시킵니다. 따라서 모회사는 철저한 보안 정책과 프로세스를 수립하고, 지속적인 보안 감사와 위험 관리를 수행해야 합니다. 예를 들어, 글로벌 IT 기업 C사는 모든 자회사와 계열사가 동일한 보안 플랫폼을 사용함으로써, 그룹 차원에서의 통합된 보안 관리 체계를 구축하고 있습니다.

| 정보보호 전략 모델 예시 |

구분	개별 보안 모델	공유 보안 모델	통합 보안 모델
장점	• 독립적 보안 관리 가능 • 맞춤형 보안 전략 수립	• 일부 공유 시스템으로 비용 및 자원 효율성 • 모회사와의 보안 표준 일치 가능성	• 전체 통합으로 일관된 보안 정책 적용 • 효율적인 위험 관리 및 대응 체계
단점	• 자원 중복 및 고비용 • 보안 표준의 불일치 위험	• 공유된 시스템에 대한 보안 취약점 관리 필요 • 각자의 요구사항과 정책 차이 해결 필요	• 전체 네트워크의 보안 위협 증가 • 복잡한 시스템 관리와 통제

구분	개별 보안 모델	공유 보안 모델	통합 보안 모델
전략	• 각 회사별 보안 평가 및 맞춤형 전략	• 공유될 시스템 및 데이터의 보안 강화 계획	• 그룹 전체의 일관된 보안 정책 및 프로세스 수립
추진 방법	• 독립적인 보안 시스템 및 팀 구성 • 자체 위험 관리 및 대응 계획	• 선택된 시스템의 공유 및 보안 강화 • 효율적인 취약점 관리 방안 마련	• 통합 보안 인프라 및 운영 센터 구축 • 통합된 보안 교육 및 인식 프로그램
운영 및 관리	• 지속적 모니터링 및 보안 감사 • 각자의 보안 표준 준수	• 공유된 시스템의 지속적 감시 및 관리 • 보안 관리의 일관성 유지	• 전체 시스템에 대한 통합 모니터링 및 관리 • 일관된 보안 감사 및 피드백 시스템
예시	• Sony Group Corporation : 각 자회사가 독립적으로 보안 관리 및 위험 평가를 수행하여 개별적인 보안 전략을 수립함	• Procter & Gamble : 일부 IT 서비스 및 보안 시스템을 모회사와 공유하여 보안 정책과 프로세스의 효율성을 증진시키면서도 개별적인 요구사항을 충족시킴	• Alphabet Inc. : 구글과 그 계열사들은 통합된 보안 인프라와 정책을 공유하여, 전체 그룹 차원에서 일관된 보안 및 개인정보 보호 표준을 적용하고 있음

이러한 정보보호 전략 모델의 선택과 구현은 기업의 크기, 분야, 비즈니스 모델, 기술 환경 등에 따라 달라질 수 있습니다. 그룹 지주회사의 정보보호 관리자는 이러한 요소를 고려하여 가장 적합한 정보보호 전략을 선택하고, 적용할 필요가 있습니다.

지주회사 보안업무 담당자의 업무 노하우

지주회사의 보안업무와 사업회사의 보안업무는 본질적으로는 다르지 않습니다. 다만, 기업이 지주사 전환을 하는 이유가 여러 가지가 있겠지만 지주사 전환 시 얻는 이점으로 '계열사 간 시너지'와 '경영효율화'라는 단어가 항상 등장합니다. 지주회사의 보안조직은 이러한 경영적 이점에 부합하도록 정보보호 관리체계를 구축하고 운영해야 하며 사업회사의 보안조직과는 업무의 중요도나 발생 빈도의 차이를 보이게 됩니다. 이번 장에서는 이러한 지주회사의 보안 관리자 업무 노하우에 대해 알아보겠습니다.

12.2.1 ● 법에서 정의하는 지주회사 보안 관리자의 업무

지주회사는 금융지주회사와 일반지주회사로 구분할 수 있으며, 각각 다음과 같이 정의합니다.

| 일반지주회사와 금융지주회사의 법적 정의 |

일반지주회사	금융지주회사
공정거래법 제2조의 7	금융지주회사법 제2조의 1
주식의 소유를 통하여 국내 회사의 사업내용을 지배하는 것을 주된 사업으로 하는 회사	주식의 소유를 통하여 금융업을 영위하는 회사(이하 "금융기관"이라 한다) 또는 금융업의 영위와 밀접한 관련이 있는 회사를 대통령령이 정하는 기준에 의하여 지배하는 것을 주된 사업으로 하는 회사

사업의 영역은 다르나 두 경우 모두 다른 회사의 '지배'를 주된 목적으로 하며 지주회사의 보안업무도 이러한 구조를 기반으로 기업집단의 보안업무 또는 조직의 컨트롤 타워 역할을 하게 됩니다. 특히, 「금융지주회사법」에서는 그 업무를 명확히 규정하고 있으며 해당 업무 중 정보보호(보안) 업무는 다음 조항에 적용할 수 있습니다.

금융지주회사가 아닌 일반지주회사라도 지배라는 관점에서 유사한 업무를 수행하게 되며 이러한 특징이 사업회사와의 가장 큰 업무의 차이를 나타내게 됩니다.

| 법 조항에 따른 지주회사 주요 보안업무 예시 |

조항	업무
1-라. 자회사 등의 업무에 대한 검사	계열사 내부 보안감사
1-마. 자회사 등에 대한 내부통제	정보기술일반통제(ITGC)
1-마. 자회사 등에 대한 위험관리	정보보호 위험평가/관리
2-라. 전산 등 자회사로부터 위탁받은 업무	보안 솔루션 운영 (시스템 쉐어)

물론 사업회사의 보안조직에서도 내부통제, 위험평가, 보안 솔루션 운영, 내부 임직원 자체감사 업무를 수행하지만 지주회사의 보안조직은 단순히 자신만이 아닌 지배 범위 내 모든 계열회사를 대상으로 이루어지는 특징이 있습니다.

12.2.2 ● 지주회사 정보보호 관리체계 구성을 위한 기본 업무

기본 운영 방안

앞서 정의된 형태의 역할을 보유한 지주회사와 사업회사는 감독체계 및 상호협의 형태로 운영이 됩니다. 지주회사의 보안조직은 각 사업회사의 정보보호 관리체계의 주요 프로세스 향상을 위해 다음 업무를 수행합니다.

1. 그룹 보안 전략 및 테마의 설정

2. 사업회사 정보보호 관리체계 PDCA (Plan-Do-Check-Act) 사이클 구현 지시

3. 구현된 PDCA를 상시적으로 이행하는지 모니터링

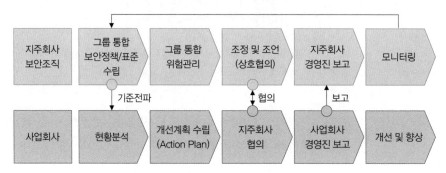

[지주회사와 사업회사의 정보보호 업무 수행 흐름]

지주회사 보안업무 체제의 장·단점

구분	내용
장점	• 통합 보안 거버넌스 전략 , 강력한 중앙통제, 보안자문 및 시스템 공유
단점	• 의사결정 지연, 다중(중복) 규제, 사고발생 시 연쇄 피해

경영효율화를 위해 지주회사 체제로 구성하는 것은 장점과 단점이 공존합니다. 대표적으로 중앙지배형 체제는 중앙통제, 통합 거버넌스에는 장점을 보이지만 사업회사에서 지주회사를 거쳐 의사결정을 받는 구조이기 때문에 단일 법인에 비해 의사결정 속도가 느린 단점이 있습니다. 또한, 일부 계열회사에게만 적용하게 될 정보보호 법령 및 컴플라이언스를 강도 높게 적용할 경우 비즈니스 수행에 문제점이 발생하거나 내부 직원들의 반발이 생기는 단점도 발생할 수 있습니다.

이러한 불필요한 규제를 방지하기 위해서 지주회사의 보안조직이 통합 구조의 보안 정책 제·개정 시 불필요하게 발생할 수 있는 중복 규제를 최소화할 수 있도록 주의를 기울여야 합니다. 또한 시스템 공유 환경에서는 침해사고 발생 시 다른 사업회사에도 영향을 미칠 수 있으며 여러 법인의 기밀이 유출될 수도 있는 등 공유에 따른 보안 리스크가 추가될 수 있어 제도 시행 전 충분한 검토가 필요합니다. 그럼에도 이러한 통합환경은 보안 투자여력이 없는 사업회사 중 소규모 회사의 경우의 그룹

내 IT 운영서비스 제공법인에서 제공하는 공유시스템, IT 아웃소싱 등을 통해 운영 비용을 절감할 수 있고 보안 솔루션을 타 계열회사와 공유함으로써 계열사 간 협업에도 도움이 될 수 있습니다.

[참고] 공유 시스템(SSC ; Shared Service Center)
1. 다국적기업이 해외진출을 하는 과정에서, 구매, 인사, 세무, 재무 등 다국적기업 각 계열사에게 공통적으로 적용될 수 있는 업무를 특정법인에 전담하여 수행함으로서, 업무의 효율성과 Quality를 증가시켜서, 각 계열사에게 공통적인 혜택을 제공할 수 있는 업무들을 의미합니다
[출처 : Samil PwC : https://www.pwc.com/kr/ko/tax/shared-service-tax-advisory.html]
2. 지주회사는 사업회사에 SSC를 통해 보안서비스를 제공할 수 있습니다.
   ㉾ 정보보호 위험평가 및 관리에 대한 자문, 보안 솔루션 운영
3. 정보보호 공시 수행 시 SSC를 이용하는 경우
   • 인력 : 정보기술/정보보호 각 부문 전담인력의 외주인력에 해당
   • 비용 : 정보기술/정보보호 컨설팅 비용, 외주용역비
   • 시스템 : 정보처리, 정보보안시스템 임차료, 유지보수비, 이용료 등

그룹 통합 보안 거버넌스/조직

요즘과 같이 기업집단의 일부에서 발생하는 유형 불문의 사고는 기업 주가에 큰 영향을 주게 됩니다. 단순히 사고가 발생된 법인뿐만 아니라 동일한 그룹명을 가진 다른 법인에게도 영향을 미칠 수 있어 지주회사에서는 그룹 전체의 방향성을 수립하고 관리해야 합니다. 예를 들어 공유시스템을 사용하는 사업회사 중 하나의 회사가 그룹의 통합 정책 "네트워크 접근은 WHITELIST를 기반으로 한다" 라는 명제를 위반하여 방화벽 정책을 오픈하여 사용하게 되면 그룹 전체에 보안 취약점이 발생한 상황이 되므로 통합 거버넌스의 수립과 사업회사별 이행을 지속적으로 모니터링 해야만 합니다.

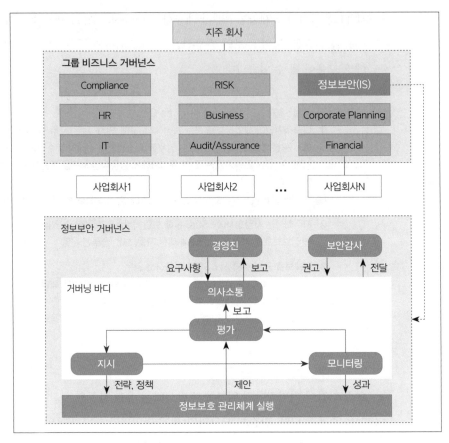

[기업집단 정보보안 거버넌스 구조(ISO 27014)]

이러한 거버넌스 구조를 운영하기 위해서는 조직 구성 및 역할 세분화가 필수적으로 이루어져야 합니다. 조직 구성이 적절하지 못할 경우 지주회사 또는 특정 사업회사의 보안 관리자에게 과도하게 업무가 분배되거나 불필요한 업무 수행이 발생할 수 있습니다.

| 기업집단 업무 R&R 분배 RACI 차트 예 |

업무	지주회사 CISO	지주회사 보안 관리자	사업회사 CISO	사업회사 보안 관리자	현업 보안담당
정보보호 정책(지주)	A	R	I	I	I
정보보호 정책(사업)	C	C	A	R	R
정보보호 조직(그룹)	A	R	C	C	I

업무	지주회사 CISO	지주회사 보안 관리자	사업회사 CISO	사업회사 보안 관리자	현업 보안담당
정보보호 조직(사업)	C	C	A	R	I
보안 내부감사	A	R	I	I	I
비즈니스 영향평가(BIA)	I	I	A	R	C
통합 리스크 관리	A	R	C	R	I

※ R : Responsible(실무자) A : Accountable(의사결정자) C : Consulted(조언자) I : Informed(관련자)

지주회사의 보안 관리자는 사업회사 보안조직의 업무 수행에 대한 지속적인 모니터링과 그룹차원의 회의체(예 위원회, 실무협의회 등) 운영, 그룹 정책, 중앙통제 업무 수행 역할도 함께 하며 보안조직이 없는 소규모 사업회사 실무 지원도 수행합니다. 사업회사의 보안 관리자는 지주회사의 내부감사 결과에 따른 시정조치, 그룹 차원 시행업무의 실무수행, 자체 법인 내 보안성 심의를 수행하고 이러한 사항을 지주회사에 보고하는 형태로 운영합니다. 자체적으로 투자, 예산 등 자원확보가 어려운 경우 지주회사 보안조직을 이용해 그룹사 회의체에 안건을 상정, 그룹 최고 경영진의 의사결정을 얻을 수 있습니다. 기업마다 세부적인 구성은 다를 수 있지만 사업회사는 지주회사를 통해 필요 자원을 확보하고 지주회사와 사업회사는 협업을 통해 서로에게 필요한 사항을 채울 수 있는 점을 요지로 하여 업무를 수행할 수 있습니다.

| 기업집단 내 보안 회의체 예시 |

회의체명	위원장	지주 CISO (위원)	지주 보안 관리자 (위원)	사업 CISO (위원)	사업 보안 관리자 (위원)	CIO / IT 관리자 (위원)	CP 법무 (위원)
그룹보안심의위 원회	지주 CISO	○	○	○	–	△	△
정보보호위원회 (사업회사별)	사업 CISO	△	–	○	○	△	△
보안실무협의회	지주보안 관리자	–	○	○	○		
현업보안협의회	사업보안 관리자	–	–	–	○	○	△

※ 위원(△ : 담당업무 유관 안건 보유 시에만 참석)
※ 상기 표는 회사 특정 및 구성에 따라 달라질 수 있음

그룹 통합 보안 정책

그룹의 거버넌스 체계와 조직이 구성이 되었다면 그룹 차원의 보안 정책 수립을 진행해야 합니다. 지주회사의 보안 정책의 특징은 사업회사의 보안 정책과 목적 자체는 동일하지만 대상과 방법에 그 차이가 있습니다.

| 지주회사/사업회사의 보안 정책의 차이 |

구분	지주회사 보안 정책	사업회사 보안 정책
목적	기업경영에 필요한 자산과 자원의 보호	기업경영에 필요한 자산과 자원의 보호
대상	기업집단 전체	각 운영 회사
수단	사업회사에서 사용되는 정책 하위문서(지침, 절차, 매뉴얼)에 대한 중앙 통제 기준을 수립하고 준수할 수 있도록 함	관리·기술적·물리적 보호조치와 그에 수반되는 업무들에 대한 상세 업무 방법을 다룸

물론 IT 운영 업무를 공유하는 기업의 경우에는 지주회사에서 기술적인 실무 지침까지 준비되어야 할 수도 있지만, 사업회사별로 시스템을 구분하여 별개로 운영하는 경우에는 그룹의 전체적인 방향성과 기준(표준)을 수립한 후 각 사에서 이를 수행할 수 있게 지원하는 방향으로 업무가 진행되게 됩니다.

그룹 통합 정책을 만들기 위해 사업회사 별 정보보호와 관련된 리스크를 식별하고 분석해야 합니다. 리스크 평가 후 컴플라이언스 요건 (법령, 내규, 인증 등), 관리적, 기술적, 물리적 보호조치를 위한 통제사항에 대해 중복된 항목들은 그룹 정책에 반영하고 특정 사업회사 또는 사업만 적용 받는 조항은 분리하여 각 사의 지침으로 전환 운영할 수 있습니다.

| 통합정책 수립을 위한 법령별 취합 예 |

조항	개인정보 보호법	산업기술보호법	정보통신망법	통합정책
출입통제	안전성 확보조치 기준 10조 (물리적 안전조치)	시행령 14조 (보호등급의부여)	제 45조 안정성확보 등 (물리적보호조치)	○
책임자	CPO 지정	국가핵심기술 보호책임자 지정	CISO 지정	×
모의훈련	안전성 확보조치 기준 제11조 (재해재난대비…)	시행령 14조 (유출사고 대응체제 구축)	제45조의 3 CISO 지정 등 (모의훈련계획…)	○(침해) ○(재해) ○(유출)

위 표와 같이 특정 사업분야에서 적용받는 조항에 대해 통합 또는 사별 정책 적용을 결정할 수 있습니다. 통합이 어려운 조항의 경우 사업회사 별 보안정책에 포함하도록 지원해야 하며 특정 사업회사만 적용받는 조항일지라도 그룹차원에 도움이 될 수 있을 경우 통합정책에 반영할 수 있습니다. 다만, 정책의 개정을 통해 자원의 할당이 필요할 수 있으므로 개정 시 예산, 인력, 범위 등을 고려하여 선택할 수 있습니다.

다음으로는 정책 하위 그룹 기준을 제정하고 운영할 수 있습니다. 사업회사의 경우에도 규모가 큰 경우에는 각 사업부문을 대상으로도 해당 기준을 운영할 수 있습니다.

| 그룹 내 사용 제품에 대한 표준 product 선정 예 |

항목	기준
출입리더기	• 출입리더기의 경우 2가지 이상의 출입 방식을 지원해야 한다. (예) 안면, 지문, 홍채, 카드 등) • 회사에서 제공하는 신용카드 기능이 포함된 출입카드와 연동이 가능해야 한다. 야외에 설치하는 리더기의 경우 −25℃ 까지 동작해야 한다.
무선AP	• SSID 숨김 기능을 지원해야 한다. • WPA2 프로토콜 또는 상위 프로토콜 사용 제품을 설치해야 한다.

이와 같이 지주회사의 보안 정책은 기술적인 부분도 배제하지는 않지만 기업집단 전체가 동일한 방향과 컨셉으로 나아갈 수 있도록 지원하는 역할과 각 사업회사의 정책 제·개정 시 합의 과정을 통해 각 사의 정책이 그룹 전체 방향과 어긋나지는 않는지 검토하는 역할을 겸하게 됩니다. 물론 사업회사가 자체적으로 제·개정 후 내부감

사 시 이를 확인하는 방법으로 진행할 수도 있으며 해당 부분은 각 사업회사의 보안 관리자의 직무 전문성과 사업 특이성을 기준으로 협의하여 선택할 수 있습니다.

마지막으로 지주회사의 보안조직은 모든 사업회사가 대기업이 아님을 감안하고 규모에 따라 절차를 세분화해야 합니다. 모든 사업회사가 조직·절차·정책을 법인별 수립하고 운영할 수 있다면 금상첨화겠지만, 인수·합병 등에 따라 소규모 회사가 수시로 편입될 수 있고 소규모 회사는 보안투자가 현실적으로 힘든 경우가 많기 때문에 지주회사 보안 관리자는 이러한 유형의 회사에 대한 보안 조치 방안을 다양한 세부 기준에 맞게 구체화하여 필요 시 지원할 수 있어야 합니다.

| 사업회사의 규모/업무형태별 세부 절차 예시 |

업무	구분	절차
보안성 검토	• 사업회사 (대/중견) • 사업회사 (SSC) • 사업회사 (소규모)	• 사업회사 보안조직의 보안성검토 후 협의 • 지주회사 보안조직의 보안성검토 절차 운영 • 업무대행자(현업보안담당) 지정 후 업무지원

12.2.3 ● 지주회사의 특수 보안 업무 및 노하우

내부회계 관리제도와의 연계

연결 내부회계 관리제도는 기업이 지주회사와 종속회사의 내부에 설치하는 회계시스템으로 주식회사 등의 외부감사에 관한 법률 제8조(내부회계관리제도의 운영 등)에 의해 기업 규모에 따라 의무 또는 자율적으로 운영해야 하는 제도입니다.

해당 제도의 시행으로 기업이 경영목적을 달성하기 위한 리스크 관리의 일환인 회계 투명성과 신뢰성을 높이기 위한 내부 통제업무를 수행하게 됩니다. 그중에는 회계처리를 목적으로 하는 정보시스템 대상으로 IT 및 정보보호 리스크 관리 부분도 범위 내 포함이 되어 있습니다. 이런 경우 정보보호 조직의 IT 통제와 내부회계 관리제도 운영 조직의 IT 통제가 이원화되며 실제 운영부서인 IT 담당부서에서는 업무상 혼란이 발생할 수 있으므로 이원화된 규제를 하나로 통일하는 과정이 필요합니다. 다만, 내부회계 관리제도를 운영하는 부서의 경우 일반적으로 IT 전문가가 편제되어 있지 않은 경우가 많습니다. 만약 소속된 조직의 내부회계 전담 부서가 IT에 대한 통제 관리가 가능하다면 정보보호 조직과 협의를 통해 정보보호 정책을 준수하여 운영하거나 현재 정책 이상의 통제가 요구될 경우 정보보호 조직에 특정 통제항목의 강화를 요청할 수 있습니다. 이러한 조정을 통해 반영된 사항을 IT부서에 가이드를 할 수 있으며 내부회계 전담부서가 IT 관리가 불가능할 경우 해당 업무를 정보보호에서 주관하여 수행할 수 있습니다(일반적으로 정보보호 조직에서 담당하는 IT 환경의 범위가 회계시스템 범위보다 넓기 때문에 정보보호 조직의 기준을 기본으로 운영하는 것이 좋으나, 내부회계 관리부서의 특정 요구 사항을 반영하여 정보보호 정책을 강화하는 방향으로 설정할 수 있음).

아래의 내부회계 관리제도의 IT 통제활동과 정보보호 조직의 정보보호 관리체계인 ISO27001 통제항목 및 ISMS-P 보호대책 요구 사항을 비교하여 아래 예시와 같이 동일한 항목에 대해서는 동일한 규제 기준을 적용할 수 있습니다.

| 내부회계관리제도-ISO27001-ISMS-P 통제항목 간 유사성 예시 |

내부회계관리제도 IT통제활동명	ISO27001:2022 Controls	ISMS-P 보호대책
사용자 계정 및 권한부여 : 권한부여 시에 적절한 검토와 승인절차에 따라 생성한다.	5.15 접근통제 : 비즈니스 및 정보보호 요구사항을 기준으로 정보 및 기타 관련 자산에 대한 물리적, 논리적 접근 통제를 위한 규칙을 수립하고 이행하여야 한다.	2.6 접근통제 2.6.1 네트워크 접근 2.6.2 정보시스템 접근 2.6.3 응용프로그램 접근 2.6.4 데이터베이스 접근
보안정책 수립 및 규정 제정 : 정보보안에 관련된 정책 및 규정, 절차가 수립되어 정기적으로 검토, 갱신되며 경영진에 의해 승인되어야 한다.	5.1 정보보호 정책 : 정보보호 정책 및 주제별 정책은 정의되고, 경영진의 승인을 받고, 게시되고, 관련 직원 및 이해관계자에게 전달되고 인식되어야 하며 주기적으로 그리고 중요한 변경사항이 발생하는 경우 검토되어야 한다.	2.1.1 정책의 유지관리 : 정보보호 및 개인정보 보호 관련 정책과 시행문서는 법령 및 규제, 상위조직 및 관련기관정책과의 연계성, 조직의 대내외 환경변화 등에 따라 주기적으로 검토하여 필요한 경우 제개정하고 그 내역을 이력관리하여야 한다.
개발 및 운영환경의 분리 : 개발환경과 운영환경은 서로 분리되어 운영하여야 한다.	8.31 개발, 시험 및 생산환경의 분리 : 개발, 시험 및 생산환경은 분리되고 보호되어야 한다.	2.8.3 시험과 운영환경 분리 : 개발 및 시험 시스템은 운영시스템에 대한 비인가 접근 및 변경의 위험을 감소시키기 위하여 원칙적으로 분리하여야 한다.

이를 기반으로 필자의 회사는 IT 통제에 대한 업무와 내부회계 IT 감사에 대한 1차 대응 업무를 정보보호 조직으로 일원화하였습니다. 내부회계 관리제도는 현재 시점 기준으로 이제 막 시작하는 단계이고 기업마다 추진하는 방식이 모두 다르기 때문에 무엇이 정답이다라고 말할 수는 없습니다. 유사한 통제항목을 여러 부서에서 가이드하고 조치 방법 또한 다를 경우 피감사부서인 IT 부서는 업무 피로도를 가질 수 있으므로 신규로 업무를 추진하는 경우 두 주관 부서가 유연한 협업을 통해 업무를 진행하는 것이 좋습니다.

만약 내부회계 관리제도를 이제 막 시작하는 기업이라면 초기 단계부터 보안 요구사항을 명확히하여 업무 분장을 확실히 할 수 있도록 합니다.

기업 합병·인수·분할 실무 프로세스

지주회사의 보안조직이 자주 수행해야 하는 업무 중 가장 대표적인 것으로 기업합병, 기업인수, 기업분할이 있습니다. 새로운 기업이 인수·합병되거나 물적 분할 등으로 분리되는 상황을 대비하여 보안조직은 정형화된 업무 프로세스를 수립하여 운영할 수 있습니다. 가장 우선적으로 인수합병에 따른 그룹사 편입 전략 TF를 경영기획·관리조직에서 기업분할 구성하고 피합병 법인 조직 구성에 따라 업무 공유 범위를 설정합니다.

| 인수합병 시 부서별 업무 형태 선정 예시 |

지주회사(합병법인)	피합병 법인	업무 형태
경영기획팀	경영관리팀	업무협의체 구성
정보보호	조직 없음	업무공유(SSC) 편입
인프라(IT)	조직 없음/외주	ITO 이용 or 업무공유

만약 피합병 법인이 손자회사일 경우에는 자회사의 보안조직에서 해당하는 업무를 수행하며, 자회사에 보안조직이 없을 경우(업무 공유를 통해 지주회사가 업무를 대행하는 경우)에는 지주회사에서 손자회사에 대한 합병 프로세스를 진행하게 됩니다. 구조적인 문제를 해결했다면 이후 현황분석을 실시해야 합니다.

현황분석은 기존 지주회사에서 사용하는 기준(ISMS-P, ISO27001 등의 표준 또는 별도의 자체 기준)을 이용하여 사용하되 매출액, 영업이익 등 피합병 법인의 경영현황에 따라 개선점을 도출해야 합니다. 이 과정 중 피합병 회사에 보안조직이 존재하는 경우에는 피합병 법인의 보안조직이 정보보호 관리체계를 어떻게 운영하는지를 중점으로 확인하고 지주회사에서 수립한 그룹 통합정책 및 표준과 비교하여 상충되는 부분이 있는지, 사업회사의 별도 정책으로 유지해야 하는 항목이 있는지 등을 검토합니다(사업의 특수성으로 인해 별도의 기준으로 외부기관 감사를 받는 경우 등 특이 사항 시 별도로 운영해야 하는 경우가 있음).

또한, 현황분석 시 확인해야 하는 주요 사항으로 피합병 법인의 사업별 보안 요구사항을 확인하고 해당 사업이 어떤 취약점과 위협을 보유하고 있는지, 취약점과 위협에 대한 위험평가는 실시했는지, 적용받는 정보보호 관련 법규가 어떤 것이 있는지 등을 파악해야 합니다.

| 인수·합병 체크리스트 예시 |

구분	점검 내용	담당 부서
RISK	비즈니스 부서 단위의 서비스 형태 분석(각 부서장 인터뷰 실시) • 비즈니스의 형태(정보보호 유관 비즈니스확인) • 비즈니스 별 적용법규(정보보호) ※ 전체 법령에 대해서는 CP조직에서 실시	정보보호
RISK	RISK 평가/관리 체계가 존재하는지 확인 • 존재 시 지주사 RISK CODE와 통합 • 미 존재 시 인터뷰 기반의 위험분석 실시 　– 지주사 기준의 취약점 진단 실시 ※ 리스크평가가 수행되지 않은 경우 지주회사의 표준으로 진행하며 사업회사의 분석 결과에 따라 지주회사의 정책/표준을 수정해야 할 수 있음	정보보호
조직	• 정보보호 조직이 존재하는 경우 　– 해당 부서의 관리체계 운영 검토 & 내부감사 • 정보보호 조직이 존재하지 않는 경우 　– 현재 운영 현황 검토 & 그룹 업무 편입	정보보호

구분	점검 내용	담당 부서
정책	• 정보보호 정책 수립 여부 • CISO/CPO 지정 여부 • 조직별 정보보호 위원회 운영 여부 • 피합병법인의 정보자산 보안등급 확인 • 인적자원의 정보보호 역할 부여 여부 확인 • 서약서, 대장, 동의서 등 양식 검토 • 주요직무자 지정 여부 확인 등 지주회사 정책에 따라 필요한 사항을 점검	정보보호
자산 (시스템)	• 정보시스템 / 정보보안시스템 운영 여부 • 네트워크 , OS, 애플리케이션, DB 등 운영현황	IT
자산 (물리)	• IDC 이용여부 • 출입시스템 및 방식 (근태 공유 시 연동 등) • 통제구역/제한구역 지정여부 • 영상정보처리기기(CCTV) 현황	정보보호 IT 총무 등

만약 피합병 법인이 보안조직 구성이 되어 있지 않은 소규모 기업인 경우 지주회사의 보안조직에서 정보보호 관리체계의 신규 수립 건으로 인식, 지주회사의 보안조직이 정보보호 컨설팅 및 그룹 공유 시스템을 사용하게 하는 역할을 하게 됩니다.

조직 내 운영부서와 보안부서가 분리된 경우 위의 예시와 같이 조직별 담당업무에 따라 진행이 가능하며 만약 일원화된 보안조직의 경우에는 자체적으로 실시할 수 있습니다. 보통 소규모 기업의 경우 보안 솔루션 하나 구매해서 사용하는 부분도 굉장히 부담스러울 수 있기 때문에 비용적인 부분도 최소화시킬 수 있는 방안을 검토해야 할 필요성이 있습니다.

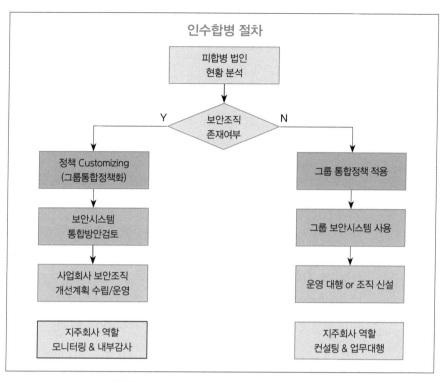

[인수·합병 시 피합병법인 보안 업무 적용 프로세스]

다음으로는 기업 분할의 경우로 「상법」에서는 여러 분할의 종류에 대해 정의를 하고 있지만, 기업 보안 관리자의 입장에서는 이론상 정의가 아닌 딱 한가지만 확인하면 업무를 진행할 수 있습니다. 바로 "분할 회사가 그룹 내 존속하는지" 입니다. 어떤 형태로 분할을 하게 되더라도 지주회사 아래 지배를 받게 될 경우 위에서 언급한 프로세스를 그대로 진행할 수 있습니다. 자체적인 보안조직을 만들 수도 있고 지주회사의 공유시스템을 사용할 수도 있습니다. 반대로 지배를 받지 않게 될 경우에는 자산의 회수에 집중하면 됩니다.

대표적인 정보자산인 서버, 네트워크, PC 등의 하드웨어 장비와 애플리케이션, 소프트웨어, 문서 등의 소프트웨어&전자문서에 대해 자산의 회수 또는 이전에 대한 사항을 경영진 승인 후 처리할 수 있습니다. 특히, 문서의 경우 기업 분할 후에도 사용할 문서가 있고, 기존 기업집단체제에서 활용하던 문서가 있을 수 있으니 상당한 주의를 요합니다. 문서중앙화 또는 기업 보안 스토리지와 같은 중앙집중형 문서관리시스템이 구축되어 있다면 조금 더 명확하게 분리가 가능합니다. 만약 이런 시스템을 사용하지 않고 PC 내 로컬디스크에 저장하는 경우에는 기업 분할 대상 임직원에게 특정 스토리지에 해당하는 문서들을 트리화하여 취합할 것을 공지를 통해 알린 후 분리 대상 문서를 선별하여 경영진에게 승인받고 반출하는 형태로 업무를 진행할 수 있습니다.

추가적으로 존속 여부와 상관없이 분할되는 대상 임직원에게 "비밀유지서약"을 징구하고 기존 법인에서의 정보보호 의무를 부여하여 정보유출을 방지해야 하며 분할된 법인이 존속되는 경우 신규 법인의 임직원에게 "보안서약서"를 징구하여 새로운 법인의 기밀도 유지할 수 있도록 관리적 절차를 수행해야 합니다.

개인정보, 기술이전 등에 따른 내부 데이터 공유

경영효율화를 위해 공유시스템 사용이나 사업회사 간 기술을 공유하는 경우, 그룹 내부 현업 관점에서는 같은 뿌리의 다른 직원과 업무를 하는 형태가 됩니다. 이런 경우 각 사업회사가 다른 회사라는 부분을 망각하고 업무가 진행될 수 있어 주의가 필요합니다. 특히, 개인정보의 경우 위·수탁, 재위탁에 해당하는 경우가 발생할 수 있게 됩니다. 내부의 시선과는 다르게 대외적으로는 각각 다른 법인에서 업무를 공유하는 형태이므로 개인정보 위탁/재위탁, 기술이전 같은 명확한 계약관계로 규정하지 않을 경우 대외기관 감사를 통해 행정조치나 과태료 등의 처분을 받을 수 있습니다.

일차적으로는 사업회사의 보안조직에서 보안성 검토를 진행할 때 업무 시 그룹 내 다른 사업회사와 유관 부서와의 업무를 명확화하고 사업회사가 이를 지주회사 보안조직에게 보고할 수 있는 체계를 만들고 지주회사의 보안조직은 모든 사업회사 간 업무 협약 형태를 목록화하여 정기적인 관리를 실시해야 합니다.

소규모 사업회사의 보안조직 부재 또는 보안성 검토 절차가 없어 사업 추진 전 기본적인 사항판단이 어려울 경우, 경영관리 조직의 계약서 법무검토 시 계열사 간 거래 여부를 별도로 체크할 수 있게 만들어 담당조직에서 보안조직으로의 업무 협조를 자동화한다면 누락되는 계약 없이 진행할 수 있습니다. 추가적으로 그룹 내부 거래용 표준계약서 또는 약정서를 제정해 두어 각 사업부서에 공지 및 지속적인 교육을 통해 신청할 수 있도록 하는 방법도 차선책으로 선택할 수 있는 방법입니다.

그룹 내부 보안감사 (모니터링)

아마도 지주회사의 보안조직에서 그룹 내부 보안감사 행위를 수행하는 목적은 각 사업회사들이 어떻게 보안을 실행하고 있는지 모니터링하고 정책에 위배된 행위나 비위행위 등을 찾아 개선할 수 있게 하기 위함입니다. 다만, SIEM이나 관제를 이용하지 않는 경우에는 최소한의 위배행위라도 검출할 수 있도록 프로세스를 구현해 놓는 것이 좋습니다.

| 업무별 보안감사 방안 예시 |

구분	세부 업무

물리/관리적 보호조치	• 현장 감사
	  – 현장 내 정책 위반행위가 존재하는지 담당자가 직접 확인
	    예) 책상 위 기밀문서, 출입통제 미 시건 등

IT/시스템 (기술적 보호조치)	• 로그를 기반으로 SIEM(이벤트 모니터링)을 운영하거나, SOC(보안운영센터) 직접운영 또는 관제업무를 대행하여 설정한 Rule 위반행위를 검출하고 자동 소명 절차를 운영 ※ IT 감사에 대한 인력 및 자원이 확보되어 있다면 별도 IT감사를 실시할 수 있다.
퇴직자	• 시스템 도입 여부와 관계없이 퇴직 3~6개월 로그전수조사 (각 사업회사에서 1차 검토 후 그룹 최고경영진 보고 필요 시 공유하는 형태로 운영)
개인정보	• 개인정보 취급부서(자)별 시스템·단말·로그 감사

사업회사(피감사 법인)의 경우 지주회사 각 업무별 담당자가 감사업무를 위해 각각 현장 방문 시 업무 피로감을 호소할 수 있으므로 지주회사 차원의 내부감사 집단을 운용하여 감사일을 최소화하는 방향으로 진행하는 것도 도움이 될 수 있습니다.

여기까지 지주회사 보안 관리자의 업무 역할 및 노하우에 대해 기술해 보았습니다. 기업집단을 운영하는 방식은 매우 다양하기 때문에 획일화시킬 수는 없으며 기본적인 법적 정의는 존재하나 업무에 대한 규제는 정해진 것이 없습니다. 또한, 경영진의 결정 방식에 따라 업무는 변할 수 있으므로 정해지지 않은 업무를 수행할 경우에는 그 업무 방식에 대해 경영진의 의결을 받아 진행한다면 기업집단의 보안업무를 잘 수행할 수 있을 것이라 생각합니다.

13

모의침투 전문가의
업무 노하우

13.1

미디어와 디지털 보안의 현실

모의침투 전문가는 사이버 보안 분야에서 중요한 역할을 수행합니다. 이들은 군사 작전에서 정찰병이 하는 일과 유사한 방식으로 조직의 네트워크, 시스템 그리고 애플리케이션을 검사하여 보안 취약점을 찾아 냅니다. 모의침투의 주요 목적은 실제 사이버 공격자가 공격을 시도할 때 발견할 수 있는 취약점을 먼저 발견하고 해결함으로써 조직의 보안을 강화하는 것입니다.

13.1.1 ● 미디어의 해커와 현실

일상에서 보기 힘든 경험이지만 소설, 텔레비전, 영화 등 미디어에서 해커는 종종 멋있고 스타일리시하게 그려지며, 로맨틱한 캐릭터로 소개됩니다. 특히, 해커가 등장하는 미디어는 긴장과 스릴을 주제로 한 스토리텔링으로 해커의 열정, 컴퓨터 기술, 규칙에 대한 반항심, 권위에 대한 도전, 불의나 부당함에 의문을 제기하고 맞서 싸우는 캐릭터로 묘사합니다. 그러나 낭만적인 표현은 실제 해킹 활동에 대한 잘못된 인식을 유발하거나 불법적 행위를 부추길 위험이 있습니다. 또 해킹에 관심을 가지는 사람들은 실제 정보보안과 컴퓨터 시스템의 취약점을 이해하고 이를 보완하거나 정보보안 전문가로의 진로를 고려할 수 있습니다.

그러나 간과해서는 안 될 중요한 사실은, 해킹을 시도하는 것은 법률을 위반하는 것이며 타인의 데이터 및 사생활을 침해하는 행위임을 명심해야 합니다. 따라서 컴퓨터 기술을 공부하고 이해하는 것이 중요하며, 윤리, 법률, 사회적 책임을 준수하며 합법적인 경로와 규정을 준수해야 합니다.

13.1.2 ● 모의침투 전문가의 직무와 그들이 직면하는 고충

모의침투는 시스템, 네트워크, 응용 프로그램 등에 대한 실제 공격 시나리오를 시뮬레이션하는 과정입니다. 특히, 모의침투는 고도로 훈련된 전문가가 합법적인 경로와 규정을 준수하여 수행합니다. 이 테스트는 일반적으로 조직의 보안 수준 또는 준비도를 평가하고 보안 위험을 최소화하기 위해 필요한 조치를 식별하는 데 사용됩니다. 그러나 이 직업을 가진 사람들은 현실적으로 다양한 고충과 문제에 직면하곤

합니다. 대표적으로 일부 고객사 담당자들은 모의침투를 수행하면서 모든 취약점을 찾아낼 것이라는 기대를 합니다. 그러나 대부분의 시스템은 여러 변수와 복잡성을 가지고 있어, 제한된 시간 내에 모든 취약점을 발견하는 것은 매우 어려울 수 있습니다. 이에 따라 특정 취약점이나 기술에 대한 정보를 공유하면 다른 모의침투 수행자에게 도움이 될 수 있지만 동시에 이 정보가 부적절한 방법으로 활용될 가능성이 있으므로, 정보 공유에는 신중을 기울여야 합니다. 이에 따라 모의침투 수행자는 지속적으로 최신 정보와 기술을 습득하고 유지해야 합니다. 또 모의침투를 수행하는 동안 윤리적 기준을 넘어서는 어려움에 직면하기도 하며 발견하지 못한 취약점으로 인해 침해사고가 발생하면 고객의 불만으로 이어지기도 합니다. 따라서 지속적인 학습과 압박에 큰 스트레스를 느낄 수 있습니다. 이러한 고충과 현실적인 문제에도 불구하고 모의침투 수행자는 그들의 역할이 중요하다는 것을 알고 있습니다. 모의침투 전문가들은 조직의 보안을 강화하고 보다 안전한 인터넷 문화를 만들기 위해 끊임없이 노력하고 있습니다.

13.1.3 ● 디지털화와 기술 발전 속에서의 보안 위협과 그 현실

컴퓨터, 스마트폰, 태블릿 PC의 대량 보급으로 인터넷 사용률이 날이 갈수록 증가하고 있습니다. 또 정보통신과 사물인터넷의 융합은 우리 실생활뿐만 아니라 다양한 산업 분야의 혁신적인 변화와 편리함을 제공하고 있습니다. 또한, 코로나 대유행으로 인해 비대면 환경이 확산되면서 무선 네트워크 기술, 인공지능, 빅데이터와 같은 첨단 기술의 발전이 가속화되고 있습니다. 이러한 기술의 발전은 도시, 농업, 물류, 의료, 에너지에 이르기까지 대부분의 산업에 혁신과 변화를 가져오고 있지만, 동시에 정보 보안에 대한 위협도 증가하고 있습니다. 예를 들어 미라이 봇넷이 2016년에 일으킨 세계 최대 규모의 서비스 거부 공격은 사물인터넷 장치들의 기본 패스워드를 이용하여 공격에 활용된 사례로, 사용자가 알지 못하는 사이에 이러한 장치들이 악의적인 행위에 이용될 수 있음을 보여줍니다. 또한, 러시아의 인세캠 사이트를 통해 노출된 약 73,000개의 폐쇄회로 TV는 가정집, 사무실, 미용실 등 다양한 장소의 사생활 침해 사례를 일으켰고, 이는 기기의 기본 계정 정보를 변경하지 않음으로써 발생한 것입니다.

[CCTV를 통해 노출되는 사생활]

이와 같은 사례들은 개인, 영세기업을 넘어 대기업까지 보안에 대한 인식이 저조하고 체계적인 관리 체계가 이루어지지 않을 경우, 특정 취약점이 발견될 때 이를 악용하여 동일한 시스템에 중대한 영향을 미칠 수 있음을 보여줍니다.

13.2

모의침투 전문가

이번에는 모의침투 정의 및 목적, 모의침투 역할과 범위, 모의침투 필요 역량 및 고려사항에 대해 알아보겠습니다.

13.2.1 ● 모의침투 정의 및 목적

모의침투 정의

모의침투는 조직의 사이버 보안 체계의 안전성을 평가하기 위해 고의로 공격을 시도하는 과정입니다. 이 과정에서 모의침투 전문가는 실제 사이버 공격자의 관점에서 유사한 기술과 방법을 사용하여 조직의 네트워크, 시스템, 웹 애플리케이션 등을 대상으로 취약점을 찾아내고 침투를 시도합니다.

모의침투의 목적

실제 해킹의 목적은 다양하고 그 배경에는 여러 가지 동기가 있을 수 있습니다. 가장 흔한 목적으로 해커들은 금융정보, 개인정보 등을 도용하여 직접적인 금전적 이득을 추구합니다. 또 경쟁사의 기밀 정보, 정부 기관의 민감한 데이터, 개인의 사생활 정보 등을 목적에 따라 수집하는 경우도 있습니다. 그 뿐만 아니라 개인적 또는 이념적 동기, 명성, 사이버 테러리즘 등 다양한 이유가 존재합니다. 모의침투 전문가들은 이처럼 다양한 해킹 동기를 이해하고, 실제 공격자의 관점에서 다양한 공격 방식을 모방하여 침투를 시도하고 발견된 취약점을 보고합니다.

13.2.2 ● 모의침투 역할과 범위

모의침투는 대상에 따라 역할과 범위가 달라질 수 있습니다. 하지만 보통 정보수집, 취약점 식별, 후속 공격, 이행점검, 보안 교육으로 구분할 수 있습니다. 정보수집 과정에서는 홈페이지, 검색 엔진, 포트 스캔 등 다양한 방법으로 타깃의 정보를 수집합니다. 취약점 식별 과정에서는 네트워크, 시스템, 웹 애플리케이션의 취약점을 수집하고 후속 공격 과정에서 발견된 취약점을 연계하여 내부 시스템을 점령하거나, 중요정보 유출 가능성을 확인합니다. 이렇게 발견된 취약점을 보고하고 네트워크 담당자, 시스템 운영자, 애플리케이션 개발자 등과 협업하여 취약점이 발생하는 근본적인 원인과 대응방안을 가이드합니다. 이후 발견된 취약점에 대해 각 담당자들이 조치를 취하면 이행점검을 통해 해당 취약점이 수정되었는지 확인합니다. 또 직원들을 대상으로 피싱 방지 방법, 안전한 비밀번호 생성 및 관리 방법, 실제 모의침투 사례 등을 통해 조직 내 보안 인식을 제고합니다.

13.2.3 ● 모의침투 역량 및 고려 사항

모의침투 필요 역량

모의침투 업무를 수행하기 위해서는 기술적 지식, 보안 도구 사용 능력, 해킹 기술, 문제해결 능력 등 다양한 역량을 요구합니다. 먼저 가장 중요한 것은 윤리적 가치관과 직업 윤리로 허가 받은 환경에서 수행되는 윤리적 모의침투(해킹)입니다. 또 취약점을 통해 발견된 정보를 보호(남용, 유출 등 금지)하는 것에 대한 강한 책임감을 가져야 합니다.

그 뿐만 아니라 네트워크, 시스템, 애플리케이션의 구조와 작동 원리에 대한 깊은 이해를 기반으로 포트 스캔 도구, 패킷 분석 도구 등 다양한 해킹 도구를 숙지하고 이를 효과적으로 사용할 수 있어야 합니다. 이를 통해 다양한 정보(예 버전 정보)를 수집하고 취약점을 확인(예 버전 정보에 따른 공개된 취약점)할 수 있습니다. 더 나아가 SQL 인젝션, 크로스 사이트 스크립팅(XSS), 파일 업로드, 파일 다운로드 등과 같은 애플리케이션에 대한 해킹 기술도 숙지하고 있어야 합니다. 그리고 예상치 못한 상황에서 문제를 신속하게 해결할 수 있는 능력이 중요합니다. 이는 타깃 시스템에 접근하고 취약점을 활용하는 과정에서 발생할 수 있는 다양한 문제를 대처하는 데 필요합니다. 또 발견된 취약점과 위험을 명확하게 이해하고 쉬운 방식으로 보고할 수 있어야 합니다. 이는 기술적 내용을 비전문가에게도 전달할 수 있는 능력을 말합니다.

마지막으로 사이버 보안은 끊임없이 변화하는 분야로 최신 보안 위협, 취약점, 공격 기법 및 방어 전략에 대해 지속적으로 학습하는 것이 필수적입니다.

모의침투 고려 사항

모의침투는 실제 운영 환경에서 수행되기 때문에 비즈니스 운영에 영향을 미칠 수 있습니다. 중요 업무 시간을 피하거나, 중요 시스템에 대한 공격을 제한하는 등의 조치를 통해 비즈니스에 미치는 영향을 최소화해야 합니다. 실제 사례로 전직원의 사원번호 정보를 수집하고 초기 비밀번호의 패턴을 파악하여 그룹웨어를 대상으로 사전 대입 공격을 시도하여 약 1/3 계정정보를 탈취하였습니다. 또 유사한 시스템에 동일한 공격을 수행하였으나, 시스템이 다운되는 현상이 발생한 사례도 있습니다. 당시 비상연락망이 구축되어 빠르게 장애를 해결할 수 있었으나, 이처럼 모의침투를 수행하는 과정에서는 예기치 않은 문제가 발생할 수 있습니다.

13.2.4 ● 모의침투 업무 절차

모의침투 업무 절차는 회사나 조직마다 차이가 있을 수 있고 일반적으로 여러 표준과 방법이 존재합니다. 가장 널리 인정받는 모의침투 수행 표준 중 하나는 PTES(Penetration Testing Execution Standard)입니다. PTES의 모의침투 과정은 다음과 같은 단계로 수행됩니다.

절차	내용
1. 사전협의 (Pre-engagement Interactions)	목적, 범위, 고객 요구 사항 정의 등을 논의하고 합의합니다.
2. 정보수집 (Intelligence Gathering)	공개 데이터, 도메인 정보, 버전 정보, 네트워크 구성 등의 정보를 수집합니다.
3. 위협 모델링 (Threat Modeling)	정보수집 단계에서 수집된 데이터를 기반으로 잠재적 위협을 식별합니다.
4. 취약점 분석 (Vulnerability Analysis)	위협 모델링에서 발견한 위협을 기반으로 시스템이나 애플리케이션에서 보안 취약점을 식별·평가합니다.
5. 악용 (Exploitation)	취약점 분석에서 식별된 취약점을 실제로 악용하여 대상 시스템이나 애플리케이션에 침투를 시도합니다.
6. 사후 악용 (Post Exploitation)	시스템 침투 후에 수행되는 활동으로 공격자가 시스템 내에 수행할 수 있는 추가적인 악용 가능성을 탐색합니다.
7. 결과보고 (Reporting)	사전협의부터 사후 악용까지의 과정을 상세히 문서화하고, 구체적인 권고안을 포함한 보고서를 작성합니다.

PTES와 같은 표준을 따르는 것은 모의침투의 효율성과 효과성을 높이는 데 도움이 됩니다. 또한, 이런 표준 접근 방식은 모의침투 결과의 일관성을 보장합니다.

13.3
모의침투 업무 노하우

모의침투 프로젝트를 수행하는 과정에서 쌓인 지식과 실무 경험을 바탕으로, 실질적인 조언과 기법을 담고 있습니다. 본 자료는 교육 목적으로 작성되었으며, 허가 받지 않은 시스템 또는 서비스에 대한 해킹 시도는 전적으로 사용자에게 있음을 명심하시기 바랍니다.

13.3.1 ● 정보수집 노하우

해커의 입장에서 타깃을 설정한 후 가장 먼저 수행하는 단계는 정보수집입니다. 이 단계에서 해커는 공격 대상에 대한 가능한 많은 정보를 수집하여, 해당 정보를 기반으로 공격 계획을 수립합니다. 모의침투 수행 시 IP 대역, 계정정보 등을 지급받을 수도 있지만 보통 해커의 입장과 동일하게 아무 정보 없이 모의침투를 수행하는 경우가 대부분입니다. 이때 주의할 점은 포트 스캔을 사용하여 타사 시스템에 대한 정보 수집이 진행될 수 있으므로 항상 WHOIS 검색을 통해 대상 시스템을 확인해야 합니다. 불법에 대한 근거는 「정보통신망 이용촉진 및 정보보호 등에 관한 법률」 제48조(정보통신망 침해행위 등의 금지)를 참고하시기 바랍니다.

제48조(정보통신망 침해행위 등의 금지)
① 누구든지 정당한 접근권한 없이 또는 허용된 접근권한을 넘어 정보통신망에 침입하여서는 아니 된다.
② 누구든지 정당한 사유 없이 정보통신시스템, 데이터 또는 프로그램 등을 훼손·멸실·변경·위조하거나 그 운용을 방해할 수 있는 프로그램(이하 "악성프로그램"이라 한다)을 전달 또는 유포하여서는 아니 된다.
  – 생략 –
④ 누구든지 정당한 사유 없이 정보통신망의 정상적인 보호·인증 절차를 우회하여 정보통신망에 접근할 수 있도록 하는 프로그램이나 기술적 장치 등을 정보통신망 또는 이와 관련된 정보시스템에 설치하거나 이를 전달·유포하여서는 아니 된다. 〈신설 2024. 1. 23.〉
[전문개정 2008. 6. 13.]

[정보통신망법 제48조(정보통신망 침해행위 등의 금지) 발췌]

제71조(벌칙)
① 다음 각 호의 어느 하나에 해당하는 자는 5년 이하의 징역 또는 5천만원 이하의 벌금에 처한다. 〈개정 2016. 3. 22., 2018. 12. 24., 2024. 1. 23.〉
  – 생략 –
11. 제48조제1항을 위반하여 정보통신망에 침입한 자
12. 제48조제3항을 위반하여 정보통신망에 장애가 발생하게 한 자
13. 제48조제4항을 위반하여 프로그램이나 기술적 장치 등을 정보통신망 또는 이와 관련된 정보시스템에 설치하거나 이를 전달·유포한 자
  – 생략 –
[시행일: 2024. 7. 24.] 제71조제1항제9호, 제71조제1항제10호

[정보통신망법 제71조(벌칙) 발췌]

따라서 좀 더 안전한 방법으로 정보를 수집하고자 할 때 고객사의 대표 홈페이지를 검색합니다. 이후 웹 크롤링, 서브 도메인 검색 등의 도구를 이용하거나 구글, 쇼단, 센시스와 같은 검색엔진을 활용하여 정보를 수집할 수 있습니다. 그리고 얼마 전 인터넷 강의에서 특정 정보를 추출하는 과정에 대해 웹 크롤링과 웹 스크래핑이라는

용어가 혼동되어 사용되었습니다. 실제 해킹에서는 웹 크롤링과 웹 스크래핑 2가지 기술을 사용하게 되므로 커뮤니케이션 및 보고 단계에서 용어에 따른 문제가 발생할 수 있습니다.

| 웹 크롤링과 웹 스크래핑의 정의 |

구분	내용
웹 크롤링 (Web Crawling)	• 웹 크롤링은 인터넷상의 웹 페이지들을 자동으로 탐색하여 데이터를 수집하는 과정입니다. • 주로 검색 엔진의 웹의 깊이를 파고들며 링크를 따라가는 방식으로 정보를 수집하고, 이를 인덱싱하여 검색 결과를 제공하는 데 사용됩니다. • 크롤링의 주요 목적은 웹 페이지의 구조를 파악하고, 각 페이지의 콘텐츠를 분석하여 검색 엔진의 데이터베이스에 저장하는 것입니다. • 크롤러(스파이더)는 자동화된 소프트웨어로, 인터넷 상의 수많은 페이지를 방문하여 데이터를 수집합니다.
웹 스크래핑 (Web Scraping)	• 웹 스크래핑은 웹 페이지에서 특정 정보를 추출하는 과정입니다. • 스크래핑은 보통 특정 웹 페이지로부터 데이터를 추출하고, 이를 구조화된 형태(표, 데이터베이스)로 저장하기 위해 사용됩니다. • 스크래핑은 자동화 도구나 소프트웨어(스크래퍼)를 사용하여 진행되며, 주로 가격 비교, 시장 조사, 데이터 분석 등 특정 목적을 위해 구체적인 정보를 수집할 때 활용됩니다.

웹 크롤링을 이용한 정보수집

웹 크롤링 도구는 다양하게 존재하며 사용법은 인터넷 검색을 통해 알아볼 수 있습니다. 하지만 가능하다면 자신만의 맞춤형 웹 크롤링 도구를 만들어 사용하는 것을 추천합니다. 예를 들어 모의침투 수행 시 외부와 단절된 내부망에서 진행 시 웹 크롤링 도구를 이용하여 웹 애플리케이션의 디렉터리 구조를 파악할 수 있으나 구글, 쇼단, 센시스와 같은 검색 엔진 등을 사용하여 정보를 수집할 수 없습니다. 따라서 검색 엔진을 대체하기 위해 맞춤형 웹 크롤링을 제작하여 사용하는 것을 추천합니다. 아래 그림은 파이썬을 이용한 저만의 맞춤형 웹 크롤링 결과물입니다.

	URL		TITLE		SOURCE
	필터		필터		필터
1	http://192.168.0.45/		:: 쇼핑몰명 :: 서비스 준비중		<!DOCTYPE HTML PUBLIC "-//W3C//DTD HT…
2	http://192.168.0.45/adm/		:: 쇼핑몰명 :: 서비스 준비중		<!DOCTYPE HTML PUBLIC "-//W3C//DTD HT…
3	http://192.168.0.45/signup_check.php		관리자 홈		<!DOCTYPE HTML PUBLIC "-//W3C//DTD HT…
4	http://192.168.0.45/mypage.php		:: 쇼핑몰명 :: 서비스 준비중 - 비밀번호확인		<!DOCTYPE HTML PUBLIC "-//W3C//DTD HT…
5	http://192.168.0.45/cart.php		:: 쇼핑몰명 :: 서비스 준비중 - 마이페이지		<!DOCTYPE HTML PUBLIC "-//W3C//DTD HT…
6	http://192.168.0.45/order_list.php		:: 쇼핑몰명 :: 서비스 준비중 - 장바구니		<!DOCTYPE HTML PUBLIC "-//W3C//DTD HT…
7	http://192.168.0.45/favorite.php		:: 쇼핑몰명 :: 서비스 준비중 - 마이페이지 > 주…		<!DOCTYPE HTML PUBLIC "-//W3C//DTD HT…
8	http://192.168.0.45		:: 쇼핑몰명 :: 서비스 준비중 - 마이페이지 > 관…		<!DOCTYPE HTML PUBLIC "-//W3C//DTD HT…
9	http://192.168.0.45/board.php?bbs_id=notice		:: 쇼핑몰명 :: 서비스 준비중		<!DOCTYPE HTML PUBLIC "-//W3C//DTD HT…
10	http://192.168.0.45/board.php?bbs_id=qna		:: 쇼핑몰명 :: 서비스 준비중 - 공지사항		<!DOCTYPE HTML PUBLIC "-//W3C//DTD HT…
11	http://192.168.0.45/board.php?bbs_id=review		:: 쇼핑몰명 :: 서비스 준비중 - 질문과 답변		<!DOCTYPE HTML PUBLIC "-//W3C//DTD HT…
12	http://192.168.0.45/board.php?bbs_id=faq		:: 쇼핑몰명 :: 서비스 준비중 - 구매후기		<!DOCTYPE HTML PUBLIC "-//W3C//DTD HT…
13	http://192.168.0.45/plan.php		:: 쇼핑몰명 :: 서비스 준비중 - 자주묻는 질문		<!DOCTYPE HTML PUBLIC "-//W3C//DTD HT…
14	http://192.168.0.45/coupon.php		알림		<!DOCTYPE HTML PUBLIC "-//W3C//DTD HT…
15	http://192.168.0.45/cash.php		:: 쇼핑몰명 :: 서비스 준비중 - 마이페이지 > 쿠…		<!DOCTYPE HTML PUBLIC "-//W3C//DTD HT…

[맞춤형 웹 크롤링 결과]

맞춤형 웹 크롤링은 기존 웹 크롤링과 구글 검색 엔진을 모방하여 URL, 웹 페이지 제목, 웹 페이지 소스코드를 데이터 베이스(SQLite)에 저장합니다. 이후 추가 검색을 통해 관리자 페이지 및 소스코드 내 주석을 확인하거나 정규 표현식을 이용하여 원하는 데이터를 보다 빠르게 검색할 수 있습니다.

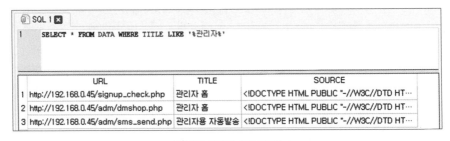

[관리자 페이지 검색 예시]

서브 도메인 검색을 이용한 정보수집

웹 애플리케이션 보안 평가의 필수적인 도구 Wfuzz는 퍼징(Fuzzing) 기법을 활용하여 웹 애플리케이션 보안 취약점을 발견하는 것과 유사한 원리로 작동합니다. Wfuzz는 다양한 기능을 가지고 있으며, 서버 도메인 검색 기능을 탑재하고 있습니다. 이 기능은 단어를 활용, 대상 웹 사이트의 서브 도메인을 식별하는 데 활용됩니다. 다음은 파이썬을 이용한 서브 도메인 검색 소스코드입니다.

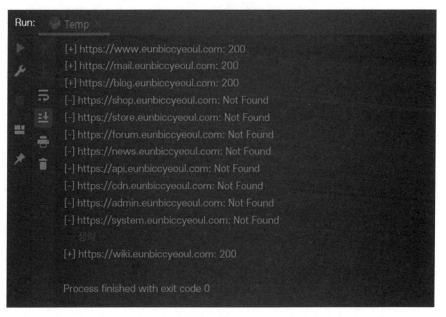

```python
import requests

def Start():
    with open('Data/Names') as Names:
        for Name in Names:
            URL = 'https://%s.eunbiccyeoul.com' % Name.strip()
            try:
                R = requests.get(URL)
                print(f"[+] {URL}: {R.status_code}")
            except requests.exceptions.ConnectionError as e:
                print(f"[-] {URL}: Not Found")

if __name__ == '__main__':
    Start()
```

[파이썬을 이용한 서브 도메인 검색]

```
Run:    Temp

    [+] https://www.eunbiccyeoul.com: 200
    [+] https://mail.eunbiccyeoul.com: 200
    [+] https://blog.eunbiccyeoul.com: 200
    [-] https://shop.eunbiccyeoul.com: Not Found
    [-] https://store.eunbiccyeoul.com: Not Found
    [-] https://forum.eunbiccyeoul.com: Not Found
    [-] https://news.eunbiccyeoul.com: Not Found
    [-] https://api.eunbiccyeoul.com: Not Found
    [-] https://cdn.eunbiccyeoul.com: Not Found
    [-] https://admin.eunbiccyeoul.com: Not Found
    [-] https://system.eunbiccyeoul.com: Not Found
        생략
    [+] https://wiki.eunbiccyeoul.com: 200

    Process finished with exit code 0
```

[서브 도메인 검색 결과 (HTTP 상태코드를 통해 서브 도메인 존재 여부 확인 가능)]

위 결과물을 통해 4개 서브 도메인이 존재하는 것을 알 수 있습니다. 그리고 파이썬 코드를 조금만 응용하면 공장 출고 당시 초기 비밀번호, 계정 초기 설정 비밀번호 등의 사전 대입 공격으로도 응용할 수 있습니다.

검색 엔진을 이용한 정보수집

모의침투 수행 시 외부와 단절된 내부망에서는 불가피하게 포트 스캔을 사용해야 하지만, 외부망에 노출된 시스템은 구글, 쇼단, 센시스와 같은 검색 엔진을 활용하는 것이 유용합니다. 또 포트 스캔과 병행하면 더 많은 정보수집을 통해 침투 경로 확보에 유리할 수 있습니다.

| 구글, 쇼단, 센시스 검색 엔진 별 특징 |

구분	내용
구글 (Google)	• 가장 널리 알려진 웹 검색 엔진으로, 정보보안 분야에서는 "구글 해킹" 기법으로도 활용됩니다. • 이는 특정 검색 연산자를 사용해 공개된 취약점이 있는 시스템, 노출된 민감 정보, 공개적으로 접근 가능한 관리자 페이지 등을 찾아내는 데에 적용됩니다. (예 : site, inurl 같은 연산자들은 특정 대상의 정보를 검색하는 데 유용합니다.)
쇼단 (Shodan)	• 인터넷의 검색 엔진으로 불리며, 인터넷에 연결된 장치들(웹 서버, 카메라, 프린터, 라우터 등)에 대한 정보를 제공합니다. • 쇼단은 장치들의 IP 주소, 사용 중인 소프트웨어 및 서비스, 열려 있는 포트 등을 식별하여 인터넷에 연결된 장치의 보안 상태를 파악하는 데 도움을 줍니다. (예 : hostname, net, country 같은 연산자들은 특정 대상의 정보를 검색하는 데 유용합니다.)
센시스 (Censys)	• 인터넷상의 장치들과 서비스에 대한 정보를 제공하는 검색 엔진으로, 쇼단과 유사한 기능을 수행합니다. • 센시스는 인터넷 전체를 스캔하여 SSL/TLS 인증서, 열려 있는 포트, 구성된 서비스 등에 대한 상세한 정보를 수집합니다. 이 정보는 특히 네트워크 보안과 인프라의 취약점을 식별하는 데 중요한 역할을 합니다.

구글 검색 엔진

구글 검색 엔진은 다양한 연산자를 이용하여 관리자 페이지, 접근제어가 미흡한 페이지 등 다양한 취약점을 찾아볼 수 있습니다. 예를 들어 특정 대상의 관리자 페이지 노출 여부를 확인하고 싶다면 아래와 같은 수식어를 사용하여 개인정보 노출 여부를 확인할 수 있습니다. 그 뿐만 아니라 다양한 수식어를 조합하여 개인정보 노출 페이지, 관리자 페이지 등을 확인할 수 있습니다.

[구글 검색 엔진을 이용한 관리자 페이지 검색 예시]

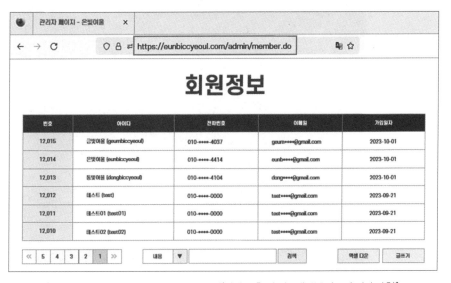

[검색 엔진을 통해 관리자 페이지 접근 화면(실제 노출 정보는 대부분 마스킹 처리 미흡)]

공격자 입장에서 웹 애플리케이션의 접근통제는 크게 설정 부재, 설정 미흡, 설정으로 볼 수 있습니다. 위 예시는 설정 부재로 볼 수 있으며, 접근통제 설정 미흡은 다음 예시와 같습니다.

[관리자 페이지 접근 통제 화면]

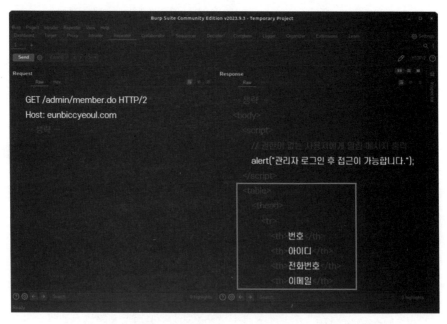

[서버 응답 값 확인 시 소스코드 내 일부 정보 확인(소스코드 내 개인정보 노출)]

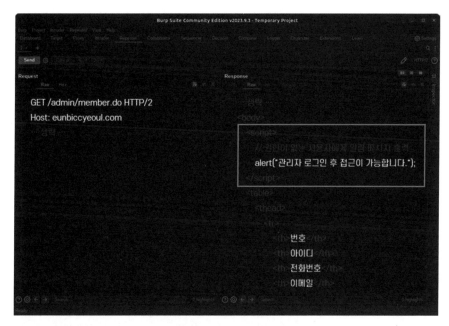

[클라이언트 사이드 스크립트 삭제(접근통제 코드)]

[관리자 페이지 접근통제 우회 후 회원정보 열람 가능]

설정이 미흡한 접근 통제는 대부분 자바 스크립트와 같은 클라이언트 사이드 스크립트를 이용하여 통제하며 이런 경우 개발자 도구 또는 웹 프록시 도구를 이용하여 우회할 수 있습니다. 따라서 웹 페이지에 대한 접근 통제는 반드시 서버 사이드 스크립트를 이용하여 통제해야 합니다.

| 서버/클라이언트 사이드 스크립트 정의 |

구분	서버 사이드 스크립트 (Server-side Script)	클라이언트 사이드 스크립트 (Client-side Script)
정의	웹 서버에서 실행되는 스크립트 언어로 사용자의 요청에 따라 서버에서 페이지를 생성하거나 데이터를 처리한 후, 최종 결과를 HTML 형태로 사용자의 웹 브라우저로 전송합니다.	사용자의 웹 브라우저에서 실행되는 스크립트 언어로 웹 페이지가 사용자의 브라우저로 전송된 후에, 페이지 내에서 동적인 상호작용을 제공하기 위해 실행됩니다.
언어	ASP/ASP.NET, JSP/JAVA, PHP 등	JavaScript, VBScript 등
장점	보안에 유리하며, 사용자마다 다른 내용을 동적으로 생성하여 제공합니다.	서버와의 통신 없이 브라우저 내에서 바로 실행되므로, 반응 속도가 빠릅니다.
단점	모든 페이지 요청마다 서버에서 처리와 페이지 생성이 이루어져야 하므로, 서버에 부하가 가중될 수 있습니다	보안에 취약할 수 있으며, 스크립트가 사용자의 브라우저 설정에 따라 차단될 수 있습니다.

```
1   <!DOCTYPE html>
2   <html>
3   <head>
4     <title>회원관리 - 은빛여울</title>
5   </head>
6   <body>
7     <script>
8       // 권한이 없는 사용자에게 알림 메시지 출력
9       alert("관리자 로그인 후 접근이 가능합니다.");
10    </script>
11  </body>
12  </html>
```

[올바른 접근 통제 예시(서버에서 데이터를 처리한 후 전달)]

```
1    <title>회원관리 - 은빛여울</title>
2    </head>
3    <body>
4      <script>
5        // 권한이 없는 사용자에게 알림 메시지 출력
6        alert("관리자 로그인 후 접근이 가능합니다.");
7      </script>
8      <table>
9        <thead>
10         <tr>
11           <th>번호</th>
12           <th>아이디</th>
13           <th>전화번호</th>
14           <th>이메일</th>
```

[올바르지 못한 접근 통제 예시(개발자 실수 의한 접근통제 미흡)]

대부분 구글 검색 엔진에 노출된 페이지는 공개된 페이지이거나 접근 제어가 미흡한 페이지입니다. 그리고 구글 검색 엔진은 수식어 조합에 따라 쉽고 빠르게 취약점을 검색할 수 있는 장점을 가지고 있습니다. 다음은 구글 검색 엔진에 사용되는 수식어입니다.

| 구글 검색 엔진 수식어 |

구분	내용
site	특정 웹 사이트서만 검색합니다.
intitle	웹 페이지 제목에 특정한 단어가 포함된 경우에만 검색합니다.
inurl	웹 페이지 URL에 특정한 단어가 포함된 경우에만 검색합니다.
filetype	특정 파일 형식을 가진 파일만 검색합니다.
related	특정 웹사이트와 유사한 웹사이트를 검색합니다.
define	단어의 정의를 검색합니다.
cache	특정 페이지의 캐시 된 버전을 검색합니다.
+/−	특정한 단어를 포함하거나 제외하도록 검색합니다.

쇼단 검색 엔진

앞에서 언급한 구글 검색 엔진은 웹 크롤링을 이용하여 검색 결과를 저장하지만 쇼단은 무작위 IPv4 주소를 생성하고 정의된 포트를 조합하여 배너 정보를 수집합니다. 이 과정을 반복하는 것이 쇼단의 알고리즘이며, 배너 정보를 기반으로 메타 데이터 이용하여 라우터, 웹 카메라, 인터넷 전화 등의 네트워크/사물인터넷 장비를 검색할 수 있습니다.

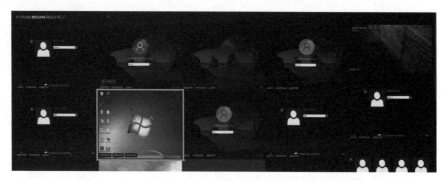

[쇼단에 노출된 웹 카메라와 원격 데스크톱 프로토콜(윈도우 비밀번호 설정 미흡)]

위 그림은 Shodan Images에 노출된 원격 데스크톱 프로토콜(Remote Desktop Protocol, RDP)과 웹 카메라의 화면입니다. 위처럼 원격 데스크톱 프로토콜에 비밀번호가 설정되지 않을 시 시스템을 쉽게 점령할 수 있습니다. 뿐만 아니라 쇼단에 노출된 장비들을 대상으로 앞에서 언급한 공장 출고 당시 초기 비밀번호를 이용한 사전 대입 공격을 수행하여 시스템을 점령하는 경우도 있습니다. 따라서 쇼단을 통해 네트워크/사물인터넷 장비의 정보를 수집하고 관리자 권한을 획득하여 내부망으로 진입하거나 VPN 장비를 탐색, 우회, 계정탈취 등을 통해 내부망에 진입할 수 있습니다. 아래는 실제 쇼단 검색 엔진에 VPN 로그인 웹 페이지가 노출되고, 대표 홈페이지에서 사원번호 정보를 수집·분석하여 외부망에서 내부망까지 침투한 사례입니다.

공지사항

제목

보안 위반사례 및 징계 조치

내용

최근 저희 조직의 보안 정책에 위반되는 행동을 취해 징계 조치를 받은 직원에 대해 안내 드립니다.

- 사건 개요: 해당 직원은 내부 자료를 외부 매체에 저장하려는 시도를 하였으며, 이로 인해 매체 제어 로그에 감지되었습니다.
- 징계 대상: 경영지원팀 김OO 대리 (50014414)
- 징계 조치:
  - 경고 및 교육: 해당 직원에게 보안 정책 및 규정에 대한 추가 교육을 제공하고 보안 위반에 대한 경고를 발령하였습니다.
  - 액세스 제한: 회사 내부 시스템에서의 파일 및 매체 액세스 권한을 일시적으로 제한하였습니다.

[수정] [삭제] [처음으로]

[표 홈페이지 공지사항에 징계 사례 노출(사번 정보 노출)]

위와 같이 유사한 징계 사례를 통해 사원번호가 숫자 8자리로 구성된다는 패턴을 확인할 수 있었습니다. 각 회사마다 상이할 수 있으나 경험을 기반으로 얘기하면 사원번호는 보통 숫자 8자리가 가장 많았고, 최근에는 문자와 숫자를 섞어 최소 8글자에서 12글자를 넘어가지 않는 것으로 보입니다. 모의침투 프로젝트는 주로 고객사 현장에서 진행되며, 대부분의 기업은 구내 식당을 이용합니다. 그러나 일부 직원은 아이디 카드(RFID, NFC)를 가져오지 않아 장부에 이름과 사원번호를 기재하고 식사를 합니다. 특히 늦은 점심 식사 시간(12:40~50)을 이용해 장부 현황을 사진으로 찍어 나오는 것은 사원번호를 수집할 수 있는 또 다른 방법입니다. 또한 인포메이션이나 청소 업체 직원과의 친분을 통해 정보를 수집하는 사회공학 기법도 좋은 방법입니다. 이렇게 수집된 사원번호를 기반으로 VPN 장비에 접근하여 사전 대입 공격을 시도하게 됩니다.

[VPN 로그인 페이지 예시]

```
1   import requests
2
3   URL = 'https://vpn.eunbiccyeoul.go.kr'
4
5   def Login(ID):
6       Data = {'ID': ID, 'Password': ID}
7       R = requests.post(URL, data=Data)
8       if "로그아웃" in R.text:
9           print('[+] %s % (ID)')
10
11  with open('./Data/ID') as IDS:
12      for ID in IDS:
13          ID = ID.strip()
14          Login(ID)
```

[파이썬을 이용한 사전 대입 공격 시도]

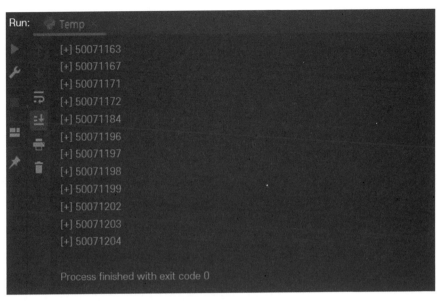

[VPN 계정정보 탈취]

일반적으로 모의침투에서 가장 많이 사용하는 공격 기법은 계정 정보와 비밀번호를 추측하여 시스템에 접근하거나 점령하는 방법입니다. 초기에는 타 사용자들이 공개한 비밀번호 목록을 기반으로 계정 정보를 탈취한 비밀번호를 별도로 관리하여 본인만의 비밀번호 목록을 구성하시길 바랍니다. 또 주로 사용하는 보안장비에 대해서도 인터넷을 통해 공장 출고 당시 초기 비밀번호를 수집하시길 바랍니다.

| 쇼단 검색 엔진 수식어 |

구분	내용
city	특정 도시에 위치한 장치를 검색합니다.
country	특정 국가에 위치한 장치를 검색합니다.
geo	지리적 위치(위도와 경도)를 기반으로 검색합니다.
hostname	특정 호스트 이름을 가진 장치를 찾습니다.
net	특정 IP 주소 범위 내의 장치를 검색합니다.
os	특정 운영 체제를 실행하는 장치를 찾습니다.
port	특정 포트 번호에 대해 열려 있는 장치를 찾습니다.
before/after	특정 날짜 이전이나 이후에 스캔 된 장치를 찾습니다.

구분	내용
product	특정 제품을 실행하는 장치를 찾습니다.
version	특정 버전의 소프트웨어를 실행하는 장치를 찾습니다.
org	특정 조직에 속한 장치를 검색합니다.

센시스 검색 엔진

포트 스캔(예 Nmap)은 네트워크에 연결된 장치에 대해 포트가 열려 있는지, 닫혀 있는지, 필터링되고 있는지 실시간으로 특정 대상에 대한 포트 상태를 조사합니다. 센시스는 인터넷상의 장치, 웹 사이트 그리고 보안 관련 데이터를 스캔하고 수집하는 검색 엔진입니다. 쇼단(Shodan)과 유사하게, 센시스는 공개적으로 접근 가능한 서버, 네트워크 장치 그리고 사물인터넷 장치들을 포함한 다양한 인터넷 연결 장치들에 대한 정보를 제공합니다. 그러나 센시스는 네트워크 보안관 관련된 정보 수집에 더 특화되어 있으며 주기적으로 데이터를 수집하기 때문에 포트 스캔과 병행하는 것을 추천합니다.

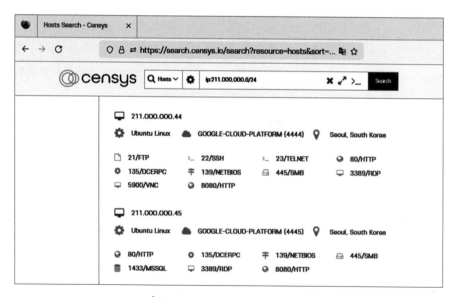

[센시스 검색 화면 예시(IP 대역 검색)]

대체로 웹 애플리케이션은 시스템이나 네트워크 취약점에 비해 더 많은 취약점을 갖고 있으며, 이를 통해 해킹하는 것이 서버를 장악하는 데 더 용이합니다. 하지만 센시스를 이용한 모의침투를 수행하다 보면 접근통제가 미흡하여 비밀번호 없이 서비스에 접근이 가능하거나 서비스의 초기 아이디와 비밀번호를 검색하여 서비스에 접근할 수 있습니다.

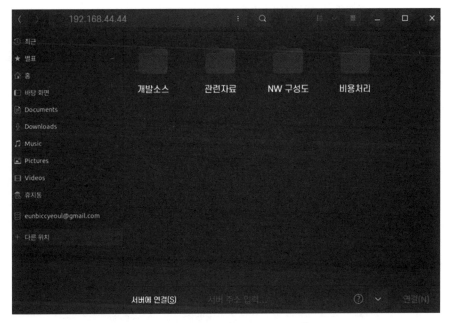

[SMB 접근 시도 시 비밀번호 설정 미흡]

실제 위와 같은 사례를 통해 개발소스 파일을 내려 받고 코드를 분석해 본 결과 데이터 베이스 연결 정보 및 SQL 스크립트 등을 탈취할 수 있었습니다. 탈취한 SQL 스크립트에서 관리자 아이디 및 비밀번호를 확인할 수 있었으며 이를 통해 실제 운영에서 로그인해 본 결과 관리자 계정을 탈취할 수 있었습니다.

또 알려진 보안 취약점(CVE ; Common Vulnerabilities and Exposures)을 이용하여 서비스의 취약점을 찾는 방법입니다. 예를 들어 센시스 검색을 통해 "1433/MSSQL"이 발견되었고 소프트웨어 정보가 Microsoft SQL Server 2000로 확인된다면 CVE 웹 사이트(https://cve.mitre.org) Search CVE List메뉴를 통해 취약점 정보를 확인할 수 있습니다. 여기서 주의할 점은 Metasploit과 같은 도구를 이용하여 Exploit Code를 운영 서버에 주입하면 서버에 피해를 입힐 수 있습니다. 만약 Exploit Code를 사용하고 싶다면 서버와 동일한 환경을 별도 테스트 베드에 구축·시현하고 보고서에 포함하는 것을 추천합니다. 이어서 Microsoft SQL Server 2000에 대한 취약점 검색 결과 CVE-2000-1209를 확인할 수 있습니다. 해당 취약점은 Microsoft SQL Server 2000 설치 시 다음 버튼만 누르게 되면 기본 계정 비밀번호가 빈(Blank) 비밀번호로 설정되는 문제점입니다.

[MS-SQL 2000 기본 설치 값("SA" 계정에 대해 Blank Password 설정)]

위처럼 모의침투 시 배너 정보 수집, 소프트웨어 버전 정보 수집 등 알려진 보안 취약점과 연계하여 시스템, 애플리케이션 등을 장악할 수 있습니다. 이처럼 모의침투 과정에서 많은 정보를 수집할수록 서버를 점령할 가능성이 높아집니다.